平川祐弘決定版著作集◎第5巻

# 西欧の衝撃と日本

平川祐弘

勉誠出版

# まえがき

人類文化史が五年ほど前の一九六九年に構想され、執筆するよう招かれた時、私はかねて関心を寄せていた「西欧の衝撃と日本」という、西洋史や日本史の枠を越えた、広角の視野の下でいくつかの興味ふかい主題を取りあげようと考えた。近代日本の歴史は、西洋文明の衝撃《インパクト》の下で東アジアの一文明が示した対応《リスポンス》の記録であるから、その二つの世界の間で生きた人物や二つの文明の間で相互作用的に起った事件を観察・分析し、平明に説こうと心掛けたのである。そして大世界史の流れの中へ日本の歴史をすなおに組みこもうと思ったのである。数年にわたり教室でも演習に使い、紀要や雑誌に発表し、今回さらに手を加えた。紆《う》余《よ》曲折《きょくせつ》を経たが、こうして一般読者向けの、学術的隠語《ジャルゴン》を用いない、一巻の論文集にまとめることができて嬉しく思う。私自身の考えを余計な気《き》兼《が》ねや遠慮《えんりょ》なしに、率直に書かせていただいた。考えてみると、二十世紀の後半、東アジアの諸国の中で日本のように言論の自由が認められている国に生を享《う》けたことは、例外的な幸福である。この類稀《たぐいまれ》な幸福を誇りに思い、言論の自由、表現の自由を今後もあくまで尊んでゆきたいものである。

もう十六年も前になるが、ロンドン大学の夏期講座に連なろうとパリから海峡を渡って英京の下宿へ落ちついた時、同大学数学講師マイケルソン氏の食堂にウィリアム・アダムズの伝記が置いてあった。日本人学生が来ると知って、チジックの区の図書館からその本を借りて読んでいた英国の主婦の心づかいも有難かったが、P. G. Rogersが語る三浦按針《みうらあんじん》が生彩に富む人物であることに驚かされた。D. Keene : *The Japanese Discovery of Europe*もその区立図書館から借りて読んだが、その歴史叙述の文章の魅力に感心した。私は戦後の日本の歴史学界を風靡《ふうび》した「科学的」と自称する人たちの論文の文体にかねてから疑惑を抱いていたので、日本の歴史を英語で読んで歴史学にたいする信頼を取戻したような感じであった。欧州に留学して四年目を了えようとしていたそのころの私は、外国人に専門を聞かれるたびに、論文をまだ書いていないことの心苦しさから、「文学は趣味として楽しみ、学問としては比較文化史をやりたい。それも日本を中心に」などと釈明していた。私は自分自身に忠実でありたいと願い、自分自身の内から湧《わ》いてくる問題を自分の学問の中で生かしたかったのである。そしていまから振返って考えると、あのころの未熟だった私が、無理強いされた形で、フランス本位の学問の旧分類の枠内へ強いて自分を押しこみ、気に染まぬ形で比較文学の論文をソルボンヌへ提出しなかったことがかえって幸いしたように思われてならない。旧分類の比較文学研究をしていたなら、私は小専門家にはなっていただろうが、「西欧の衝撃と日本」のような大問題を取扱う人にはおそらくなっていなかったにちがいない。あのころなまじ論文を書かなかったことがかえって幸いしたように思われてならないのである。新しい学問の領域は、古い学問の専門の枠を取壊すことによって開かれる、という面もあるのではなかろうか。以上、取るにも足らぬ個人的な思い出を記して、比較文学出身の著者が、アダムズ以下の東西両洋に跨った人物等を各章に配して、比較史学の一巻を執筆するにいたった経緯の説明の一端に代えさせていただく次第である。

昭和四十九年三月

平川祐弘

# 講談社学術文庫本へのまえがき

本書は昭和四十九年初版のまえがきに記したように、当初、講談社人類文化史シリーズの一冊として企画刊行された。大学紛争後、学際的研究の必要性が強く感じられていたころのことで、それで歴史学科出身でない者も幾人かそのシリーズに参加したのであった。私はそれ以前、東大教養学部助手時代、後に『和魂洋才の系譜』（河出書房、昭和四十六年）にまとめた明治日本の intellectual history にまつわる論文を雑誌や紀要類に次々に発表していたので、それが関係者の目にとまってこの企画に招かれたのではないかと思う。

人類文化史全七巻は、それぞれ秀れた論が出たように記憶するが、しかしそのシリーズの場合でも多少とも長い生命を持つかに見える巻は、やはり幾人かの人の共著や合著でなくて、一人の著者の学問的個性を刻印した巻であるやに見受けられる。そのことを思うと、第六巻『西欧の衝撃と日本』を私一人で全十章執筆できたのは非常なる快事であった。実は当初は歴史学界の一長老も本巻の一部を執筆される予定となっていて、そのため私はお偉い人と二人部屋に泊めさせられるような窮屈を感じたのであったが、私にとりまことに幸いしたことに、その方が中途で降りたのである。お蔭で私一人の責任で、あたらしい視点からあたらしい分野を思う存分切り拓くことが出来た。

本書の意図、視角、とくに比較文化史的アプローチについては私自身が「あとがき」の章にも述べてあるが、箱入りで出た初版の箱に編集担当者が要領よい内容紹介を書いてくれた。

近代日本の歴史は西洋文明の衝撃《インパクト》の下で東アジアの一文明が示した対応《リスポンス》の記録である。十六世紀以来のヨーロッパの膨張は、十九世紀に至って地球大の運動となり、軍事力、技術力、組織力で圧倒的な優位に立つ西洋は非西洋に深刻な衝撃を与えた。この「西洋の衝撃」は、アジアにとっては、それ以前とそれ以後の歴史をいわば二大別するほどの大事件であった。

以後、日本をはじめとする非西洋は、西洋文明という異質の文明の衝撃に対応して、脱皮することを余儀なくされ、西洋がリードしつつあったグローバルな世界史の中へ抜き差しならぬ関係で組みこまれていった。

本書は、このような外圧と対応の関係の中で展開された近代日本の歴史に焦点をしぼり、シンボリカルな史実や人物をとりあげて比較文化史的なアプローチを試みた、「西洋史」とか「日本史」といった従来の学問の枠を越えた、広角の視野に立つ「新しい歴史書」である。

この紹介を再録する理由は二つある。第一は、著者である私から言うのも気が引けるが、この紹介が本書の狙いをよく捉えているからである。しかしもう一つ理由がある。それはこのような理解力ある編集者が、当時の風潮におされて「いまの時点ではソ連の批判は宜しいですが、中国については批判めいたことはお控え願えませんか」と申入れてきたことであった。私があらたまった顔をして「それは社の方針ですか。それならばそのような申入れがあったということを、私はどこかの雑誌なりミニコミなりに書きますが、それでも宜しいですか」ときつい調子で言った。それで結局、原稿はそっくりそのままの形で印刷されることとなった。終り良ければすべて良しであった。

だがいま読返して、一体この歴史書のどこにそんな差障りがあったのか、と不思議の念にたえない。いまでは中国大陸から来る留学生の中にも本書を愛読してくれる人はいるのである。しかし昭和四十九年当時の日本の出版界には常軌を逸した親中国熱（といえば上品だが一種のおためごかし）があって、それは言論・

出版の自由の原則をも圧迫するものだったのである。その不快な小事件のために私はその編集者とはそれきり顔を合わせていない。そんな別れ方をしたことも多少気にかかる。それでその人の筆になる本書の内容紹介をここに再録して、遅ればせながら編集業務の労に対して感謝の微意を表する次第である。

本書の刊行も一つのきっかけとなって、私はその数年後、*Cambridge History of Japan* の『十九世紀』の巻の Japan's Turn to the West「日本の西洋への方向転換」の章を執筆する機会が与えられた。その英語版が出るのは間近いと聞くが、それに引続いて日本語版が出ることもあれば、なにかと本書と内容的に補完しあうのではないかと思う。

私は自分が比較文学比較文化の出身であるせいか、日本史と西洋史などを別世界に分ける縦割り区分に非常な疑義を抱く者である。戦前東北帝国大学で教えたレーヴィットはこう批評したそうである。——日本の学問は二階建の家に住んでいるようなもので、階下では日本的に考えたり感じたりしていながら、二階にはプラトンからハイデッガーにいたるまでの、ヨーロッパの学問が紐を通したように並べてある。これで二階と階下を往き来する梯子《はしご》はどこにあるのだろうかとヨーロッパの学者は不思議に思う。——

それは不思議といえば不思議だが、東南アジアの大学へ行けば実はなにも不思議ではない。アメリカ帰りの社会学者がウェーバーからベンディクスにいたるまでの欧米の社会学を滔々と論じながら、自分自身は生れた土地の社会の分析をしようともしないのは、きわめてよく見かける図だからである。

ところで私が日本のある種の学風を批判するレーヴィットのこの言葉を最初に知ったのは竹山道雄氏の『見て・感じて・考える』（新潮文庫版、昭和三十二年）の「あとがき」でであった。この指摘は日本の大学人の思考のもっとも急所をついている、と私も感じた。私どもが戦後東大駒場キャンパスで始めた比較研究の意味は、実はその種の学問的反省からも出発しているので、本書でも私は、西洋という二階と日本という一階の間にせいぜい梯子をいくつかかけようとしたのである。

本書は、ルビを多数振ったほか、字句の修正はほとんど加えず、原形のまま出版することとした。取上げた人物の中で「サンソム卿と日本」についてはその後さらに詳しい一文を比較文化エッセイ集である『東の橘　西のオレンジ』（文藝春秋、昭和五十六年）に収めた。当初は箱入りで、ついでペーパーバックで出た本書もいつか品切れとなった由である。今回、故竹山道雄の著書数点を講談社学術文庫に収める件で私が手をお貸ししたことが御縁で、本書もこの文庫にはいることとなった。考えてみると、第三章「尊王攘夷と開国和親」はもとはといえば竹山氏が食後の雑談の間に鷗外の明治維新観の面白さに言及したのがきっかけで、私が調べ始めたものである。いろいろの方の縁《えにし》をあらためて有難く思う次第である。

昭和六十年九月

平川祐弘

目次

# 西欧の衝撃と日本

# 凡例

一、本著作集は平川祐弘の全著作から、著者本人が精選し、構成したものである。
一、本文校訂にあたっては原則として底本通りとしたが、年代については明確化し、明かな誤記、誤植は訂正した。
一、数字表記等は各底本の通りとし、巻全体での統一は行っていない。
一、底本に索引が付いている場合は、本著作集においても付した。
一、各巻末に著者自身による書き下ろしの解説ないしは回想を付した。
一、各巻末には本著作集のために書き下ろした諸家の新たな解説を付すか、当時の書評や雑誌・新聞記事等を転載した。

## 底本

『西欧の衝撃と日本』の初版は講談社「人類文化史」第六巻として一九七四年に出、その後さまざまな版を経たが、本著作集の底本は講談社学術文庫、一九八五年刊である。

# 西欧の衝撃と日本

# 1　イエズス会士や商人たち
## ――膨脹するヨーロッパ――

世界が一つである、ということは、その世界に属する人々が共通の知識を文化的遺産としてわかち持っている、ということである。そのように考えると、複数の文明圏に分かれ、複数の言語に分かれるこの地球は一つの世界とはいいがたい。とくに交通手段が発達する大航海時代以前は、西洋と東アジアとはまったく別世界であった。

### 泰西の儒者、マッテオ・リッチ

ところが西暦一六〇〇年、明朝《みんちょう》シナの万暦二十八年、ルネサンス・ヨーロッパの自然科学上の諸知識も、中国の四書五経の学問も一身に備えた人間が、人類文化史はじまって以来はじめてこの地球上に現われた。それがいままさに北京の明朝宮廷へはいり、神宗帝に拝謁《はいえつ》を仰せつけられようとしていたイタリア人のイエズス会士マッテオ・リッチである。Matteo Ricci は日本を含む漢字文化圏では利瑪竇《りまとう》という漢名――利は Ricci の「リ」、瑪竇は Matteo の音に漢字を当てたもので拼音《ピンイン》では lìmǎdòu である――でやがて知られるが、西洋文化と東アジア文化をはじめて一身に備えた、最初の世界人 uomo universale といえるだろう。リッチはルネサンス期の西洋の人文学者が西洋古典を解読《かいどく》したのと同じような熱情で、西洋人としてはじめて本格的に中国古典を学び、彼自身漢文で幾冊もの著述をあらわしたのだった。そのような学問的達成と、リッチ以後西洋のシナ学が連綿《れんめん》と引続いて今日に及ぶことを思うと、この宣教師《せんきょうし》の生涯は、マルコ・ポーロほど物語的ではないにせよ、いかにもユニークで先駆《せんく》的であるという印象を与える。そしてリッチ自身、西洋人としてシナに入りシナの古典を学んだことがユニークな体験であるということをその五十八歳に足りぬ生涯の末期に自覚していた。リッチは北京で自分の体験を部厚い報告書にまとめたからである。いまその生涯を略記してみる。

一五五二年、イタリア中部に生れたリッチは、イエズス会の学校で学び、インドのゴアを経てマカオへ派《は》遣《けん》され、一五八三年肇慶《ちようけい》に入ることを得る。その後、韶州《しようしゆう》、南昌《なんしよう》、南京を経て北上し、第一回目は失敗するが、西暦一六〇一年、ついに北京入りに成功し、西洋人としてはじめて明朝シナの首府に永住する許可を得る。そこで徐光啓《じよこうけい》などの有力者と交際しながら、一六一〇年その地で没し、その地に埋葬《まいそう》されるまで、あるいは漢文で『天主実義』のようなキリスト教教理書を著し、あるいはユークリッドの『幾何原本』を漢訳し、地図を作り、また『交友論』のようなモラリストの小冊子を中国の友人に配った。そしてその最晩年には、自分のシナ体験やシナ研究の成果を、膨大《ぼうだい》な報告書にイタリア語でまとめたのだった。リッチの死後ローマのイエズス会本部へ届けられたその報告書は、西洋のシナ学の起源といわれるが、その第五巻第二章には、自分自身を三人称で語りつつ、次のように観察している。それは中国文明とヨーロッパ文明がはじめて比較文化論的に考察された例であるが、リッチはそこで自分が書いた漢文著述の意味を次のように述べている。

この（明朝シナという）王国では、文科の学問がたいそう栄えているので、書物の事について何か知らない人は数が少ないほどです。あらゆる宗派は（儒教も仏教も老荘の思想も）書物によってひろめられてゆきます。民衆に向けて議論するとか説教するとかいうことは少ないです。……

このような（漢字著述という）道によって異邦人を改宗することができるということを見て取った私た

ちは、当初から中国の書物を学ぶことに全力を傾けました。それは労なしには成しとげられぬ長い道程でしたが、しかし私たち宣教師はいままで西欧語をいくつか習った覚えがあるので、それで比較的短い期間に中国語もたいそう進歩したので、皆はたいへん驚きました。

マッテオ・リッチ神父は誰よりもはやく習い出したのですが……神の恵みにより、中国の文人たちからも賞《ほ》められるほどの出来映えの漢文著述をしております。かつて西洋から来た外国人でこうした事をやりとげた人が一人もいなかったので、たいへん賞讃《しょうさん》を博しているのです。……

はじめに『山海輿地《よち》全図』『坤輿《こんよ》万国全図』などの地図、天文図を作り、それに漢文で説明を添えました。これらは当地で印刷されました。ヨーロッパ人の間では知れ渡っていることを書いただけですが、しかし中国の士君子《しくんし》にとってはかつて聞いたこともない知識で、それにより中国の古代の大学者の発言も明瞭《めいりょう》に誤っていることがわかります。中国の士君子はいままで盲であったのが今日にわかに眼が開いたようだ、と申します。

表意文字が用いられる漢字文化圏では西洋よりも書くことに重きが置かれる。その伝統の差は今日にまで伝わっているので、それはたとえばいまの日本の入学試験で口頭試問《こうとうしもん》が軽んじられ筆記試験が重んじられる傾向にまで反映している。リッチは漢文著述を行なえば、言語系統が違うにもかかわらず、日本、朝鮮、ヴェトナムなど漢字文化圏の人々に自分たちの著作が読んでもらえるかもしれない、という期待をもっていた。そして事実、後でふれるように、利瑪竇の著作は日本でも朝鮮でも読まれたのだった。

リッチはローマのカトリックの大学でグレゴリオ暦を編んだ数学者クラヴィウスについて学び、ポルトガルからアフリカの南端を廻ってゴアへ、ついでマカオから中国へはいった人だった。自然科学についての素《そ》養《よう》もあり、かつ自分自身大航海時代の地球を半周した人として、まず世界地図を作図して中国側に感銘《かんめい》を与えた。『坤輿万国全図』には詳細な漢文説明があり、日本へも舶来され、いまなお一部は京都大学に他の一部は仙台の図書館に所蔵されている。リッチが世界の地理学史上で特筆される人となったのはそのためである。彼は、

「ヨーロッパ人の間では知れ渡っていることを書いただけですが」

とオリジナリティーのないことを謙遜《けんそん》している。しかしオリジナリティーというのはオリジナルな発見にだけあるのではない。この際は内容が独創《どくそう》的であったか模倣《もほう》的であったかということはさほど問題にならない。リッチの場合、注目すべき独創性はオリジナルな内容ということでなく、西洋人がはじめて漢文著述を行なったという前代未聞の行為にあるからである。そしてルネサンス期の人文学者の伝統がこの反宗教改革運動のイエズス会士にも伝わっていたからこそ、リッチはラテン語、ギリシャ語、スペイン語、ポルトガル語、そしていま中国語も習得しているのだった。その著述活動についてリッチは第五巻第八章では、こうも報告している。

パオロ博士（徐光啓）は、キリスト教をひろめるために西洋人宣教師や西洋の品が中国にはいるとよいと考え、もっぱらその方策を考えてくれましたが、リッチ神父と相談して、西洋の自然科学の書物を漢訳することを提案しました。そうすれば中国の士人たちに、西洋人神父の学問の深さ、熱心さ、その確実な根拠《こんきょ》や証明を示すことができると思ったからです。そうすれば西洋人がキリスト教信仰に従っているのがけっして軽《かる》はずみな行為ではない、ということも了解されると思ったからです。いろいろな書物を検討しましたが、さしあたり翻訳すべき最良の書物はユークリッドの『幾何原本』だということに落着きました。というのはシナでは数学は尊重されていますが、その割には、なんら根拠のない数学ばかりがはやっているからです。ユークリッドの証明はたいへん明快《めいかい》ですから、自然科学についてなにか教えようとする時は、

この本なしにはなにもできません。

ローマでユークリッドの『幾何原本』の校訂《こうてい》者だったドイツ人のイエズス会士クラヴィウス——そのKlauの「釘」という意味を取ってリッチは「丁氏」と漢訳している——について学んだリッチは、このようにして次々と北京でルネサンス以後の西洋科学の優位を立証してゆくのだった。リッチは自分の後継者として数学、天文学などに秀《ひい》でたイエズス会士を北京へ派遣《はけん》させる方針を取った。西欧科学がアラビア科学に追いつき、それを追い抜くのはルネサンス期だが、そのような西洋における学問の盛衰《せいすい》は遠く中国にまで反映した。北京でも回教徒（イスラム教徒）の暦法家《れきほうか》が斥《しりぞ》けられ、イエズス会士が北京の欽天監《きんてんかん》監正（天文台長）に取りたてられ、農業国では非常に重要な意味をもつ清の公暦を監修するにいたったからで、そのことはやがて徳川時代日本の暦法にまで影響を及ぼすのである。

## 天主実義

そのような業績《ぎょうせき》はリッチを科学史上でも特筆される人物にしたのだが、しかしイエズス会士としての彼の主著は『天主実義』だった。このイタリア人の手になる漢文著述は（一九七一年後藤基巳教授の解説で中国古典の一つとして明徳出版社から抄本が刊行されたが）利瑪竇の名を東洋史や比較思想史の上で有名にしたのである。『天主実義』はカテキズムの問答体を真似て、中国の士人がいろいろと西洋の士人に問うという、『妙貞問答』など日本のキリシタン書にもある形式を取っている。首篇の「天主の天地万物を始制し、これを主宰・安養したまうことを論ず」では、キリスト教の「天主」——キリスト教の神《デウス》にこの訳語を当てたのもリッチが最初だった——が天地万物の創造者で主宰者であることが論じられる。西士は中士に向ってまず宣教の趣旨《しゅし》をこう述べた。

この天主の道は、一人一家一国の道にあらず、自西徂東《じせいそとう》、諸大邦みな習ひてこれを守り、聖賢の伝ふるところにして、天主の天地を開闢《かいびやく》し民物を降生したまひしより今に至るまで、経伝の授受、疑ひを容るるなし。ただ貴邦の儒者は、他国に適《ゆ》くこと鮮《すくな》し。故に吾域の文語を明らかにし、その人物を諳《そらん》ずること能《あた》はず。吾れまさに天主の公教を訳し、以てその真教たることを徴せんとす。

そして、中士の質問に答える恰好《かっこう》で西士は創造主について述べる。

子《し》はまづいはゆる始めて天地万物を制作し、時時にこれを主宰する者を詢《と》はんと欲す。予謂《おも》へらく、天下これより著明なるはなし。人たれか目を仰けて天を観ざらんや。天を観るの際、たれか黙《もく》してみづから嘆じ、これその中にかならずこれを主《つかさど》る者ありと曰《い》はざらんや。それすなはち天主にして、吾が西国の陸斯《デウス》と称するところのものこれなり。

このような説明は、今日の『公教要理』の「天地万物は自ら存在するものではありませんから、之《これ》に存在を与えた自ら存在する者がなければなりません」を想起《そうき》させる。卑近《ひきん》なたとえを引けば、家があるからには大工がいるはずだ、という発想である。そしてその天主について、次のような問答が交される。

中士曰く、万物すでに生ずるところの始めあり、先生これを天主といふ、敢《あ》へて問ふ、この天主は誰によりて生ずるか。

西士曰く、天主の称は、物の原《もと》を謂《い》ふ。もし由りて生ずるところありといへば、天主にあらざるなり。

物の始めあり終りある者は、鳥獣草木《てうじうさうもく》これなり。始めありて終りなき者は、天地鬼神《てんちきじん》および人の霊魂これなり。天主は始めもなく終りもなく、しかも万物の始めたり、万物の根柢たり。天主なければ物なし。物は天主に由りて生ずるも、天主は由りて生ずるところなきなり。

この『天主実義』は万暦三十一年（西暦一六〇三年）の末に印刷されたが、慶長十一年（一六〇六年）には早くも日本へ舶載《はくさい》され、人々の読むところとなった。それだから道春林羅山《はやしらざん》は同年六月十五日、松永貞徳の紹介で日本人の耶蘇会者不干斎ハビアンのもとへ行った時、次のような論戦を交じえた。いま『排耶蘇《はいやそ》』から引用すると、二十三歳の道春はこう言ってハビアンを問いつめたという。

春問《しゅん》うて曰く、利瑪竇、「天地、鬼神及び人の霊魂、始めあり終りなし」と。吾《われ》信ぜず。始めあればすなはち終りあり。始めなく終りなきは可なり。始めあり終りなきは不可なり。しかもまた、ことに証すべきものあるか。干答ふること能はず。春曰く、天主、天地万物を造ると云々。天主を造る者は誰ぞや。干曰く、天主始めなく終りなし。天地を造作と曰ふ。天主を始めなく終りなしと曰ふ。かくの如きの遁辞《とんじ》、弁ぜずして明らかなるべきなり。

『天主実義』の思想史的波動はこのように日本へも伝わってくる。そして林羅山の反応は典型的な日本人の反応といえるので、それより一世紀後に新井白石がイエズス会士シドッティを訊問《じんもん》した際にも似たり寄ったりの感想を洩《もら》すのだった。すなわち『西洋紀聞』の巻上の結びには次のように出ている。自然科学にすぐれている西洋人もひとたび宗教のことを言い出すとなると異《あや》しいことをいう、と白石はいうのである。

……其教法を説くに至ては、一言の道にちかき所もあらず、智愚たちまちに地を易《か》へて、二人の言を聞くに似たり。こゝに知りぬ、彼方の学のごときは、たゞ其形と器とに精しき事を、所謂形而下《いはゆるけいじか》なるものゝみを知りて、形而上なるものは、いまだあづかり聞かず。さらば天地のごときも、これを造れるものありといふ事、怪しむにはたらず。

そしてそのような反応はなにも日本に限られてはいなかった。清朝シナでも『四庫全書提要』には『天学初函』五十二巻について、西洋の学問の長所は測算《そくさん》においてであるが、その短所は天主を崇奉《すうほう》して以て人心を炫惑《げんわく》する点においてである、と述べているからである。この場合、林羅山や新井白石にキリスト教にたいする理解力が乏しかった、といって責めるべきではないだろう。かれらの反応は日本人の儒者《じゆしや》としてきわめてすなおに出たもので、強がりを言ってキリスト教を否定しにかかったのではない。そのような日本側の自然な反応に実は日本人の自然観が含まれているので、日本人は『古事記』の昔から、一神教的な天地創造の観念を持ちあわせてはいなかったのである。

ところで新井白石がシドッティのキリスト教的な天地創造観にたいして示した反撥は、西洋の形而上の精神的方面の価値を否定し、形而下の物質的方面の価値のみを肯定する「和魂洋才」流の見方——具体的には佐久間象山《さくましようざん》の「東洋の道徳、西洋の藝、匡廓《きやうくわう》相依りて圏模を全うす」や、橋本左内《はしもとさない》の「器械藝術は彼に取り、仁義忠孝は我に存す」といった見方——の思想史的先蹤《せんしよう》のように説かれることがままある。しかしその場合には継続性のある思想と見るのは正確ではないだろう。日本人は相似たような状況では同じような反応や反撥を示す素地《そぢ》がもともと日常の思考の型や生活の中にひそんでいるから、それで羅山や白石や象山のような発想が外国文明のインパクトの下では自然に表面化したのだと思う。

『徒然草』は西暦十三世紀、マルコ・ポーロと同じ時代に生きた吉田兼好が著した書物だが、その第二百四十三段に兼好は得意気を隠さずに、次のように書いているが、その問いつめ方は白石や羅山の問いつめ方とすこぶる似ているように思われる。

八つになりし年、父に問ひて云はく、「仏《ほとけ》は如何なるものにか候ふらん」といふ。父が云はく、「仏には人のなりたるなり」と。また問ふ、「人は何として仏には成り候ふやらん」と。父また、「仏のをしへによりてなるなり」とこたふ。またとふ、「教へ候ひける仏をば、なにがをしへ候ひける」と。また答ふ、「それもまた、さきの仏のをしへによりて成り給ふなり」と。またとふ、「その教へはじめ候ひける第一の仏は、如何なる仏にか候ひける」といふ時、父、「空よりやふりけん、土よりやわきけん」といひて、笑ふ。

形而上のことはさておき、形而下のことでは林羅山は明らかに間違っていた。十七世紀初頭の日本人の地理学的な世界観は朱子学者のそれであったが、林道春と不干斎ハビアンとは『排耶蘇』の中で次のような問答をまじえる。地球図を見て、

春曰く「上下あることとなしや」

干曰く「地中を以て下となす。地上また天たり。地下また天たり。吾邦舟を以て大洋に運漕す。東極これ西、西極これ東。ここを以て地の円なるを知る」

春曰く「この理不可なり。地下あに天あらんや。万物を観るに皆上下あり。彼の上下なしと言ふが如きは、これ理を知らざるなり。……彼、地中を以て下となし、地形を円《まど》かなりとなす。その惑《まど》ひ、あに悲しからずや。朱子のいはゆる天半地下を繞《めぐ》る。彼これを知らず」

干また曰く「南北あり東西なし」

春曰く「すでにこれ南北あらば、何ぞ東西なからんや」
耶蘇者曰く「天は円なり、地もまた円なり」
余謂《おもへ》らく「動あり、静あり、方円あり。物みなしかり。天地を甚しとなす。動く者は円に、静かなる者は方なり。その理かくの如し。もし彼の言の如くんば、すなはち何ぞ方円と動静とあらんや。しかりといへども黙《もく》して識り心に通ずる者にあらずんば言ひ易からざるなり」

しかし日本人の世界観もそれより百年後には次のように修正される。林羅山は朱子学者として理念を先行させたが、新井白石は実際に西廻りや東廻りで西洋人がアジアへ来るという現実に着目していた。『西洋紀聞』の中巻に白石はこう書いている。

大地、海水と相合て、其形円なる事、球《キウ》のごとくにして、天円の中に居る。たとへば、鶏子の黄なる、青き内にあるがごとし。其地球の周囲九万里にして、上下四旁、皆人ありて居れり。凡そ、其地をわかちて、五大州となす。

ただし地球の周囲はおよそ四万キロメートルであるから、九万里という数字は、一里が〇・六五五キロの中国の里で計算しても五割方多い長さとなっている。

## 西暦一六〇〇年の世界

シェイクスピアの『真夏の夜の夢』の第二幕第一場でフェアリーの王オベロンはパックに向って命令する。
「いいか、おまえ、鯨が一里泳ぐより先にここへまた戻ってくるのだぞ」

すると妖精パックはすかさず答える。

「ぼくは四十分以内に地球を一周してきます」

これが林羅山とハビアンが地が円か方について論戦していたころ、ロンドンで書かれた芝居の台詞《せりふ》だった。

シェイクスピアの戯曲に、

I'll put a girdle round about the earth in forty minutes.

などと人工衛星よりも速い地球周航の話が飛び出したのは、ただ単に詩人の空想からだけではなかった。西暦一六〇〇年前後のイギリス人は、当時の中国人や日本人と違って、人間が住むこの地面が球体であることをようやく実感として知り始めていたからである。ポルトガル人のマジェランの一行がはじめて地球を周航したのは一五二二年だが、イギリス人ではドレイクが一五八〇年、はじめて地球を一まわりして英国へ戻ってきた。一五九八年に開かれてシェイクスピアの戯曲を次々と上演したロンドンの劇場が「地球座」Globe Theatreと呼ばれたのは、そのような時代の雰囲気と無縁なことではなかっただろう。

いま西暦一六〇〇年という時点で、西洋の歴史と東洋の歴史を輪切りにしてみると、次の事実が目にとまる。イギリスはエリザベス一世女王の統治第四十三年にあたるが、シェイクスピアはそのころ『ハムレット』を書いていた。明朝シナは神宗の万暦二十八年にあたるが、前にもふれたように、イタリア人のイエズス会士リッチがまさに北京へはいろうとしていた。日本は慶長五年にあたるが、徳川家康《とくがわいえやす》が関《せき》ケ原《はら》の戦いで天下を制した。そしてその同じ年にイギリス人がはじめて日本へ到着し、徳川家康の目にとまり、やがて家康に重用されるにいたる。それがウィリアム・アダムズWilliam Adamsである。十六世紀のヨーロッパの膨《ぼう》脹《ちょう》は一つには宗教改革・反宗教改革の抗争の煽《あお》りで生じた宣教運動から、いま一つは市場を求める商業的要求から生じたといわれる。カトリック側のイエズス会士にふれた後に、それと拮抗《きっこう》する側にあったイギリス側の船乗り商人の話にふれよう。

東西両洋に跨《また》った西洋人のリッチが利瑪竇という漢名を持つように、アダムズは家康から与えられた土地の名と羅針盤《らしんばん》を用いて船を操《あやつ》る航海士の職業にちなんで、日本では三浦按針《みうらあんじん》と呼ばれた。そのような人々の生涯をたどることは、当時の西欧世界と東アジアとを比較考察する上で、ある種の目安となるにちがいない。アダムズはきわめて興味ぶかい英文の手紙を残しているので、それを読むと、エリザベス朝イギリス人と戦国時代日本人の出会いを追体験することができる。

アダムズは、日本史でいえば桶狭間《おけはざま》の合戦《かっせん》の四年後にあたる一五六四年にケント州で生れた。イギリスが世界史に主役として登場するのは一五八八年、それまで西洋世界の覇権《はけん》を握っていたスペインの無敵艦隊をドレイクが率いる艦隊が撃破《げきは》して以来のことだが、アダムズはその海戦に補給船の船長として参加したという。イギリスやオランダの新興勢力は、カトリック系のスペイン、ポルトガルの海上支配の桎梏《しっこく》から脱しようとつとめていたが、一五九八年、オランダは自国商品の市場を新しく開拓するため先導試行の商船隊を南アメリカの太平洋岸へ向けて派遣した。その時五隻からなる商船隊の航海長に選ばれたのがアダムズである。彼が乗ったリーフデ号は結局ペルーの沖から四ヵ月と二十二日の間、一度も陸地に寄らずに北上を続けた。アダムズが後に妻へ宛てた手紙にはその航海のさまが次のように記されている。

私たちが体験した苦しみは悲惨《ひさん》のきわみでした。歩いたり膝頭《ひざがしら》で匍《は》ってゆける人間は十人そこそこしかいませんでした。船長もほかの水夫たちもみな時々刻々《じじこくこく》死を待つ思いでした。一六〇〇年四月十一日、豊《ぶん》後《ご》の近くで日本の陸地を見た時、私たちの中で歩けるのは五人といませんでした。

## 徳川家康の人間像

家康は自分自身でアダムズを「夜半にいたるまで」取調べ、アダムズがポルトガル人と敵対するイギリス人であると知ると、この有能で実直な人物を取りたてて外国情報提供者として使おうとした。アダムズの手紙によれば、西洋諸国の国際関係、貿易事情、宗教問題などでおよそ「彼の質問しないことはなかった」。家康はリーフデ号を堺へ回航させたが、そのことは日本側の『当代記』にも記されている。

去春、船堺浦え寄、是はイギリスと云ふ島船、黒船の敵なりと云ふ。然間、船中に具足、大鉄砲数多これあり、具足は腰より上ばかりなり。内府公（家康）見物し給ふ。上下これを見、さて猩々《しやうじやう》皮以下を売買せしむ……

アダムズがイギリス人であるところから、オランダ船リーフデ号がイギリス船と誤伝されたのだろう。商品としては、ちょうどシェイクスピア劇の舞台に登場する兵士たちが身にまとっているような軽快な甲冑、大小の鉄砲、またオランダ人が売りさばきたいと思っていたにちがいない同国産の毛織物《けおりもの》や羅紗《らしや》などを積んでいた。黄羅紗、黒羅紗、猩々緋などの派手な布地は戦国時代の武士の好みにあい、当時の日本人の審美《しんび》感覚にも必ずや刺戟を与えたにちがいない。実際ルネサンス期のgusto（食欲、美欲、性欲、そしてそれらのすべてを含めた生欲）は安土桃山時代の豪奢《ごうしや》な感覚や嗜好《しこう》と無縁ではなかった。

アダムズは自分と家康の関係については「未知の同国人」へあてた手紙に次のように生き生きと報告している。アダムズには家康からしばしばお声がかかったらしい。

将軍《エンペラー》は私を召し出した。そしてとくにある時、私に小さな船を造るよう仰せ出された。私は「自分は船大工ではありませぬ、造船についての知識も持ちあわせておりませぬ」とお答えしたが、「それでもよい、努力してみよ。たというまく出来ずとも構わぬ」とのお言葉だった。それで御命令を受け、積荷の目方およそ八十トン前後の船を将軍のためにお造り申しあげたが、その船はいっさいがイギリス風に出来ているので、将軍はそれを視察に見えたが、たいそうお気に召し、おかげで私のお覚えはますますめでたくなった。

それで私はしばしば将軍の御前へまかり出るようになったが、将軍は時々私に贈物をたまわり、ついには一年七十ダカットの金額に相当する年俸と、一日二ポンド宛の米を賜った。このような恩恵に浴し、寵《ちよう》愛《あい》を受けた私は、将軍に幾何学について多少の知識を教授し、数学についてはその術をわかっていただくようお教えし、またほかのことについてもお教え申しあげた。将軍は私がお気に入り、しまいには私が御進言申しあげることに将軍が反対なさることはないほどになった。それで私の旧敵のカトリック側の人々はひどく驚きあやしんで、今後はしたしくつきあってくれるよう、私に頼みこまなければならぬ仕儀となった。そして事実、私はスペイン人ともポルトガル人とも、悪に報ゆるに善をもってし、したしく交際したのである。そのようなわけで、生活を安定させる時がくるまで、当初ははなはだ辛く苦しい目にあったが、しかし神は私の努力を嘉《よみ》し給うたのである。

江戸城の奥ふかくで異国の男の手からコンパスを借りながら、家康が幾何学の図形を案じている様を想像すると、『三浦按針伝』の著者の岡田章雄氏もいわれるように、「これまでまるで老獪《ろうかい》そのもののような型の中に押しこめられてきた老将軍が、たちまち近代的な叡智《えいち》に輝きながら、黴臭《かびくさ》い歴史の間から大きく立ちあがってくるような感じ」を受ける人はすくなくないにちがいない。

家康がアダムズをひいきした心中を見通すことは難しいが、イギリス人の日本史家のG・B・サンソムは、日本が朝鮮出兵の際、李舜臣《りしゅんしん》が率いる水軍《すいぐん》に苦戦したことにかんがみ、アダムズの造船技術を買ったのではないかと推測している。日本側の記録によると、アダムズは伊東の浜の川口で柱を敷台として船を造り、なかば船ができた時、砂を掘って敷台をすこしずつ下げ、ついで川尻をせきとめて水を堀の中へ流しこんで船を浮べたといわれる。アダムズが造った船の一艘《いっそう》は、日本へ難破《なんぱ》して漂着《ひょうちゃく》したスペインの高官ドン・ロドリゴ・デ・ビベロをメキシコのアカプルコへ送還《そうかん》するために用いられた。

アダムズや彼と同じようにリーフデ号で日本へ渡来して、後に御朱印船《ごしゅいんせん》の船長として活躍したヤン・ヨーステンも、西東交渉史上に名を残した。東京駅の「八重洲」口はヤン・ヨーステンに由来する名前である。また余談にわたるが、足利の竜江院に貨狄様《かてきさま》として祭られていた木彫像が、実はリーフデ号の船尾像で、十六世紀ヨーロッパの人文学者エラスムスの像であったことが大正時代になって判明した。そのことはホイジンガの『エラスムス伝』の末尾にも言及されている。

## シェイクスピアの同時代人

アダムズについては、このように西東交渉史上の一人物ないしは「お雇い外国人」の系譜《けいふ》の上でも見ることができるが、しかしそれだけでなく、シェイクスピアの同時代人としても見なおすことができる。アダムズが生れた一五六四年はシェイクスピアが生れた年であり、アダムズがロッテルダムから船出した一五九八年はシェイクスピアが『ヴェニスの商人』を書いたと推定される年である。貿易立国を国是としたイギリス人がmerchantという時の語感には、長い間農業国であって、士農工商《しのうこうしょう》の身分秩序によって商人を卑《いや》しめた日本人が「商人」という時の語感にはない、まったく異なる誇らかな響きがあると、明治初年に日本へ来たイギリスの日本学者バジル・ホール・チェンバレンは指摘しているが、アダムズのような人物を念頭に置いて読む時、『ヴェニスの商人』の雰囲気は切実な臨場感《りんじょうかん》をもって理解されるだろう。たとえば、

Your mind is tossing on the ocean.

つまり、君の心は大海の波に揺《ゆ》さぶられているというわけさ。

などという大洋を背景にもつ台詞《せりふ》に始まる演劇は、徳川時代の日本にはなかった。またヨーロッパでも農業立国のフランスのルイ十四世の宮廷の古典劇（十七世紀のコルネーユ、ラシーヌ、モリエールに代表される）にもなかった。それは海洋国家イギリスの市民階級の声だった。第一幕第三場でユダヤの商人シャイロックが「ヴェニスの商人」アントニオを批評する時、舞台の設定はイタリアのヴェネチアであるにもかかわらず、その背後に実体としてイギリスの商船隊の海外発展の有様が感得される。

……トリポリスに一艘《そう》、西インドに一艘、それにリアルトの取引所で聞いた話では、三艘目はメキシコへ、四艘目はイギリスへ出しているとか、いや、そのほかにも持船をあちらこちらにばらまいているらしい。

そして高利貸のシャイロックは「あの男なら間違いはあるまい。三千ダカットか――どうやら証文を頂戴《ちょうだい》しておいてもよさそうだな」とアントニオに金を貸す決心をする。この三千ダカットがいかに巨額であるかは、先の手紙でアダムズが年俸七十ダカットという額を自慢気《じまんげ》に書いていることからも察せられよう。もっともその程度の額を嬉《うれ》しそうに吹聴《ふいちょう》したのは、アダムズが下層階級の出身だったこととも関係しているのかもしれない。

アダムズは十二歳の時からテムズ河口に近いライムハウスへ奉公に出、十二年間徒弟修業をして、造船・

航海・貿易の実務に通じるようになった。オランダ船隊の航海長として指揮がとれるほどオランダ語も使いこなせ、家康の質問には当初はポルトガル語の通訳を介して返答したほどポルトガル語も解し、やがては直接日本語で家康と問答できるようになる。将軍から厚く信用されているこのイギリス人をカトリックに改宗させようとイエズス会士らは盛んに働きかけたが、アダムズはそれに何語によってだろうか、活発に言い返したらしい。イタリア人のイエズス会士で、かつてリッチの同僚として中国へはいったことのあるパジオの手紙には「なかなか元気のある男だった」と記されている。

三浦半島の先の逸見《へみ》村に二百二十石の領地を賜わり、三浦姓を名乗り、百戸ほどの農家の上に殿様として臨《のぞ》み、伝に馬込氏といわれる日本人の妻との間に二人の子供をもうけた。この三浦按針の夫人と子供がイギリス東インド会社のコックス船長を出迎えた時の様は、コックスの一六一六年九月二十六日の日記に出ているが、アダムズは優しい、知恵のある殿様として領民の園芸まで指導したのだろう。コックスは感嘆《かんたん》の念を洩《も》らしつつ逸見村を次のように描いている。

彼の領民の幾人かが私のところへ果物の贈物を届けに来た。オレンジ、いちじく、梨、栗、葡萄などだが、そうした果物がこの土地には沢山ある。

慶長元和《げんな》の昔、三浦半島の丘陵の斜面に西洋風の果樹園があったかのような印象を受けるが、土地では按針の屋敷のことは「安珍屋敷」とか「葡萄屋敷」とかいう名で明治初年まで言い伝えられたという。その丘の上には東面して按針とその日本人の妻の塚が立っているが、江戸時代には日本橋安針町の人々が寛永年間から毎年三月白米三斗をこの塚に供えて法事を営んでき、元治元年からはその慣わしを改めて米の代りに金を寄進《きしん》するようになったという。いまそのあたりは椿やつつじの花さく眺めのよい公園になっている。

## イギリス人の実務感覚

アダムズは日本では家康につかえ、後にイギリス東インド会社のエイジェントのような仕事もした。イギリス使節セーリスが将軍に「大ぶりたんや国の王、居城はおしめした（Westminster）、せめし帝王（King James）」の親翰《しんかん》を伝えようとした際、その通訳の労もとった。また琉球《りゅうきゅう》や安南《あんなん》へ朱印船《しゅいんせん》の船長としてイギリス船を仕立てて航海もしている。イギリスに残してきた妻子を思う情も強かったが、日本でかち得たほどの地位はイギリス本国では望めないと感じていたからだろうか、ついに一度も帰国せぬまま一六二〇年、平《ひら》戸《ど》で亡くなった。

その死を報じたコックスの手紙によると、遺言《ゆいごん》には「自分の財産の半分をイギリスにいる自分の妻と子に、そして他の半分を自分の日本にいる息子と娘に与える」むね記されていた由で、コックスほか一名が遺言執行人に指名されていた。当時のイギリス東インド会社の収益率は非常に高かったので、日本で払いこむと、在英のアダムズ夫人とその娘にはきわめて有利に金が支払われる仕組みになっていた。日本人が一八六〇年になっても為替のことを知らず、咸臨丸《かんりんまる》渡米の際、実際に貨幣を船に積込み、嵐にあって弗《ドル》札貨幣が船内に散乱して難渋《なんじゅう》したことに比べると、十七世紀の初頭に、そのような地球大を蔽《おお》う組織がすでに張りめぐらされていたことに驚かされるが、関係者の配慮《はいりょ》のきめの細かさもまた印象的である。コックスが本社の上司へ宛てたその手紙には、アダムズ夫人が二百ポンドの遺産を一人占めにしてほかの男と再婚するようなことがあれば、それは故人の意志にそむくであろうから、として、コックスはその二百ポンドを百ポンドずつ夫人と娘に等分に渡すがよい、という意見も添えている。イギリス人のそのような実務感覚は、このアダムズらの手紙が保存されて一八五〇年、ハクルート協会の『大航海叢書』に*Memorials of the Empire of Japon*としておさめられ、活字本として公刊された経緯にも看取される。

一八五〇年はペリー艦隊が浦賀《うらが》へ来るまだ三年前だが、当時の日本は、その英語表記がJapanかJaponかまだ確定していなかったほどその実情が海外世界に知られていない国だった。そのような鎖国中の日本に開国を要求することが西洋諸国で話題になった時、西洋列強の知恵者がまず考えたのは、かつて二百五十年前に日本が西洋諸国と交易していたころ、この国の実情はどのようであったか、それを知る手がかりの一つとしてアダムズらの手紙がハクルート協会本におさめられたのである。それはいわば西洋側の『日本紀聞』として、地域研究《エアリア・スタディーズ》の性格をもつものとして刊行されたので、巻末につけられたハクルート協会会員の名簿を見ると、チャーチル家の人々やオランダのレイデン在の日本学者シーボルトなどの名も見える。日本渡航を志すほどの人はアメリカ人のペリー提督もイギリス人の若い学者チェンバレンも、このアダムズの手紙を読んで啓発《けいはつ》されるところがあったにちがいない。

そのような過去の知識や体験の蓄積と学問的・実際的な利用法にも、自分から積極的に世界支配へ乗り出していった近世ヨーロッパの特徴が、かいまみられる。受身的な日本は、新井白石《あらいはくせき》の『西洋紀聞』で明らかなように、自分自身は海外へ行かずとも海外情勢に通じるだけの知的訓練はあった。しかしその『西洋紀聞』の知識を広く公共の用に供することはできなかった。筆禍《ひっか》をおそれた白石は「外人《そとびと》のために伝へむ事、しかるべからず」と家人を戒《いまし》めたが、世界史をリードする立場にあった西欧諸国と、本質的に受身であった国とでは、言論の自由にも学問の自由にもおのずから質的な差異が生じたのは止むを得ないところかと思う。

ところで一八五〇年に出たそのハクルート協会本のRundallの序文は、十年前には中国と阿片戦争《あへんせんそう》を起し、いままた日本の開国を強要《きようよう》しようとしている西洋側の発想を端的に伝えているので、その点からも興味ふかい。後でふれる吉田松陰《よしだしょういん》や新島襄《にいじまじょう》の相手側は、アダムズの手紙を読み、いまの日本の排他《はいた》的な態度を考え、次のような武力干渉の論理を──良心の不安を覚えないでもなかったが──唱《とな》えていた。貿易立国のイギリス人の立場からは日本の鎖国政策がおよそ不可解なものとして映じたのである。

……残念ながら、事態はこの（アダムズが活躍した当時の）ような望ましい状態ではなくなった。十七世紀の中葉以後は「鎖　国《エクスクルーシヴネス》」がこの帝国の政策の一根本方針となったからで、今日の日本政府は（西洋諸国により）ほとんど野蛮未開《やばんみかい》の状態から脱していないものと認定されている。日本政府は凡庸《ぼんよう》で利己的でかつ勝手気儘《かってきまま》であると思われている。なぜなら同政府は、外人にたいしては寛大ならざる措置《そち》を講じて商業活動を通して当然得られるところの利益が手に入るのを妨《さまた》げ、自国人にたいしては、外国人が入国を許可されるならば自国人にたいして喜んでもたらすであろう便利な品々が手に入るのを妨げているからである。

西半球の世論の一部には、そのような性格をもつ日本政府にたいしては力の行使も正当化されるであろうという説をなす人もいる。また世論の他の一部には、絶対的な軍事力の行使を主張する代りに、日本国民にたいする正義と、人類にたいする福祉のために、文明諸国の干渉《かんしょう》や介入《かいにゅう》が早急に必要とされる、という説をなす人もいる。いいかえると、この国に入国を試みた外国人が受けた取扱い方や日本側の処置にたいして日本政府に釈明《しゃくめい》を要求すべきだというのである。そしてその結果として長い間かたくなに閉《と》ざされていた日本の門戸を商人や宣教師にたいし開かせるようにするがよい、というのである。

こうして「文明の名において」西洋列強は日本に開国を強要しにやって来た。そのような外からの開国の強要に対する内からの対応については「幕末維新の渡航者《とこうしや》たち」の章でふれるが、ここでは最後にアダムズを単なる東西交渉史上の人物としてではなく、一つの人間類型として、世界史的な視野の中で、見なおしてみたい。すなわちアダムズを一人のルネサンス人としてとらえてみようと思う。

## ルネサンス人アダムズ

文芸復興期の絵画には、ボッティチェルリの「聖アウグスティヌス」やカルパッチョの「聖ヒエロニムス」などのように、形式上の主題としては聖人の名前を掲げているもののその実質上の内容としてはルネサンス期の学者を描いている図がある。そうした図では、コンパス等の計器類や海図などが非常な愛着をもって精密《せいみつ》に描かれているが、そのような興味のあり方と反比例するかのように、聖人の頭のまわりに描かれる光背《こうはい》は、以前に比べて色も淡くなり、ほとんど目立たぬようになっている。

アダムズはそのような文芸復興期の精神の系譜《けいふ》に連なる人として、天文・航海・造船・言語などの術を覚え、生れは卑《いや》しかったがその能力と努力によってオランダ商船隊の航海長として日本へ来、その人柄と技能とによって家康に重用され、江戸城の大奥で家康に幾何学を教えるにまでいたった。そのようなルネサンス人の精神について『イタリアにおけるルネサンスの文化』の著者ブルクハルトは「個人の発展」の章で、「私の祖国は全世界である」というダンテの言葉を引きながら次のように説明している。すなわち、固定した居住地に束縛《そくばく》されることなく、自由に各地に生き得た人々、そしてそのような境遇で自己の特質をますますのばし得た人々について、ブルクハルトはフィレンツェの彫刻家ロレンツォ・ギベルティの次の言葉を引用する。

> 万事に通暁《つうぎょう》した人は、異郷にあって、友もなく、必要な品や手慣れた物にこと欠くことがあろうとも、なおその国の市民たり得、運命のさまざまな艱難辛苦《かんなんしんく》に平然と対処し得る。

ブルクハルトが引いた言葉は、そのままアダムズの場合にもあてはまる。マジェラン海峡を突破して、途中、難破《なんぱ》で弟を失いながら未知の国日本へ着いたアダムズが、徳川家康の信頼をかち得、自分の地位と力にも自信をもつことを得、しかもそれに安住せず、日本から遠く祖国の人に呼びかけて太平洋側から西洋人のいわゆる「北西航路」（北米大陸の北端を回ってヨーロッパとアジアを結びつけようとする航路）の開発を提唱《ていしょう》する手紙を書いたのを読む時、読者はそこに大いなる水平線をめざしてさらに進もうとする一ルネサンス人の面影《おもかげ》をかいま見る心地がする。アダムズが日本へ来た直後にイギリスの大航海家ハドソンは、マンハッタン——やがてニューヨークの中心となる例のマンハッタンである——を発見し、北進してハドソン川やハドソン湾を発見し、そこに自分の名を留めるのだが、そのころ日本ではアダムズは同胞《どうほう》に来日をすすめながら次のように昂然《こうぜん》と書いていた。

let them inquir for me. I am called in the Japan tongue Angin Samma. By that nam am I knowen all the sea cost allonge.

日本へ着いたらすぐ私のことを問合せてお尋ねください。私は日本の言葉では、「アンジン・サマ」と呼ばれています。その名前で私はこの国の海岸沿いのいたるところで知られているのです。

そのように名も知られ、イギリスの妻に手紙も送ったが、しかしまた船乗りらしく日本でも家庭を持ち、立派な待遇も尊敬も受けた。しかしそれでもアダムズの逸見村や平戸《ひらど》における生活は必ずしも幸福なものではなかったのだろう。故郷宛の手紙に、子供がはじめのうち複数で記されていたのに、それが後に単数に変ったのは、イギリスから子供の死を告げる手紙が届いたからではあるまいか。彼の奇妙に雅趣《がしゅ》に富む英文の手紙は、異郷にありながらも、自己の能力をよく生かして、人間として品位ある生活を送ったアダムズの人柄や、十七世紀初頭の西洋人と日本との出会いの様を伝えてまことに貴重な証言であると思われる。

## 身分制と個人的才能

アダムズが、望郷《ぼうきょう》の念を抱きながらも、ついに祖国イギリスに帰らず日本で亡くなったのは、先にもふれた通り、英国へ帰っても自分が当時日本で受けていたほどの好待遇を期待できなかったからであるといわれる。日本でもイギリス東インド会社に勤めることについて給金の件で衝突《しょうとつ》しているから、その推測はおそらく当っているのであろう。

ところで近代国家の出現とともに問題となってくるのはまさにそこに示されている矛盾、すなわち従来の身分制とは異なる形での立身出世の問題だろう。豊かな才能に恵まれながら、生れが卑《いや》しかったために自己の望みを果すことのできない人びとの不満が、フランス革命の前夜のフランスでは知識人の反抗となってあらわれ、またそのような才能を体制内に吸収することを得た国々は、十九世紀に国民国家として非常な発展をとげることとなる。マッテオ・リッチやウィリアム・アダムズなどの個人を通して西暦一六〇〇年前後の西洋と東アジアを観察した後に、次章では試験制度という人材登用の制度（インスティテューション）に着目し、その歴史を鳥瞰《ちょうかん》して、西洋文明圏と儒教文明圏の発達の度合や、両者の間の相互刺戟の様子を探ってみよう。一つの文明が他の文明へ影響を与えるという現象は、なにも思想の面に限定されるわけではない。文化交流を取扱う学者の間には書物主義とでも呼べるような書籍に代表される思想のみを偏重《へんちょう》する傾向があるが、東西文明の接触の初期には、四書五経の思想がそのまま西洋へ伝えられてパリやロンドンの哲学者の思想内容に変化をもたらした、というような純粋に思想的次元での影響関係はなかった。一般に外国文明の影響という現象については、その総体について考えてみる必要がある。ある文明の一哲学者の特定の思想が他文明の一文芸家の作品に投影《とうえい》しているというような現象を追跡《ついせき》することは興味ふかい操作《そうさ》だが、しかしそのような個々別々の影響関係の痕跡《こんせき》を追跡できるのは、文明間の接触がよほど緊密化してから後のことである。それ以前の段階では、外来思想の内在的な価値による影響の自己運動を認めることは難しい。

しかし外国産の制度が移植される、ということは広義の思想の伝播《でんぱ》ではないだろうか。たとえば、試験制度による人材の抜擢《ばってき》という制度には、その背後に人間の能力と社会的地位についての一つの哲学があると考えてもよいはずである。そうだとすると試験制度の移入のようなことにも、個々の書物の影響の範囲をはるかに越えた、深く広い思想史的影響というものが認められるのではあるまいか。次の章ではリッチによって西洋へ紹介された中国起源の科挙《かきょ》の制度の命運を広く東西両洋にわたって探ってみる。リッチはキリスト教を宣布《せんぷ》するために中国へ来たが、そしてその同じ目的のために中国事情を西欧へ報告したが、その報告書は、やがて皮肉にも「キリスト教がなくても文明国は存在し得る」という、キリスト教にたいする反面教師としての中国像を提出することにさえなるのである。その中国文明の一所産としての試験による人材登用《じんざいとうよう》制度の意味を世界史的に観察してみよう。今日の中華人民共和国の当事者も適切な解決手段を見いだせぬままに悩まされている試験制度の功罪は、歴史的に見ればいったいどのように評価されるのだろうか。

# 2　東西両洋の試験制度
## ――勤勉の伝統と近代化の起動力――

### 平安朝日本の科挙の制度

アジアの二大文明社会を代表したインド社会と中国社会の差はなんであったろう。前者がカーストの社会であるなら、後者が科挙《かきょ》の制によって選ばれた官僚によって支配された社会であったことに、その特徴的な差違《さい》が認められはしないだろうか。

シナの官吏登用試験の起源は古く、西暦五八七年、隋《ずい》の文帝の時代にさかのぼるといわれている。この試験制度は日本には西暦八世紀のはじめに制度としては輸入されたが、大宝令《たいほうりょう》における定めにもかかわらず、秀才の試験は実際にはきわめて難しく、応ずる者も少なく、慶雲から承平にいたる二百余年間（七〇四―九三八年）にわずかに六十五人しか出なかったといわれる。科挙のような官吏登用の試験制度は、官僚統治が行なわれていた唐代シナと、貴族政治が行なわれていた藤原《ふじわら》時代の日本では、おのずから意味が異なってくるのである。外来制度の直輸入は、社会的背景を異にする時、その起源の国と同じように機能するはずがない。それは第二次世界大戦後、アメリカの教育制度が日本へ直輸入されたが、社会的モービリティーの激しいアメリカ社会を背景とするアメリカの大学と、終身雇用《しゅうしんこよう》制度を旨とする日本社会を背景とする日本の大学とでは、同一の教育体系であるにもかかわらず、運用の実体が甚だしく異なるものとなってしまったことと軌を一にする現象だろう。

そしてその際、外国の大学を理想に掲げて日本の大学の現状を非難する知識人が今日いるように、平安時代にも中国の試験制度を理想として日本の現状を非難する知識人がすでに現われていた。藤原氏に属していないために立身出世することのできなかった人々は、菅原道真《すがわらみちざね》にせよ、「日本国は賢才を用ゐる国にあらず」と渤海人《ぼっかい》にいわれたという大江朝綱《あさつな》や大江匡衡《まさひら》にせよ、三善清行《きよつら》にせよ、試験制度が公正に運営されないことを口惜《くや》しがったに相違ない。善相公清行は延喜《えんぎ》十四年（九一四年）、醍醐天皇《だいごてんのう》の詔《みことのり》に応じて政治上改革すべき点を十二項目指摘したが、その『意見封事意見十二箇条』には次のような条がある。

一請レ加二給大學生徒食料一事
……於レ是博士等毎レ至二貢擧之時一唯以二歴名一薦レ士、曾不レ問二才之高下、人之勞逸一、請託由レ是間起、濫吹爲レ之繁生、潤二權門之餘唾一者……

試験に際して名門の子弟のみを合格させ、「かつて才の高下、人の労逸を問はず。請託《せいたく》これによりて間起し、濫吹《らんすゐ》これがために繁生す」。請託とは権力のある人に乞《こ》い願って私事を頼むことであり、濫吹とは才能なくしてその位にいることで、その原義は今日のいわゆる「無闇《むやみ》に吹くこと」であるという。試験制度が公正に運営されないために、五、六歳で文章生に補される者も出、十四、五歳で対策するような例もあったというが、そのような「権門の余唾《よだ》を潤《うるほ》す」様《さま》に三善清行は批判的だったのである。

しかしそれでも、公正とはいえないにせよ、日本でも試験が行なわれていたことは『源氏物語』の「乙女」の巻にも詳しく記されている。その一節を引用すると、

二月《きさらぎ》の廿日《はつか》あまり、朱雀院《すざくゐん》に行幸あり。今日は、わざとの文人《もんにん》も召さず、たゞ、その才賢《ざえ》しと聞えたる

学生、十人を召す。式部のつかさのこゝろみの題をなずらへて御題賜ふ。大殿の太郎君の心見、賜ふべき故なめり。臆だかきものどもは、ものも思《おぼ》えず、つながぬ舟《ふね》に乗りて、池に離れ出でて、いと、すべなげなり。日、やう〱くだりて、楽の舟ども漕ぎまひて、調子ども奏する程の山風、ひゞきおもしろく、吹きあはせたるに、冠者《くわざ》の君は、かう、くるしき道ならでも、まじらひ遊びぬべきものをと、世中うらめしうおぼえ給ひけり。……かくて、大学の君、その日の文《ふみ》、うつくしう作り給うて、進士《しんじ》になり給ひぬ。年積《つ》もれる、かしこき者どもを、選《え》らせ給ひしかど、及第の人、わづかに三人なんありける。

与謝野晶子訳によるとその条《くだ》りは次のようになる。

二月二十幾日に朱雀院へ行幸があった。今日は専門の詩人はお招きにならないで、詩才の認められる大学生十人を召したのである。これを式部省《しきぶしょう》の試験に代えて作詞の題をその人たちはいただいた。これは源氏の長男のためにわざとお計らいになったことである。気の弱い学生などは頭もぼうとさせていて、お庭先の池に放たれた船に乗って出た水上で制作に苦しんでいた。夕方近くなって、音楽者を載せた船が池を往来《おうらい》して、楽音を山風に混ぜて吹き立てているとき、若者はこんなに苦しい道を進まないでも自分の才分を発揮《はっき》させる道はあるであろうがと恨《うら》めしく思った。……源氏の公子はその日の成績がよくて進士になることができた。碩学《せきがく》の人たちが選ばれて答案の審査にあたったのであるが、及第は三人しかなかったのである。

これは詩賦《しふ》を試みた例だが、文題を賜《たま》わって文章を作る例は平安朝中期の『宇津保物語』にも次のように記されている。「ふねにのせられていでたり」とあるのは「放島の試」が行なわれたからである。

かくてことはじまりて、文人ども題たまはりて、かんだちめ殿上人文人どもぶんだいにふみたてまつる、するふさこゝろみのだいたまはりて、ひとりふねにのせられていでたり、すなはちおもしろきふみつくれり、進士になされて、方略のせんじくだりぬ。

このような一節を読むと、平安朝の日本でも試験制度がまがりなりにも運用されていたように感じられるが、しかし『百寮訓要抄』の大学寮についての記述には、

今はかやうの事、あともなく、あさましき事也。

と大学寮が衰微《すいび》して寮試などが行なわれなくなったことを歎く記事も見られる。ルース・ベネディクトは、どのような材料に基いたのか知らないが、『菊と刀』の中でシナと日本における試験制度の機能の相違を次のように指摘《してき》している。当を得た指摘というべきだろう。

日本ではシナのカーストのない社会組織を作り出すことは、シナ文明を輸入したその当初からできなかった。日本で採用された官位や職名は、シナでは科挙という国家試験に及第した行政官に与えられたものであったが、日本では試験なしに世襲《せしゅう》の貴族や封建領主に与えられたのである。それらの官位や職名は日本ではカースト制度の一部となってしまったのである。

同じ漢字文明圏の中でも、言語的には日本に近いにもかかわらず地理的に中国に近い朝鮮では、科挙の制

はより厳密に制度化された。その制度が朝鮮半島にはいったのは西暦七八八年で、貴族主義的な傾向の強かった新羅《しらぎ》の人々の間では科挙の制度はうまく機能しなかったが、高麗《こうらい》時代にも李朝時代にもこの制度は伝わり、とくに李朝の太祖李成桂は王位簒奪《さんだつ》の翌年（西暦一三九三年）、科挙の制をより完成した形で再び制度化することによって官僚統治の基を築いたといわれる。

中国の場合との相違点は、個人の能力に基づく選抜《せんばつ》制度でありながら、朝鮮では両班《ヤンパン》階級の子弟しか受験できなかったという選抜母胎の階級幅の狭さがあげられる。試験科目は中国の場合と同様、中国の古典、中国の歴史、中国の文章だったが、これは朝鮮人にとっては要するに外国語で自己表現をすることであり、そのような知的訓練は周辺文化の国にありがちな他華思想——文化の源泉は自国になくよその国にあるとする態度——に拍車をかけたことと思われる。しかし李朝が世界史でもっとも長いといわれる五世紀に及ぶ官僚統治の形態を維持することができたのは、この試験制度のお蔭なのかもしれない。

金邁淳の『洌陽歳時記』（邦訳、平凡社東洋文庫）によると、済州島《さいしゅうとう》から冬の寒い日に柑橘《かんきつ》類が貢納品《こうのうひん》としてソウルへ届けられると、国王はこれを成均館《せいきんかん》の学生たちに頒《わか》ち与え、国王が親しく科題を出して科挙試を行ない、成績首位者に賜第の資格を与えたという。試験に通り官吏になることは栄達の道であったから、新年に年少の友にあえば、

「今年は科挙に及第するように」

と挨拶して、たがいに新春を賀した由である。『春香伝』は十八世紀末、李王朝第二十一代英祖王の治政の後半に出た韓国の古典だが、そのきわどい「初夜」の章で春香が若様に向って、

科挙に及第されるのを踏み台になさって
まずは翰林《かんりん》学士を振り出しに

副承旨、左承旨を経られて
正三位の都承旨になられたら
御前堂上のお方となられます。
次に八道の長官を勤められ
右議政、左議政、領議政となられるお方、
わたしのお方、いとしいお方。

と歌う条りがあるのは、玉《たま》の輿《こし》を夢みる女心をうつしたものであろうが、同時に科挙に基盤を置く官吏制度が、その腐敗《ふはい》した面をも含めて、広く深く定着していたことを示すものだろう。

## リッチが報告した科挙の制

中国で発達した科挙の制は、弊害《へいがい》も伴ったが、しかしやはり文明の一大偉観であった。西洋人で科挙の制度が中国の政治や道徳にたいして持つ重要性にいちはやく気づいた人は明末シナに入国し、一六一〇年北京で五十八歳で亡くなったイタリア人のイエズス会士マッテオ・リッチで、彼はその『報告書』第一巻第五章に科挙の制について詳細に書いている。

シナの政治について語るには、まずシナで行なわれている文科系の学問とそこで与えられる種々の学位について言及しなければならない。この学問と学位とがシナ統治の根幹《こんかん》をなしており、その点シナは世界の他の諸国と著しく異なっている。この国については哲学者が国王であるとはいえないまでも、少なくとも国王が哲学者たちによって指導されているとは確言できる。

リッチがローマのイエズス会本部へ宛《あ》てた科挙の制についての報告は、中国側の文献を凌《しの》ぐほど微《び》に入り細《さい》を穿《うが》ったものだが、その一例として貢院《こういん》（試験場）の叙述がある。今日のパリには試験専用の建物があり、数百名を収容できる大部屋がある。それにたいして明末の試験場は個室から成っていた。個室から成ってい て、しかも総数二万人の受験者を収容できる貢院も南京にはあった。まさに世界無比であり、そのような施設に比べると、平安朝日本の船上の詩賦や放島の試は、貴族の遊びや飾りのような感じとなってしまう。秀才の学位を与えられた者がその次に三年に一度受けることのできる挙人の試験についてのリッチの報告を引いてみよう。

各省の首府にはとくにこの試験用に館が築かれているが、巨大な建築物で、周囲を高い壁が囲み、中に数多くの室がある。それは試験官たちが中で作文の審査をするためで、外界からは隔離《かくり》されているが快適な室である。館の中央に大きな中庭があり、そこには四千以上の房というか小屋が設備されている。その中には人間一人と小机一つと椅子一つとしかはいらない。そして房にはいった受験生はたがいに口をきくことも顔をあわすこともできない。宮廷から派遣されて省の首府に着いた二人の試験委員長も他の試験官も、試験の最中は外部の者とは無論のこと、たがいの間でも口をきくことは許されない。この建物の中で各自自分の部屋に閉じこめられている。そしてこの試験の間中、館の周りには昼夜をわかたず厳重《げんじゅう》な張番《はりばん》が立つ。それは口頭であれ文書であれ、内部の者が外部の者と、あるいは外部の者が内部の者と通ずることを警戒しての措置《そち》である。

この（挙人の）資格授与のためには三日にわたり三つの試験が行なわれる。それは各省を通じて陰暦八月の九日、十二日、十五日と定められており、試験は朝から夜まで行なわれる。建物の入口はすべて閉めきりになるが、市の負担で当日は軽食が中にいる全員に与えられる。その食事は前日に準備されたものである。秀才が試験場に入る際に持ち込みを許されるものは、二、三本の筆、墨、硯、下書用および清書用の紙で、それ以外の書物などの持込みのないよう入念に検査される。服の中や筆や墨の中まで調べられる。もしなにか本とか書いたものが見つかると、単に試験場立入りが禁止されるだけでなく厳しく処罰される。

全員が試験場に入り、門が閉ざされ、門が封印されると、第一日には北京から派遣された試験官が四書から随意《ずいい》に選んだ句を三つ公表する。それについて受験生はみな三つ作文を書かなければならない。ついで試験官は五経の一つ一つからそれぞれ四つの句を公表する。秀才は自分があらかじめ受験準備してきた五経の内の一つから出た四題について四つの作文を書かなければならない。この合計七つの作文を見事に書きあげて、内容も秀逸《しゅういつ》で、修辞上の諸規則にもかなっていなければならない。使用した漢字もきっちり五百字でなければならず、それより多くても少なくてもいけない。この漢字五百字は西洋の五百語にほぼ相当する。

第二日も第一日と同じ要領で中に入って閉じこめられる。古代の歴史に起こったさまざまの事件が問題として出るが、それについて三つの答案を書き、その事件にたいする自分の見解と、その際国王に具申《ぐしん》して取るべき処置を書く。

第三日には公職在任中に起こるかもしれない三つの係争等の場合が問題として出るが、受験生はそれについて、そうした場合に下すべき判決文を三つ答案に書く。

秀才はめいめい作文の題を写すと、試験官によって割当られた房に入り、誰とも口をきかず作文の下書を書く。ついで清書用にできた折本にそれを書き写す。その終りに自分と父と祖父と出身地名を書き、それを誰も見も開きもできぬよう糊《のり》で貼ってから答案を試験委員に提出する。委員はそれを受取ると、あらかじめ用意して建物の中へ入れておいた写字生に命じて朱で答案を直ちに別冊へコピーさせる。答案は委員の手許に保管され、この写しだけが試験官に渡される。両方には照合用の番号がふってある。作文を書いた本人が誰であるか試験官にわからないようにという配慮《はいりょ》で、こうしてあれば筆蹟《ひっせき》からわかるということもないのである。

外部から来た試験官は第一次審査でこの作文全部を詮衡《せんこう》し、悪いもの、出来ばえの良からぬものは捨てて、挙人採用予定者数の二倍だけ選び出す。であるから挙人予定数が百五十名の省なら、出来の良い方から三百の答案を選び出す。予定数が九十五名の省なら百九十の答案を選び出す。そしてその作文を北京から派遣された二人の試験官の部屋へ届ける。するとこの二人がその倍の作文中から挙人予定者の数だけ良い作文を選び、かつ出来の良い順に並べる。というのも成績順位が一位であるか下位であるかによって書いた人が受ける栄誉《えいよ》にも実益《じつえき》にもなにかと差が出るからである。それが決まると試験官は他の委員と一緒になって写しを原文と照合し、原文の名前の部分を開く。そしてその氏名を大きな表に成績順に書いて陰《いん》暦《れき》八月の末に公表する。その際、官吏や挙人の資格を得た本人、親戚、友人が集ってお祝をする。

このような細部にわたった具体的な説明には迫力があり、今日の日本人が読んでも驚嘆《きょうたん》の念《ねん》を禁《きん》じ得ないものがある。行きとどいた試験制度の背後にある公平の観念や人材登用の思想や、この試験を運営していく行政力——そうしたことすべては十七、十八世紀のヨーロッパ人にとってショックであったにちがいない。

もっともルネサンス期のイタリアで一五五二年に生れ、ローマでクラヴィウスについて自然科学の教養も身につけたリッチは、シナにおける道徳主義的権威主義の弊《へい》にもいちはやく気がついていた。数学、医学、武芸などについても文科挙で位を得た官吏が試験委員になり、数学者、医者、軍人などは関係しない。「これは西洋人にはいかにも奇妙な印象を与える。この王国で文官が有する信用は大したもので、文官は自分の専門でない事柄についても正しい判断が下せると思っているらしい」

## 西洋世界の試験制度

中国を中心とする東アジア文明圏での試験の実施状況がそのようであったのに対して、ヨーロッパ文明圏での試験の実際というのはどのようなものであったのだろう。漢字文明圏では筆記が試験の中心であったのに反し、西洋世界では、今日にいたるまでその傾向が顕著だが、口述試問が試験の中心となっていた。十四世紀のはじめに書かれたダンテの『神曲』天国篇二十四歌、二十五歌にもその口述試問のさまは生き生きと描かれている。

ちょうど学士が、黙々と教授の質問を待ちながら、
結論を引き出すためでなく、
反論のための心積りをするように、
私は、相手が話している間から、あらゆる理屈を並べて心支度をした、
この種の審査でこの種の試験官に即答するための用意だった。

口述試験が早くから発達していたのに反して筆記試験の発達ははるかに遅れた。英語でexaminationという言葉が「試験」という意味ではじめて用いられたのは一六一二年であるという（*The Shorter Oxford English Dictionary*による）。この年はリッチの死後二年目にあたる。イギリスのケンブリッジ大学で筆記試験が行なわれるようになったのは、数学が一七四七年、古典学が一八二一年、精神科学と自然科学が一八五一年、法律と歴史が一八七二年であるという。一八七二年は日本暦の明治五年にあたる。いまでは日本でも使われているexamination paperとかexamination questions and answersといった英語表現も十九世紀にはいっ

てからできたのである。

ところでこのような西洋の学内における筆記試験や公務員の試験による選抜制度の確立には、その背後にひそむ機会均等《きかいきんとう》、人材登用《じんざいとうよう》の理念をも含めて、東洋の科挙制度がなんらかの影響を及ぼしているのではないだろうか。同一の儒教《じゅきょう》文明圏の内部では、中国の科挙の制度は意識的に日本や朝鮮へ移植された。貴族政治の藤原時代の日本ではその制度は形骸《けいがい》化して、封建時代の成立とともにまったく姿を消した。それに反して朝鮮で科挙は李朝五百年の官僚統治を支える制度となった。試験制度は歴史における一つのリトマス試験紙のように、受容国の社会背景に応じて異なる反応を呈したのだった。

そのような東アジアに起源する科挙の制度は、文明圏を異にする西洋世界へは制度自体として導入されたことはなかった。しかしリッチらの報告は、理想化されて受取られ、そのために心理上いわゆる刺戟伝播《しげきでんぱ》を起こした跡は認められる。外来の思想や制度が輸入されて影響力を及ぼすか及ぼさないかは、思想や制度に内在する力によるよりも、受容者側の社会的背景に左右される場合が多いのだが、それでは近代西洋は試験制度とその理念にたいしてどのように反応したことだろうか。西洋と東洋の文明史的な関係は必ずしも一方通行的なものとは限らない。東西両洋の間の微妙《びみょう》な相互作用の一例として、儒教文明圏に起源したこの制度の西漸《せいぜん》や逆東漸の跡を引続きたどってみよう。

一六二一年にロンドンで初版が出たロバート・バートンの*Anatomy of Melancholy*に次のような一節がある。

シナ人は哲学者や博士たちの間から行政官を選ぶ。シナ人で政治に携《たずさ》わる貴族は精神的貴族であるような有徳の人々から選ばれる。昔のイスラエルと同様、生れつきの貴族ではなく役職ゆえの貴族なのだ。その職務は自国を守り自国を統治することで、今日のイギリス貴族の多くがするよう、鷹狩、狩猟、飲食、賭博《とばく》に打興《うちきょう》じるためではない。シナでは、老師、官僚、文官、挙人など自分自身の価値によって立身した者が貴族なのであり、かれらだけが国を統治するのに適していると考えられている。

どこの国でも自国の社会政治体制を批判するために外国の例を模範《もはん》として掲げる行き方は知識人がよく使う技巧《ぎこう》だが、バートンもイギリスの現状に不満で中国の例を引いたのである。十八世紀にはいるとこの種の主張はイギリスではウィリアム・テンプル、サミュエル・ジョンソン、アディソン、ゴールドスミス、フランスではヴォルテールによって支持される。いま代表的な見解を選んで掲げると、一七三一年、バッジェルはこう書いている。

一国の栄誉あり利権のある地位は、すべてその地位につく人の真実の価値《メリット》にたいする報酬として与えられるべきだ。国家を立派に統治しようとする限り、この原理は遵守《じゅんしゅ》されるべきだろう。もし近代の政治家で、このメリットの原理はそれ自体は立派だが、イギリスのように人口の多い大きな国では実現不可能だと思う人がいるなら、お知らせしたい。というのはこの原理は、いまこの時刻にも、世界最大で人口がもっとも多く、しかももっとも見事に統治されている国シナにおいて、きちんと遵守されているからだ。

一七三三年、イギリスの代表的な雑誌『ジェントルマンズ・マガジン』にはシナに関する記事が出たが、その中にも、

分別のある人は自己にたいする評価は筆記試験によってのみ下されることを望んでいる。……諸家の意見によると統治《とうち》の術にかけてシナ人に及ぶ国民は他にないといわれている。シナ人の名誉や称号は世襲《せしゅう》的でなく、シナの文官は年に一度首府で選抜されるのだという。

一七七五年ロンドンで出た*The Chinese Traveller*には、シナの競争試験制度の効能が次のように要約されている。

一、青年はとかく怠惰《たいだ》のために堕落《だらく》するものであるが、試験制度があると、常に勉学にいそしむ結果、正道を踏みはずすことがない。
二、勉学は才気を養い、知恵を磨《みが》く。
三、あらゆる職は有能な人材によって占められる。役人につきものの貪欲《どんよく》や情実《じょうじつ》から生ずる不当不正は避けられないにせよ、少なくとも無知無徳義から生ずる不当不正だけは減るにちがいない。
四、世襲制と違い、地位が任命制となるから、皇帝は地位にふさわしくないと思われる役人を公正に免《めん》職《しょく》することができる。
五、…………

これらの一連の親中国的発言の中で、影響力がとくに強かったのはフランスの啓蒙思想家ヴォルテールだろう。ヴォルテールはシナ語も習わず、清朝シナの行政の実際を見たわけでもないが、フランス読者層の遠国崇拝《すうはい》の心理に乗じ、自国の現体制批判として、次のような発言を繰返したのである。一七五六年の『風俗試論』でヴォルテールは次のように中国礼讃を行なっている。

人間の精神はこのシナの統治機構以上に秀れた統治機構を案出することはできない。シナでは万事が複数の大裁判所によって処理されるが、各裁判所の間の上下関係はきちんと整備されており、しかもその裁判所の構成員は、何度にもわたって行なわれる厳正《げんせい》な試験に合格した人だけが採用される。

三権分立の近代西洋と違って、シナの役所は裁判と行政の二つの事務を兼ねていたから、シナの役所は裁判所（tribunal）という言葉で西洋へ伝えられたのである。なおヴォルテールと反対に、シナの専制を批判した思想家にモンテスキューなどがいる。

## 民主主義と試験制度

ある思想家の教説が他国に影響を及ぼす場合ほどはっきりと意識されていないにもかかわらず、その種の個別的な影響関係以上に永続的な幅広い効果をもたらすものとして、制度自体の輸入があげられる。近代西洋から明治日本が取りこんだ諸制度としては、選挙、議会、警察にいたる政治的諸制度、徴兵制《ちょうへいせい》、義務教育、公私の経済活動など数多くをあげることができる。そのようにして西洋起源の諸制度が日本をはじめとする非西洋の国々に影響を与えたのだとするなら、時には逆に東アジア起源の制度で西洋世界に影響をおよぼしたものはないのだろうか。そのような観点から見てゆく際に浮びあがったのが試験制度だった。

欧米諸国が公務員の採用や上級学校の入学の際に競争試験を行なうようになったのは、ヴォルテールも死んで後の十九世紀にはいってからのことである。旧体制下で立身出世の問題について不満を覚えた新興の知識層が、身分や出生の差別よりも個人の能力に重きを置くように見えたシナの科挙の制度に惹《ひ》かれたのは当然で、試験による選抜《せんばつ》は民主主義を裏づけるものとして理解されたのであった。しかし西洋諸国における試験制度の採用は、単にシナの制度の影響や輸入として説明されるべきではない。市民階級の擡頭《たいとう》にともない英仏諸国の内部でおこってきた民主主義的選抜法を求める声が、科挙の制に一つのモデルを見つけた、ということなのだろう。影響を受ける、ということはしばしば自己発見なのであり、影響や刺戟伝播は、それを受入れるだけの下地のないところには普通拡まらないものである。

フランスで中央集中制の教育制度が整備されたのは、フランス革命後のナポレオン時代だが、日本の旧制一高に相当するような、エコール・ノルマル・シュペリュールは一七九四年に創設された。それは厳格な競争試験により一学年度に文科生四十名、理科生四十名だけを選抜採用しているエリート校で、ロマン・ロラン、ペギー、ジロドゥー、サルトルなどの作家、思想家、ブリュム、ポンピドゥーなどの政治家もこのエコール・ノルマルの出身者たちである。ドイツの比較文学者クルティウスは『フランス文化論』の中でとくに一章をこの学校のためにさいているが、それほどフランスにとって重要性のある学校なのである。それでは日本と違って、社会階級の差が今日なお歴然《れきぜん》と残っているイギリスの場合はどうであろう。孫文《そんぶん》は『建国方略』中の「民権初歩」の中でおおよそ次のように述べている。

現在、西洋諸国の公務員試験は主としてイギリスの例にならっているが、その歴史をさらにさかのぼると、イギリスの公務員試験制度は中国の例にならったものだということがわかる。中国の試験制度が世界最古で、しかももっとも完備した制度であった、と信ずるに足る証拠は十分あるようである。

啓蒙家孫文の発言は、必ずしも厳密《げんみつ》な学術的吟味《ぎんみ》を経たものではないが、しかし十九世紀の中ごろ、シナの科挙の制度を例に引いて公務員の競争試験制度の採用をすすめたイギリス人は実際、何人もいた。清国で長い間勤務した体験のある外交官トマス・テイラー・メドウズは一八四七年に出した『シナの政治と民衆についての雑話』の中で「シナ帝国が長く続いてきたのはひとえに有能な人材を抜擢《ばってき》するという善政のお蔭である」と主張し、イギリス帝国の行政部の能力を高めるために公務員試験制度を提唱した。〈some well-digested system of local and metropolitan general examinations, for all British subjects, like that which has existed with little variation in

China for the last thousand years.〉ただし科挙の制から取るべきはその原理であって細部の詳細ではないと注意した。当時のイギリスでは依怙贔屓《えこひいき》による官吏任命に伴う腐敗《ふはい》やクリミヤ戦争に際しての国民の不満、一八四八年の革命の余波などもあって、一八五五年に公務員試験制度が制定されるのである。議会で賛成演説を行なったマコーレーに対し、反対派からは「イギリス人がシナから教訓《きょうくん》を学ぶ必要があるとイギリス人は考えていない」という反論も出た由である。『英国史』の著者モーロワは、十九世紀におけるイギリスの成功の一因をイギリスの優秀な国家公務員のせいに帰したが、モーロワによると党派的争いに捲《ま》きこまれることなく政府に仕え、国家的伝統の継続性を維持する官吏が生れたのは、ひとえにこの試験制度のお蔭であるという。

もっともこの試験制度にたいする悪口は西洋でも盛んである。これは落第体験者の方が落第体験の無い者より数の上では多いのだからそのような悪口が出るのは当然ともいえる。パリのラミロー書店で出した『大百科辞典』の「試験」の項目は、

今日試験を悪くいい、このシナの制度に反対する声はすこぶる高い。悪様《あしざま》にいうのが流行である。

という書出しに始まっている。試験制度を非難した人は保守派にも進歩派にもいたので、革命嫌いのブリュンティエールは、

シナ思想に基づくフランス革命を私は好まない…… フランスの教育体系は革命によって作りかえられ、その教育原理はシナを崇拝礼讃《すうはいらいさん》する哲学者たちによって確立された。それは試験による競争万能で、生徒たちの好みは全く無視されている。

と非難している。

しかしフランスでは試験制度の肯定者もまた強力な発言力を持っている。民主主義は身分や生れの如何《いかん》を問わず、各人の能力に応じて人材を登用するのが建前だから、公平で内容の充実した試験こそが文治主義のデモクラシーを裏づける制度といえる。フランスが大革命の後に、競争試験制度を採用した際、シナの科挙の制を直接見ならったという証拠は別にない。しかしリッチらによって詳しく紹介され、ヴォルテールをはじめとする十八世紀の啓蒙思想家たちが称揚したシナの官吏採用《マンダリナ》試験制度がフランスの当事者の意識にのぼってはいたのだろう。それだから試験制度に反対する保守派のブリュンティエールは「シナの制度」と貶《おとし》め、急進派のボーヴォワールは、彼女自身が数々の競争試験を通過してきた女であるのに、インテリの自《じ》虐《ぎゃく》趣味もまじって、試験合格者たちを「マンダラン」と呼んだのだった。mandarin《マンダラン》は科挙で選ばれたシナの官吏という原義だが、ボーヴォワールが自分の小説を『レ・マンダラン』と名づけたのは次のような意味においてである。彼女はフランスの女子学生としてはもっとも選ばれたコースであるセーヴルのエコール・ノルマル・シュペリュールを出、男子のエコール・ノルマル・シュペリュールを出たサルトルと結ばれた。彼も彼女も高等教員資格試験を優秀な成績でパスしている。それだからボーヴォワールは数々の試験を通過して、フランス社会の幹部《カードル》を構成している自分の周辺の人々を描く際に「レ・マンダラン」と呼んでみたのである。その呼び方には無論皮肉がこめられているので、試験合格者にはそれなりの誇りがあるが、やがて既成秩序の中へおさまって官僚化してしまうからである。しかしもし試験によらずに官吏の任用が行なわれ、本人の能力によらず人事がコネクションによって左右されるとするならば、それこそ民主主義の原理に逆行することになる。だとすると問題点は、試験制度そのものの否定ではなく、試験内容の改善ということになる。

## 「文柄を取る」

およそ試験のプログラムの内容は一国の青年男女の知的努力の方向を決定する。もし日本の大学の入学試験に英語の書取りが行なわれれば、高等学校以下の英語教育でもヒヤリングや会話に重きが置かれ、外人教師なども配置されるようになるだろう。それに反して昭和前期の日本の陸軍の諸学校のように、試験の際に外国語が占める比重を小さくすると、その傾向は学校内に偏狭《へんきょう》な軍事的国家主義の隆盛《りゅうせい》を招くようになるかもしれない。試験の内容は、科挙以来の由緒ある表現を借りれば「文柄《ぶんぺい》を取る」。試験制度による人材登用こそが民主主義の保証であるなら、試験内容の改善と充実に当事者は常につとめなければならず、世論もまたこれを監督しなければならない。

欧米の大学で論文審査《しんさ》や口述《こうじゅつ》試験が公開の席で行なわれ、時には審査光景が新聞の記事となるのは、開かれた大学を志向しているからである。論文審査の際に試されるのはけっして論文提出者だけではない。審査する側もまた公衆によって間接的に評価されているのである。また一般に試験だけの秀才というのがフランスでは比較的に少ない事実、いい換《か》えれば、総合的な考査の結果と受験者が将来発揮《はっき》する実力との間に高い相関関係がある事実も注目に値しよう。サルトルやボーヴォワールのような思想家や作家が、哲学の高等教員資格試験を一番で通った、二番で通った、ということが話題にのぼるのは、充実したフランスの試験制度を背景にしてはじめて意味を持ちうる席次なのである。フランス政府が行なう給費留学生選抜その他の欧米諸大学の試験を受けた日本人ならば、その網羅《もうら》的な試験のやり方それ自体にも西洋文明の一つのあらわれを感じたことにちがいない。

ところでリッチよりも三世紀前の十三世紀にシナへ渡ったマルコ・ポーロは有名な旅行記の中で科挙について言及していない。それはポーロがシナにいた時代はモンゴルの支配下であり、元《げん》朝では科挙が中断されていたからである。一三七〇年、明《みん》の太祖はシナ統一後の第三年に科挙の制を復活したが、それは試験の内容をなしている儒教のオーソドクシーの復活であり、儒教が体現しているシナの伝統的な社会的・政治的秩序の再確立を意味したのである。明代シナは漢民族の国家主義的反動の時代だったのであり、科挙の試験制度はそうした状況下で、シナの自己中心的な文化遺産継承《けいしょう》の一つのインスティテューションとして重要な役割りを果したのである。試験制度は、完備してしまうと、次代を担《にな》う世代の知的エネルギーを試験課目へ集中させることになる。そしてその試験課目に自国の古典が選ばれやすいが、中国やフランスに見られる中華思想の傾向は、そのような国家試験の制度によって助長された面も多分にあったことと思われる。もし十九世紀後半の清朝が、科挙の試験課目に自然科学系統の諸分野も採用し、かつこの試験のための教育体制を準備するだけのイニシアティヴを取り得たなら、中国の近代化のコースはもっと明るいものになったのではないか、と思われる。

## 近代化とメリット主義

それでは近代日本においてこの試験制度はどのように機能したのだろうか。平安朝の日本に大宝令《たいほうりょう》によって形式的に導入されたシナ起源の科挙の制度が、藤原氏の貴族社会の中で風化して消滅した様についてはすでにふれた。ところがこの試験制度は徳川時代の後期の寛政年間に、幕府の学問所の内部で復活する。この寛政年間はフランスでエコール・ノルマル・シュペリュールが創設された一七九四年とほぼ同じ時期である。それは平安朝の制度の復活ではなくて、清朝シナで行なわれていた科挙の制度から示唆《しさ》されて設けられた試みなのだろう。柴野栗山等の立案で新たに試法が定められ、昌平黌《しょうへいこう》の生徒は毎月一回、春秋各一回の試験を受け、毎年十一月には素読吟味《そどくぎんみ》一回、そのほか三年に一回旗本の士を試みるという制ができた。そして幕府の学問所の試験制度はやがて各藩の学校でもほぼ似た形で採用されることになった。いまその内容を示すと、

寛政四年九月、聖堂学問所ニ於テ学問ノ試アリ、朱子学ニ限ル、

初日小学、二日目四書、三日目五経、四日目歴史、五日目論策。
褒賞《ほうしやう》ノ次第、甲科時服二、乙科巻物三、御目見《おめみえ》以上当主並勤仕《きんじ》ノ者、甲科銀十五枚、乙科銀十枚、御目見以上部屋住、甲科銀十枚、乙科銀七枚、御目見以下上下格ノ者、甲科銀七枚、乙科銀五枚、同断羽織格ノ者、丙科ハ御褒詞《ほうし》ナリ。

とある。戦国時代と違って平和な時代が続くと、武士は知力を働かせる官僚や学者として重んじられるようになった。異常なまでに教育熱心だったのが佐賀の鍋島藩《なべしまはん》で、幕末期、藩士の子弟は六、七歳でみな大藩校弘道館《こうどうかん》へ強制的に入学させられた。とくに課程が厳しかったのは十六、七歳から二十五、六歳にいたる間で、その間、適齢になっても所定の学業を成就できないもの、つまり落第生は、先祖代々の家禄の八割を没収され、しかも藩の役職にはつけない、というしきたりだった。

そのような近代的な競争原理の導入は民間の塾にも見られた。『福翁自伝』の「緒方の塾風」の章には幕末期の大阪の適塾《てきじゆく》での勉学の様子が次のように記されているが、明治・大正・昭和の旧制高等学校生徒の勉学ぶりを予兆する光景といえるだろう。

会読は一六とか三八とか大抵日が極つて居て、いよ〳〵明日が会読だと云ふ其晩は、如何《いか》な懶惰《らんだ》生でも大抵寝ることはない。ヅーフ部屋と云ふ字引のある部屋に、五人も十人も群をなして無言で字引を引きつゝ勉強して居る。夫《そ》れから翌朝の会読になる。会読をするにも籤《くじ》で以て此処から此処までは誰と極めてする。会頭は勿論原書を持て居るので、五人なら五人、十人なら十人、自分に割当てられた所を順々に講じて、若《も》し其者が出来なければ次に廻す。又其人も出来なければ其次に廻す。其中で解《げ》し得た者は白玉、解し傷《そこな》うた者は黒玉、夫《そ》れから自分の読む領分を一寸でも、滞《とどこほ》りなく立派に読んで了《しま》つたと云ふ者は白い三角を付ける。是れは只《ただ》の丸玉の三倍ぐらゐ優等な印で、凡《およ》そ塾中の等級は七八級に分けてあつた。而して毎級第一番の上席は三ケ月占めて居れば登級すると云ふ規則で、会読以外の書なれば、先進生が後進生に講釈もして聞かせ不審《ふしん》も聞いて遣《や》り至極《しごく》深切にして兄弟のやうにあるけれども、会読の一段になつては全く当人の自力に任せて構ふ者がないから、塾生は毎月六度づつ試験に逢《あ》ふやうなものだ。爾う云ふ訳けで次第々々に昇級すれば、殆《ほと》んど塾中の原書は読尽して云はゞ手を空《むなし》うするやうな事になる、其時には何か六《むつ》ケ敷《かし》いものはないかと云ふので、実用もない原書の緒言とか序文とか云ふやうな者を集めて、最上等の塾生だけで会読をしたり、又は先生に講義を願たこともある。私などは即ち其講義聴聞《ちやうもん》者の一人でありしが、之を聴聞する中にも様々先生の説を聞いて、其緻密《ちみつ》なること其放胆《ほうたん》なること実に蘭学界《らんがくかい》の一大家、名実共に違はぬ大人物であると感心したことは毎度の事で、講義終り塾に帰て朋友《ほういう》相互に「今日の先生の彼の卓説は如何《どう》だい。何だか吾々は頓《とみ》に無学無識になつたやうだ」などゝ話したのは今に覚えて居ます。

物を箱の中へ詰めたように秩序立っていた幕藩体制の時代に、このような形で、能力による位づけ、という新秩序への素地がだんだんと開け出したのである。佐賀の弘道館で洋学を学んだ大隈重信《おおくましげのぶ》は『大隈伯昔日談』の中で、

維新改革の原動力は、当時中等以下の士族、即ち書生の手に出でたり。而して此原動力は決して一方にのみ偏存《へんぞん》せしものにあらず。

と述べているが、能力のある下級士族の出身者たちが自分たちの才能《メリツト》に応じた社会的地位につき、才能に応じた仕事をしたい、という気運が各地にみなぎっていたのだろう。そのような時代の気運に乗じ、その下

からのエネルギーを汲みあげて、日本もまた近代化運動に遅れを取るまいとして参加したのである。「官武一途庶民ニ至ル迄各其志ヲ遂」げさせようとした五箇条の誓文《せいもん》は、そのような時代精神を反映したものといえるだろう。

明治政府は明治五年、米欧視察から田中不二磨らが帰ると、フランスの教育制度を模範《もはん》として、試験による選抜をふくむ教育制度を制定し、教育の門戸を広く開いた。その年に出た小学教則には毎月の小試験、春秋二回の定期試験、大試験（卒業試験）などが明記されている。やがて教育機関のみならず、高等文官の採用も試験によって行なうようになったが、この高文試験《こうぶんしけん》がもつ意味は、日本の伝統社会における身分制的な任官が、業績主義に基づく近代的な任官制に切換えられた制度的転換《てんかん》にある。前にもふれたようにイギリスで官吏の任用が競争試験によって行なわれるようになったのは一八五五年以後であり、それも当初は各省から指名を受けた候補者を委員会が審査する、という形式を踏んでいた。それが完全な競争試験制度に切換えられたのは一八七〇年（明治三年）であり、任用試験は各省から独立した委員会が行ない、それ以後の昇進は省内で決定される、という方式が取られた。ドイツの官吏任用は一八七三年以降は国家試験により、アメリカも一八八三年以降になって試験制度が採用された。日本が官僚国家として新しく装《よそお》いを整え、世界史の中へ登場し出した明治の初年、世界のいわゆる先進国の状況はおよそ右の通りだったのであり、日本は教育制度や官僚制度については、世間で漠然と思われているほど遅れてスタートしたのではなかったのである。

## 伝統と近代化

沙河《さか》ちかき　会戦はてて
おほやけの　事しげき日に
ふるさとの　わこが文《ふみ》来ぬ

なつかしと　よみもてゆけば
学校の　試験のさまを
こまやかに　しるしおこせつ
……

満洲の戦場で第二軍軍医部長森林太郎は『学校』と題する右のような一詩を書いた。森鷗外のような智恵者は次々と試験に受かって明治日本の新しい社会的階梯《かいてい》を登っていった人のように見えるが、しかしその鷗外も人の子の父親として、試験を苦にする長男に同情し、

戦《たたかひ》の場《には》にもましてまなごらが学《まなび》の庭や苦しかるらん

という、やや大袈裟《おおげさ》な反歌まで右の詩に添えていた。自分の子供にたいしては、このような「教育パパ」的な側面を示した鷗外その人は、それでは近代日本の試験階梯をどのように登っていったのだろうか。その鷗外の履歴の中には伝統と近代化の関係がどのように示されているのだろうか。

余は……母の教に従ひ、人の神童《しんどう》なりなど褒《ほ》むるが嬉しさに怠《おこた》らず学びし時より、官長の善き働き手を得たりと奨《はげ》ますが喜ばしさにたゆみなく勤めし時まで、

勉強する子供、勉強する学校生徒、勉強する官吏、勉強する留学生だった、と鷗外は作中人物に仮託《かたく》して自己の閲歴《えつれき》を語っている。明治十四年に東京大学医学部を卒業し、陸軍にはいり、後に陸軍軍医総監に昇進した

森林太郎は、各自の能力次第で出世できるという可能性が新しく開けた、明治という時代の子であるような印象を与える。新しい学校制度や官僚制度のピラミッドを登っていった、という点では確かにそうであろう。

しかしより微視的に観察すると、徳川以来の伝統がきわめて円滑に明治の改革に引続いていることもわかる。鷗外の学歴を調べると、彼は一八六二年（文久二年）に津和野《つわの》で生れ、一八六六年藩儒米原綱善《よねはらつなえ》について漢籍《かんせき》の素読《そどく》を受け、一八六七年藩黌《はんこう》養老館に入り、一八六九年には初年次首席として四書正文を賞品として授与され、一八七〇年には二年次首席として四書集註を授与されている。そして一八七一年（明治四年）に藩が廃止され、藩黌養老館が閉鎖《へいさ》されるまで、森鷗外は徳川時代後期に整備された教育試験制度の中で育ったのである。鷗外は一八七四年に東京医学校予科という新制度の学校に入り、一八八一年（明治十四年）に東京大学医学部を満十九歳で卒業する。ドイツ人教授から直接ドイツ語でドイツ医学を学んだのであり、その点では今日の医学部以上に西洋式な教育を受けたともいえる。その鷗外に『庚辰歳旦酔歌』と題する歌行体の漢詩がある。

憶昔郷校講六経　憶《おも》ふ　昔　郷校に六経《りくけい》を講ぜしを
羞我負才又恃齢　羞づ　わが才を負《たの》みまた齢《よはひ》を恃《たの》むを
一葦航到鳳城下　一葦《ゐ》　航して到る　鳳城のもと
驕夢此時俄然醒　驕夢　このとき　俄然醒《さ》む

この明治十三年の詩のこの段は、津和野の藩校で年長者たちの間に伍《ご》して抜群の成績を示し、内心得意だった林太郎少年が、東大医学部予科に学ぶと、さすがに様子が違って、都には秀才の少なくないのを思い知らされたことを述べている。

その鷗外は明治十四年七月、学士の称を許された時に次のような七律を読んでいる。

一笑名優質却孱　　一笑す　名は優にして質却《かへ》つて孱《せん》なるを
依然古態聳吟肩　　依然たる古態は　吟肩を聳《そび》やかす
観花僅覚真歓事　　花を観ては　僅かに覚ゆ　真の歓事
題塔誰誇最少年　　塔に題して　誰か誇る　最少年
唯識蘇生愧牛後　　唯だ識る　蘇生の牛後を愧《は》づるを
空教阿逖着鞭先　　空《むな》しく　阿逖《あてき》をして鞭先《べんせん》を着《つ》けしむ
昂々未折雄飛志　　昂々《かうかう》　いまだ折《くじ》けず雄飛の志
夢駕長風萬里船　　夢に駕《が》す　長風万里の船

詩の第一第二の句は、卒業試験を無事了《お》えて天晴《あっぱ》れ医学士という結構な名を得たが、その実質は、存外ひ弱でみすぼらしく、昔ながらの書生っぽにすぎないことに苦笑させられるという意である。第三句の観花、第四句の題塔は、いずれも中国の科挙の試験に及第した新しい進士たちが、長安城中の名園から手折《たお》ってきた牡丹《ぼたん》の花を鑑賞した故事《こじ》や、洛陽慈恩寺《らくようじおんじ》の塔にその名を題した風習を前提にして生れた詩語で、ここでは、卒業式に列席し、祝賀会に出席すると、さすがに嬉しさがようやくいくらか実感せられ、ことに自分が最年少であることに誇りを覚えないわけではないが、という意味である。唐の詩人孟郊の有名な七絶に、進士になった者の中で年も若く容姿端麗《ようしたんれい》な者が二人選ばれて、長安城中の名園を牡丹《ぼたん》を求めて馬を駆《か》る様が次のように歌われていたことが思い出される。

昔日齷齪不足嗟
今日曠蕩思無涯
春風得意馬蹄疾
一日看尽長安花

昔日《せきじつ》の齷齪《あくさく》　嗟《なげ》くに足らず
今日曠蕩《かうたう》として　思ひ涯《きは》まりなし
春風に意を得て　馬蹄《ばてい》疾《はや》し
一日看《み》つくす　長安の花

近代的な大学を卒業した際の森鷗外の感慨《かんがい》が、このように遠く唐の詩人の感慨に相通じるのは、鷗外が漢詩という詩形式を借りて自己表現をしたためでもあるが、しかし彼の幼年時代からの学歴をふまえて考えると、東アジアの伝統的な教育・試験制度の上に西洋起源の教育・試験制度が実に自然に接木《つぎき》されている、という印象を受ける。両者の連絡はすなおであり、そこには異和感や断絶感は感じられない。明治日本の新教育制度は、一見西洋舶来《はくらい》の制度のようでありながら、それを背後から支えていたものは、徳川時代以来の伝統的な力であることが推察される。その種の連続性は、今日私たちが日常に用いている「秀才」「及第」「落第」「人材登用」などの言葉が、いずれも中国の科挙の制に由来する漢語表現であることからもわかるだろう。日本の近代化を推進したエネルギーは、過去の伝統と無縁に突然ほとばしり出た、というものではないのである。遠い過去の思い出は意外に生きのびることもある。

久かたの月のかつらも折るばかり家の風をも吹せてしがな

という歌は、いまを去る千百年の昔、子供の出世を祈った菅原道真《すがわらのみちざね》の母によって詠《よ》まれたが、「桂を折る」というのは試験に及第すること、より正確には文章生《もんじょう》が対策に応じて及第することをいい、この歌にも科挙の制がこだましている。菅原道真はのちに天神様《てんじんさま》として祀《まつ》られたが、そのような信仰の中には、藤原氏の出でない学者政治家への尊敬や能力主義へのあこがれが秘められていたのかもしれない。道真の母の歌には受験期の子供をもつ母親の気持が示されているが、天神様はいまでも受験生のお詣りの対象となっている。

## 科挙制度の終焉《しゅうえん》

それでは孫文が外国への影響を誇りとした科挙の制度は清朝シナではどのような運命をたどったのか。二十世紀初頭の中国は排外《はいがい》主義的な北清事変を惹《ひ》き起こしたが、その結果日本を含む連合軍によって首府北京を占領された。旧態依然としたシナはその際ことごとに新興日本と比較論評されたのだった。日本の擡頭《たいとう》は、明治維新以来日本が西洋の諸制度を取り入れて、文明開化に努めた結果であると思われた。中国内にも旧制度を廃して新制度を採用せよ、という声がおこった。それで一九〇四年（明治三十七年、光緒三十年）を最後の年として、清では科挙の制が廃止されてしまうのである。それを廃止した中国側の当事者は、明治日本がフランスから輸入採用した教育制度も、その元をたどれば中国の科挙に刺戟されて創設された制度であったなどとは、夢想《むそう》だにしなかったに相違ない。

一九一二年、シナと日本を訪れたフランスの比較文学者バルダンスベルジェは、その『自伝』で中国の官僚統治の行き詰りにふれ、シナの梁汝浩、趙秉鈞、周学濂などの大官《マンダラン》や厳復のような学者と会った印象と、日本の西園寺公望、渋沢栄一、末松謙澄らの知欧派の指導者と語った印象とを比較して、「日本では革新の試みや活動の起点を、シナと違って、試験制度に金縛《かなしば》りになった官僚主義や記憶一点張りの詰込主義に求めていない。日本の士族階級《アリストクラシー》は、維新後その特権を失いはしたが、祖国のためにその知力を絞《しぼ》って働いている」と書いている。

科挙の功罪について客観的な判断を下したと思われる人には京都大学の歴史学教授原勝郎がいる。原は一九一五年、南京に遊び、科挙の制が廃止《はいし》された後の貢院を訪れ、随筆『貢院の春』に次のように叙した。

……五百の房屋、二百九十五号筒闃然《げきぜん》として跫音《あしおと》を聞かず。大門は久しく鎖《とざ》されたるまゝなれば、側なる築土の壊れより入りて見るに、折から浚渫《しゆんせつ》中の秦淮の泥土《でいど》は、院内に運び棄てられて堆高《うづたか》く、道路のみにて積み足らずして、千字文の字号を付して標識とせる号筒の小門を破壊し、号舎内に投げ入れられたるもあり。更に跼蹐《きよくせき》して二三の号舎を仔細《しさい》に窺《うかが》へば、年々の受験者等が嘗《かつ》て燈もせる油煙《ゆえん》の痕、尚《な》ほ歴然として壁間の凹処に認められ、幾多受験の士子等の心血濺《そそ》ぎし跡忍ばれて哀れなり。……歴階して明遠楼上に登臨《とうりん》すれば、二万六百四十四の号舎鱗《うろこ》の如く眼下に列《つら》なる。屹然《きつぜん》として相対し東西に聳立《しようりつ》するは、所謂《いはゆる》瞭楼なるものにして、これよりして瞰下《かんか》せば、各ゝ院の一半を監視し得べく、号舎に就《つ》ける士子等の妄動を禁じ得べきものなり。監視の設備の甚《はなはだ》しく厳重なるは、人をして近世式の監獄を聯想せしめ、狭矮《けふわい》なる号舎の櫛比《しつぴ》は、曾《かつ》て米国市俄古《シカゴ》にて見物せし、ユニオン・ストック会社の家畜市場を思ひ起さしむ。江南二省二万余の士子此一試場に会して才華《さいくわ》を闘はし、而《し》かも登第僅に約百五十人のみと云ふに至りては、蓋《けだ》しこれ文明の一大偉観にして、欧米諸国と雖《いへども》、之に比隆すべきものあらず。

そして「科挙は国の殃《わざはひ》なり」という一部中国知識人層の不満をたしなめて、原勝郎は次のように説いている。

若し夫《そ》れ試験法の採用によりて起こる人材壅塞《ようそく》の弊と俊材抜擢《ばつてき》の名の下に行はるゝ嬖幸寵進《へいかうちようしん》の害とを比較せば、両者の利害得失火を睹《み》るよりも瞭《あきら》かなるあるべし。

そして結論として、先に引いたメドウズと同様趣旨を述べている。

科挙に採るべき点は、其原則に存し、官吏の任用に公平を以て第一義となし、最も自由競争を尚べるに在り。

いかなる社会にあっても社会が存続する限り、棟梁《とうりよう》の材は必要とされる。そのような世の中で、試験制度の弊害についてのみあげつらい、それに代わる選抜方法に言及せず、ただ競争原理を嫌う、という微温《びおん》的な風潮《ふうちよう》は精神の頽廃《たいはい》であろう。機会は平等に与えることができても、天性の能力は平等に恵まれているわけではない。そのような人間の条件を無視して平等主義が偽善的に唱えられる時、原勝郎の考察は注目に価しよう。また小島祐馬は『古代中国研究』（筑摩書房）で、中国の歴史を大観し、その安定性を科挙制度との関連でとらえ次のように解釈している。

儒家の道徳的階級制度の特徴は、知識を独占することと、階級を固定的なものとしないでその間に流通の余地を認めたことである。およそ近代の社会にあっては、いわゆる知識階級は多くは支配者に依存し、時としては被支配者に依存する者もあるが、いずれにしてもその地位は従属的であって、とうてい独立した存在ではあり得ない。ところが道徳的階級制度にあっては、知識階級がすなわち支配階級である。そしてこの制度においては、官吏登用の方法によって庶人階級の有為なものは常に士人階級に吸収されるから、知識は常に支配階級に独占され、同時に支配階級の内容を常に清新にするとともに、庶人階級を永久に無力化して、その間に階級意識の発生する余地がないようにするものである。中国の社会が漢以後二千年の久しきにわたって大きな変化を見ず、上下両階級の間に大きな闘争の歴史もなくて今日に及んだのは、この道徳的階級制度を採用したことが一つの主な原因であろうと思う。

このような解釈は、産業化が進行する以前の農耕社会については適当する説明だろう。それでは最後に大衆社会現象が進行中の現代日本では、試験制度はどのような意味をもつのだろうか。

## 試験制度の渋滞

世間にまだ自動車の数が少なかったころ、運転免許証を手に入れて、人影と車影もまばらな街道を車を走らせることができた時、そこには一種特権的な楽しみがあった。そのような楽しみは（千九百七十年代の）いまでも社会主義国や開発途上国で車をドライヴするならば味わうことができる。試験制度により、卒業証書を手に入れて、出世街道を走ることができた時、そこにもやはり愉快があった。明治維新後の日本には、そのような意味で身分制秩序からの解放があった。そしてそのような自由と解放を謳歌《おうか》した第一人者は福沢諭吉であった。

私の為めに門閥《もんばつ》制度は親の敵《かたき》で御座《ござ》る。

たしかに身分制的な束縛《そくばく》のあるなしが、徳川時代と明治時代とを区別する目安の一つとなっている。それだから福沢は、新時代の理念提唱者《イデオローグ》として、

人は生れながらにして貴賤貧富《きせんひんぷ》の別なし、唯学問を勤て物事をよく知る者は貴人となり富人となり、無学なるものは貧人となり下人となるなり。

といった教育至上主義的な発想を『学問のすゝめ』の中で繰返したのである。そして福沢の理想は明治日

本の教育制度の整備によって同時代の諸外国に比を見ない程度に実現した。福沢諭吉は日清戦争の勝利の後の日本で「いまは良い時代だ」という感慨《かんがい》にひたりつつ『福翁自伝』を著したが、同様趣旨の感想はほかにも数多く見られる。いま一例として石光真清の自伝『望郷の歌』から、本郷源三郎大尉が日露戦争で戦死する数日前に同期生の石光真清に語った言葉を引こう。本郷は貧乏百姓の伜《せがれ》として生れ、石光の叔父に学費を出してもらい、幼年学校から士官学校へ進んだのである。本郷大尉は冷酒を汲みつつ石光にいう。

いい時代だった。俺は明日死んでも悔《く》いることはない。恨《うら》むこともない。考えてみろ、御維新前だったら俺は熊本の片田舎の貧乏百姓で一生を暮らさねばならんかったろう。貴様は武士の子だ、俺は百姓の子だ。貴様などと言ったらお手打ちになる……いい時代だった。この時代のためなら俺はよろこんで死ぬ。親爺もお袋も悦《よろこ》んでくれるだろう。貴様も祝ってくれ、わかったな。

明治時代は開かれた新教育制度の確立によって、多くの知的エネルギーを吸いあげ、それを国家建設のために使用することができた。貴族主義的なオクスフォードやケンブリッジ大学と違って、日本の大学や軍の学校は、あらゆる階級から秀才を集めてそれを指導層へ送りこむ通路の役割をもっぱら果たしてきた。学歴財産と呼ばれる受験競争が激しいのもそのためであり、今日の日本が徹底した大衆社会となり、支配階級と被支配階級、士族と平民の二枚張りが、いつのまにか消滅《しょうめつ》して、良かれ悪しかれ一枚張りとなってしまったのも、大学という吸上げポンプがあり、それを介して対流現象が盛んに行なわれるためである。

西欧諸国と違って、日本にはもはや何代も続いた名門といわれるものが実質的に存在しない。皇太子が正田家の娘と結婚したのも、日本に貴族階級が消滅したことを示唆《しさ》している。オクスフォードやケンブリッジ大学の出身者は、かれらに特有の上品で知的な英語を話すというが、日本にはそのような徹底した「質の教育」は東京大学でも行なわれていない。その結果、真にエリートと呼ばれるにふさわしい階層もまた存在しないのである。日本にイギリスの『タイムズ』やフランスの『ル・モンド』に相当するようなクォリティー・ペーパーのないことが嘆《なげ》かれているが、実はそのような良質の報道を要求するだけのエリート層が日本には社会的に存在していないのである。そのためもあるのだろう、大新聞は昭和十年代にはその時の「革新勢力」であった軍部に迎合し、戦後もまた別の意味での迎合を繰返そうとしているかのようである。もしかつての言論人の「長い物に巻かれよ」という傾向が「赤い（あるいは白い）物に巻かれよ」という傾向に、安直に切換えられることがあるとするならば、そこにこそ大衆社会状況下の言論の危機がひそんでいるといえるだろう。

明治の初年、福沢諭吉は楽観主義的に、

諺に云く、天は富貴を人に与へずしてこれを其人の働に与へる者なり、と。

と主張した。そしてそれはある程度まで実現した。しかし大部分の若者が高等学校へ進学し、さらに同一世代の三割近くが大学へ進学し始めると、大勢の人が自動車を走らせようとすれば交叉点で渋滞《じゅうたい》が不可避的に生じるように、現在の教育・試験制度には受験競争という渋滞が生ぜざるを得ない。それは実は民主主義国日本が機会均等のために支払っている代償《だいしょう》なのである。その渋滞を打開するためには、新幹線や高速道路に相当するエリート・コースを大胆に開発する必要が多分あるのであろうが、そのような構想の実現は、芸術教育の分野では認められても、それ以外の分野では、平等主義的風潮の強い日本の教育界では根強い抵抗に必ずや出会うものと思われる。

試験制度はもとより数々の欠点もあろうが、それを上廻る長所もあるのかもしれない。アジアの国々でも、自分の運命が出生によって決定されるカーストの社会では、経済発展は遅々《ちち》としている。それに反してアジアの国々でもいわゆるテイク・オフに成功した国々（日本、中国、台湾、北朝鮮、韓国、北ヴェトナム、南ヴェトナム）は、すべて儒教文明圏に属し、試験制度をまがりなりにも運営してきた国々である。勤勉努力《きんべんどりよく》が徳目《とくもく》としてかぞえられ、自分の運命の向上がある程度可能な社会では、産業化への意欲も生じ、またそれを実現することも可能となるのだろう。

そしてそのようにして自分や家族の将来にたいして自覚的に対応するようになると、計画的な出産も行なわれるようになる。人口問題の解決に成功するか否かが人類の将来を左右するといわれているが、現在、地球上で産児制限が普及中の地域は、教育試験制度の普及している地域とほぼ重なっている。生れた赤ん坊の顔を見るとすぐ将来の学校のことを思う両親が日本には多い、といわれるが、そのような連想もバース・コントロールを推進する一つの動機となっているように思われる。

以上、とかく悪口をいわれ批判されることの多い——そこに数多い受験落第者の根深い恨みが出ているわけだが——しかしその割には歴史的背景や歴史的意味が知的に吟味《ぎんみ》されることの少い、試験制度について、広く東西両洋の歴史にわたって鳥瞰《ちょうかん》をこころみた。たとい授業について行けない生徒であろうとも全員進学させることが民主主義的である、とする日本の一部のデモクラシー理解が、欧米やソ連のデモクラシー理解とはなはだしく異るものであることも多少おわかり願えたかと思う。

次章では視角を変えて、四民平等の近代日本の出現の上でいちばん重要な事件となった明治維新について、森鷗外がその当時の人心の動きをどのように見ていたかを、鷗外の作品『津下四郎左衛門』を取りあげて、分析してみることとする。

# 3　尊王攘夷と開国和親
## ——明治維新と群集心理——

### 聞書か創作か

津下《つげ》四郎左衛門は私の父である。（私とは誰かと云ふことは下に見えてゐる。）しかし其名は只聞く人の耳に空虚なる固有名詞として響くのみであらう。それも無理は無い。世に何の貢献もせずに死んだ、艸木《さうもく》と同じく朽ちたと云はれても、私はさうでないと弁ずることが出来ない。

かうは云ふものの、若し私がここに一言を附け加へたら、人が、「ああ、さうか」とだけは云つてくれるだらう。其一言はかうである。「津下四郎左衛門は横井平四郎の首を取つた男である。」

丁度世間の人が私の父を知らぬやうに、世間の人は皆横井平四郎を知つてゐる。熊本の小楠《せうなん》先生を知つてゐる。

私の立場から見れば、横井氏が栄誉あり慶祥《けいしやう》ある家である反対に、津下氏は恥辱《ちじよく》あり殃咎《あうきう》ある家であつて、私はそれを歎かずにはゐられない。

此禍福とそれに伴ふ晦顕《くわいけん》とがどうして生じたか。私はそれを推《お》し窮めて父の冤を雪《そそ》ぎたいのである。

このような書き出しで始まる『津下四郎左衛門』[1]は、四郎左衛門の子で、鷗外の弟篤次郎の学生仲間であった津下正高が大正二年十月十三日、[2]突然鷗外の家を訪ねて父の事を話した。その話をもとにして書いた、という形式を取っている。作品の末尾に鷗外は次のような説明を加えた。

「聞書は話の殆其儘《そのまま》である。君は私に書き直させようとしたが、私は君の肺腑《はいふ》から流れ出た語の権威を尊重して、殆其儘これを公にする。」

　そしてただ物語の時と所とについては徳富蘇峰《とくとみそほう》など六名の識者に質《ただ》して二三の補正を加えた、ただそれだけである、といって自分の補筆にふれず、もっぱら津下正高をたてている。しかし鷗外は、この横井小楠を刺した人物を書くに際しては『小楠遺稿』などの著書も参照しているし、(3) 後述するように独自の解釈や見解も加えているのであるから、これを「弟の友人たる津下鹿太からの聞書《ききがき》である」などと安直に解説してはならない。これはやはり鷗外の作品なのである。なるほど文中の「私」は津下正高で、その「私」が父四郎左衛門の生涯を話すという形式を踏んでいるが、そのような一人称単数の形式は、津下正高の言葉を尊重した結果ともいえようが、同時にそのような形式を使用することによって読者に訴える力がいちじるしく強まるという文学的効果、臨場感《りんじょうかん》にたいする計算も鷗外にはあったにちがいない。鷗外は大正元年にも一青年からの手紙を一人称単数の「私」が語る『羽鳥千尋』に作品化した例があった。『羽鳥千尋』の場合にも、作品は原の手紙の直接の引用ではなかったが、『津下四郎左衛門』の場合には鷗外の筆はそれよりさらに多く加えられている。たとえば「私」が述べる維新前後の人心の動きについての解釈は、これは津下正高の見方であるよりは、後述するようにむしろ鷗外その人の解釈であろうと考えられる。

　森鷗外は幕府瓦解《がかい》に先立つ五年の一八六二年に生まれ、幼年期に明治維新という変革を体験した。この章では、自分の国で幼年時代におこった現象を森鷗外はどのように把握《はあく》していたか、という点に問題を絞って『津下四郎左衛門』を読んでみよう。ここでは作品論も実証研究(4)も行なわず、もっぱら変動期の人心の動きについての鷗外の解釈を追うこととするが、そのためには作中で「私」が津下家と父四郎左衛門の生涯を語りだすよりも前の部分、すなわち一般論的な部分が重要性を帯びてくる。そこには横井小楠の暗殺《あんさつ》にいたる幕末期の精神状況について鷗外が要を得たスケッチを試みているからである。いまその条を引きながら適宜解釈を述べさせていただくこととする。

## 幕末期の精神状況

徳川幕府の末造《ばつざう》に当つて、天下の言論は尊王《そんわう》と佐幕《さばく》とに分かれた。苟《いやしく》も気節を重んずるものは皆尊王に趨《はし》つた。其時尊王には攘夷が附帯し、佐幕には開国が附帯して唱道《しやうだう》せられてゐた。どちらも二つ宛《づつ》のものを一つ〴〵に引き離しては考へられなかつたのである。

私は引き離しては考へられなかつたと云ふ。是は群集心理の上から云ふのである。

「尊王攘夷」が一つのセットとなり、「佐幕開国」が他の一セットとなって固定観念となり、それ以外の組合わせは考えがたかった、と作中の「私」はいう。幕末期の政治的動きを細かく見ればほかにもさまざまの運動があったであろうが、たとえば「公武合体」では密議《みつぎ》をこらす対象とはなっても大声で叫ぶスローガンとはなりがたかったであろう。ここで述べられたような語呂《ごろ》のよい四音節のスローガンによって大衆の心理が左右された現象は「文明開化」の時代にも「富国強兵」の時代にも、また第二次世界大戦後の日本の労働組合や学生の政治運動、また中華人民共和国の「造反有理」の運動などにも見られたところだが、ここでは二つの観念《かんねん》の安直な癒着《ゆちやく》を評する「私」の語調に注意したい。

私は引き離しては考へられなかつたと云ふ。是は群集心理の上から云ふのである。

このような冷《ひ》ややかに客観視した口調《くちよう》は、津下正高の声ではなく、森博士の地の声だろう。森鷗外は概念操作によって歴史を把握《はあく》しようとするようなタイプの学者ではなく、心理の動きを重んずる人間通であったから、自分自身も幼年ながら体験した明治維新前後の人心の動きをまず群集心理 Massenpsychologie によって説き明かそうとした。そして攘夷《じょうい》を唱えた尊王派がひとたび幕府を倒して政権を握るや、たちまち転向《てんこう》して開国和親《かいこくわしん》の方針へ転じた「秘密」を次のように説明する。

歴史の大勢から見れば、開国は避《さ》くべからざる事であつた。攘夷は不可能の事であつた。智慧のある者はそれを知つてゐた。知つてゐてそれを秘してゐた。衰運《すいうん》の幕府に最後の打撃を食はせるには、これに責むるに不可能の攘夷を以てするに若《し》くはないからであつた。此秘密は群集心理の上には少しも滲徹《しんてつ》してゐなかつたのである。

この「秘密」は後にふれるように西郷隆盛《さいごうたかもり》の場合などはいかにも歴史の真実をついている秘密なのだが、智者と群衆という分け方は――その分類も後述するようにすこぶる有効ではあるけれども――いかにも森鷗外らしい区別のしかたであると思う。今日の日本の読者の一部には鷗外のそのような態度にたいして反撥を覚える向きもあるらしいが、その種の区別にたいして当事者であった津下四郎左衛門の息子の正高は一も二もなく首肯したに相違ない。鷗外は津下正高の口を借りて書く。

開国は避くべからざる事であつた。其の避くべからざるは、当時外夷とせられてゐたヨオロツパ諸国やアメリカは、我に優《まさ》つた文化を有してゐたからである。智慧のあるものはそれを知つてゐた。横井平四郎は最も早くそれを知つた一人である。私の父は身を終ふるまでそれを暁《さと》らなかつた一人である。

智者とはここでは国際事情をよく知る人の意になるが、鷗外は智者としての横井小楠を、対西洋文明との関係で、次のようにスケッチしてみせる。鷗外は『小楠遺稿』所収の「小楠先生小伝」から要領よく意味深い事実を拾い出す。

弘化四年に横井の兄が病気になつた。横井は福間某と云ふ蘭法医《らんぱふい》に治療を託した。当時元田永孚《もとだながざね》などと交つて、塾を開いて程朱の学を教へてゐた横井が、肉親の兄の病を治療してもらふ段になると、ヨオロツパの医術にたよつた。横井が三十九歳の時の事である。(5)

徳川時代の日本で優位を占めていた儒教文明が、幕末期には蘭方医の漢方医にたいする技術的優越という点で、いまや（弘化四年は一八四七年）部分的には崩壊《ほうかい》しつつあった。徳川幕府の官学であった朱子学を講義していた人も——横井小楠の場合は程朱の学といっても正統派朱子学からほど遠い実学の主張者ではあったが——肉親の兄の治療という段になると、ヨーロッパ医学にたよった、というシンボリカルな事実に、人間の本音《ほんね》や時代の大勢が看取《かんしゅ》される。森鷗外は父親が蘭方医だった人だけに、この種の時代の推移《すいい》の徴候《ちょうこう》を身のまわりでも鋭敏《えいびん》に感得していたに相違ない。父親の代だけではない、鷗外自身が日本陸軍の新帰朝の軍医として、「所謂《いはゆる》和漢方医」(6)を相手に激しい論戦を展開したことのあった人なのである。彼がこの種の象徴的な事件を見落すわけはなかった。トインビー(7)なども指摘しているが、西洋の近代文明が非西洋諸国へ伝播《でんぱ》する際には、法則性のある現象が見られたので、西洋文明の中でも人間の生命にかかわる部分、すなわち医学、軍事、航海術《こうかいじゅつ》、天文、地理などの形而下の諸科学がまず非西欧の側の注目を惹《ひ》いたといわれるが、日本でも例外ではなかった。鷗外がスケッチした横井小楠の略歴にはその種の反応が典型的に現われている。横井は佐久間象山や大村益次郎と同様、国家存立の危機を予感して、西洋の軍事技術にも関心をよせたのである。

嘉永五年に池辺啓太が熊本で和蘭の砲術を教へた時、横井は門人を遣《や》つて伝習させた。池辺は長崎の高島秋帆の弟子で、高島が嫌疑《けんぎ》を被つて江戸に召し寄せられた時、一しよに拘禁《こうきん》せられた男である。兵器とそれを使ふ技術ともヨオロツパが優つてゐたのを横井は知つてゐた。(8)

小楠は「西洋器械の術」の優越《ゆうえつ》を知り、危惧《きぐ》の念にたえない。それだけにさらに熱心に外国事情を正確に把握《はあく》しようと努力する。そして同じように危機意識に動かされて、藩体制の枠組《わくぐみ》を越えて行動に移る人々の動静やその間の連絡を鷗外は次のようなダイナミックな筆致で要約する。(9)

翌年横井が四十五歳になつた時、Perryが横浜に来た。横井は早くも開国の必要を感じ始めた。安政元年には四十六歳で、ロシアの使節に逢《あ》はうとして長崎へ往つた。其留守には吉田松陰が尋ねて来て、置手紙をして帰つた。智者と智者との気息が漸《やうや》く通ぜられて来た。翌年四十七歳の時、長崎に遣つてゐた門人が、海軍の事を研究しに来た勝義邦と識合《しりあひ》になつて、勝と横井とが交通し始めた。これも智者の交《まじはり》である。慶応二年五十八歳の時横井は左平太、太平の二人の姪《てつ》を米国に遣つた。海軍の事を学ばせるためであつた。

吉田松陰も横井小楠と志を同じくする人だったことについては次章で詳しく述べるが、松陰は無謀《むぼう》な海外渡航を試みて獄につながれ、小楠は国禁の下で巧みに当局者と通じて二人の甥を変名させて留学させることに成功した。伊勢左太郎と沼川三郎と変名してアメリカへ渡った横井の二人の甥は、結核にかかり二人とも若くして病死したが、その甥《おい》の斡旋《あつせん》で熊本に赴任《ふにん》したアメリカ人教師ゼーンズの影響を受けて横井の息子の時雄は熊本バンドに加わり、後に明治日本プロテスタント教界の一有力者として活躍、同志社の総長をつとめ、ヴェルサイユ平和会議に随行《ずいこう》したことなどもここで想い起される。それにこれは誤解ではあったが、横井小楠その人が日本にキリスト教を広めようとする奸人《かんじん》として、津下四郎左衛門らにつけ狙われることとなるのである。その誤解が生じた経緯についてはまた後でふれよう。

ついで鷗外は智者《ちしや》――今日流にいうならば良質の情報を把握している頭脳の柔軟な指導者たち――と伝統的な感情の枠組から脱却《だつきやく》することを得ないでいる群集との間のギャップにふれて次のように繰返す。

智者は尊王家の中にも、佐幕家の中にもあつた。しかし尊王家の智者は其智慧の光を晦《くら》ますことを努《つと》めた。晦ますのが、多数を制するには有利であつたからである。開国の必要と言ふことが、群集心理の上に滲徹《しんてつ》しなかつたのは、智慧の秘密が善く保たれたのである。

このやや図式化された説明については、尊王家の智者の間で共同謀議《きようどうぼうぎ》があらかじめ行なわれていたような印象を与える点で異論もあろう。尊王開国の基本方針が反幕運動の初期からあったというわけではないからである。鷗外自身もかつて、

「これを維新前の世局に鑑《かんが》みよ。当時の人士が意中にありし種々の妄想は、醸して一種意外なる新時代を成したり」(10)

とか、

「当時の改革者は鎖国攘夷《さこくじやうい》を欲するものなりき。是れ其意識に上りたる目的なり。歴史果して人為ならんか。改革者勝つときは、鎖国攘夷の結果を見るべき筈なり。然るに歴史は、当時の改革者の意識に上りたる目的を顧みずして進歩し、遂に欧洲の開化を此土に移すに至れり」(11)

と書いたことがあるので、当事者の意識した目標とは異なる方向へ歴史が展開し、またその展開する過程

において当事者の意識そのものが変化していったことにふれていたのである。『津下四郎左衛門』の作中では、その点に関して誤解のないよう鷗外は世間に広く知られている実例を井上毅《こわし》の『梧陰存稿』から引いてくる。梧陰と号した井上毅（一八四三―一八九五）は明治二十八年に没したが、その年、小中村義象がその文章を国文と漢文の二冊本に編んだ。鷗外が旧蔵していた本はいま東大総合図書館におさめられているが、それから鷗外が言及した「岩倉公逸事」の条を引用しよう。そこには玉松操が蟄居《ちつきょ》中の岩倉具視の知遇を得（慶応三年二月）、王政復古の謀議《ぼうぎ》に与《あず》かり、その文書の起草などいわゆる帷幄《いあく》に参したことが次のように記されている。

玉松操は一の偉丈夫なりき。平生声色を近けず、酒肉を嗜《たしな》まず、書を読むを楽とし、夙《つと》に神武復古《じんむふくこ》の説を抱けり。たま〱公に知られて蟄居《ちつきょ》の一室を貸し与へ起居を倶《とも》にし、画策する所あらしめらる。公は玉松の功を推して己れの初年の事業は皆彼の力なりとまでのたまへり。

そして岩倉は死の前年井上を呼んで一夕、玉松の「裏切られた革命」観について次のように物語ったという。

その後公の朝廷に勧めまゐらせ、断然《だんぜん》と開国の国是を執《と》らるるに及びて、玉松は「姦雄の為に誤まられたり」との一語を言ひ放ちて公の許を辞し、召しても応《いら》へだにせず、又一室に屏風を立て籠め其の中にて読書に日をおくりけるが、功を論じ賞を頒つの日に逢はずして世をさりぬるぞ歎かはしきと公ののたまひし。公は蟄居していましながら、其の家の裏の隠れ戸よりひとしれず大久保、木戸、小松、広沢等の諸名士を引き、内外の大勢を物語られ、此の時已に鎖国の非なることを悟らせられつるに、玉松は露ほども此事を知らざりけり。彼れが口惜しくおもひつるも理なりき。

この文章から受ける印象は、尊王攘夷派の最高指導者たちの間に当初から一定の了解事項があって、それが秘密裡《ひみつり》に守られた、というのではないだろう。攘夷の観念が政治行動を起爆《きばく》させたが、夷国についての現実認識が逆に観念そのものを変化させた。井上毅が記した岩倉の言葉にある通り、薩摩や長州の指導者たち――軍事力に象徴される西洋文明の優位を薩英戦争《さつえいせんそう》や下関砲撃《しものせきほうげき》という実物教育ですでに身にしみて感じていた人々――が裏から内外の大勢を説いて鎖国の非を悟《さと》らせたからこそ、堂上の指導者も遅ればせながら転向していったのであろう。明治末年の教科書にこの種の文章が選ばれたのは、維新の元勲を讃《たた》えるためでもあったろうが、それは同時に固陋《ころう》な排外的国粋《こくすい》主義をたしなめる効能ももっていたことかと思われる。野にあっては手前勝手な政府攻撃をする人もひとたび責任ある地位にのぼれば、新しい視野がおのずから開けて、極端な主張は口にできなくなるのが世の常だが――それが政治家としての成熟であり不純化sophisticationなのであろうが――しかし玉松操は純粋な信念の人であったから、

「姦雄《かんゆう》の為に誤まられたり」

の一語を発して、それまではghost writerとして仕えた岩倉のもとを去り、怏々《おうおう》として楽しまず、明治五年に亡くなったのである。

## 開国和親の布告

岩倉具視は実際に攘夷の戦さを考えたこともあった人のようだが、倒幕的尊王攘夷の策が効を奏して慶応三年十二月九日の政変で政権を握ると、新政府の指導者たちと協議の上、慶応四年一月十五日、次のような布告《ふこく》を発した。

外国ノ儀ハ先帝多年之宸憂ニ被在候処、幕府従来之失錯ニ依リ因循今日ニ至候折柄、世態大ニ一変シ大勢誠ニ不レ被レ為レ得レ已此度朝儀之上断然和親条約被レ為二取結一候。就テハ上下一致疑惑ヲ不レ生大ニ兵備ヲ充実シ国威ヲ海外万国ニ光耀セシメ祖宗先帝之神霊ニ対答可レ被レ遊叡慮ニ候間天下列藩士民ニ至ル迄此旨ヲ奉戴心力ヲ尽シ勉励可レ有レ之候事。但是迄於二幕府一取結候条約之中弊害有レ之候件々利害得失公議之上御改革可レ被レ為レ在候。猶外国交際之儀ハ宇内ノ公法ヲ以取扱可レ有レ之候間此段相心得可レ申候事。

新政府はこうして攘夷鎖国の主義を放棄し開国和親の建前をとることを明らかにしたのであつたが、この急激な政策転換について岡義武教授は次のように述べている。

「しかし、一度この布告が発せられるや、それは当時の世上に実に大いなる衝撃を与へたのである。けだし、朝廷は幕末においてすでに通商条約の勅許《ちよくきよ》問題及び兵庫開港を通して開国和親の方針を承認された形となつてゐたのであるが、しかし、このやうな転換は正面から積極的に表明されたわけではなく、しかも、これに反して、朝廷が長年にわたつて攘夷鎖国の立場を強く固持せられたことはひろく世上に知れ渡つてゐたのである。加ふるに、幕府に代つて今や新政府の中心をなすにいたつたひとびとの多くが幕末の尊王攘夷運動において指導的地位にあつたことも亦《また》世人のよく知るところであり、しかも、彼らが或は倒幕《たうばく》を意図《いと》して口に攘夷を唱《とな》へたものであり、或は幕府瓦解《ぐわかい》の前には攘夷論をすでに放棄してゐたことは世上のほとんど知らざるところであつた。そこで、幕府に代つて、朝廷の下にこれらのひとびとを中心とする新政府が成立したとき、当時の世上一般は新政府が当然攘夷鎖国の方針に出づべきことを予想してゐたのである」(12)

攘夷鎖国の是を確信していた人々は、新政府の開国和親の方針に直面して激昂《げきこう》したのであった。そして攘夷論者はあるいは外国人を襲撃《しゆうげき》することにより、あるいは開国和親の説をとる要人を暗殺《あんさつ》することにより、政府当局者を悩ませたのであった。右の布告が出された一月後の慶応四年三月十五日におこったフランス兵殺傷《さつしょう》の堺事件は前者の代表例であり、翌明治二年一月五日におこった横井小楠襲撃事件は後者の代表例である。そしてそれはたまたまともに鷗外の筆によって作品化されたのであった。

ところで倒幕指導者が行なったこの方針転換について土屋喬雄教授は次のように述べている。(13)

「では（明治維新の政治運動の）中心的指導勢力となるを得たのは、純粋の攘夷論者であったか。否、彼等は変革のエネルギーとはなり得たが、指導的勢力とはなり得なかった。かかる役割を演じたものは、それ故に、攘夷運動をよく政略的に活用し得たものであった。福地源一郎《ふくちげんいちろう》によれば、『当時幕府の名士水野筑後守が真に攘夷説を妄信《まうしん》する輩《やから》は恐るるに足らず、攘夷を名とし尊王を説き、其志を伸ばさんと欲するもの恐るべきなりと云ひしは真相を看破《かんぱ》せるの名言』であったのである」

土屋教授はついで坂本、木戸、西郷、大久保、伊藤、井上、江藤、大隈などの維新の指導者が「開国の止むべからざること、当時の急務は単なる攘夷に非ずして我国力の伸長にあることを見透して」いたことに言及し、正伝に記されなかった挿話《そうわ》でありながら、その間の事情を端的、直截《ちょくせつ》に伝える事実として（司馬遼太郎氏などの作家をはじめ遠山茂樹氏らも引用している）薩摩藩士有馬藤太の自叙伝（その談話筆記）中に語られた一挿話を次のように伝えている。

「伏見の戦の直前慶応三年十二月二十五日頃のことである。有馬は当時薩藩第二大隊の四番小隊監軍として京都に在《あ》ったが、その日岩倉の召に応じ中村半次郎（桐野利秋《きりのとしあき》）と共に岩倉をその邸に訪ねた。岩倉は中村に、

『此戦が終ると攘夷をせねばならぬが、其手配は出来るか』と問うた。中村は答へて、

『攘夷など云ふ事は、御前《ごぜん》の口からお出しなさるものでは御座りませぬ。是れは討幕《とうばく》の為めの口実で尊王攘夷と唱《とな》へて参つたので、其実決して攘夷を為るのではなく、却《かへ》つて世界各国と交通して、西洋の長を取り、我邦《わがくに》の短を補ひ、而して益〻《ますます》我長を発揮《はつき》して帝国の威光《ゐくわう》を宣揚《せんやう》せねばなりませぬ』

と云つた。有馬は当時未だ熱心な、しかも単純な攘夷論者であつたので『中村の答を聞いて「中村の奴、何を馬鹿なことを言《ぬか》すか」と思ふたが、其処で口を出せば口論になるから辛棒《しんぼう》して黙つてゐた』が、岩倉邸を辞して帰途に、有馬は中村に向ひ、

『お前や先程岩倉公に向つて攘夷せぬと言明したが、アリヤ本当の事か、または何か訳あつての事か』

と詰《なじ》ると、

『お前やまだ先生（西郷）から聞かぬのか、それぢや明日先生から委しく承はれ、ソーすれば能く分るから』

といふ返答であつた。そこで有馬は西郷を訪ねて、攘夷の件につき教を請うた処、西郷の答は意外であった。

『アお前にはまだ言はなかつたかね。モー云つて置いた積りヂヤツタが。アリヤ手段と云ふモンヂヤ。尊王攘夷と云ふのはネ、唯幕府を仆《たふ》す口実よ。攘夷々々と云ふて、他の者の志気を鼓舞《こぶ》する斗りヂヤ。詰り尊王の二字の中に討幕の精神が含まれて居る訳ヂヤ』

　これを聞いて有馬は「多年の迷夢《めいむ》」がさめたといふ。以上の挿話には多少の潤色《じゆんしよく》があるとしても、その骨子においては事実であらうと思ふ」

　そして土屋教授は、西郷以下の最高指導者たちがこのような戦略を抱いていたことが事実とすれば、慶応四年正月に開国和親の方針が布告せられたのは別に不思議ではなく、それ以後に残存した攘夷意識や攘夷運動はもはや進歩的役割を果し得なかったことを指摘されている。多くの読者はその説明で納得されるのではないかと思うがいかがであろうか。私たちも鷗外の作品に接すると、津下四郎左衛門の心事を了解すると同時に開国へ転じた指導者たちの心事も了承する。それは著者の鷗外が一だんと高い視点に立って両者を見わたして書いているからである。それに読者の側にも、明治維新から一世紀という時間の経過とともに、過去を客観視するだけのゆとりが生じているからであろう。

　もっともこの倒幕派の政治家たちの転向を不快と見る学者もいないわけではない。たとえば遠山茂樹氏は

『尊王攘夷とナショナリズム』(14)の中で右の布告の文章を引いて、

「従来の攘夷より開国和親への百八十度的転換を宣言した画期的な布告を見よ。いずこに思想変革の誠実を見出しうるのか。これをしも維新指導者の政治的識見あるいは融通無碍《ゆうづうむげ》とたとうべきであろうか」

と義憤《ぎふん》の調子で書いておられる。遠山教授は近著『明治維新と現代』(15)でも、名分論にこだわった志士たちの心情に共感を表明され、「清濁《せいだく》あわせのむ式の」明治的タイプの政治家への嫌悪《けんお》を口にされている。なるほど、スローガンの上から見れば、尊王攘夷から開国和親への転向は百八十度の転換といえる。玉松操も津下四郎左衛門もそれで怒りを発したのである。しかし標語の下には一貫した理念が維新前も維新後も共通していたのではないだろうか。それは「黒船《くろふね》」に象徴された西洋の武力進出に際して日本という国家の存立を全うしようという決意である。その際に発火したナショナリスティックなエネルギーの短絡《たんらく》反応は攘夷運動へと暴発《ぼうはつ》したが思慮《しりよ》深い反応は近代国家の国造りと開国による国力充実に向ったのである。その違いは目標についての異論ではなかった以上、尊王攘夷から開国和親への転向は当事者の心理にさほど重荷《おもに》となるはずはなかった。攘夷の観念がもともと「夷狄《いてき》」への衝動的な反撥であった以上(16)、その衝動を知的に制御《せいぎょ》する時、それが国力充実や国家防衛を目ざすナショナリズムへと転化するのは自然の勢だったからである。開国和親の布告そのものにも攘夷は不確定の未来に起りうる可能性として、国家自衛の構想の中に吸収されていた。

「……このたび朝儀《てうぎ》の上、断然和親条約取結びなされ候。就ては上下一致、疑惑《ぎわく》を生ぜず、大いに兵備を充実し、国威を海外万国に光耀《くわうえう》せしめ……」

アジア・アフリカの諸国が近代国家形成の道程で過激な反西洋の攘夷運動をひきおこす心理は、トインビーなどが鋭く分析したところだが、弱者の強がりという一面を含んでいることは否定できない。心理上の安定感の欠如からナショナリズムが高唱《こうしょう》され、人々の心理は極端から極端へ振子《ふりこ》のように振れたのである。変動期において人々の言動が目まぐるしく変わったのは、必ずしも悪い意味での豹変(17)だけではなかったに相違ない。福沢諭吉ほどの人でも村田蔵六（後の大村益次郎）の変心が本心なのか攘夷の仮面をかぶったのかわからないような時期だったのである。(18)

しかしそれだからといって政治家が無節操であってよいというわけではないから、勝てば官軍の風潮を苦々《にがにが》しく思う人も出た。とくに旧幕出身の知識人の中には、西南雄藩が中心となった尊王攘夷運動とその開国への転進について釈然《しやくぜん》としない感情を抱いた人も多かった。たとえば田口卯吉は『日本開化小史』の末尾の章で、(19)

「蓋《けだ》し当時の輿論たりし鎖港攘夷の一論の如きは、何ぞ必ずしも策の得たるものならんや、今日三尺の童子も尚ほ其非なることを知るべし、徳川氏が終始開港を是《ぜ》としたりしは国家に大功ありと云ふべし」

と幕府の政策の弁護を行なっている。そして廃藩置県《はいはんちけん》に結実した維新の動向を次のように述べているのは歴史家としての洞察力《どうさつりよく》を示すものだろう。

「外船の突入するや日本人民の恐怖せしこと実に非常なりき。……諸侯の内部に於ては、皆改革を行ひ皆日本国を思ふの人をして藩政を司《つかさど》らしめたり。此等の人……日本国をのみ憂《うれ》ひて少しく更に勤王の志を存せしものなり。此《か》の如《ごと》き人物は豈《あ》に是れ封建の人ならんや、全く郡県の人なるなり」

藩という次元を越えて国家という次元で政策を考える人々が登場してきたのだが、そのような政治家の出現こそ、単細胞の志士連よりも、私たちにとって魅力《みりよく》ある存在ではないのだろうか。一体、心身の自由と安全とが保証されていない全体主義国家や革命や内乱のような環境において思想の首尾一貫性を望むことは、無意味に近い。幕末維新を通じて開国の主義を奉じて変わらなかった人として福沢諭吉などの名をあげることはできるが、『福翁自伝』にも記されているように、幕府側も上方もともに攘夷思想にまきこまれた幕末期においては、福沢流の開明主義は、少数の蘭学者系統の人々の間では通用したにせよ、大きな声で主張したならば自分の命さえも落しかねないほどの危険な思想であった。周囲が排外主義 xenophobia の熱気にとりつかれて逆上《ぎやくじよう》している間は、理性の主張は強力な政治勢力とはなり得ないからである。

そしてそのような幕末期に、もはや新しい事態に適応《てきおう》するだけの能力を喪失《そうしつ》して動脈硬化症状を呈した幕藩体制を打破して近代国家を建設するために、さまざまの私的な思惑《おもわく》もからんでいたことであろうが、尊王攘夷の主張が、それを本心から信じるナイーヴな人々のエネルギーを結集して自己の政治目的を貫徹《かんてつ》しようとする人々によって利用されたのである。それは今日政治学の用語でいわれるところのシンボル操作《そうさ》であって、戦後の大衆運動におけるシンボル操作と同様、思想運動というよりは大衆の気分を利用して事を成すための方便だったのである。「群集心理」の見地から明治維新を観ようとする森鷗外の視角も右のような事情を考えるならばきわめて的確な視角として承認されるにちがいない。

そのような性質の尊王攘夷の掛声《かけごえ》であったのだから、お題目《だいもく》によって逆に拘束《こうそく》されるということが少なかった点が、すなわち一見して思想に一貫性を欠いているかに見える点が、この場合は倒幕派の指導的人物の政治家として性格の強さを逆に証しているともいえよう。なぜならもし倒幕派の政治家が尊王攘夷というイデオロギーによって自縄自縛《じじようじばく》され、外国人と衝突《しようとつ》して開国を拒絶《きよぜつ》したならば――福沢は一時はそのような事態の到来を心底から危惧《きぐ》したこともあったようだが――それは日本にとって悲惨な結果をもたらしたことであったろう。大東亜戦争を遂行《すいこう》した日本の政府の情報局次長に『尊皇攘夷の決戦』という国民精神作興のための著書[20]があったが、昭和の高官のそのような志士《しし》風《ふう》の言動を私たちは戦時下とはいえ、心中の一隅では苦々しく感じていたものである。

福沢諭吉は終始一貫開国の思想を抱いていた開明派《かいめいは》の人であったから、明治新政府の指導者が攘夷から開国へ豹変《ひようへん》したことを結果論的には非常に歓迎した。しかし表面はにこやかであったにせよ変動期における日本人の独立心を欠いた大勢順応的な動きについては心底に釈然としない憤懣《ふんまん》を秘めていたにちがいない。明治新政府の文明開化の政策を賀しつつも、どこかにひっかかる点があったのだろう。福沢の心中にはアンビヴァレントな愛憎の二要素が共存していたから、仕官もしなかったし、また新政府に仕官した旧幕臣にたいして後年「瘦我慢《やせがまん》の説《せつ》」を公表するなどの態度に出たのではないだろうか。それは和田正弘氏が『講座比較文学』第五巻（東京大学出版会）所収の論文『諭吉と海舟』で鋭く分析したように、年を取るとともに生じた諭吉の精神の硬化現象なのであったのかもしれないが。

明治維新の直後においては、豹変《ひょうへん》を憎むの情は、攘夷論者にあってはいちだんと激しかった。津下四郎左衛門たちは自分たちが革新運動に参加して革命を遂行しようとする過程において、はやくも疎外《そがい》され、活動の場を奪われてしまったのであるから、憤懣《ふんまん》の吐《は》け口《ぐち》を「君側の奸《かん》」の暗殺《あんさつ》に向けざるを得なくなったのであろう。彼らほどではないにせよ、歴史が自分たちが奉じた歴史哲学に則《のっと》って展開しないことを怨《うら》む声は、維新の変革の後でも聞かれたのである。島崎藤村の『夜明け前』の中には、国学の影響を受けた平田門下の二人の間で交わされる次のような会話が記されている。旧体制の破壊《はかい》に貢献《こうけん》した有力な一イデオロギーであった国学が、旧体制の瓦解《がかい》の後、一度は天下を風靡《ふうび》する勢いであるかに見えていながら、またたちまち新時代への適応性を喪失して表面から消え去っていった様を、暮田正香は青山半蔵に物語りつつ涙を流すのだが、その種の会話に接すると、島崎藤村は維新前後の雰囲気をよく追体験することのできた作家であった、という印象を受ける。

「そりや、この大政の復古が建武中興《けんむのちゅうこう》の昔に帰るやうなことであつちやならない、神武の創業にまで帰つて行くことでなくちやならない――あゝいふことを唱へ出したのも、あの玉松あたりさ。復古はお互の信条だからね。しかし君、復古が復古であるといふのは、それの達成せられないところにあるのさ。さう無造作に出来るものが、復古ぢやない。ところが世間の人はさうは思ひませんね。あの明治三年あたりまでの勢ひと来たら、本居平田の学説も知らないものは人間ぢやないやうなことまで言ひ出した。それこそ、猫も、杓《しゃく》子《し》もですね。篤胤先生の著述なぞは随分広く行はれましたね。ところが君、その結果は、といふと、何が

『古事記伝』や『古史伝』を著した人達の真意かもよく解らないうちに、みんな素通りだ。いくら、昨日の新は今日の旧だといふやうな、こんな潮流《てうりう》の急な時勢でもこれぢや——まつたく、ひどい[21]」

二人がこのように歎いているのは明治六年の夏である。会話の中に出てくる玉松操が岩倉公の召にも応ぜず一室に引きこもって、世を憤《いきどお》って死んだ翌年のことである。慶応四年十二月九日の政変の直後、王政復古の大号令が発せられた時、「諸事神武創業ノ始ニ原ツキ」と書いた玉松——昨日の新は今日の旧になってしまったのであった。

## 智者と愚者

それではこのような良くいえば純粋な、悪くいえば自閉《じへい》的な志士たちと開明《かいめい》派の政治家たちとの違いはどこから生じたのであろうか。遠山茂樹氏は幕末期の志士を「理想・思想に殉じた行動の人」と評価し、明治新政府の政治家たちを「政治における無理想・無思想をほこりとし、既成の現象に適応し利用する才能にもっぱら長じ[22]」と非難しておられるが、それとは違う人物評価をされる方も多いのであろう。いずれにせよ、津下四郎左衛門のような志士と明治新政府が参与に登用した横井小楠のような開明派の政治家との違いはどこから生じたのであろうか。森鷗外は津下四郎左衛門と横井小楠の違いをまずその生い立ちの境遇《きようぐう》に求める。その求め方は多少単純にすぎる気味もあり、子である津下正高への気兼ねも感じられないでもないのだが、鷗外はともかく津下正高をして父の行状について次のような情状酌量《じようじようしやくりよう》の釈明をなさしめる。

私は残念ながら父が愚《おろか》であつたことを承認しなくてはならない。父は愚であつた。しかし私は父を弁護するために、二箇条の事実を提出したい。一つは父が青年であつたと云ふこと、今一つは父の身分が低かつたと云ふことである。

その第一の点、年齢と体験の差について、

父が生れた時、智者横井は四十歳であった。三十一歳で江戸に遊学して三十二歳で熊本に帰つた。当時の江戸帰は今の洋行帰と同じである。父が横井を刺した時、横井は六十一歳で、参与と云ふ顕要《けんえう》の地位にをつた。父は二十二歳の浮浪の青年であつた。

このような短い略歴の文章にも、材料は津下正高が提供したにせよ鷗外の地の声が、「当時の江戸帰は今の洋行帰と同じである」という一句におのずから示されている。鷗外は自分がはじめて上京した時の体験とはじめて洋行した時の体験をしばしば比較して、『混沌』[23]の中では、「例へば津和野にをつた者が東京に出て来る。或は内地にをつた者が洋行《やうかう》すると云ふ場合に、随分人の大きい小さいが見えるやうに思ひます」といっている。ゲーテ流にいえば横井小楠は Wanderjahre 遍歴《へんれき》時代に豊かな人生経験を積むことのできた人――江戸では藤田東湖などと交わっている――だったが、津下四郎左衛門はそうではなかった。

その第二の点、生まれの身分の差について、

智者横井は知行二百石足らずの家とは云ひながら、兎《と》に角細川家の奉行職の子に生れたのに、父は岡山在の里正の子に生れた。伊木若狭が備中越前鎮撫総督になつた時、父は其勇戦隊の卒伍に加はらうとするにも、幾多の抵抗に出逢つたのである。

津下四郎左衛門は備前国上道郡浮田村の里正（名主）の家に生まれたのである。そしてその次に来る一般

的考察も、「あが仏尊し」という格言を引いて津下正高の口吻に似せてあるが、いかにも鷗外らしい書き方であり、考え方だと思う。「境遇」と受身的にいわず「遭遇」と自分の側からも一歩踏み出す姿勢を示している。いるところなどとくにそうである。

人の智慧は年齢と共に発展する。父は生れながらの智者ではなかつたにしても、其の僅に持つてゐた智慧だに未だ発展するに遑《いとま》あらずして已んだのかも知れない。又人の智慧は遭遇《そうぐう》によつて補足せられる。父は縦《よ》しや愚であつたにしても、若し智者に親近することが出来たなら、自ら発明する所があつたのかも知れない。父は縦しや預言者たる素質を有してゐなかつたにしても、遂にconsacrésの群に加はることが出来ずに時勢の秘密を覗《うかが》ひ得なかつたのは、単に身分が低かつたためではあるまいか。人は「あが仏尊し」と云ふかも知れぬが、私はかう云ふ思議に渉《わた》ることを禁じ得ない。

ところでファナティックな情念《じようねん》から心身を自由に脱することができず、時勢の秘密を先取ることはもとよりその秘密の一端すらも覗《うかが》い得なかった四郎左衛門について、鷗外はその子の正高とともに、「単に身分が低かつたためではあるまいか」と書いている。生まれ故郷の盆地に暮らす限り、日本全体の問題や、ましてや世界の中の日本の位置づけについての展望は開けないという考察が最近行なわれているが、(24) しかしそうした鎖《とざ》された空間や蛸壺《たこつぼ》の中にいるからこそ盲目的な暴発のための圧力も加わり得るのであろう。鷗外は島国日本という鎖された空間で醸成《じようせい》された尊王攘夷の「正義」の主張を次のように図式化してみせる。鹿太《しかた》は津下四郎左衛門の幼名、市郎左衛門はその父である。

鹿太は物騒がしい世の中で、「黒船」の噂の間に成長した。市郎左衛門の所へ来る客の会話を聞けば、其詞の中に何某は「正義」の人、何某は「因循《いんじゅん》」の人と云ふことが必ず出る。正義とは尊王攘夷の事で、因循とは佐幕開国の事である。開国は寧《むし》ろ大胆な、進取的な策であるべき筈なのに、それが因循と云はれたのは、外夷の脅迫《けふはく》を慴《おそ》れて、これに屈従するのだと云ふ意味から、さう云はれたのである。

昔も今も同じだろうが、世の中には口にしやすい「正義」の主張と、心には思っていても口にしがたい主張とがある。たとえば昭和十六年の日本で米英にたいして宣戦《せんせん》を布告《ふこく》せよという「正義」の主張は、米英を敵にするなという「因循《いんじゅん》」の主張より、よほど口にしやすい主張であった。「正義」と「因循」の二分法は、後年の「進歩」と「反動」、「反体制」と「体制」の区分などと同様、おおむね論者の主観的な感情的な判断にしかすぎないのだが、世間が興奮して時流に同調している間は誰でも自分が「因循」の人とは思われたくないものである。幕末期には尊王攘夷が正義の主張としてまかり通ったから、進取的な開国論者の多くは生命の危険を覚えて口をつぐんだ。福沢諭吉は幕府側の態度にも愛想《あいそう》をつかしたが、さりとて尊王派にも与《くみ》することのできなかった自分の立場を次のように述べているが、周囲が酔っている時、ただ一人さめたしらふの人でいることはつらい。

然らば則《すなは》ち之に取て代らうと云ふ上方《かみがた》の勤王家はドウだと云ふに、彼等が代つたら却てお釣《つり》の出るやうな攘夷家だ。コリヤ又幕府よりか一層悪い。……ドチラも頼むに足らず、其中にも上方の勤王家は、事実に於て人殺しもすれば放火《つけび》もして居る、其目的を尋ねて見ると、仮令《たと》ひ此国を焦土にしても飽《あ》くまで攘夷をしなければならぬと云ふ触込《ふれこ》みで、一切万事一挙一動悉《ことごと》く攘夷ならざるはなし。然るに日本国中の人がワツとソレに応じて騒ぎ立て居るのであるから、何としても之に同情を表して仲間になるやうな事は出来られない。是れこそ実に国を滅す奴等だ、こんな不文不明な分らぬ乱暴人に国を渡せば亡国は眼前に見

える、情けない事だと云ふ考が始終胸に染込んで居たから、何としても上方の者に左袒《さたん》する気にならぬ。(25)

マス・ヒステリーに困惑《こんわく》しているのだが、同調性の強い群衆の興奮は颱風のように一過性であり、新政府は先に述べたように豹変《ひょうへん》して開国和親の政策へ転じ、福沢も「文明駸々乎《しんしんこ》として進歩する世の中」の意外な進展に「実に有難い仕合せで、実に不思議な事で、云はば私の大願《たいぐわん》も成就《じやうじゆ》したやうなもの」(26)という感想を記したのである。しかし日本国民はその後も、対外関係の問題でしばしば民族感情を暴発させて今日にいたっているのであり、その気質にはさしたる変化は認められないのではないかとも思われるが、その点についてはまた後でふれよう。森鷗外は、「因循《いんじゆん》と云はれたのは、外夷の脅迫《けふはく》を慴《おそ》れて、これに屈従《くつじゆう》するのだと云ふ意味から、さう云はれたのである」と言い、さらに

其背後には支那の歴史に夷狄に対して和親《わしん》を議するのは奸臣《かんしん》だと云ふことが書いてあるのが、心理上にréminiscenceとして作用した。現に開国を説く人を憎む情の背後には、秦檜《しんくわい》のやうな歴史上の人物を憎む情が潜《ひそ》んでゐたのである。

と説明している。一体、日本のような均質性《きんしつせい》の国民においては、外国交際が広範囲に行なわれない限り、排外主義的心情は容易に形成される現象なのであろう。そしてある種の歴史観はその種の心情を強める方向に作用した。そのような外圧の危機にさらされた時には、南下した金国と講和して精忠の臣岳飛《がくひ》を殺した南宋の宰相秦檜のような人物が歴史上の憎むべき先例として志士たちの集合心理に浮んだのである。『宋史』の姦臣伝などが無意識裡《むいしきり》に想起《そうき》されたのである。

森鷗外は一面では日本人の捨身の勇気を評価した人で、そのことは『うた日記』や『堺事件』などからも

看取されるが、しかしだからといって自民族中心主義的な排外思想を肯定するような狂熱《きようねつ》にとらわれることはなかった。[27] 乃木大将の殉死《じゆんし》に触発《しよくはつ》されて執筆した一連の切腹物の一つである『堺事件』[28]は土佐藩士とフランス兵が衝突した際、責任を取らされて切腹した箕浦猪之吉らの行状を叙して感銘のふかい歴史小説だが、箕浦の辞世については、

除却妖氛答国恩。決然豈可省人言。
唯教大義伝千載。一死元来不足論。
攘夷はまだ此男の本願であつたのである。

と七絶を引いたあとに一言批評を加えている。「まだ」と鷗外が書いたのは箕浦の「妖氛《えうふん》（わざわい）を除却《じよきやく》して国恩に答ふ」という式の発想を古いと観たからで、鷗外が情にほだされぬ人であったことが感じられる。箕浦のような情況に追いつめられた人はそこで死ぬことの意味は「皇国のため」以外には見いだしがたかったことであろうが。

明治元年の日本国中には多くの箕浦が士族階級にもいたし、またその下の階級にもいた。一里正の子であった津下四郎左衛門は岡山藩の勤王家伊木若狭の勇戦隊の一員となり、義戦隊の一員の上田立夫と心安くなった。そして、

二人が会合すれば、いつも尊王攘夷の事を談じて慷慨《かうがい》し、所謂《いはゆる》万機一新の朝廷の措置に、動《やや》もすれば因《いん》循《じゆん》の形迹が見れ、外国人が分外の尊敬を受けるのを慊《あきたら》ぬことに思つた。それは議定参与の人々の間には、初から開国の下心があつて、それが漸《やうや》く施政《しせい》の上に発露《はつろ》して来たからである。

明治新政府の開国和親への政策転換は、天皇が外国公使を引見するという尊王攘夷派にとっておよそショッキングな事態へ向って急速に発展した。すなわち一月十五日、新政府の外国事務取調掛東久世通禧は各国公使と兵庫で会見、国書《こくしょ》を手交し、外国と和親する旨を告げ、同十七日、新政府は外国との和親を国内に布告、二月三十日にフランス公使ロッシュ、オランダ代理公使ポルスブルックが参内謁見《さんだいえつけん》、イギリス公使パークスは途中刺客《しかく》に襲われて参内を中止、あらためて三月三日に参内する。そして三月十四日には「旧来ノ陋習《ろうしふ》ヲ破リ天地ノ公道ニ基クベシ」という「五箇条ノ誓文」が公表される。このような情勢の推移の中で、知識を世界に求めようとしない尊王攘夷論者が疎外《そがい》感を覚えるのは当然のことである。そして脱藩《だつぱん》して京都に出た津下四郎左衛門らの目に君側の奸人の巨魁《きよかい》として映じたのが横井小楠なのであった。鷗外は小楠が誤解を受けた背景を次のように書いている。

> 横井は久しく越前侯松平慶永の親任を受けてゐて、公武合体《こうぶがつたい》論を唱へ、慶永に開国の策を献じた男である。……世間では其論策の内容を錯《あやま》り伝へて、廃帝を議したなどゝ云つたり、又洋夷と密約して、基督教を公許しようとしてゐるなどゝ云つたりした。

小楠を襲った人々の斬奸状や逮捕後の口供書には「今般夷賊に同心し、天主教を海内に蔓延せしめんとす」であるとか、「徴士横井平四郎殿、先年来洋説を信じ、恐多くも□□之儀杯相唱」などとあり、津下四郎左衛門（土屋延雄）の口供書にも「旧冬於㆓世上㆒、横井平四郎殿、洋説信仰、天主教を主張せられ候奸曲ものの由専ら取沙汰有㆑之」[29]と出ている。上田立夫の口供書も大同小異だが、「平生尊攘ノ志ヲ懐キ居候ニ付、近来洋学隆盛ニ被㆑行候ヲ浩歎罷在候折柄、横井平四郎殿儀ハ、兼テ博学多才ノ由ニ御座候処、別テ洋説ニ沈溺シ、終ニ耶蘇教ヲ弘張ノ志有レ之哉ニ巷説承リ、痛恨ノ至御座候。」そして宮中でも洋服着用が許可されたことを憤り、「全体平四郎殿耶蘇教主張被レ致候テモ、於二縉紳家一ハ容易ニ御同意被レ為レ在間敷トハ存居候へ共、近況ノ形勢観破仕候ニ、胡服著用ニテ御築地内徘徊ハ兼テ御大禁之処、近来御許容相成、就テハ武家ノ分多クハ胡服著用、甚敷ハ被髪或ハ胡冠ヲ用、赫々タル神明ノ国ニ生レナガラ、如レ此醜態、心情更ニ不レ解」そして博学多才の小楠が佞弁をもって耶蘇教弘張の説を唱え、万一御許可になったらと思うと、「皇国万世ノ御大害ト苦心焦思、寝食ヲ忘レ、少時モ猶豫難二相成一、憤怒胸中ニ漲リ候ニ付、以二微臣之一死一易二皇国之大害一度赤心ヨリ、至急ニ同志相謀候儀ニテ御座候[30]」

小楠についてはは世上にそのようなイメージが定着してしまったのである。世間の誤解を神経質におそれて、自説をけっしてまげはしなかったけれども釈明《しやくめい》的な文字を連ねることの多かった智者（？）鷗外は、小楠の不用心な主張について次のように書いている。

公武合体論者の横井が、純粋な尊王家の目から視て、灰色に見えたのは当然の事であるが、それが真黒に見えたのは、別に由つて来たる所がある。横井は当時の智者ではあつたが、其思想は比較的単純で、それを発表するに、世の嫌疑《けんぎ》を避《さ》けるだけの用心をしなかつた。横井は政治の歴史の上から、共和政の価値を認めて、アテエネに先だつこと数百年、堯舜《げうしゆん》の時に早く共和政が有つたと断じた。「人君何天職。代天治百姓。自非天徳人。何以愜天命。所以堯巽舜。是真為大聖。」これは共和政を日本に行はうと云ふ意ではない。横井は又ヨオロツパやアメリカで基督教が、人心を統一する上に於いて、頗《すこぶ》る有力であるのを見て、神儒仏三教の不振《ふしん》を歎いた。「西洋有正教。其教本上帝。戒律以導人。勧善懲悪戻。上下信奉之。因教立法制。治教不相離。是以人奮励。」これは基督教を日本に弘めようと云ふ意ではない。同じ詩の末解にも、「嗟乎唐虞道、明白如朝霽、捨之不知用、甘為西洋隷」と云つてある。横井は政治上には尊王家で、思想上には儒者であつた。甘んじて西洋の隷《れい》となることを憤つた心は、攘夷家の心と全く同じである。しかし当時の尊王攘夷論者の思想は、横井よりは一層単純であつたので、遂に横井を誤解することになつた。鷗外が取りあげた『小楠堂詩艸』の中の「沼山閑居雑詩」の二つの詩は、一つは共和政治を理想として天皇制を否定するものと誤解された。

人君何ぞ天職なるや、天にかはりて百姓《ひやくせい》ををさむ。天徳の人にあらざるよりは、何をもつてか天命にかなはん。堯《げう》の舜《しゆん》に巽《ゆづ》りし所以《ゆゑん》、これをまことの大聖となす。迂儒《うじゆ》この理にくらく、これをもつて聖人病む。ああ血統を論ずる、これあに天理にしたがふものならんや。

横井小楠も福沢諭吉と同じように、西洋事情に通じるにしたがって、徳川時代日本の封建的世襲制度に反撥するようになったのであろう。小楠の「共和」思想は、門閥《もんばつ》制度に代わる能力主義への憧《あこが》れを反映しているのであろうが、そのように開かれた目で東洋の歴史を見なおす時、堯舜《ぎようしゆん》の時代が「共和」政治の一つの先例として目に映じたのであろう。

小楠のいま一つの詩はキリスト教を弘めるための主張と誤解された。その種の曲解をおそれたからであろうが現行の活字版には、「西洋有㆓正教㆒洋人自称㆓正教㆒」と下に割註がはいっている。「沼山閑居雑詩」十首は安政四年（一八五七年）の作といわれるが、横井小楠の西洋知識が形而下の面にとどまらず、形而上の面、キリスト教の社会的教化力の面に向ってものびていたことが察せられる。

西洋に正教あり、洋人みづから正教と称す。その教上帝にもとづく。戒律をもつて人をみちびき、善をすすめ悪戻《あくれい》をこらす。上下これを信奉し、教によつて法制を立て、治・教相離ることなし。これをもつて人奮励《ふんれい》するなり。

そしてその後に人から嫌われるような日本の現状を批判する詩句が続く。実学者である小楠は当時の神道や仏教だけでなく、儒学のあり方にも満足できなかった。その不満の反作用として「西洋に正教あり」という海彼《かいひ》の文化の理想化が行なわれたのかもしれなかったのだが。

……われに三教ありといへども、人心つながるところなし。神仏ややもすれば荒唐に、儒また文藝におち、政道・教法にあづからず、聵々《くわいくわい》その弊をみる。

このような詩句のみが拾い出されて詮索《せんさく》されてしまうと、横井小楠が奸人というイメージ――「夫《そ》れ平四郎が奸邪、天下所皆知《みなしるところ》也。初め旧幕に阿諛《あゆ》し、恐多くも廃帝《はいてい》之《の》説《せつ》を唱《とな》へ、万古一統の天《あまつ》日《ひ》嗣《つぎ》を危うせんとす。此頃外夷に内通し、耶蘇《やそ》教を皇国に蔓布することを約す」[31]などの文章に示される――が固定化してしまい、鷗外が先に引いた中国の堯舜の聖人の道を讃えた、

ああ唐虞の道、明白なること朝はれのごとし、これを捨てて用ふることを知らず、甘んじて西洋の隷《れい》となる。

などという詩句は世間の目には映らなくなってしまったのだろう。ところで鷗外は小楠の思想を「比較的単純」といってのけたが、それは小楠の思想がカテゴリーとしては「和魂洋才《わこんようさい》」論の枠内にあった、と見て

いたからだろう。小楠のその種の発想が典型的に示されているのは、慶応二年、甥の左平太と大平をアメリカに送った時の送別の詩「明堯舜孔子道、尽西洋器械之術」である。

堯舜孔子《げうしゆんこうし》の道を明らかにし、西洋器械の術を尽す、
なんぞ富国《ふこく》にとどまらん、なんぞ強兵《きやうへい》にとどまらん、大義《たいぎ》を四海に布《し》くのみ。

しかし比較的単純であったとはいえ小楠の着想や小楠の実行はいずれも時代を先んずるものであったから、尊王攘夷の一派や現状維持の一派からこころよく思われなかったのは当然であった。窮窟な世界の中では「異《ちが》つたものは、睨《にら》まれ[32]」るのである。小楠自身がその種の世間の誤解は覚悟していたから、晩年家人子弟を戒《いまし》めて、

「吾常に世と趣向を異にし、他の指目する所となる。其免れて今日有るは蓋し天幸のみ。仮令《たとひ》吾今日非命に終るとも、敢《あへ》て或は復仇《ふくきう》を謀る勿れ[33]」

と言っていたという。真に智者ならば人から怨まれることもなく志士から刺されもしまい、という俗な反論も出るかもしれないが、しかし横井小楠は周知のように江戸後期の漢詩人たちを嫌ったような、もっぱら社会的責任を重視した実学派の知識人であったから、趣味の世界などに韜晦《とうかい》することのできない性質の人(「吾輩従来非文士」)だったのである。小楠は時代の要請に応えることのできるプラグマティックな発想の人だったが、そのような二君にも仕えるような、現実主義的な生き方をしたからこそ世間から憎まれ、とかくの噂もたてられたのであった。

## Sincerity と Stupidity

鷗外はこのように勘所《かんどころ》を押えて横井小楠という人物をスケッチした後、津下四郎左衛門の履歴《りれき》――といっても津下は二十二歳で死ぬので履歴というほどのものもないのだが――にふれ、ついで小楠襲撃《しゆうげき》とその殺害の具体的詳細に入る。その関係の資料は主として津下正高が提供したのであろう。鷗外の解釈のはいる余地の少ない部分である。そしてそれに後日談と後書きが補足される。ところでそれらを読み終えたところでまた別の二、三の角度からこの作品について考えてみよう。

一つの主義を奉じて暗殺《あんさつ》を試み処刑された津下四郎左衛門を書いた時（大正四年）、大逆事件（明治四十三年）のことが鷗外の念頭《ねんとう》に浮びはしなかったか、という推定もあり得よう。それはいかにもあり得そうな連想に思えるのだが、ただそれを裏づける外的証明はなにもない。また津下四郎左衛門の過度の尊王攘夷主義についてはは次のような可能性も考えられはしないだろうか。武士階級より下の出の者が、武士に憧《あこが》れて剣術を学び、武士に公認された時、実際の武士以上に武士道主義を発揮することがある。庄屋の子に生まれ、能呂勝之進にとくに認められて勇戦隊に参加した津下四郎左衛門にその種の傾向があったに相違ないのだが、撃剣《げきけん》に勝って馬を頂戴《ちようだい》し、その帰途沿道のものが隊長と思って敬礼《けいれい》したという得意《とくい》の挿話以上には出ていない。

鷗外は野心の問題を抜きにして無難《ぶなん》ともいえる智愚《ちぐ》の区別で事件を処理してしまったのだが、その智愚の別という見方がこの作品中でルフランとなっており、後日談の中でも「私」こと津下正高は父親の高潔《こうけつ》な心情と愚劣《ぐれつ》な行動を繰言《くりごと》のように対比させつつ次のように述べている。

……私の父は善人である。氣節を重んじた人である。勤王家である。愛國者である。生命財産より貴きものを有してゐた人である。理想家である。

私はかう信ずると共に、聊《いささか》自ら慰めた。然しながら其反面に於いて、私は父が時勢を洞察《どうさつ》することの出来ぬ昧《まい》者であつた、愚であつたと云ふことをも認めずにはゐられない。

そして元備前藩の重臣で三千石取っていた丹羽寛夫の次のような言葉も伝えているが、その言葉には優しい人生の智恵がにじみ出ている。

四郎左衛門を昧者だと云つて責めるのは酷《こく》である。当時の日本は鎖国で、備前は又鎖国中の鎖国であつた。岡山の人は足を藩の領域の外に踏み出すことが出来なかつた。青年共は女が戀しくなると、岡山の西一里ばかりの宮内へ往つた。しかし人に無禮をせられても咎《とが》めることが出来なかつた。咎《とが》めると、自分が備中界に入つたことが露顕《ろけん》するからである。其青年共に世界の大勢に通じてゐなかつたのを責めるのは無理である。己も京都にゐた時、或る人を刺《さ》さうとしたことがある。しかし事に阻《さまた》げられて果さずに岡山に歸つた。そのうち比較的に身分が好いので、少属に採用せられた。それから当路者と交際して、やう〲外国の事情を聞いた。己は智者を以て自ら居るわけではないが、己と四郎左衛門との間には軒輊《けんち》する所は無い筈だ。

この種の言葉は、津下正高が苦心して集めた父親についての回想談話の一つなのだろうが、それを語った丹羽にせよ、それを表面に強く出した森鷗外にせよ、やはり津下正高とその父にたいする一種のいたわりの情が働いていたのではないだろうか。明治維新から半世紀が過ぎた大正期に入ると、原敬が言ったように、維新の乱には賊も官もなく、政見のちがいのみがあったことが自覚されてくる。その動乱に際して、主観的には誠実であった青年が客観的には愚かな行動に走ったことを、バーナード・ショウのようなイギリス人なら、Sincerity is fully compatible with stupidity. と冷やかしたところだろうが、鷗外はいわば順序を逆にして、Stupidity is fully compatible with sincerity. と津下の心情に理解を示したのである。

森鷗外は横井小楠などの立場が自分の立場と二重写しになるような「智者」であったが、そのような人であっただけに自分とは違う愚直《ぐちょく》な人々への愛情もまた持っていたと思われる。津下四郎左衛門は好意をもって描かれているのではないだろうか。かりにそれを否定する人も、『堺事件』の土佐藩兵たちが深い共感をもって描かれていることを否定しはするまい。そしてその種の攘夷の志士へ寄せたのと同質の感情は、日露戦争当時にあっては『うた日記』の中の唇に血をにじませた兵士や、石田治作らに寄せる親愛の情の中に示されていはしないだろうか。——あるいはその系譜はこのように年代順に辿《たど》るべきではないのかもしれない。鷗外は日露戦争を体験したからこそ維新の志士たちの心情に共感できるようになった、と遡及《そきゅう》的に推定するべきかもしれない。鷗外は、攘夷（愛国心）の民族的決意が知性のきずなによって統御される時、それがいま一つの愛国心の発顕形態である開国和親の主義へ転ずるという心理的プロセスをよく承知《しょうち》していたのであろう。津下四郎左衛門によって代表されるような民族感情としてのナショナリズムは、学識と体験によって啓発《けいはつ》される時、横井小楠によって代表されるような国家理性としてのナショナリズムへ止揚《しよう》されると鷗外は理解していたのであろう。尊攘思想の反動性は維新運動の革命性へ転化し得る性質のものであり、その両者の差をもっぱら知見の量と質の差に還元《かんげん》する見方でもって鷗外は津下正高を慰《なぐさ》めたのであった。その見方は戊辰《ぼしんせんそう》戦争前後に賊名をきせられた人々の権利回復の要求に通じる、大正四年当時としては新しい見解であったにちがいない。（明治時代に広く行なわれた官軍・賊軍という黒白のけじめの判然とした薩長史観は今日ではだいぶすたれてきたが、それには歴史学者の研究もさりながら歴史小説家があずかって大いに力あったのではあるまいか。なお維新の動乱の経緯が大衆小説にとりあげられ広く世間に知られるようになったのは関東大震災以後の現象だろう）。

## 文化交流の病理解剖学

鷗外は同情的な見方を示したが、しかし実はいいにくいことだが智恵に目覚めないというのが古今を通じての群集心理（民衆ではない）の特色なのではないだろうか。人間は古代ギリシャの哲学者が定義したような「理性的な動物」ではなくて現代の分析的心理学者(34)が指摘するように「ジャングルの魂」の持主なのである。それだからこそ昭和時代の日本では志士的な心情がよみがえりそれが煽《あお》られると「尊王攘夷」のスローガンは「米英撃滅」となって復活し、一国の運命を敗戦の奈落《ならく》の底《そこ》へひきずっていったのであろう。そしてその種の標語は戦後の日本でもさまざまな姿をまとって現われ、また消えていったように思う。ところでこの漢字文化圏に固有のこの標語《ひょうご》という政治的伝統についてドナルド・シャイヴリー教授は次のように述べている。西洋諸国における**slogan**や**Schlagwort**の機能も大同小異であろうとは思うが、一つの視点として教授の説を読んでみよう。

「シナ人や日本人の合言葉はたいていそうであるが、ここ（筆者註、幕末維新から明治初期）で見る合言葉も、ふつうは対句をなす二文字の複合から成っており、文字のもつ表意的な性質と、語尾を切りすてた漢語系日本語の読みとが、その合言葉に簡潔《かんけつ》で権威《けんい》ある響きを与えていた。こうした合言葉は、とりわけ、同じような形式をもち、強く感性に訴えて帰依《きえ》させるよう道徳的な掟《おきて》を盛りこんだ最初の学校読本で育てられた人々にとっては、効果的であった。短い、訓戒《くんかい》めいた章句のいくつかは、厳密さを欠いていただけに、広汎《こうはん》な支持を集めることを可能にした。どのような政治的色彩をもつ主義主張にも、世論を集めていく上にこうしたキャッチ・フレイズがきわめて効果的であったことは、今日に至るまでの近代日本政治の特徴であった」(35)

複数の異質な要素から成立つ国民を統合するためには論理的な説得力が必要とされようが、日本のような均質な国民を動かすには、情緒《じょうちょ》に訴える言葉がある程度まで有効に作用する。そしてその言葉につられて過去に津下四郎左衛門が飛び出したように、将来は別の津下四郎が飛び出てくるだろう。幕末期の志士たちは明治期には壮士《そうし》となって国内・国外で無法《むほう》な行為に出たが、昭和期には革新の将校として、あるいは革新の闘士《とうし》として直接行動に躍り出たりもするのだろう。

「尊王攘夷」「条約改正」「臥薪嘗胆《がしんしょうたん》」「米英撃滅」「…………」一連のスローガンは日本国民が対外関係で興奮した歴史を反映しているが、それはおそらく単なる外交問題だけではなかった。日本人の心に重い圧迫《あっぱく》を加えた西洋という問題と関係していたにちがいない。横井小楠と津下四郎左衛門の関係にその傷口が示されたようにこれはcultural identityともかかわる問題だったのだろう。すなわち一面における西洋文明を摂取《せっしゅ》せねばならぬという国家理性の要請《ようせい》と、その種の努力によって文化上の自己同一性が犯されはしまいかという焦燥感《しょうそうかん》――そのような自尊心《じそんしん》の傷つきやすい心理上の問題が底辺にひそんでいたからこそ、日本人は対西洋諸国との外交危機に際して、不思議とも思えるほどの熱狂を示したのではないだろうか。国体護持《こくたいごじ》という言葉がかつて人心を深くとらえたことがあったのも、その種の心理上の問題と深いつながりを有する事柄に相違ない。

一体、日本のように雑種文化《ざつしゅぶんか》と呼ばれる国においては、体内に和漢洋のさまざまの血が流れているから、文化上の血脈のいずれに忠誠を誓うか、という形で問題が提出されるような事態におちいると、人々は奇妙に落着きを失ない、奇妙に強がりの叫びを発しがちである。それはいってみるならば、混血児に向って、父の文化に属するか母の文化に属するかと二者択一を迫るたぐいの問であり、父系と母系の両者の間が平和で調和の取れている限りは問題を生じないが、対立した危機の際には、感情をいらだたせる残酷《ざんこく》な問となってしまう。宣長の漢意《からごころ》にたいする反撥にもその種のいらだたしさがすでに感じられた。しかも鎖国当時の日本と異なって、幕末以降の日本には、文明開化を表面では唱えつつも、西洋文化の摂取《せっしゅ》によって帝国主義列《れっ》強《きょう》から日本の生存を守るという国民的合意が当然自明の前提として存在していた。そのような一見矛盾した状況にあったからこそ、日本国民は対西洋諸国との外交問題で異常に過敏な反応を呈してきたのではないだろうか。虚実皮膜《きょじつひまく》の間《かん》に存していた均衡《きんこう》が昭和期にはいって崩れると、支配層の西洋協調路線が下からの突きあげにあって破れ、攘夷の地肌が「革新」の面をつけて現われたりしたのである。その際の日本人の倣大《さだい》な高笑《たかわら》いや大言壮語《たいげんそうご》には、文化的帰属の問題とからむところの強がりが露出していたのである。G・B・サンソムは『西欧世界と日本』の中で(36)幕末期の異常な排外《はいがい》感情の高まりについて、"it is worth some attention if only for its interest as study of the morbid anatomy of cultural intercourse"と書いた。文化交流の病理解剖学的研究としても、それだけの見地からしても、多少の注目に値する、というのである。

## 反帝国主義的帝国主義

ところでその病理解剖学的研究の対象となるような現象は、ただ単に国民全体としてだけでなく、一人の個人の生涯を通しても見られる現象なのではあるまいか。いまここで横井小楠を中にはさんで森鷗外と徳富蘇峰の関係に言及し、あわせて蘇峰の反帝国主義的帝国主義への傾斜にふれておきたい。

徳富蘇峰は森鷗外より一つ年下で一八六三年に生まれた。父徳富一敬は横井小楠が天保十四年（一八四三年）はじめて私塾を開いた時、第一に入門した人であり、叔母つせ子は小楠の事実上の後妻となっている（一八五五年）。先にふれた小楠の二人の甥のアメリカ行の費用は徳富家が出したといわれるし、青年の蘇峰もその一人の横井大平が創立した熊本洋学校に学び、また他の一人の横井左平太の家に遊びに行って西洋の話などを聞いている。(37)そして小楠の実学党の学風から深い影響を受けている。徳富蘇峰の出世作『将来之日本』（明治十九年刊）は、『蘇峰自伝』によれば、スペンサーの進化説やミルの功利説、非干渉主義や自由放任主義、「若《もし》くは横井小楠の世界平和思想や、それ等のものに依つて、予一個の見識《けんしき》を打ち建てたるものであつた。」そして明治二十二年には父、叔父と相諮《あいはか》り、遺子横井時雄の依頼《いらい》に応じて『小楠遺稿』を編集刊行している。その巻頭に編纂者が記した「小楠先生小伝」を鷗外が『津下四郎左衛門』の執筆に際して適宜参照、利用したことについてはすでに述べた。小楠と蘇峰はそのような深い関係で結ばれていた人であったから、鷗外も『津下四郎左衛門』の執筆に際して、時と処に関して蘇峰に問いあわせるところがあったのである。鷗外は、そのように蘇峰らの仕事を踏まえた上で、『津下四郎左衛門』を書いたが、鷗外の筆致は冷静で、およそ面妖な主張や解釈は見られない。それは文学作品としても歴史作品としてもいまなお読むにたえる一小品で、今日の若手の一研究者のやや衒学《げんがく》的な表現に従えば、明治維新前後のナショナリズムのパトスとインターナショナリズムのロゴスとを鷗外はそれぞれ適切に位置づけているという。

ところで鷗外が『津下四郎左衛門』を書いたと同じ大正の初年、外国の帝国主義者たちの主張を鸚鵡返《おうむがえ》しに唱えるようになった徳富蘇峰は、やがて大東亜戦争の理念ともなるような反帝国主義的帝国主義ともいうべき力の福音《ふくいん》をさかんに主張するようになった。そしてそのような目で見ると横井小楠が（小楠だけでなく、林子平も本多利明も佐藤信淵も吉田松陰も）、無制限な膨脹主義《ぼうちょうしゅぎ》者として蘇峰に映じ、一連の帝国主義者の系譜《けいふ》にかぞえられてしまったのである。蘇峰自身もその分類の粗大《そだい》なことを自覚してかすかに笑っている[38]のだが、

「富国に止《とどま》らず、強兵に止らず、大義を四海に布《し》かんのみ」

のような詩句は、エクスパンショニズムの主張とも解されてしまったのである。一体このような詩句は過剰解釈すれば手前勝手に取ることはおよそ容易なので、この同じ詩句「何止二富国一、何止二強兵一、布二大義於四海一而已」を引いて、「その根底にはアジアの諸国の先頭に立って、西洋と対決しようとする強烈な大国意識があったのである」と主張される方は今日もおられる。[39] 右に引いた主張だけを拾い出すと蘇峰の解釈と同じに読めてしまうが、蘇峰の主張は大東亜戦争の肯定に連なり、後者の主張はいうならば大東亜人民戦争の肯定に連なるのであろう。しかし筆者が思うに、小楠が詩にうたった気持は佐久間象山の「東洋道徳」の強調とさして差はないので二人の甥を慶応二年（一八六六年）アメリカへ送り出す際、自分たちを育ててくれた東洋の精神文明、その道徳（大義）を肯定しようとする気持がいちだんと強く表へ出たのである。血縁

の若者が西洋へ技術を学びに出発しようとする際に、小楠がその種の「大義」を唱える自誇《プライド》によって自分たちの人間存在の意味を強調しようとしたのは人性の自然であったと思う。小楠の漢詩と、万延元年（一八六〇年）に渡米した我国最初の遣米使節の村垣淡路守が詠んだ和歌、

　ゑみしらも仰ぎてぞ見よ東《あづま》なる我日本《ひのもと》の国の光を

とは両者ともほぼ似た衝動《しょうどう》、同じような感慨《かんがい》から発していると見るべきではなかろうか。
自己の現在の政治的情念《じょうねん》に従って過去を解釈するという行き方は、歴史家にあるまじい性格の弱さと思われるが、皮肉なことに、徳富蘇峰は横井小楠を帝国主義者（念の為にいうが蘇峰は帝国主義者を譏誚《きしょう》の意をこめて言っているのではない、無論その逆である）の先駆《せんく》の一人にかぞえるような、傾向的な発言を繰返すうちに、やがて自分自身がイデオロギーの系譜としては小楠を刺した津下四郎左衛門の側へ近づいてしまった。尊王攘夷——そのスローガンに蘇峰は「白閥打破」という新しい衣裳を着せたが——の使徒に彼自身がなってしまった。

　第一次世界大戦前後の東アジアの情勢が、シナに安定した政権が確立されないこととも関連して、不安定であり、それだけに徳富蘇峰がその種の主張を行なったことに道理がまったくなかったとはいえないのかもしれない。また横井小楠の言説に膨脹《ぼうちょう》主義者の側面がまったくなかったともいえないのかもしれない。しかし横井小楠にはそれとは異なる面——その面だけを拾いだして拡げて示すならば、それもまたそれなりに小楠像を歪《ゆが》めることとなろうが——があったことも確かである。小楠の開国思想には近距離的な政策論のほかに遠距離的な展望、膨脹主義とは異なるいま一つの可能性も秘められていた。余談に過ぎるかもしれないが、最後にその点にふれておきたい。その話とはこうである。

## 朋あり、遠方より来たる

日本暦万延《まんえん》元年申四月、西暦一八六〇年五月、大君《たいくん》の使節兼全権、新見豊前守、村垣淡路守、小栗豊後守は、ワシントンで日米修好通商条約本書の批准をブキャナン大統領の外国事務宰相（国務長官）ルイス・カスと取り行なうと、ニューヨークに向った。四月二十八日（西暦六月十六日）の村垣淡路守範正の『航海日記』（時事通信社刊）にいう、

（ニューヨークは）合衆国第一の都会の地なれば、繫泊《けいはく》の船も夥《おびただ》しく、繁昌の地と見へて、海岸に見物人雲霞《かすみ》の如くみゆ。波戸場には大なる小屋あり。そのうちに馬車あまた来りてむかへけるまゝ、例の如く乗つれたり。御条約箱は美麗に花を餝《かざ》り、旭章・花籏を建たる台にのせ、下司（定役・小人目付）・通弁者乗添《のりそひ》（祭の踊台の如し）、四輪車を四馬にて引たり。次に順々乗連て出しが、けふの警衛の夥敷事、都府に倍せり。祭の如く、少し行ては止り、無益の道を廻りて行に、人家も稠密《ちうみつ》にして、家屋美なり。見物の男女尺寸の空地もなし。三十町程行て、植溜の有ける前に広き道あり。爰《ここ》に台を設けて有。各馬車を出て椅子にかゝりければ、警衛の惣兵、順々前を足並して過る。惣大将のコロネル（官名）のセネラール（首長といふ義）、馬上にてをのれ等のかたはらに扣《ひかへ》たり。騎兵ばかり楽人までも騎馬備も有。野戦筒も六ポンド位のもの六車、一隊づゝ楽人先に立来りて向に開き、一隊過れば跡に付て行、また一隊来る。隊毎に服色・冠物《かぶりもの》までかはりて美麗なり。楽隊の号令官は杖の頭に銀の玉を付、号令するさま大にこつけいなり。兵卒のうちに小なる樽を背にかけて行《ゆく》二八の美人あり（是は気付の火酒をもつ役なるよし）。粧《よそお》ひ飾りたるさま祭に等し。合衆国第一の土地にて陸軍残らず出しが、十二秡隊竜《バタリヨン》にて凡八千人といふ。騎馬隊は士官なれども、歩卒は過半商人にて役に出るよし。武の実なき事を知るべし。皆過行て又馬車に乗り、十町

ばかり行て又戻りて、よふ〳〵暮近き頃客舎に至る。此ホテルも六階造にして美を尽したり。数多の窓毎に小なる旭章と花籏をさし（節分のひいらぎをさしたるが如し）、屋根には三間四方もある旭章・花籏二本建て、往来所々にも屋根よりやねに縄を張て、各国の籏を懸、真中に御国籏懸たる所あまた有。子供など紙にて作りたる御国籏を持て、是を振りて祝す。市中に御国籏を売もの有。我江都に開帳仏の来りし如くもてはやしけり。

これが日本人の目に映じたニューヨーク到着時のアメリカ側の歓迎だった。ところでその日、マンハッタンの街路を「尺寸《せきすん》の空地もな」く埋めたアメリカ人の中に詩人ホイットマンがいた。当時四十一歳であった彼は日本使節の行列を見て、その光景とそれから呼び起された想念を*A Broadway Pogeant*と題する詩にうたった。その詩は最初一八六〇年六月二十七日、『ニューヨーク・タイムズ』紙上に発表されたが、いまそれを読みかえすと、ブロードウェイを埋めつくした民衆の気持が伝わってくる。詩人はいう、

Over the Western sea hither from Niphon come,
Courteous, the swart-cheek'd two-sworded envoys,
Leaning back in their open barouches, bare-headed, impassive,
Ride to-day through Manhattan.

西の海を渡って遠く日本《ニホン》からここへ来た、
礼儀正しい、浅黒い頬をした、大小を差した使節たち、
オープンの四輪馬車に背をもたせ、頭にかむりものをつけず、泰然《たいぜん》と、

今日、マンハッタンを過ぎて通る。

そして日本使節を迎えるニューヨーク市マンハッタンの様を詩人は次のようにうたう、

When million-footed Manhattan unpent descends to her pavements,
When the thunder-cracking guns arouse me with the proud roar I love,
When the round-mouth'd guns out of the smoke and smell I love spit their salutes,
When the fire-flashing guns have fully alerted me, and heaven-clouds canopy my city with a delicate thin haze,
When gorgeous the countless straight stems, the forests at the wharves, thicken with colors,
When every ship richly drest carries her flag at the peak,
When pennants trail and street-festoons hang from the windows,
When Broadway is entirely given up to foot-passengers and foot-standers, when the mass is densest,
When the façades of the houses are alive with people, when eyes gaze riveted tens of thousands at a time,
When the guests from the islands advance, when the pageant moves forward visible,
When the summons is made, when the answer that waited thousands of years answers,
I too arising, answering, descend to the pavements, merge with the crowd, and gaze with them.

Superb-faced Manhattan!
Comrade Americanos! to us, then at last the Orient comes.
To us, my city,……

Today our Antipodes comes.
いまその詩の一部を訳してみる。

百万のマンハッタンの人々が、囲《かこ》いをとかれたように、舗道《ほどう》に降りてくる時、
百雷《ひやくらい》もどよめくばかりの大砲が、俺の好きな誇らかな吼《ほえ》りで、俺を奮《ふる》いたたせる時、
円い口をした大砲が、俺の好きな匂いや硝煙《しようえん》の中から礼砲を発射する時、
火花を散らす大砲が俺の気持をきりっと引き緊《し》め、天には雲がうっすらとやさしい靄《もや》で俺の町を蔽う時、
数かぞえきれない壮麗《そうれい》な直立した帆柱が、波止場《はとば》に林のように並んで、旗をいっぱいにつける時、
どの船もどの船も満艦飾《まんかんしよく》をこらしてマストの天辺《てつぺん》に船旗《せんき》を掲げる時、
窓という窓からまん幕や花づなが通りの上へ垂れる時、
ブロードウェイがすっかり歩行者や弥次馬《やじうま》の天国となり、見物の黒山で尺寸《せきすん》の余地もない時、
建物の正面が人々でもって活気づき、幾万もの目が一せいに釘づけになってじっと見る時、
島国から来た客人が静々と、行列の先頭をゆっくりと進む時、
呼び出しがかかって、数千年の間待ちに待たれた答えがいま答えを返す時、
俺も立ちあがって、呼び声に答え、舗道《ほどう》に降りて、群集にまじり、群集とともにじっと見つめる。

すばらしい顔をしたマンハッタン！
はらからよ、アメリカ人よ、俺たちのところへ東洋がついに来たのだ、
俺たちのところへ、俺の町へ、

地球の向側《むこうがわ》の連中が今日ついに来たのだ。

詩は当日のブロードウェイの単なる光景の描写にとどまらず西と東の出会いの讃歌となり、

Today our Antipodes comes.

地球の向側の連中が今日ついに来たのだ。

と影を見いだした形のように、宇宙合一、東西合体の喜びがうたわれるのである。そのような手放しの礼讃は、ホイットマン自身が実は多少修正するところとなり、一八六〇年の原詩の第四行にあったLesson-giving princesなどという表現はやがて削られて、一八七一年以後の版では重点は、東洋に対する敬意《けいい》よりも、新しい世界民主主義の女主人公としてのアメリカに置かれるように変わっていった。

日本最初の遣米使節のブロードウェイの行列と見物、村垣淡路守の日記とホイットマンの詩については、すでに長沼重隆、川路柳虹氏らの記事もあり(40)、ここでは詳説しないが、アメリカでこのような歓迎を受けた遣米使節の見聞は帰朝談としておのずから日本各地の智者の間にも知れわたったのであろう。すくなくとも西洋人をもっぱら夷狄《いてき》とみなす見方は徐々であったにせよ修正されていったにちがいない。出発に際しては月を見ても、

今よりはこと国人もあふぐらん我秋津洲《あきつしま》の月のひかりを

と気おってうたった村垣淡路守もサンフランシスコでは、のどかな景色に気持もなごんで、

異国《とつくに》といへども同じ天の原ふりさけ見れば霞む夜の月

とやわらぎ、パナマで乗船ポーハタン号の船将以下と別れるに際しては、

姿見ればことなる人とおもへどもその真心はかはらざりけり

と詠んで謝意《しやい》を表している。人間誰しも好意に動かされ、情にほだされるのである。

ところで本章で取扱った横井小楠は嘉永六年（一八五三年）に、旧知の川路聖謨にたいして「夷虜応接大意」を書き送り、条件つきではあったが開国をすでに唱えていた人であった。(41) そのような先見の明のある人であったから、遣米使節がアメリカ側から懇切丁寧《こんせつていねい》なもてなしを受けたと聞いた時は、国内における攘夷熱の異常な高まりにもかかわらず、いわば自説が確証されたものとして、心中嬉しく思ったにちがいない。『小楠遺稿』の「講義類」には小楠がその種の情報を耳にしてどのように反応したかを示す、興味ふかい一節がある。それは小楠が熊本で講義した時、門下生が筆録したもので、その断片はまた小楠が『論語』をどのように講じたかを示す記録としても面白い。内輪の講義であったから、小楠も率直に本心を語ったものと推察《すいさつ》されるが、『論語』の冒頭の言葉を材料にして小楠は次のように自説を開陳《かいちん》するのであった。すなわち「有朋自遠方来、不亦楽乎」について、

有レ朋　此義は学問の味を覚え修行の心盛んなれば吾方より有徳の人と聞かば遠近親疎《えんきんしんそ》の差別なく親しみ

近づきて咄《はな》し合へば自然と彼方よりも打解て親しむ、是感応の理なり。此朋の字は学者に限るべからず、誰にてもあれ其長を取て学ぶときは世人皆吾朋友なり、憧々《しやうしやう》として往来するの謂にあらず。

小楠は彼自身が広く旅し多く交じわった人であったから、孔子の言葉をこのように実際に即して説明したのである（憧々として、は心の定まらぬ様をいう）。そしてその次には歴史上の身近な事件を実例に引き、国際関係をも四海同朋主義の立場から見なおそうとする。

今一際広めていへば当節、幕府より米利堅へ遣はされし使節を米人厚く待らひし其交情の深きにても考へ思ふべし、是感応の理なり。此義を推せば日本に限らず世界中皆我朋友なり。

そのころの藩の内部では攘夷の掛声《かけごえ》が盛んだったのだろう。時流に調子をあわせて正義面《づら》をする人が威勢《いせい》よく肩で風を切っていたのだろう。けれどもそのような時代の講義録であるこの文章には、ホイットマンら Americanos が差しのべた毛むくじゃらの手に応《こた》えようとする一日本人の親愛の情が感じられる。熊本の草深い片田舎の破れた畳や茣蓙《ござ》の上で生まれた、平和を尊ぶ精神の世界主義が感じられる。横井小楠にはそのような面もあったのである。それとも、そのように読むのは、本稿の筆者の思い過しだろうか。夢だろうか。

註

（1）『鷗外全集』第七巻、岩波書店、昭和二十六年。

（2）『鷗外全集』第三十一巻に次のような記事が見える。「(大正二年十月) 十三日 (月)。……津下正高来て、父四郎が事に関する書類を托す。横井平四郎を刺しし一人なり。」「書類」とあるのは、津下正高がただ単に口頭で物語ったのではないことを意味する。

(3) 尾形仂氏は筑摩書房版『森鷗外全集』第四巻の「語註」でその問題にふれ、「本篇は、文中に自ら記すところによれば、その遺子津下正高の聞書に、徳富蘇峰等の言を参照して、補正を加えたものという。しかし、そのいうごとく聞書そのままではなく、『小楠遺稿』『続再夢記事』『肥後藩国事史料』等をも参照したとおぼしき点が多い」と指摘されている。鷗外は『小楠遺稿』（明治三十一年、再版）を持っていたので同書、とくに巻頭所収の「小楠先生小伝」を参照したことは、双方の記事を比べると明らかである。その点については後で註に例を掲げる。

(4) 小楠についての歴史学者の研究、たとえば吉川弘文館人物叢書の圭室諦成著『横井小楠』（昭和四十二年）には参考文献として徳富蘆花の『竹崎順子』はあげられているが、鷗外の『津下四郎左衛門』について言及がないのは遺漏と思われる。鷗外のこの作品は歴史研究としてもそれなりに論じる価値のある作品であり、資料的にも調査の余地がまだ残されている。

(5) 「小楠先生小伝」には「嘗て家兄時明重病を受く。先生平日友愛太た深し。昼夜看護す。是より先き先生既に漢法医の治方に慊足せず。医福間某なる者あり、曾て業を蘭人に受く。先生之れと交る。因て治療を托す。其治術の条理有るが為めなり。後医生の門下に来往する者皆洋法に皈《き》す。而して西洋医術に志有る者為めに大に力を得たり。是を以て漢法医輩も亦実学派を忌むに至れり」とある。ただしここには「弘化四年」と明示されていないので、鷗外はほかの資料にも当ったのであろう。

(6) 『所謂和漢方医』は『鷗外全集』第二十七巻所収。この中で鷗外は「和漢陳腐の医籍の現世の医学に比して、実際の価なく、僅に歴史的の意味あるを知る。今の世には唯、一個の医学あり。唯、二十六世紀の医学あり。これを基として立たざるものは、坊間の鍼医と殊なることなし」と攻撃した。

(7) たとえばトインビー『世界と西欧』第五章、邦訳は社会思想社。

(8) この記述も「小楠先生小伝」の次の条によっている。「先生嘗て兵制は武器の発明に従て変することを論じ、『陸兵問答』を著す。而して当今西洋の炮術火技の巧妙なるを聞けども未だ其詳悉を得ず。是より先き藩の炮術家池辺啓太長崎人高島秋帆に従ひ蘭人に就て火術を研究す。幕府の大監察鳥井耀が為めに陥いれられ幕府秋帆を囚《とら》ふるに及て池辺も亦江戸に拘致せらる。後鳥井譴責せられ、秋帆免る。而して幕士を訓練し兵制を改むるに至り、池辺も亦国に皈り専ら西洋火術及操練等を以て藩士を教導す。然るに古流の炮術家及兵家者等相共に之れを誹譏し、恰《あたか》も敵視するが如し。独り先生大に悦ぶ。門生をして池辺に就て火技兵法を学ばしむ。是れより旧炮術家、兵家者、時の学者及漢法医輩、相共に実学派を疾視すること益甚し」

(9) これも「小楠先生小伝」を基にした要約だが、文中の「智者と智者との気息が漸く通ぜられて来た」「これも智者の交《まじはり》である」は鷗外の筆であり評価である。
(10)『傍観機関』、『鷗外全集』第二十六巻、一五九頁。
(11)『鷗外全集』第二十六巻、二一三頁。
(12)岡義武『近代日本の形成』、弘文堂、昭和二十二年。
(13)土屋喬雄『日本社会経済史の諸問題』、平凡社版、一八四頁。
(14)遠山茂樹ほか『尊攘思想と絶対主義』、白日書院刊、昭和二十三年。三八頁。
(15)遠山茂樹『明治維新と現代』、岩波新書、一四五頁以下。
(16)日本の思想20『幕末思想集』鹿野政直解説。
(17)責任ある地位にない学者評論家が、歴史や政治にたいして検察官的態度で臨み、政治家の言動に首尾一貫性がないと指摘することは安直な正義感の発露である場合が多い。批判は内在的な論理を追い、その心理に即しておこなわれるべきだろう。政治家の転向の是非は、そのために生じた結果を基に細かく吟味するべきで、「折衷的」であるというだけで非難することは志士まがいの慷慨とはなろうが、歴史にたいする判断としてはいわゆるかまととに類するものかと思われる。
(18)福沢諭吉『福翁自伝』、岩波文庫、一五〇頁。
(19)田口卯吉『日本開化小史』、岩波文庫、二六〇頁。
(20)奥村喜和男『尊皇攘夷の決戦』、昭和十八年。
(21)島崎藤村『夜明け前』、第二部下巻九章四。
(22)遠山茂樹『明治維新と現代』、一四五頁以下。
(23)『鷗外全集』第二十三巻所収。
(24)『季刊芸術』第十六号、シンポジウム「近代日本の美意識と倫理」参照。
(25)福沢諭吉『福翁自伝』、岩波文庫、一七八頁。
(26)同右、二七七頁。
(27)鷗外は乃木大将に敬意を表した人だが、山鹿素行などを明治末年の日本でかつぎ出すことについては『青年』の中などで揶揄している。
(28)『鷗外全集』第六巻所収。
(29)『森鷗外全集』第四巻、筑摩書房、尾形氏語註による。
(30)『維新史』第五巻二十二編三章。

（31）この文章は鷗外が『津下四郎左衛門』の中に引いて説明を付している。徳富蘆花も『竹崎順子』の中で（第十章の三）小楠の息子の横井時雄が熊本バンドに加わって改宗したことにふれつつ、この文章の一節を引用し、次のような感想を述べているのは興味ふかい。

「これは晴天の霹靂《へきれき》です。西洋文化の吸収に先駆けた実学社中でも、これには全く不意をうたれてしまひました。而して其大それた耶蘇教の信奉者中に、横井小楠の嗣子時雄が居た事は、社中一同の驚駭と落胆でありました。

熊本洋学校開設の二年前、明治二年正月五日、横井平四郎が京都の寺町で殺された其日、市中に貼札《はりふだ》をした者がありました。それは刺客に同情して、横井の罪状を数へたものでした。其中に『外夷に内通し、耶蘇教を皇国に蔓布《まんぷ》することを約す』と云ふ文句があります。横井と耶蘇教は握手して居るやうに其頃思はれて居た事が知れます。文句はもとより誇張でした。然し譌《うそ》の中に誠あり、影の奥には物も潜むもので、中《あた》らずと雖《いへ》ども遠からぬ所謂衆愚の嗅覚は案外鋭敏なものです。横井は恐らく漢訳の聖書も見ませんでした。然し聞き伝へて耶蘇教の極めて大雑把な概念はもつて居ました」

（32）徳富蘆花『竹崎順子』、六七頁。なお蘆花は『思出の記』の三の巻の八でも「我等が父祖の胸中に燃えて鎖国攘夷を唱へしめた毛嫌ひの精神」を私立育英学舎の教師生徒の他国人駒井哲太郎先生に対する態度の中にたくみに描写している。

（33）「小楠先生小伝」一八頁。

（34）Carl G.Jung (ed.) : *Man and His Symbols*, Dell.

（35）ジャンセン編『日本における近代化の問題』、岩波書店、一七六頁。

（36）サンソム『西欧世界と日本』、筑摩叢書、下巻二一頁。

（37）『蘇峰自伝』参照。

（38）徳富蘇峰、『時務一家言』五五「大和民族の理想」参照。

（39）思想の科学研究会編『明治維新』、徳間書店、一二頁。中沢護人の主張。

（40）長沼重隆著『ホキットマン雑考』、昭和七年。川路柳虹著『黒船記』、法政大学出版局、昭和二十八年。

なお亀井俊介氏は「排米と拝米の歴史」（『諸君』昭和四十六年四月号）で、ホイットマンが「ブロードウェイの行列」を作ったことから、彼が「わが国に特別な関心をもっていたというようなことを、日本の学者たちは連綿と説いてきている。だがこれもまた、われわれのひとりよがりの解釈にすぎない」と注意されている。

（41）『横井小楠遺稿』など所収「夷虜応接大意」には、「有道無道を分たず一切拒絶するは天地公共の実理に暗して、遂に信義を万国に失ふに至るも必然の理也」などとある。

# 4 幕末維新の渡航者たち
## ——攘夷、親米、反米の心理——

### 留学生の精神的系譜

膨脹するヨーロッパを扱った第一章では、西洋から東アジアへ来た人物として、イタリア人のイエズス会士マッテオ・リッチやイギリス人の航海士ウィリアム・アダムズを取りあげた。西洋と東アジアとの第一回目の出会いは、西洋人が積極的に大航海を行なったことによって実現した。そのヨーロッパ人のアジア進出の動機は一つは宗教的熱情であり、一つは商業的利益であった。

西と東の第一回の出会いは、しかしながら日本が一六三九年に鎖国したことにより、二世紀余の間中断されることとなる。そしてその二百余年の鎖国の間に、西洋世界では産業革命が起こり、一八五三年、ペリーの艦隊が浦賀《うらが》の沖に現われた時、その「黒船」は帆とともに蒸気機関も備えていたのだった。ここでは前章に引続き西洋と日本の第二回目の出会いを扱うが、その際、一連の日本人を主役として取りあげる。問題は西洋文明の衝撃《しょうげき》に対応する日本人の側にあるからである。そのケース・スタディーとして、吉田松陰、新島襄、内村鑑三の三人を選び、あわせて日本人の対米感情の推移《すいい》も見てみよう。幕末から明治にかけての海外渡航者、後の留学生の精神的な系譜をたどり、その際、それぞれの日本人の精神の動きを対西洋文明との関係で描いてみる。するとそれはおのずから非西洋の国日本の「近代化の心理」という問題にふれるはずである。

吉田松陰（一八三〇-五九年）と新島襄（一八四三-九〇年）という二人の日本人は、今日から見ると、人間類型としてはおよそへだたりのある、異《こと》なる範疇《はんちゅう》に属する人のように感じられる。吉田松陰は明治維新にさきがけた志士であり、大和魂《やまとだましい》を唱えて武蔵の野辺に散った人だった。それにたいして、新島襄はアメリカのアマスト大学に学んだクリスチャンであり、明治八年、京都に同志社《どうししゃ》を創設してキリスト教主義の教育をはじめた人だった。吉田松陰の肖像はいかにも幕末《ばくまつ》の志士《しし》らしく墨《すみ》で描かれ、新島襄の肖像はいかにも明治の新時代の教育家らしく、写真を見ても油絵を見ても、鼻下にひげをたくわえ、蝶ネクタイをしめ、黒いフロックコートをきちんと着ている。ちょんまげを結った吉田松陰と髪を分けた新島襄の二人の外見がそのように異なるように、二人のイメージも今日の人々の脳裡では遠くかけ離れてしまったのである。しかしその二人は、今日の日本人やアメリカ人が思うほど異なる人間類型なのだろうか。明治三十八年に山路愛山《やまじあいざん》が『基督教評論』（岩波文庫）の中で新島襄を論じて、

彼れは成功したる吉田松陰となりて始めて米国の地を踏みたり。

と評した時、過渡期に生きた明治の人々の中には山路愛山の論旨にすなおに従った向《むき》も多かったにちがいない。同時代の人々にはそのような山路愛山の説明も合点《がてん》がいったのだろうが、しかし後代の歴史学者の機械的な人間類型の分類にかかると、本来は同一の精神の家族に属するような人々も、右や左へ切り離されてしまい、吉田松陰が密出国に成功したと仮定するとそれがなぜ新島襄になりうるのか、その結びつき具合がわからなくなってしまった。それも無理はなかった。吉田松陰といえば日本では右翼や国粋《こくすい》主義者の尊崇《そんすう》の対象で、松陰はその伝記を明治二十六年にはじめて書いた徳富蘇峰から、昭和四十五年十一月二十五日（旧暦の十月二十七日にあたる）という松陰刑死の命日を選んで割腹自決《かっぷくじけつ》した三島由紀夫にいたるまでの、日本

の思想的右翼の偶像《ぐうぞう》のようにみなされてきた。吉田松陰がそのような日本主義者のアイドルである以上、キリスト教伝道のチャンピオンである新島襄とはイメージの上でつながろうとしないのである。

しかし吉田松陰は昭和維新の志士にそのまま直線的につらなるようなファナティックな排外主義者《はいがいしゅぎ》なのだろうか。松陰は単に右翼の偶像《ぐうぞう》なのだろうか。そのような単純な一般化が適当な分類でないことは、次の一例を引くだけでもわかるだろう。第二次世界大戦前の日本の左翼の代表的な思想家といえば河上肇だろうが、その河上肇が青年時代には郷里の先輩の吉田松陰に傾倒して、一時は――田舎者らしいセンスのなさで――河上梅陰と号し、上京後も世田谷の松陰神社に詣《もう》でては涙を流していた、というのである（河上肇『自叙伝』岩波書店）。

それでは、右とか左とかという固定的な旧分類の枠組を取りはずして、どのような角度から見なおす時、吉田松陰と新島襄が同質の精神の持主として二重映しになるのだろうか。それは吉田松陰と新島襄が二人とも日本人として、優越《ゆうえつ》した西洋文明の挑戦《チャレンジ》にたいしてみずから進んで応答《リスポンス》しようとした点においてであった。両人とも幕末の時代精神に触発《しょくはつ》され、山路愛山の言葉を借りるなら、「いでや身を挺《てい》して海外に赴《おもむ》き、観国の壮挙に従事せばや」という一念に動かされた点においてだった。そしてそのような出発点においては、幕末から明治にかけての日本人海外渡航者の大多数には共通した動機と共通した目標があったのである。それだから、そのような共通項をまず拾いあげて、それを基にしてかれらの精神の発展のあとをたどるなら、日本の近代の精神史は、かなりはっきりした輪郭《りんかく》をもった一連の動きとしてとらえることもできるにちがいない。

## 西洋人が見た吉田松陰

ペリー提督がひきいる黒船が、前年の約束通り日本の近海へ引返してきた嘉永《かえい》七年（一八五四年）三月二十七日の夜、吉田松陰が伊豆の下田でアメリカの軍艦に乗りこんで密出国しようとして失敗した話はあまりに有名だが、相手のアメリカ側はこの日本青年のことをどう思っていたのだろうか。
「生等《せいら》少しく欧米の習慣智識を聞知《ぶんち》いたし、五大洲を周遊せんと欲するの志を起し候」
そういって一生懸命にうったえる吉田青年とアメリカ側の通訳ウィリアムズとの間に心のふれあいがあったことは、松陰が書いた『三月廿七夜記』からも察せられる。アメリカ側の記録を読むとスポールディングの『日本遠征記』にはOur Visitors Caged「われわれの船を訪ねにきた日本人たちは（幕府側の手で）狭い檻《おり》の中へ入れられてしまった」として、次のように記されている。

その事件の数日後、下田の海岸を散歩していたアメリカ将校が目撃したところによると、町の裏手の小屋の檻《おり》の中に日本人が閉《と》じこめられていて、近づいてみると先日、真夜中に船をたずねてきたと同じ人物だということがわかった。そのような境遇《きょうぐう》に置かれたにもかかわらず、さして意気沮喪《そそう》したとも見えず、板きれに文字を記すと、そこにいたわれわれの軍医の一人に手渡した。

このスポールディングはその事件がおきるよりも前に、下田の町はずれを散歩中、日本人が自分の時計の鎖をほめるようなふりをして近づいてきながら、いきなり一通の手紙を自分のチョッキの懐《ふところ》に押しこんだことに驚かされたが、その人物も、あの夜の海上の訪問者も、またいま檻《おり》の中に閉《と》じこめられているのもすべて同一人なのであった。アメリカ艦隊の士官たちはその日本人のために命乞いの請願《せいがん》をしようと相談していたが、しかしその次に陸にあがって見に行った時、その日本人の姿はもう見えなかった。江戸へ檻送《かんそう》されたという話だったが、下田の村の役人が首に手をあてるしぐさをしてみせたという報《しら》せを聞いた時、スポールディングはいまごろはあの日本青年はもう斬首《ざんしゅ》の刑《けい》に処せられたのであろうかと思いつつ、感慨《かんがい》をこめて、先日自分のチョッキの懐に押しこまれた手紙——スポールディングには読めない漢字だったが、そのきれいな、鋭く、はっきりと記された字体を見れば、知性と趣味を有する人の筆蹟と知れる、とスポールディングは『日本遠征記』に書いている――を見返し、かつアメリカ側の通訳の手になったその英訳文をまた読み返したのだった。いま『吉田松陰全集』第十巻におさめられているその手紙の一節と、それの英訳文を見てみよう。

夫《そ》れ跛躄《はへき》者の行走者を見、行走者の騎乗者を見る、其の意の歆羨《きんせん》如何《いかん》ぞや。況《いはん》や生等《せいら》終身奔走《ほんそう》すとも、東西三十度、南北二十五度の外に出《い》づる能《あた》はざるをや。ここを以て夫《か》の長風に駕《が》し、巨濤を凌《しの》ぎて、千里を電走し、五大洲を隣交するを見ては、豈特《あにただ》に跛躄の行走と、行走の騎乗との譬ふべきがごとくならんや。

When a lame man sees another walking, or a pedestrian sees another riding, would he not be glad to be in his place ? How much more to us, who, for our whole lives, could not go beyond 30 E. and W., or 25 N. to S., when we behold you come riding on the high wind, and careering over the vast waves, with lightning speed coasting along the five continents, does it appear as if the lame had a way to walk, or the walker an opportunity to ride ?

漢文風のやや誇張された比喩《ひゆ》が、吉田松陰の海外世界の情勢を知りたいという切ない憧《あこが》れを見事に伝えている。その日本脱出の気持は、訳者もその願いを汲みとったからだろうが、英語の文章にもまことによく生かされ、実感をこめて訳されている。気立てのよいアメリカ人たちは、吉田松陰の志を壮とし、その運命に同情し、同時に自分たちの日本開国強要の使命の正しさをもさらに強く信じたにちがいなかった。

ところでそのような吉田松陰に関心を示した西洋人には十九世紀後半の小説家で『宝島』や『ジキルとハイド』の著者のスティーヴンソンがいた。スティーヴンソンはエディンバラへ留学に来た松下村塾出身の正木退蔵と交際があり、五歳年長の正木が師の吉田寅次郎の生涯を涙しつつ語るのをノートに書きとめ、後に正木に校閲を乞い、一八八二年*Familiar Studies of Men and Books*の一章として刊行した。その二十ページほどの小伝は、多少の誤りを含むとはいえ、「本質を把握した作品」(『西欧世界と日本』の著者、G・B・サンソムの評)といわれ、それを読むと行間に語り手の正木退蔵の感動も、聞き手のスティーヴンソンの感動も感じられる。スティーヴンソンはその小伝の結びに、

吉田松陰は軍事技術者であり、大胆な旅行者(すくなくともその志においては)であり、愛国者であり、教師であり、学問の友であり、祖国改革の殉教者《じゆんきようしや》だった。たとえ人間、七十歳まで長生きして死のうとも、自国にこのような多くの面で貢献できたといえる人はけっして多くはないであろう。

と書いている。瓦全《がぜん》よりも玉砕の思想に共感の意を表したのだが、そのようなスティーヴンソンの言葉は吉田松陰が品川弥二郎に与えた次のような言葉を想い起こさせる。

十七八の死が惜《を》しければ三十の死も惜しし。八九十、百になりても是で足りたと云ふことなし。草虫水虫の如く半年の命のものもあり、是以て短しとせず、松柏の如く数百年の命のものもあり、是以て長しとせず。天地《てんち》の悠久《いうきう》に比せば松柏も一時蠅なり。人間僅《わづ》か五十年、人生七十古来稀《まれ》なり、何か腹のいえる様な事を遣《や》つて死なねば成仏《じやうぶつ》は出来ぬぞ。

スティーヴンソンは明治の初年、日本からイギリスへ渡ってきた留学生たちとつきあううちに、異郷未見の吉田寅次郎がもつ不思議な魅力《みりよく》に彼自身もだんだんとひかれるようになったのだろう。

「事毎《ごと》ニ必ズ敗《やぶ》レ、遇《あ》フ所必ズ逸《いつ》ス」

と自分でも自分を評価していた吉田松陰は、海外渡航だけでなく、あらゆる企てにおいて失敗して死んだ人だった。松陰は下田で自首《じしゅ》して捕えられ、檻の中へ入れられた時、通りがかりのアメリカ人軍医に、

英雄もその志において失敗すれば、その行為は悪漢、盗賊の行為と同様にみなされる。しかし反省しても自分には非難されるべきようなやましいことはなに一つない。いまこそ真の英雄であるか否かを証すべきである。……ここで泣けば愚《おろ》か者に見えるだろう。笑えば悪漢《あくかん》のように見えるだろう。ああ、どういう態度も取れない。だから自分にはただ沈黙を守るよりほか術《すべ》がないのである。

と書いた板ぎれを手渡したという。スティーヴンソンはそのような詳細は知らなかったが、吉田松陰の失敗を次のように理解し、ニューイングランドの哲人の言葉を借りて次のような意味づけをしていた。

しかし吉田寅次郎はソーローのような精神の持主だった。すなわち「もし失敗を勇気によって悲劇的なものと化しうるなら、その失敗はもはや成功と異なるところはない。」

## 西洋人に向って語る新島襄

スティーヴンソンはこの明治十五年に公刊した吉田寅次郎の小伝の結びに、

「これは一人の英雄的な人間の話であるというよりも一個の英雄的な民族の話である」

と書いているが、そのような言葉が出てきたのも、スティーヴンソンが正木退蔵以下の日本人とつきあって、聡明《そうめい》で凛然《りんぜん》としたこれらの留学生に敬意を覚えたからだろう。たしかに松陰という一人の英雄だけでな

く、多くの志士の心をもった青年たちが、海外に新知識を求めることによって、日本国家の安全と独立とに寄与したい、と願っていた。それだから吉田松陰が下田で脱国に失敗した嘉永七年三月はまたたまたま西周《にしあまね》が洋学を学ぶ目的で江戸の藩邸を脱出した月でもあったのである。

吉田松陰は一八五四年という早い時期に、ペリー艦隊という公式の使節に密出国を頼んだために拒絶されたが、安中藩士の新島敬幹はそれから十年後の元治元年（一八六四年）に箱館からアメリカの一商船の船長に頼みこんで脱国に成功した。その十年の間には咸臨《かんりん》丸のアメリカ渡航（一八六〇年）のこともあったし、幕府最初の留学生である榎本武揚《えのもとたけあき》や西周らのオランダ留学（一八六二年）のこともあった。また新島青年は知らなかっただろうが、松下村塾で吉田松陰から教えを受けた伊藤博文は、長州藩のひそかな取計《とりはから》いで、一八六三年には密出国してイギリスへ留学に行っていた。時代の風潮はまことに敏感に地方へも伝わるもので、九州中津出身の福沢諭吉が幕府の使節にしたがってアメリカやヨーロッパへ渡航すると、青木周蔵《あおきしゅうぞう》のような他藩の青年までが長州から知人のお供をして福沢の留守宅をわざわざ訪れ、福沢諭吉の母あての手紙や福沢諭吉が家へ贈ってきた記念の写真を見せてもらったりもした。『青木周蔵自伝』（平凡社）によれば、それは青木青年が生まれてはじめて見た写真でもあった。

そのように情勢はめまぐるしく変化していたが、しかしいかに急激に変化したとはいえ、安中藩士新島敬幹にとって日本という国それ自体を脱出するというのは非常な冒険であり、まことに思いきったアドヴェンチャーであった。新島青年はその止むに止まれなかった気持を彼が英文で綴《つづ》った『脱国理由書』やその前半生を語る自伝 *My Younger Days*（同志社校友会刊）に述べているが、幕末期の一日本青年の精神の興奮を伝えるドキュメントとして、その稚拙な英文がなんとも興味ぶかい。いま新島自身の説明を聞いてみよう。

Some day I went to the seaside of Yedo, hoping to see the view of the sea. I saw largest man-of-war of Dutch lying there, and it seemed to me a castle or a battery, and I thought too she would be strong to fight with enemy.

ある日、海の景色を眺めようと思って江戸の浜辺へ行った。するとそこにオランダの巨大な軍艦が碇泊《ていはく》していた。それはあたかも一城、一要塞《ようさい》のごとくに見えた。その時私はまた思った。このような軍艦が戦うならばすごくてごわいぞ……

新島はそのように身にしみて、自国の海軍建設の必要を感じ、海上貿易の重要性に思いをいたすのだった。新島は後には藩から選ばれてオランダ語も習い、幕府の軍艦教授所へも通うのだが、それだけではどうしても足りない、「そのためにはどうしても外国へ行かねばならない。外国と貿易する術を心得なければならない。そしてそのためにはどうしても外国の知識を学ばなければならない。」

新島のこのような気持は、吉田松陰が下田から脱国をはかった時の気持とまったく同性質のものだった。そしてペリー艦隊のアメリカ人士官の中に吉田松陰の志に打たれた人がいたように、新島青年の外国渡航の熱情にほだされたアメリカ人もいたのである。その第一は箱館で密出国を助けてくれたベルリン号の船長であり、その第二は上海で新島の身柄《みがら》を引受けて彼を一年に及ぶ航海の後ボストンへ連れて行ってくれたワイルド・ロウヴァー号の船長であり、その第三はボストンで新島の稚拙な英文の『脱国理由書』を読んで新島を引取り、学資を出して新島に勉学する機会を与えてくれたワイルド・ロウヴァー号の船主ハーディー夫妻だった。新島をかくまったことが発覚したベルリン号の船長セイヴォリーが船長の職を解かれたと聞いた時、上海に来ていた新島は船中で日記に書いた。

ああ予先《さき》に甲比丹《カピタン》をして不幸に陥らしむるは実に笑止千万の事なり。しかし過去の事如何《いかん》ともしがたし。

他年学成りての後、彼に仕へ万方その恩を報ぜば恐らくは少しく罪を償《つぐな》ふに至らん。

そのような感謝と決意の情を胸に秘める人にとって、西洋人はもはや単なる夷狄《いてき》でありうるはずはなかった。

## 武士からの転向

周囲に日本人の目がまったくなくなったからできたことだろうが、新島は、

「船頭部屋の掃除、彼の給仕及び茶碗等を洗ひ、彼の犬をやしなふ」

という船長つきのウェイターの仕事をした。江戸で小笠原流の礼儀作法をきちんとしこまれていた新島であったから、立派にその仕事はやってのけたことと思うが、武士としてのプライドはひどく傷つけられた。とくに英語の授業を頼んだ一船客から、どうして自分のいいつけ通りにしないのかと叩かれた時、激怒《げきど》した新島は自分の部屋へ駈けもどり、日本刀をひっつかんで——新島は剣術は達者な男だった——引き返して斬って捨てようとした。しかし自分の使命を考えて危うく思いとどまった。そのような隠忍自重《いんにんじちょう》のことがあったからにちがいないが、上海に着いて新しい船へ移った時、船長にアメリカへ連れて行ってくれと頼みこみ、大小二本のうち長い方をそのお礼の贈物にした。そして小刀の方も香港へ着くと漢訳の『新約聖書』を買うために船長に頼んで八ドルの代価で買いあげてもらった。このワイルド・ロウヴァー号のテイラー船長は日本人給仕の名前が複雑で覚えられず、Joe と呼び捨てにしたが、新島はこの義侠心に富んだ船長を徳としていたから、後に明治八年ごろになって日本名も字《あざな》の七五三太《しめた》や諱《いみな》の敬幹をやめて襄《じょう》に改めたのだった。十年のアメリカ滞在を了えて帰国し、同志社英学校を創設しようとしていた当時の新島は、木戸孝允など要路の人の信頼も厚い人物として日本社会へ有用の人として迎えられていた。それだから、

「おいジョウ」

と呼び捨てにされた十年前の一年数ヵ月にわたる海上での辛かった生活を今ではむしろなつかしく思い返し、苦しかった不安にみちた過去を大きな肯定の中に包んでいたのにちがいない。

しかし十年前の一八六五年七月二十日、ボストンへ着いた時の二十二歳の新島は『ロビンソン・クルーソー』――ボストンへ着くと早速買ったその本を新島はまだオランダ語風に「ロビンソン・クルスー」と発音していた――の英文は読めても、会話の方は依然としてさっぱり通じない青年だった。新島はそれから八十日間、ボストン港でワイルド・ロウヴァー号の留守番をするのだが、これから先どうなるのか、かねて志望の通りに学校へ通える目途《めど》はあるのか、錦をかざって故郷へ帰れる日ははたして来るのか、と非常な不安にとらわれていた。侍《さむらい》出身の新島は一面では意志的な人だったが、他面では病弱、神経質な人で、自分で自分に課した緊張や自発的に飛びこんだ異国の新しい環境に耐えかねて、時々神経衰弱におちいったのではないかと思われる。それだから十月になってテイラー船長の紹介で船主のA・ハーディー夫妻に会った時は、日本からアメリカへ渡ってきた動機を一生懸命説明したが、しかし英語会話ではどうしてもうまく自己表現をすることができない。それで船室へ戻ると『脱国理由書』を英文で書いて、半生の経歴を明らかにし、ハーディー夫妻に手渡したのだった。自分が生命を賭《と》して試みた脱国の目的がいまかなえられるかどうか、新島は必死の思いで自分の衷情《ちゆうじよう》を訴えたのに相違《そうい》ない。江戸でオランダ語を習い、船中で英語会話を聞きかじったとはいえ、英語の力はまだまだ拙《つたな》かった。しかし漢文を書くような具合に英文を書いていったのである。もちろん辞書はなしである。その英文は前にも一例を引いたが、オランダの自然科学の書物を独力で読んだのは、（この英文にもいかにも独学の感じが出ているが）、

I read through the book of nature at home, taking a dictionary of Japan and Holland.

なのであり、江戸から脱出したいと思って友人に熱心に頼んだのは、いかにも「熱心」な、（直接話法の会話が間接話法に置きかえられずにそのまま出ている）、

I got warm heart to go thither. If you please, let me go thither.

なのだった。そして儒教の「親孝行」という徳目にそむいて国を飛び出したこの新島家の長男は、キリスト教の「天なる父」Heavenly Father に仕えるのだ、という説明で自分自身を納得させようとした。いま新島のキリスト教への回心の論理を日本語に訳してみると次のようになる。

（親不孝の意識に苦しめられていた）私にはしかし後に次のような考えが頭に浮んだ。私の両親は私を生んで育ててくれたけれども、しかし私は本当は天なる父に属しているのだ。それだから私は天なる父を信ぜねばならぬ。天なる父に感謝せねばならぬ。そして天なる父の道にいそいではいらねばならぬ。

アメリカ船上での一年四ヵ月の孤独な生活のうちに新島はそのような考えに傾いていったが、その間に船は東南アジアの各地をめぐり、マニラ麻を積んで喜望峰《きぼうほう》を廻ると、四ヵ月陸にも寄らず航海した後、ボストンへ着いた。それは「風とともに去りぬ」の南北戦争が終った直後の事で、帰国したワイルド・ロウヴァー号に伝えられた最初のニュースは「大統領リンコロン砲殺」の報だった。そのころのボストンは戦後の物価高で生活難の土地であり、水夫たちの気性は荒くれで、文なしのジョウはさぞかし不安であったことと思われる。それだけに新島は、一面では独立を主張したいが、他面では是非とも船主のハーディー夫妻に引取ってもらい、食べるものはその残飯《ざんぱん》でもよいし、着るものはその古着でもよいから、是非とも学校へ行って勉

強したい、という気持が非常に強くなっていたにちがいない。そのようなほとんど追いつめられたような気持で、一種の衝迫感《しょうはくかん》の下に綴《つづ》った英文の『脱国理由書』には、拙《つたな》いながら行間に重苦しいまでの迫力と熱気があり、その気魄に読む人は打たれるのである。ちょうどペリー艦隊のアメリカ人の中に吉田松陰の志に打たれた人がいたように、ボストンの紳士ハーディーとその夫人はこの日本青年の「驚くべき供述」に惹《ひ》かれ、この青年に関心をもち、彼を引取ると寄宿学校へ入れてやろうと決心したのであった。

新島は後に自分の名前を英語ではJoseph Hardy Neesimaと綴《つづ》るようになるが、JosephはJoeの正式の呼び名であり、Hardyは「自分の両親以上に恩義を感ずる」というハーディー夫妻にちなんで、そのように名乗ったのである。新島家の長男として祖父の新島弁治や両親、姉から愛された彼は、自分のまわりに愛情を必要とするタイプの人だった。儒教的な孝の訓《おしえ》にそむいたという心の痛みに悩まされていたこの青年が、天の父に仕えるという考えでキリスト教に改宗し、ニューイングランドの地で日本の父母に代わる人を見いだしたという過程については、精神分析的にその「甘えの構造」を解明してみるなら、興味ふかい結果が出るのではないかと思われる。新島襄が、たとえば黄金ラッシュに湧きたつカリフォルニアなどでなく、ピューリタンの伝統の強いマサチューセッツのボストンへ降り立った、という偶然が彼にはまことに幸いしたのである。スティーヴンソンも吉田松陰の小伝でたまたま言及していたが、幕末の武士の精神には、ソーローなどの哲人を生みだしたニューイングランドの精神と相感応するものが秘められていたのである。そして新島が行ったアマスト大学に、その二十年後には新島の紹介で、内村鑑三も留学することになるのだった。

## アメリカの夢

新島襄を精神分析学的に解明したら興味ふかいだろうと書いたが、内村鑑三についての、おそらく従来のお弟子筋の日本人のどの研究よりも面白い研究は、エリクソンの方法を応用したJ・ハウズ教授によって行なわれた。そしてそのような研究が可能となったのは、内村が英文で自己の内面生活を率直に書きつけていたからだった。一八四三年生まれの新島も、一八六一年生まれの内村も、その当時の日本人の常として日本語ではあまり自己を語らなかったし、そのような自己表現には慣れてもいなかった。しかし英語を話す人々の世界の中に全身全霊をひたして暮していると、アングロ・サクソン風の自己表現がだんだんと身についてくる。日本語で文章を書く時は難しい漢語をまじえて生真面目《きまじめ》な表情をしている新島や内村も、英語でものを書く時は意外に柔軟《じゅうなん》で、時にユーモアをまじえ、笑ったり、また逆に肩をいからせたりもしている。

新島のそのようなアメリカ人向けの外面《そとづら》と日本人向けの内面《うちづら》の差は、先のハーディー夫妻宛の英文の『脱国理由書』とそれより四ヵ月後の一八六六年二月二十一日にマサチューセッツで書いた日本文の『箱楯よりの略記』にすでに明瞭に出ている。文化的環境を異にする世界へ投げこまれた以上、それぞれ自分の気持が相手に通ずるよう相手に応じて語らなければならないのは当然だが、いまその双方を読みくらべる機会を与えられた私たちは新島のアメリカ人向けの外面と日本人向けの内面の差に驚かされるのである。一人の人を左右別々の鏡に写して見る思いがするといおうか、その対外用のイメージと対内用のイメージの違いに驚かされるのである。しかしそれは二重人格というのではなくて、外国世界に生きるがためのほとんど本能的な使い分けなのである。それだから新島は、ハーディー夫妻に向っては日本刀を売り払って聖書を買ったという、武士からクリスチャンへの転向を予兆《よちょう》する有名な挿話《そうわ》を語ることができても、日本人に向っては武士の魂を売り払ったという話はいかにもしづらかった。新島も『箱楯よりの略記』で日本人に向っては、

父母はさて如何《いかが》ありけんけふの月

と親孝行の念を再三述べているし、文末には、すでに徳川時代中期以来、日本青年の間にめばえていた学

問による立身出世の願望を、

古人の申せしに「精神一到何事不レ成《なにごとかならざらん》」とて、我《われ》千辛万苦《せんしんばんく》を恐れず、ただただ志願を遂げん事を要せし故、今は志願の通り安楽に諸学の修業することを得たり。

と日本的伝統に即した、それでいていかにも実感のこもった挨拶《あいさつ》を書きおくっている。一八六六年は慶応二年であり、国禁を犯して出国した新島襄は日本文ではキリスト教にふれることを控え目にしたのだった。それだからその文末に記した言葉、

是《これ》全く在天不朽の真神《しんしん》吾をして此幸を得せしむるならん

の「真神」がキリスト教の神《ゴッド》をさすこと、そしてそのような手紙の結び方それ自体がキリスト教国の風習に従ったものであることは、当時の日本人には一読しただけではわからなかったにちがいない。

そしてその間の同じ経緯が後年（一八八五年）新島自身によって次のように回想された時、気だてのよいアメリカ人たちは「アメリカの夢」が十九世紀中葉の一日本人によっても夢みられ、そして実現されたと嬉しく思ったことだろう。新島はなにせアメリカ人に向ってはアメリカ風の理由づけや説明をしてしまう男なので、実際は思い悩み、快々《おうおう》とした日々をボストン港の海員ホームで送ったにもかかわらず、彼の前半生の自伝 *My Younger Days* は次のような感謝と喜びの言葉のうちにハッピー・エンドで終っている。

ワイルド・ロウヴァー号はボストンの港へ着いた。船長は碇《いかり》をおろすことを命じた。碇は下へ沈み、甲板上ではみんなが喜び、はしゃいでいた。「しかし私にとっては単なる喜び以上のものであった」と新島は平

明な英語で次のように書いている。いまその条《くだ》りを原文のまま引いてこの章の結びとしよう。

But to me it was more than mere rejoicing, for I found soon afterward that the end of the voyage was going to be my happy destiny. Through the kindness of the captain I was introduced to the owner of the ship and his wife. They became at once my fostering parents, in the land of my adoption, through whose untiring care, wise guidance, and constant prayers, I was permitted to realize some dreams I used to dream at home so often and so vaguely in my younger days.

## 幸福な運命の始まり

アメリカへの到着は、しかし私にとっては単なる喜び以上のものであった。というのはこの航海の終りが私の幸福な運命の始まりとなったからである。船長の好意によって私は船主夫妻に紹介された。夫妻はただちに私の第二の母国での養父母となってくれた。そしてその養父母の倦《う》まずたゆまぬお世話と、賢明な御指導と、絶えざる御祈禱《ごきとう》とによって私は自分が故郷で若い日にしばしばまことに漠然と夢みていたことのいくつかを、こうしてついに現実と化する機会を与えられたのであった。

一八六四年に日本を脱出した新島襄は、一八八五年、二昔前の自分のアメリカ行を回顧《かいこ》して、アメリカ人に向けてそのようなすなおな感謝の思い出を綴った。新島はアメリカ人から見ても「良い子」であるように自分自身を描いたのである。

新島襄のアメリカ留学は、その帰国が明治初年の日本の西洋化の風潮と重なったために、いっそう薔薇《ばら》色に色どられることとなった。新島襄は十年間のアメリカ滞在の後、明治七年帰国、八年京都に同志社を創設し、自分がアメリカ体験で得た理想や目標に向って一直線に進めばよかったからである。新島にとっては文明開化という日本国家の政策は、彼個人の日本国民のキリスト教化という使命とほとんど重なるもののように思われた。彼にとって西洋化、文明開化、キリスト教化は多分にそのまま相重なる努力目標となっていたのである。そしてそのように認識した時、新島の第二の母国であるアメリカは、日本がこれから追いつくべき先進目標として、単線上のコースのはるか彼方に理想国として映じていた。

アメリカをそのようなキリスト教文明国として理想化した心理的背景には、新島に自分は「アメリカの夢」を実現した成功者だという意識も加わっていた。その達成感が美化作用を強めていた。新島襄の『同志社設立の始末』には彼自身のアメリカ行が次のように記されている。

> 幕政の末路外交切迫して世運転《うた》た危殆《きたい》に傾き、人心動乱するの時に際し、襄不肖夙《つと》に海外遊学の志を懐き、脱藩《だっぱん》して函館《はこだて》に赴《おもむ》き、時機を観察してありしが、遂《つひ》に元治元年六月十四日の夜半、竊《ひそか》に国禁を犯し、米国の商船に搭し、水夫となりて労役に服すること凡《およ》そ一年間、海上幾多の困苦を嘗《な》め、漸《やうや》く米国に到着するを得たり。

細かなことをいうようだが、新島が船中で給仕として働いたことと水夫として労役に服したことは違う。新島はあくまで前甲板の上にいた人で、後甲板の下で荒くれどもに立ちまじって働いた、というわけではない。しかし新島は自分の日本脱出行をドラマタイズして伝えたい衝動《しょうどう》に駆《か》られていた。それだからその間の艱難辛苦《かんなんしんく》を「水夫となりて労役に服すること凡《およ》そ一年間」とか「アムホルスト大学に入り日夜勉学に怠らざりしが未だ幾年を経ざるに数〻篤疾《とくしつ》に罹《かか》り、形骸空《けいがいむなし》く志を齎《もた》らして異郷の土と化せんとせしが、幸にして一生を万死の間に快復《くわいふく》するを得たり」とか自己顕示的《じこけんじてき》に強調することとなったのである。自分は苦心してアメリカの大学で学び、見聞をひろめ、大いに悟るところがあった。それだからその成果を基にして自分はこれから日本で同志社を創立し、邦家のために尽すところあろうとするのだ……そのような教育家としての論理の展開は、新島が自分自身のアメリカ体験を高く評価してはじめて言い出せる筋のものだった。

そして事実、新島のアメリカ体験は、明治初年の日本にとって甚《はなは》だ貴重だったのである。新島をはじめとする先輩が、熱っぽい語調で自分たちの西洋体験を後輩たちに語りかけた時、日本の若い青年が理想郷としてアメリカを夢に描いたのは当然であった。とくに幕末維新の動乱によって没落《ぼつらく》した佐幕派の士族階級の間から、期待を海彼の理想国やキリスト教へかける者があらわれたとしても不思議ではなかった。

しかしそれでは、そのように後から来た人々にも「アメリカの夢」を実現する機会はやはり与えられるのだろうか？　新島襄より十八歳年下で、新島より十八年遅れてアメリカへ渡り、同じくアマスト大学に学んだ内村鑑三は、新島襄とはかなり異なる反応を呈することとなる。そしてそのように異なる反応を呈する自分自身を意識することによって、内村鑑三は思想家として、その後半生、独自な道を進むこととなる。いま両者の相違に注目しつつ、内村鑑三のアメリカ体験を分析してみよう。

## 地上の楽園

日本とアメリカの関係を論ずる際に、内村鑑三は欠かすことのできない人物の一人である。それは日本とヨーロッパの関係を論ずる際に森鷗外が欠かせないのとほぼ同じような意味においてである。しかし森鷗外が日本と西洋の関係について過激《かげき》な反応を示したことがなかったのに反して、内村鑑三はずいぶん激越《げきえつ》な言葉を洩《もら》しもした。「アメリカ嫌ひの急先鋒」と大正十三年にはいわれたこともあった。それは多分に内村の性格の問題であったが、しかし彼がキリスト教徒であったがためにそうなった、という側面も実はないではなかった。日本の外に起源する価値体系に深いきずなで結ばれ、その上、「自己の内なるアメリカ」を体内に所有していた内村は、日本人として自己主張をする際、いきおい激越にならざるを得なかったようである。一八六一年に生れ一九三〇年に死んだ内村は、その生涯を通じてアメリカ合衆国にたいしてはアンビヴァレント（愛憎並存）とでも呼べるような、同時に逆の二方向に向って走る、複雑な感情を持ち続けた人である。内村鑑三は高崎藩の武士の長男として生れた日本人で、愛国心の強い、外国の力に身をさらした覚えのある明治人だった。しかし内村は同時にキリスト教徒であり、第二の母国ともいうべきアメリカでその二十代の四年近くを送った人でもあった。日米関係という問題についてはどうしても敏感にならざるを得ない立場にあった。

そのような内村の屈折した感情は、彼がアメリカ人読者を念頭において書いた英文著書 *How I Became a Christian* に生き生きと現われている。いまその『ぼくはどんな風にクリスチャンになったのか』の第六章「キリスト教国の第一印象」という一節を読んでみよう。明治十七年、最初の妻と離婚した直後の内村は（その離婚の件はこの自伝的作品に明記されていないが）、止むに止まれぬ気持で渡米した。内村の「聖地」アメリカの第一印象は次のようなものだった。（以下翻訳は平川）

一八八四年十一月二十四日の夜明けがた、ぼくの狂喜した眼はまず最初にキリスト教国のほのかな景色をとらえた。その時ぼくはもう一度ぼくの下等船室へとって返すと床にひざまずいて祈った。その瞬間はほかの連中と一緒になってわいわい騒ぐには、ぼくにとってあまりにも意味深い瞬間であったからだ。低い海岸山脈《コースト・レインジ》の山なみが次第にはっきり見えだすにつれ、ぼくはぼくの夢がいまやついに実現したのだという感慨《かんがい》に圧倒され、感謝の念に涙が両の頬をつたってしきりとしたたり落ちた。じきに金門湾の大橋を過ぎた。ぼくの眼に映った煙突やマストはみなすべて天を指《さ》す教会の尖塔《せんとう》であるかのように思われた。……いままでぼくがつきあっていた白人種といえばたいてい宣教師だったから、その観念が抜け切れず、それで上陸して街で出会った人々はぼくにはみな高いキリスト教の志にもえる聖職者たちのような気さえしたのだ。

これが「聖地」Holy Landのように思われていたアメリカというキリスト教国へ着いた時の第一印象だった。その当時満二十三歳だった彼は、その時までに聖書や聖書の註釈書をはじめ「およそ高貴なもの、有用なもの、人の魂を高揚《こうよう》させるものはすべて英語という媒体を経て習った」。そして自分が習った偉人という偉人はワシントンをはじめそのたいていがアメリカ人かイギリス人であった、という関係もあって、アメリカについて内村は、彼自身にいわせると、次のようなイメージを抱いていた。内村の英文は詩的な響きを発しながらその心象風景を次のように伝えている。

My idea of the Christian America was lofty, religious, Puritanic. I dreamed of its templed hills, and rocks that rang with hymns and praises. Hebraisms, I thought, to be the prevailing speech of the American commonalty, and cherub and cherubim, hallelujahs and amens, the common language of its streets.

キリスト教国としてのアメリカについてぼくがいだいていたイメージは高尚《こうしょう》で、宗教的で、ピューリタン的な国というイメージだった。丘という丘には教会がそびえ、神を讃《たた》える歌声が岩山や谷間に響いているとぼくは空想していた。ヘブライ語風な言いまわしがアメリカではごく普通で、ケルブやケルビム、ハレルヤやアーメンが市民の日用語になっているとぼくは考えていた。

内村はアメリカの市民が聖書をよく読んでいるから「天使《ケルブ》」とか「天使たち《ケルビム》」といった言葉を街頭の日常

会話の中でも使っているだろうと勝手に空想していた、というのである。

## 地上の現実

しかしそのような「地上の楽園」的な土地は――ちょうど後に社会主義の「地上の楽園」をソ連邦や中華人民共和国に求めに行った人々がおおむね期待を裏切られたのと同じように――アメリカにもあるはずはなかった。サン・フランシスコへ着いた当初こそ、街で出会う人々はみな高尚なキリスト教の志にもえる聖職者のような気がしたが、会って話しているうちに、そのような幻想《げんそう》はたちまち破れた。そして憧れの国へ着いて熱い涙を流した当初の興奮は、生活の不如意《ふにょい》や習慣の相違、そしてなによりも期待感の齟齬《そご》のために徐々に徐々に冷却していった。

それはそのように熱がさめてゆくのが実は普通の過程であり、そのような異文化圏へはいって覚える幻滅《げんめつ》は文化人類学では cross-cultural frustration と呼ばれているが、内村の場合、興味ふかいのは内村がキリスト教という建前にこだわってその幻滅の体験を道義的に批判した点にあった。内村は自分の「アメリカの夢」が破れていくことに苛立《いらだ》って、そのようなアメリカの冷たい現実を、自分自身の苦々しい気持をやや誇大化しながら、次のように描写した。

アメリカでは金銭《かね》が全能だという噂はかねがね耳にしていたが、それがたちまちぼくら自身の体験で裏打ちされてしまった。サン・フランシスコへ着いた直後、ぼくらが「キリスト教文明」へ寄せていた信頼は、一行の一人に降りかかった災難のために、きびしく試されることとなった。かれは五ドル金貨を一枚入れてあった財布を掏《す》られてしまったのである。「キリスト教国にも掏摸《すり》がいる、異教国と同じだ」とぼくらはたがいに戒めあった。

内村は親切気に一行の鞄《かばん》をかついでくれた黒人の「教会の執事」と名乗る男が、鞄を運んだサーヴィスにたいしてチップを要求したことにも驚いた。しかし発車のベルがけたたましく鳴っているので皆はめいめい五十セント銀貨を彼に握らせて荷物を取りもどすよりほかしかたがなかった。「この国では親切までが取引だ」と一行の一人が呆《あき》れ顔にいった。

渡米一年後、マサチューセッツで船に乗って買いたての絹の傘を盗まれた時は、なにしろ苦学生であっただけに、内村は人一倍腹を立てて叫んだ。

ヘンデルやメンデルスゾーンの音楽が恍惚《こうこつ》と鳴りわたる、水上に浮ぶ宮殿ともいうべきこの船の上が、泥棒どもの巣窟《そうくつ》のように、物騒千万《ぶつそうせんばん》であろうとは！

傘を盗まれた内村は、キリスト教国アメリカの悪口をいいたい衝動にかられた。すると反射的に自分がその出身である東洋を良くいいたい、という衝動にかられた。しかもいま*How I Became a Christian*を英文で書いている時、読者として前提しているのは東洋を知らないアメリカ人たちである。その連中に向って内村は堯舜の神話と現実を混ぜこぜにして、奇妙な力みかたをしてみせる。

四千年前でもシナには、路に落ちたものをだれも拾わないほど文明の社会があったのだぞ。

「行人《ゆくひと》路ヲ譲《ゆづ》リテ、商賈《しやうこ》ハ市《いち》ニ歌ヒ、百姓《ひやくせい》ハ業ヲ楽ンデ路ニ捨テタルヲ拾ハズ、夜戸ヲ鎖《とざ》サズ」「財物ノ遺《お》チタル者、民之《これ》ヲ挙《あ》グルモノ莫《な》シ」「塗《みち》不拾遺」。内村鑑三も漢文を習っていたから、『通俗漢楚軍談』『呂氏春秋』『史記』など多くの書物に出てくるこの理想郷の話を思い出してもいたのだろう。『ぼくはどんな風にクリスチャンになったのか』という本は、主人公の内村鑑三が、そのように力みかえったり、笑ったり、憤《ふん》慨《がい》したりしている面白い書物で、おおげさな言いざまにアングロ・サクソン風のユーモアも感じられる。内村には、英語でアメリカ人に向けて語る時の方が、日本語で語る時よりも、のびのびと気楽にフランクに話せる、という面があった。それは彼の感情世界が英語という媒体を経てのびやかに育ったせいもあるが、アメリカ人相手に語る時は、後年の彼が日本でお弟子たちに向けて語った時のように、師であることを要求されなかったためもあるだろう。内村は英語ではおおげさなことをいって、アメリカの友人にすねてみせることもできた。友人たちなら自分の憤慨もわかってくれるはずだ、という気持があったからにちがいない。それで稚《ち》気《き》に富む内村は、傘を盗られた腹いせにお国自慢をまじえつつ次のように主張した。

ぼくら異教徒の家庭では鍵なぞはほとんど使わない。ぼくらの家はたいていあけっぱなしだ。猫は勝手に出はいりするし、人はそよ風を顔に受けて昼寝する。しかしキリスト教国では様子が全然ちがう。金庫やトランクは無論のこと、ドアも、ありとあらゆる形の窓も、簞笥《たんす》、抽出《ひきだ》し、冷蔵庫、砂糖壺にいたるまで鍵がかかっている。独身の男は夕方帰るとまずポケットから鍵を二十か三十ぶらさげた鍵束を取りだして、わびしい下宿の部屋の鍵をさがす。

## 冷蔵庫の鍵

内村鑑三は夏目漱石と同時代の人だが、猫の出はいりへの言及には俳諧味《はいかいみ》が感じられる。内村も外国へ来て腹を立てたのだが、しかし鍵を使うからといって西洋人が倫理的に劣るといってよいものか。

たがいに顔見知りの地縁社会の内で暮すならともかく、旅に出ればだれでも鍵が必要となる。社会主義の国でも自動車に二つも三つも鍵をかける。今日の大都市では車の鍵をしめ忘れることは車を犯罪に利用される可能性があるだけに反社会的行為とさえいえる。

しかしそのように鍵の使用は当然と思っても、自分が西洋の家に下宿して、そこの電話に鍵がかかっているのを見れば、自分が無断で長距離電話をかけるのではないかと最初から疑われているような気がして奇妙な気がする。ましてや日本で西洋人宣教師の家をたずねて冷蔵庫に鍵がかかっているのを見れば、日本人は内村鑑三ならずとも変な気持をいだく。イザヤ・ベンダサン氏は『日本人とユダヤ人』(山本書店)の中で日本人がいだきやすいその種の誤解を次のように説明した。

キリスト教徒は、人は罪深いものであり誘惑《ゆうわく》におちいりやすいものであるという前提にたっているから、冷蔵庫からやすやすと品を盗めるような「人が誘惑にかられやすい環境を作ることが悪」だと思うというのである。内村は西洋人が鍵を使うのは人間が不正直な証拠だと声高《こわだか》に論難《ろんなん》したが、西洋人は人間を正直にするために鍵を使う、といいたげである。ベンダサン氏はそこでナショナル金銭登録機、いわゆる「レジ」が、アメリカではセールスマンによって「これは、人間を正直にする機械です」といって販売されているのに反して、日本ではそのような宣伝文句は許されず、商店主は「自分が、人にあらぬ嫌疑をかけ、相手をきずつけ、人間としてまことにいやな状態にならぬために使うのだ」という趣旨を説明している、という比較例をあげている。

このように文化圏を異にすると、考え方にずれが生じるが、それは必ずしも徳義上の優劣と直結する問題ではないだろう。石田英一郎教授は『人間と文化の探求』(文芸春秋社)の中で、「鍵の文化とふすまの文化」の違いにふれ、アジアでも中国朝鮮までは鍵文化圏に属し、日本文化が孤立して特異なのだと指摘された。シナでは鍵はすでに周漢の文献にあらわれ、そこでは鍵を握る人が家庭の実権を握るから、それで主婦権をあらわす帯鑰匙《タイヤオシーデ》的（鍵を持つ人）という俗語も生れたのだそうである。

中根千枝教授も「鍵文化をもたない日本」という説を『適応の条件』（講談社現代新書）の中で敷衍《ふえん》されたが、中根氏は日本青年海外協力隊の一員としてインドの農村の幼稚園で教えた日本女性の経験を踏まえて次のように書いている。

この人は、この幼稚園で、本箱や用品箱の鍵をいつも閉めることになっているのを知り、こんなに幼いころから、鍵をかけなければ物がなくなるようでは、教育上なげかわしいことだと深刻に考えてしまった。鍵をかけなくても物をとらないような子供たちに育てなければならない。それが自分の使命であると信じて、鍵をかけないでも物がなくならないようにと、子供たちに説得し、その一年間あらゆる努力をしたのであったが、それはついに不可能なことで、彼女は絶望的な気持で帰国した、というのである。

相手のシステムを知らないということは、その当事者にとって大きなエネルギーの浪費《ろうひ》であり、相手にとっては不快な異国のシステムの強制をしてしまうことになるのである。というのは、インドでは、鍵をかけるということは必ずしもだれかが盗むだろうという（相手を悪人とみなす）猜疑《さいぎ》心からではない。このものを私（鍵をかける人）が知らないうちにちょっともっていかれては困る、このままにしておいてほしい、というときにも鍵をかけるのである。大家族の家などでは、すべて親しい家族の人々であるし、また、使用人も古くからいる家族成員のように信頼できる者ばかりで住んでいるのだが、そうした人々の間でも、みな個人のものの入っている戸棚や机の引き出しなどは鍵をかけているのが普通である。鍵をかけるということは、私たちにとって、きちんとしめておく、といった感覚である。

もっともここで、この中根説を一応了承した上で、しかもなお鍵文化圏の国民の間にも、鍵をかけることのやましさ、という感覚のあることも私はあわせて指摘しておきたい。例えばフランスの児童文学の傑作『家なき子』の中で、少年ルミが冬パリに着いてガローフォリの家へはいった時の光景を読んでみよう。ガローフォリ親爺《おやじ》は外出中で、イタリア人の子供が一人留守番をしていた。煖炉《だんろ》には大きな鍋がかかって、スープがぐつぐつ煮えていた。しかしその蓋には鍵がかかっている。留守番の子がスープを盗み喰いしないようにという配慮からだが、それはいかにも酷薄《こくはく》な光景だった。ガローフォリ親爺はまだ帰って来ていないが、その人の非情な性格や餓えに泣く子供たちのみじめさがすでに予感されるような「鍵」だった。そしてそのように感じるのは日本人ばかりではない。『家なき子』の著者のマローももちろんそのような鍵の使い方のやましさを意識した上で、十九世紀後半のパリの貧民街の生活を*Sans Famille*（『家なき子』）に描いているのである。

しかしそのような例はあるにせよ、「ふすまの文化」の日本から来た内村鑑三が「鍵の文化」のアメリカを、そこで鍵が数多く用いられているからといって、ただただ非難してよいものだろうか。それともそのような事柄に目くじらを立てて、道徳主義的非難を発する性向に、内村の人柄がうかがえるというものだろうか。内村はアメリカの家庭を評して次のように書いている。

アメリカ人の家は当世風の貪欲や強欲に対応するよう改造された封建時代のお城の小型版である。セメントで固められた地下室や石を切って造られた円天井が必要とされ、しかもそれにはブルドッグや警官隊の警備がつく、といった文明が、はたしてキリスト教文明と呼ばれ得るものかどうか、正直な異教徒たちは真面目に疑っているのである。

このような内村のキリスト教文明批判が、はたして真に文明批判と呼び得るものかどうか、真面目に疑っている人はアメリカ人にも日本人にも必ずやいるに相違ない。しかし文明批判として客観的な妥当性を有するか否かはさておき、ある心の自叙伝として読めば、*How I Became a Christian* は興味ふかいヒューマン・ドキュメントである。いま内村の主観の世界を一瞥《いちべつ》してその心理の動きを追ってみよう。内村の心中でなぜアメリカ像がこのように上ったり下ったりしたのだろうか。アメリカに着いて一年足らずの一八八五年八月九日には、身内の父内村宜之宛には、

何モ彼モ我日本ナンドハペケペケペケペケト云ハザルヲ得ズ。

と書いたこと、そしてその日本批判は無論アメリカとの比較において書いたことを、足掛け五年の滞米生活を終えて日本に帰った内村鑑三は、もはや綺麗《きれい》さっぱり忘れてしまったのだろうか。

## 中国人排斥法

過度に理想化された明るいアメリカ像への反動が今度は逆に過度に暗いアメリカ批判となってしまう。その間、アメリカ社会そのものは別にたいして変化はしていなかったのだから、判断の振子が激しく揺れていたのはもっぱら内村鑑三の心の中だということになる。問題は客観的なアメリカ社会の実像というよりも、内村の主観に投影されたアメリカ（および日本）の像だということになる。ここで日本もあわせて問題となるのは、内村の心中でアメリカのイメージが低下するにつれ日本や東洋のイメージが反作用的に上昇したからである。そのような傾向はすでに「鍵」の件でも見られた。内村はアメリカ合衆国に来たことによって、自分自身も黄色人種の一員だということを強く意識させられた。人種の坩堝《るつぼ》といわれる国へ来て、生物学を学んだ内村は、日本人としては人一倍人種を意識するrace-consciousな人となった。*How I Became a Christian*

にもraceという言葉は実に盛んに使われている。nationとかpeopleとか言う語で置き換えられるような場合でも内村はraceという語を使っている。たとえば内村にとっては「日本民族」もJapanese raceなのである。そのように劣等感《れっとうかん》を含みながら人種を意識していた内村の心中にわだかまった憤懣《ふんまん》は、アメリカにおける黒人問題によってはさほど刺激を受けなかったが、自分自身も黄色人種の一員として関係する中国移民排斥の問題によって俄然《がぜん》火がついたように燃えあがった。もともと引火性の強い素質の内村は、この事件に直面すると、内心の激情を次のように吐露《とろ》した。いまそのコントラストを強調し、倒置《とうち》を用いた彼の英文をまず読んでみよう。

But strong and unchristian as their feeling is against the Indians and the Africans, the prejudice, the aversion, the repugnance, which they entertain against the children of Sina are something which we in heathendom have never seen the like. The land which sends over missionaries to China, to convert her sons and daughters to Christianity from the nonsense of Confucius and the superstitions of Buddha, —— the very same land abhors even the shadow of a Chinaman cast upon its soil. There never was seen such an anomaly upon the face of this earth. Is Christian mission a child's play, a chivalry more puerile than that engaged the wit of Cervantes, that it should be sent to a people so much disliked by the people who send it?

文中にIndiansとあるのは「印度人」ではなくてアメリカの「インディアン」であり、Africansとあるのは「アフリカ人」と訳すよりは「黒人」と訳せば日本人読者にすぐ合点のゆく人々だろう。heathendom「異教国」などという用語は無論Christendom「キリスト教国」との対比を強調するために使われている。キリスト教国ならもう少し徳義的であっていいではないか、おまえらが常《つね》日《ひ》頃《ごろ》軽蔑《けいべつ》している異教国だってそれよりはましだぞ、と内村はそうからんだのである。そしてそれと同様の観点から、「孔子の世迷言《よまいごと》や仏陀の迷信」という表現が出てきた。その表現は内村鑑三がキリスト教徒としてそう信じたというのではなくて、西洋人宣教師の見地に立ってわざとそうした表現を用いてみたので、孔子の訓《おし》えを世迷言といい、仏教を迷信と目するほどの人々であるなら、シナの移民にたいしてもっと人道的であれ、内村はそう主張したかったにちがいない。いま右のくだりを日本語に訳してみるが、偏見《へんけん》、嫌悪《けんお》、反感《はんかん》、と名詞を三つ並べ立てるあたり、すこぶる激越《げきえつ》な、なにか漢文的修辞を連想させる英文ではないだろうか。

しかしアメリカ人のインディアンや黒人に対する感情が強烈で反キリスト教的であるにせよ、アメリカ人がシナ人にたいして抱く偏見、嫌悪、反感は、ぼくら異教国の内部ではかつて見かけたことのないほど強烈なにかである。シナに宣教師を派遣してその子女を孔子の世迷言や仏陀の迷信からキリスト教へ改宗させようとするその同じ国が、その本国では自分の土地にシナ人の影一つだに落ちるのを嫌って騒ぎ立てる。——こんな変態的な事がかつて世界にあっただろうか？　キリスト教の宣教は児戯《じぎ》に等しいのか？　それはセルバンテスが笑いものにした騎士道よりもっと子供っぽい騎士道なのであるか？　キリスト教ミッションはそれを送り出す国民によってこれほど嫌われている国民にも送られなければならぬものか？

## 安い労働力

内村はこのように興奮《こうふん》したが——そしてこのような内村流の非難の線上にはやがて西洋の宗教的・商業的帝国主義反対という叫び声が聞えてくるのだろうが——しかし自然科学の訓練を学校で受けた内村は、その反面では十九世紀末年のアメリカにおける中国移民の問題を社会学者のような眼で分析することも心得ていた。内村はシナ人がアメリカで嫌われる理由を三つあげたが、その第一は、

一、シナ人は貯金を全部本国へ送ってしまう。それだからそれだけアメリカが貧乏になってしまう。
これはアメリカ人の側に立ってみるならば、彼等は自分たちの祖国ヨーロッパを捨て新大陸に骨を埋めるつもりで来ているのだから、それだけでも出稼ぎ的の中国移民と生き方が根本的に違う。送金のことで感情的に齟齬《そご》が生じたのもおのずから合点《がてん》されるというものである。しかるに内村は、アメリカにおける移民労働者とは次元を異にする日本におけるお雇《やと》い外人の例を引いて応酬《おうしゆう》した。

「お雇《やと》い外人は月に金貨で二百ドルないし八百ドルの報酬を得ているが、彼らは現地ではその三分の一も費わず、残りは本国へ持ち帰るではないか。しかもそれなのに日本側は謝意を表し、贈物をおくり、着物や壺を与え、時には勲章や年金まで授けているのだ。」

内村があげた中国移民が嫌われる第二の理由は、

二、シナ人はキリスト教社会にはいっても自国の習慣や風習にこだわるから見苦しくていけない。

そうした言い分にたいして内村は相対主義的な見方を持ちこんで反撥した。

「なるほど弁髪《べんぱつ》や便衣《べんい》はボストンやニューヨークの市中ではあまり見映えのいいものではないかもしれない。しかし君たちはコルセットや締めつけられた腹部が北京や漢口の市中で見て体裁のいいものだとでも思うのか?」

そして内村は最後に第三の、移民労働者と本国人労働者の摩擦《まさつ》について言及した。

三、シナ人労働者は低賃金で働くのでアメリカ人労働者に不利益を与える。

この理由には、ある意味では今日の問題にも通じる保護政策protectionの論理が含まれている。アメリカにおける中国移民排斥の歴史は、若槻泰雄氏の『排日の歴史』（中公新書）にカリフォルニアのゴールド・ラッシュの一八五〇年にはじまる猪仔《チーツアイ》貿易――弁髪が豚の尻尾のようにみえたのでこのように蔑《べつ》称《しょう》された――から、一八八五年九月二日のワイオミング州ロックスプリングでおきた中国移民の一大虐殺事件にいたるまで、簡潔にスケッチされている。「殴殺《おうさつ》された者十六名、焼跡から掘り出された死体五、六十名、発掘不能の死体はなお無数、暴徒はなお衆をたのんで狂暴《きようぼう》をほしいままにしているが、同地は警備兵も少ないから至急中央から兵を送り秩序を維持せしめられたい」というのがワイオミング州知事が連邦政府に出兵を要請した公文書だった。そして事件後、容疑者は多数逮捕されたが、裁判長は「誰が犯人か的確に定めえない」としてついに全員を釈放した。

この事件が起ったのは内村鑑三が渡米した明治十七年の翌年のことだった。そして渡米する二年前の一八八二年にはすでに中国移民排斥《はいせき》の法律が十年間の時限立法で成立していた。そしてその法律は一八九二年にも更新された。それは内村が*How I Became a Christian*を著述する直前のことだった。内村は自分も黄色人種の一員であるだけにこの問題が他人事《ひとごと》とは思えなかったのだろう。中国移民の入国は一九〇二年には無期限に禁止されるにいたるのだが、日本移民の入国も、日露戦争の後には、いろいろと日米間のトラブルの種となる。そして内村も、一九一三年（大正二年）のカリフォルニア州排日土地法案の成立、一九二四年（大正十三年）の排日移民法の実施などに触発《しょくはつ》されて、激越《げきえつ》な文章を発表するようになるのである。

しかし『ぼくはどんな風にクリスチャンになったのか』の中では、原理的には義憤を洩《も》らしつつも、実際的には意外にリアリスティックな提案も行なっている。すなわち内村は一面では、「アメリカは白人だけのも

のなのか」とラディカルに問題の核心に迫りながら、しかし具体策としては、

君たち白人はチュートン族やケルト族の後裔《こうえい》たるにふさわしい、もっと立派な職業に就いたらどうだ。そしてカフス、カラーやシャツの洗濯は中国人移民労働者にさせたらどうだ。かれらは小羊のように柔《じゅう》順《じゅん》に、白人の洗濯屋の半額くらいでやってくれるだろう。……かれらはまだストライキを知らない。世界中どこへ行っても、こんな柔順で文句をいわない、こんな勤勉で賃金の安い労働者に、君たちは会えるはずはない。

と提案していたのである。日本人の移民には散髪屋になる人が多かったといわれているが、中国人の移民には洗濯屋になる人が多かった。そして中国人はアメリカで「ジョン」とか「ジョン・チャイナマン」と呼ばれていた。内村はアメリカの天地にアングロ・サクソン系だけでなくアイルランド系も中国系も共存共栄できることを望んでいたのである。そしてそれが内村がいまや信ずるところのキリスト教の道徳にも合致すると信じていたのである。

だがそのような一見人道主義的な提案は、はたして真に当を得ているのだろうか。同じ一つの屋根の下で一つの釜でみんな仲良く大家族主義で暮しましょう、ときれい事をいわれると、嫁がそのためにかえってつらい立場に置かれてしまうことがある。生活の智恵は、結婚した息子夫婦は親から独立して別に一家を構えることをすすめている。それと同じようなことは文化的伝統を異にする人々の間でもやはりいわれうることだろう。日本人はアメリカにおける中国移民や日本移民の排斥《はいせき》を激しく非難したが、しかしたとえば今日の日本で、労働力が不足するからといって、近隣諸国からの移民をこの過密な国に受入れることに今日の日本人は賛成するだろうか。移民の受入れによって生じるであろうもろもろの社会的・国際的な摩擦を予想する

時、二の足を踏む、というのが多くの日本人の偽らざる感情ではないだろうか。そして一部経営者が安い労働力を海外から輸入しようとはかる際には、それに抵抗するのが労働者側の良識というものではないだろうか。

## 差別反対主義者の差別

アメリカ・日本・中国という三国については「米日」というグループを作ることも、「日中」というグループを作ることも、「米中」というグループを作ることも可能である。実際の国際政治の局面でも一九四五年以降の日本は主として米日という関係でもって結ばれてきた。しかしそれより前の第二次世界大戦中や日中事変の最中には、アメリカの同情は、パール・バックの『大地』がベストセラーになったことに示されたように、中国の側へ寄せられた。米中というきずなの方がその時期には強かった。そのように実際の国際関係の面でも米国と日本、日本と中国、米国と中国などという三通りの組合せは可能なのだが、個人々々の心情の面でもそのようなグループの形成は可能なのである。

すでに見たように、聖地としてのアメリカへ憧《あこが》れた内村の心理には日本から米国へという憧憬《しょうけい》のきずながあった。そのきずなは内村がキリスト教徒であったがために、他の留学生とはやや色彩《いろど》りを異にする、強く太い希望のきずなでもあった。しかしアメリカへ着いて、その地の苛烈《かれつ》な現実からカルチャー・ショックを受けた内村は、中国移民排斥という問題に刺戟《しげき》されて、自分自身を黄色人種の一員として自覚した。そして中国の肩をかついだ。内村の心中には価値の転換が生じて、日本と中国をつないでいた古いきずながふたたびよりをもどすかにも見えた。そしてそのような心情の動きとともに反米という姿勢が前面に押し出されてきた。

そのように米国を知悉《ちしつ》した上での米国批判者という内村鑑三であったから、彼の著作からもし傾向的な発言だけを拾い出すなら、当世の流行にあわせて、反米主義者内村鑑三というイメージを拵《こしら》えあげることもできないわけではない。また事実、一昔前には、彼の著作から一連の発言を拾って大東亜共栄圏の思想に類したものを引き出そうとした人もいたかに聞いている。そしてそれも出来ないことではなかったのである。というのは内村は、一九二四年五月、アメリカ議会が排日条項を含む新移民法を可決した直後から、ふたたび徳富蘇峰と手を握るようになったからである。内村は「アメリカ嫌ひの急先鋒」として『国民新聞』に次のような手紙を寄せた。

蘇峰先生足下、御健在を祝します。対米問題に対する御意見は全然御同感であります。小生は三十年前の昔に帰り、再び『国民新聞』を購読するに至りし事を喜びます。……米国は少しも恐るゝに足りません。匆々敬具。

アメリカにおける新移民法の成立を「日本が起つか亡ぶる乎《か》の問題である」と大袈裟《おおげさ》に受取った内村が（大正十三年五月二十八日の『日記』）、「米国は少しも恐るゝに足りません」というのは、無論、日米がもし戦うとしても、という前提に立っての発言なのである。その当時の『日記』には内村の次のようなアメリカ観や日本人キリスト教徒観が出ている。

大正十三年五月二十七日。米国大統領クーリッヂ遂に排日法案に署名す。憤慨《ふんがい》に堪《た》へず。是で七十年間継続せし日米の友好的関係は切れたのである。実に世界歴史上の大事件である。然し素々《もともと》米国人は極めて少数者を除くの外は、日本人の友人ではないのである。彼等の日本人軽蔑《けいべつ》は早い頃よりの事であつて、両者の友好的関係は日本人の謙遜《けんそん》と忍耐《にんたい》とに由てのみ維持され来つたのである。故に今日の如《ごと》くに成《な》るのが当然であつて、少しも怪《あや》しむに足りない。唯《ただ》此明白なる事実を知らずして、実は知らざる真似をして、此傲慢無礼《ごうまんぶれい》なる米国人より物質的補給を受け来りし我国基督信者の或者の不明に驚かざるを得ない。

このように日本人移民排斥に憤慨する晩年の内村鑑三の血脈には四十年前アメリカにいて中国人移民排斥に義憤《ぎふん》を発した当時の興奮がよみがえったのにちがいない。

しかし内村鑑三という人間の面白さは、内村が一面ではアメリカにおける中国移民排斥に腹を立てながら、その癖、他面では彼自身がアメリカでシナ人と間違えられ、シナ人扱いをされると憤然と怒ったことである。そしてそのことを正直に（というか、抜け抜けと）*How I Became a Christian* に書いていることである。すなわち内村は、

ぼくは自分自身が世界でいちばん古い国家、孔子や孟子を生み出した国家、そして西洋人が夢想だにしない間に、西洋人よりも数百年も早く羅針盤《らしんばん》を発明した国民と人種的につながっていることを毫《ごう》も恥じたことはないが、

と一面では留保しているが、他面では自分自身がアメリカで広東《カントン》出身の苦力《クーリー》のような取扱いを受けた、として満身《まんしん》の怒りを爆発させている。内村は自分が受けた（と彼が感じた）侮蔑《ぶべつ》の事実を次々と列挙した。すなわちシカゴでは、自分がきちんと料金を払っているにもかかわらず、アイリッシュの馬車の御者が、失敬にも、

「そのチャイナマンを拾ってやれ」

といった。車の中で自分の隣に坐った立派な風采《ふうさい》の紳士が、「櫛を貸してくれ」というので貸してやったが、紳士は櫛で半白の髯《ひげ》の手入れをすませると、当然お礼の一言があってしかるべきはずなのに、櫛を返し

ながら、

「時にジョン、お前はどこで洗濯屋をやっているのかね？」

などと聞いた。また聡明《そうめい》な容貌をした一紳士は、

「君らはいつ弁髪《べんぱつ》を切ったのかね？」

と聞いた。内村らが、自分たちは弁髪をしたことなどない、というと、

「おや、そうかい、私はシナ人はみんな弁髪をするものと思っていたよ」

と返事した。そうした会話の一つ一つが日本人内村鑑三の耳にははなはだしい侮蔑《ぶべつ》に聞え、そうした発言の一つ一つを聞くたびに内村はむっとして腹を立てたのだった。内村には、自分は日本からアメリカへ学問しに来た者であって、中国移民の洗濯屋風情とは違う、という強烈な自負心があったからだろう。そしてそのようなプライドは当時の日本人の多くによってわかちもたれていたのだが、そのような集団的自負心を伝える挿話に内村が披露《ひろう》する次のようなエピソードがあった。在米の日本人はアングロ・サクソン系アメリカ人によってとかくシナ人といって侮蔑される。それならばよろしい、こちらはアングロ・サクソン系アメリカ人をアイルランド系といって目に物見せてやる――そんな力み様を感じさせるエピソードなのだが、内村は得意気《とくいげ》にこう書いている。


日本の技師の一行がニューヨークのブルックリン橋を調査しに行った。橋脚の下で吊索《つりづな》の一本一本の構造と張力について議論していると、シルク・ハットをかぶり眼鏡をかけた、きちんとした身なりのアメリカ人紳士が近寄ってきた。「時にジョン」と紳士は日本人技師の一行に割りこんで話しかけた。「時にジョン、こうした事柄はシナから来た君らには恐っそろしくわけがわからんものだろうな。」すると日本人の一人がその侮蔑的な質問にすかさず答えた。「それはアイルランドから来たあなたにもわけがわからんの

と同じですよ。」その紳士は怒って言った、「いや、飛んでもない、違うよ。私はアイルランド人ではない」「御同様に私たちもシナ人じゃありませんよ。」それがおだやかな、しかし見事に一本取った返事だった。シルク・ハットをかぶった男はふくれっ面をして立ち去った。

内村鑑三が語るこの挿話は、岡倉天心にまつわる次の挿話《そうわ》を想起《そうき》させる。岡倉天心はアメリカで、そうした事が以前にも再三あったためかもしれないが、

Are you a Chinese, Javanese or Japanese?

と質問された時、すかさず、

Are you a donkey, monkey or Yankee?

といい返した、というのである。それはそれなりに当意即妙の見事に一本取った返事だったが、しかし先の内村の場合にせよこの岡倉の場合にせよ、相手はそれほど悪気をもって質問をしたとも思えないだけに、なにか返答の仕様が意地悪に過ぎる気がしてならない。いったい西洋人に日本人と中国人の区別をその場でつけろ、というのはどだい無理な注文で、相手が日本人である自分を中国人と間違えたのを怒るというのは、どうも怒る日本人の方がよっぽど子供っぽいような気がする。今日の日本では西洋人はたいていアメリカ人と間違えられることを思えばこちらも怒れた義理ではない。とくに内村の場合には、先刻まで中国人移民排斥法案の件で、中国人の肩をかついでいた人であり、その舌の根がまだ乾かぬ間であるだけに、奇妙な印象

を受ける。しかし内村鑑三は滞米中は「支那人」と間違えられると不快を覚える日本人だったことはとにかく事実なので、父宛の手紙には、

至ル所支那人トマチガヘラルルニハ閉口仕候。（一八八四年十二月二十一日）

至ル処支那人視セラレ、出ルモ、入ルモ嘲笑セラルル其苦シサハ紙筆ニ尽ス能ハズ。（一八八五年八月九日）

などと出ている。しかしこれは一見、内村が人種的偏見を抱いていることを示すようだが、そう解釈することが酷なことは太田雄三氏がすでに『内村鑑三』（研究社出版）で指摘している。太田氏も述べたように、これは曾《かつ》て「日本政府の役員なりし」自分が、肉体労働者なみにしか扱ってもらえないことのために生ずる屈辱感《くつじょくかん》とも結びつけて考えなければならないからである。

しかしそれにしても、そのように必ずしも前後首尾一貫しておらず、言うことと本音《ほんね》の違うところが内村鑑三らしいところかもしれない。内村にはそのように自分の矛盾をさらけ出す無邪気《むじゃき》さが一面にあるから、他面にある大仰《おおぎょう》な憤慨《ふんがい》にユーモラスな笑いがおのずと伴うのだろう。内村の憤慨は、自己正当化の傾向が強い結果でもあるが、しかしそれでいてこの場合、鼻つまみにならなくてすむのは、彼の憤慨が誇張という文学的修辞の一形式としてコミカルな響きを裏面で発しているからである。内村の英文にひそむそのようなユーモアは、英文学の伝統が知らず知らずの内にまぎれこんだお蔭《かげ》なのではないだろうか。その笑いが消えてしまうと、内村の欠点や短所ばかりを拡大再生産したようなエピゴーネンが生まれて、はたが迷惑してしまう。内村の文章を読んで、「アメリカはけしからん、人種差別の国だ」と直接的に反応して憤慨する若い

人は多いだろうが、しかし私には、人間なんて手前勝手なものだ、都合のいい時には中国人の肩をかつぐが、自分のプライドが問題となればたちまち日本人と中国人を差別する、という感想が浮んで仕方がない。自己正当化の傾向の強い勝気な人の発する義憤はどことなく笑止で、大人はそうした主張になんとなく同調しかねるもののようだが、それは、

「われわれはアメリカ人のように人種差別をしない」

と大声で叫ぶ人にも結構差別——反米主義という大の差別——があるためだろう。このような内村の米国批判の心理構造には、第二次世界大戦後の日本の一部に見られたアンチ・アメリカニズムの原型に近い心理上のダイナミックスが秘められているのかもしれない。

## 日本への回帰

内村鑑三自身は彼の渡米前のアメリカへの憧憬《しょうけい》と、滞米中に生じた「日本への回帰」の感情を、*How I Became a Christian* の六章と七章で次のように説明している。

ぼくがキリスト教国や英語国民にたいして特別の敬意をこめてのぞんだのは、必ずしもぼくだけの弱点ではなかった。もしそれが弱点だというなら、プロイセンのフリードリヒ大王があらゆるフランス的なるものを賛美《さんび》し卑屈《ひくつ》なまでに模倣《もほう》したのと同じ弱点だった。ぼくはおよそ高貴なもの、有用なもの、人の魂を高揚させるものはすべて英語という媒体を経て習ったのだ。

ここで内村鑑三が言及《げんきゅう》したフリードリヒ二世王は一七一二年に生まれ、一七四〇年から一七八六年に没するまでプロイセンの王だった人で、ヴォルテールを師として招き、当時の西欧における後進国プロイセンを

フランス文明の光によって啓蒙《けいもう》しようとつとめた君主だった。このドイツの王はドイツ語を蔑視《べっし》してもっぱらフランス語を用いたが、今日流に表現するなら、フリードリヒ大王はフランス文明を採用することによって後進国ドイツの近代化をはかった啓蒙君主《けいもうくんしゅ》といえるだろう。内村鑑三は滞米中ドイツ語もドイツ文化も多少学んだので、自分が西洋文明を憧憬《しょうけい》し、それに心酔《しんすい》した心理をフリードリヒ大王のフランス文明崇拝という歴史的先例によって説明しようとしたのだが、そのような説明を持出した背後には、そうした外国文明への全身全霊的な傾斜の後に自国文化の自己主張がおこり、ナショナリティーを尊重することによって文化に花を開かせることができたというゲーテやシラーの時代への暗示が含まれていたので、そこには内村鑑三の日本への回帰という心理現象がかいまみられるのである。

そして興味ふかいことは内村鑑三よりも一年あとの一八六二年に生まれ、内村と同じ一八八四年（明治十七年）に西洋へ渡った森鷗外もドイツ留学中、やはり同一の事例を引いて日本人としての自己主張を試みていることで、留学中の鷗外のノート*Eindrücke*にはそのことが次のような「感想」として記されている。いまドイツ文に漢文が混じった原文を読み下すと次のようになる。

国民性《ナショナリテイー》の維持。「読売新聞、英語を邦語と為すの論」を反駁《はんばく》すること。ドイツ文化。フリードリヒ大王の母国語蔑視《べっし》、フランス語崇拝という倒錯《とうさく》。ゲーテ、シラー以後のドイツ精神の開花。「日本に美妙の文学有り、而してなお他邦の語を容るるの念をなす、怪訝《かいが》すべし」――文明は歴史的基礎の上に立脚している。西洋の出来あがった理想を日本へそのまま持ってきてもその実現は不可能事に属する。

明治二十年代初期には、十年代の日本に風靡《ふうび》した欧化熱からのこの種の脱却が見られたのだろう。内村鑑三は彼自身のかつての西洋キリスト教文明一辺倒からの脱却と、日本の再発見の心理を次のように説明した。内村の場合には、英文で書かれていたから、それはまさにDiscover Japanそのものであったといってよい。いま*How I Became a Christian*の第七章から適宜《てきぎ》訳してみる。

中国の賢者《けんじゃ》はうまいことをいったと思う。「山にある者は山を見ず」というのだ。それは自分の国についても同じだ。その中にいる限り、自国の真の姿はわからない。自国が占める真の位置、自国が大きな世界全体の中でどのような部分を占めているのかということと、その良さも悪さも、その強さも弱さもわかるためには、自国から離れてみなければわからない。ある距離を置いて見れば、風景はただ単に魅惑《みわく》をますばかりではない。その風景の全体が見渡せるようになるのだ。

内村鑑三はアメリカへ行って、そのようにして日本を再発見したのだった。その日本への回帰を説明する際に用いられた文章が中国の賢人の句や日本の古くからの諺《ことわざ》であるのも、なにか東洋への回帰を象徴するかのようである。内村は続けてこう書いた。

「可愛い子には旅をさせよ」というのはぼくの国ではよく知られた諺だが、興奮してのぼせあがった頭を冷やすには旅にまさるものはない。

ぼくの母国についてのぼくの見解は、その中にいた限り、極端に一方に偏したものだった。ぼくは自分が異教徒であった間は、自分の国こそ世界の中心、世界の羨望《せんぼう》の的だと思っていた。しかしひとたびキリスト教に改宗した後ではぼくの見解は逆転した。「海のあなたの遙《はる》けき国」が、アメリカも、イギリスも、ドイツも、スイスも理想国となった。アメリカには四百の大学やカレッジがある。イギリスはピューリタンの故郷だ。ドイツはルターの祖国だ。スイスはツヴィングリの誇りだ。……それだからじきにぼくの心は「日本なんて取るに足らない国だ」という考えにとらわれた。「ぼくの国はgood-for-nothingだ」という考えにとらわれた。なにしろ日本にいた時、そこに道徳的な欠点や社会的な欠陥があると、ぼくたちはすぐアメリカやイギリスにはそうしたことはないと宣教師にいわれたものだ。それでぼくは本心から日本がマサチューセッツ州や英国のようになれる日があるのかどうかを疑った。

内村の発言の内容は、明治十年代の日本知識人がとらわれていた西洋にたいする深刻な文化的劣等感にたいして理解や同情のない人にはいささか奇異に響くかもしれない。また次のような感想はあまりに一般的に過ぎて平板であるのかもしれない。しかし内村は外国体験について彼なりに次のような意義を見いだしていた。

異郷《いきょう》に暮す時は、他のいかなる環境にもまして、ぼくらは自分自身の中へ追いこまれる。逆説的に響くかもしれないが、ぼくらは自分自身についてよりよく知るために外の世界へ出て行くのである。他の人々、他の国々に接する場合ほど自己がはっきり示されることはない。他の世界がぼくらの視野にはいった時、自己内部への省察は始まるのである。

そして日本をgood-for-nothing取るに足らない国だと思っていた一日本青年が、外国では日本代表として振舞わざるを得なくなり、そのために祖国へのプライドがよみがえってくる経緯を、次のように説明している。

人間は自分の国の外へ出ると、単なる一個人以上のものとなる。彼は自分自身の中に自分の国と自分の人種を担《にな》うことになるからだ。彼の言動は彼個人の言動として評価されるだけでなく、彼の国や彼の人種の言動として評価されることになるからだ。それだから異国に滞在する人はある意味で自国を代表する全権公使なのだ。自分の国、自分の国民を代表する人なのだ。周囲はその人を通じて彼の国を知る。そしてこのように高い責任感ほど人間をしっかりさせるものはない。

しかしこのような祖国への回帰《かいき》の心情には反作用の現象もまた見られた。ジェスチャーの大きな内村の発言は、彼の精神の振子《ふりこ》の揺《ゆ》れ方の激しさを物語っているが、内村のそのような日本への回帰は、日本的なるものの価値の正確な認識から生れた、おおらかな自信に基くというよりは、アメリカというキリスト教文明社会へ彼が寄せた過大な期待が裏切られたという背信や不信――内村のかつての片思いが無残にも破れさったという感じ――の感情に基いている。そして女にふられた男が旧恋の女について過度に激越《げきえつ》な罵詈雑言《ばりぞうごん》を発することがあるように、内村は産業化するアメリカ社会を批判して、次のような悪口を述べた。

キリスト教世界でぼくらがおよそ見いだしがたいものはなにかといえば、それは平安である。そこにあるのは混迷であり、錯綜である。そこにあるのは精神病院であり、刑務所であり、救貧院である。

内村は偉そうな口を利いてアメリカ社会を批判したが、そしてそのようなアメリカ文明批判はアメリカの内部でもすでに一部の思想家によって行なわれていたが、しかしこの本が書かれた明治二十六年の日本には、渋沢栄一が経営した養育院などを除けば、アメリカにあったような福祉施設は悪口をいおうにもほとんど存在していなかったのである。しかしアメリカ社会を告発した内村は、日本人としての自誇《じこ》から、農業国の日本を美しく、夢のように美しく、歌いあげた。

ああ慕《した》わしい日出《ひい》ずる国の平和よ、蓮池《はすいけ》の静けさよ。そこには安眠を妨げる蒸気機関の汽笛はない。ぼくらの心地よいまどろみを醒《さ》ますのは天国の鳥だ、極楽鳥《ごくらくちょう》の囀《さえず》りだ。そこには高架鉄道の騒音もなければ塵埃《じんあい》もない。牛が鳴きながら牛車を引いて進んでゆく。そこにはウォール街の戦場に比すべき株式市場で血の代償《だいしょう》でもって得られた金で建てられた大理石の大邸宅はない。ぼくらは大自然の恩恵に浴して、甘美な気持で藁葺《わらぶ》きの屋根の下で暮している。

かつてマーク・トウェインらのアメリカ人は旧大陸のヨーロッパへ旅行した時、西欧文明の「腐敗堕落《ふはいだらく》」にたいしてアメリカ人のまだ汚れを知らぬ魂の清らかさAmerican innocenceを主張した。「どこか他の国へ出かけるまで、アメリカが他のどこよりもどれほどすぐれているか、誰にもわかるまい。わが国民は、ヨーロッパのどの国民よりも男らしくて清潔だ」とハウエルズは言った。

そのような十九世紀のアメリカ人の対西欧感情を思わせるような台詞《せりふ》が、なんと一日本人によってその当のアメリカに向けて発せられたのである。そのようないまだに汚れを知らぬ日本の魂の清らかさの主張はJapanese innocenceの主張といってよいのだろう。しかし内村も、また内村が言及する日本人たちも、それほど「邪気《じゃき》がない」とはたしていえるのだろうか。

## 藁葺きの屋根

大理石の大邸宅は富のシンボルである。なるほど堂々として立派かもしれないが、その重量感には神経が疲れてしまう。内村が、

O for the rest of the Morning Land,
the quietude of the Lotus Pond!

とLandとPondと、半ば韻《いん》を踏むかのように書いて、詩的嘆声を発した心理は私にもそれなりにわかるような気がする。内村は散文で続けて書いたが、この英文はいま九音節ずつに切って見ると、右に引いたように二行の詩になっている。個人的な体験にわたって恐縮《きようしゆく》だが、西洋に五年あまり暮して昭和三十四年に帰国した私は、その直後、東京から水郷へ行く途中、汽車が千葉駅を出てすぐに藁葺きの屋根が見えた時は、ほっとした覚えがあった。なにしろそのころの両国、千葉の間はいかにもごみごみしていただけに、千葉を過ぎて田園風景が開け、その中に農家の藁葺きの家があらわれた時は、その造りがなにか古典的な美しさをたたえているように見えた。しかし千葉県の田舎のそのあたりも、いまはもう工業化されて、蓮池の静けさは失われてしまったことだろう。不思議なことだが、内村の『ぼくはどんな風にクリスチャンになったのか』のこの一節は、いま読み返してみると、産業革命に反対した反動的ロマンチシズムの心情の流れを汲んでいるだけに、田園讃歌《でんえんさんか》であるといえる。それも公害反対の田園讃歌を八十年前に先取りして書いていたかにも読めるのである。

しかしだからといって内村のこの種の英文は額面通りに受取っていい、という性質のものではない。内村は英語でアメリカ人向けに書いたから、このように産業文明という価値を否定する形で自己主張をしたのだし、アメリカのキリスト教徒を読者に想定していたから、それで仏教をシンボライズする蓮の池などを持ち出したのである。内村は西洋人に向っては、「日本では安眠を妨げる蒸気機関の汽笛はない」と自慢したが、しかしその内村とても明治日本では「汽笛一声」が鳴っていることは知っていた。そしてその「汽笛一声」が日本人にとっては実に喜ばしい笛の音であることも承知していた。実際、明治の日本人が大人も子供も、

汽笛一声新橋を

はやわが汽車は離れたり。

と歌った時には、そこには単に新橋駅からの汽車の出発の喜びだけでなく、農村社会からの日本の産業化への出発の喜びもこめられていた。あの『鉄道唱歌』には文明開化の日本の、ほとんど子供らしいまでに嬉々《きき》とした感情が感じられる。

そして内村鑑三とても、英文では西洋人向けに瘦我慢《やせがまん》に似た自慢をしていたが、一日本人としては、日本の同胞の間では、「汽笛一声」を心から歓呼《かんこ》していたのである。それだから日本語で日本人に向けて書いた『地人論』では――その初版の『地理学考』は明治二十七年、*How I Became a Christian* と相前後して書かれた著作なのだが――日本にも鉄道が敷かれたことを心から祝して、一日本人としての誇りをこめて（というのは内村にあってはたちまち西隣りの国シナとの比較になるのだが）次のように書いた。英語に似せて日本を「彼女」と呼ぶ内村の『地人論』第九章を読んでみよう。

米国一度刺《ひとたびし》を通じて我に親交を求め、我之を諾して彼と握手せしや、彼の文物は最速度を以て我に浸入し来りぬ。已《すで》に支那印度を学び尽せし日本は、彼女の性来の同化力を以て欧米を吸収し始めぬ。……西隣未だ一尺の鉄路を有せざりし時に、我に已に千有余里の鋼鉄路の文明を我の僻陬《へきすう》に輸入するあり。三十年間にして日本は東洋国ならざるに至れり。

日清戦争の当時、鉄道は新橋から広島にいたるまですでに通じていた。それだから大本営も広島に移動することができた。内村鑑三が西隣りのシナとの比較において日本の脱亜入欧を祝賀した心理には、日清戦争前後のナショナリスティックな気分の昂揚《こうよう》も関係していたに相違ない。

しかしそれにしても、と読者はいぶかしく思われるだろう。それにしても内村の外面《そとづら》と内面《うちづら》はなぜこのように違うのか。米国人向けの言い草と日本人向けの言い草とでなぜ内容が正反対になるのか。いくらなんでもそれでは手前勝手に過ぎはしないか。

筆者は内村鑑三がそのような前後相矛盾する言い分を口に出さずにはいられなかった心理上のダイナミックスを解明するようつとめてきたが、日清戦争当時、米国による日本の文明開化を日本人読者に向って喜ばしげに説いた際の内村が、日本を「彼女」と呼び、アメリカを「彼」と呼んでいることに、内村における国際間の三角関係の感情的な把握の仕方を一瞬かいま見たような気もする。その観察の当否はともかくとして、国と国との三角関係にも男女の間の愛憎を思わせる感情が働いていることは、内村の場合には、ほぼ確実といえるだろう。そして内村は実に都合よくその場その場の状況に応じて、自分を黄色人種の一員と規定してみせたり、脱亜国日本の一員と規定してみせたりしたのである。そのように感情の振幅の激しい内村であってみれば、排日移民法が成立した大正十三年（一九二四年）になって『東京日日新聞』『国民新聞』『読売新聞』などの大新聞に猛烈な反米感情を次々と吐露《とろ》したとしても怪しむに足りない。

米国に有るものは金である。金を除いて米国に有るものは殆《ほとん》ど無い。哲学らしき哲学はない、美術らしき美術は無い。曾《かつ》て有りし高貴なる精神は今は消えて殆ど跡なしである。文明国として米国マイナス金はゼロであると云うて差支は無い。

なにか大東亜戦争突入前夜に日本陸軍の革新将校が一席ぶっているのを聞いているような錯覚に襲われる。田舎の婆さんなら「おーこわ」といってこのお偉い先生のもとから引きさがるところであろう。

Two J's

内村鑑三は、実学の勉強を志して西洋へ渡った他の留学生とちがって、キリスト教という枠組みを価値判断の基準としてアメリカに臨んだ。そしてその理想主義的な倫理的な基準を押しつけてアメリカ社会を測ろうとした時、その基準からはずれたさまざまの事実に出会《でくわ》した。そしてそのショックから反米的な言辞をも弄した。とくに英文で *How I Became a Christian* を書いた時は、アメリカにたいする自分の批判や悪感情も自分の親友のアメリカ人なら必ずやわかってくれるにちがいない、という気持があった。内村の英文には、アメリカの夢を裏切られたという内村のすねたり怒ったりした「甘え」の感情も観察される。（それだからその「甘え」を浮上らせるために『余は如何にして基督信徒となりし乎』ではなく『ぼくはどんな風にクリスチャンになったのか』と実験的に訳してみた。内村の英文は彼の日本文に比べてよほど平明なのである。）内村はアメリカに絶望して黙って背を向けて日本へ回帰してしまう、という風には米国と縁を切ることはできなかった。それにアメリカの産業文明を口先で拒否することはまだできたにしても、キリスト教を棄ててそれ以前の自分自身へ戻ることは内村にはもうできなかった。内村はその点ではラフカディオ・ハーンが描いた「ある保守主義者」（*Kokoro* 所収）とは異なる軌跡を描くこととなる。アメリカの現実に裏切られ、いまは亡き故国の祖母をなつかしむ内村は、次のような詠嘆の文章を *How I Became a Christian* の第六章の末尾に書いた。

ああ、天よ、ぼくは破れた！　ぼくは欺《あざむ》かれた！　ぼくは平和でないもののために真の平和を捨ててしまった。古い信仰に戻ろうと思っても、ぼくはもう大きく成り過ぎてしまった。しかしだからといって新しい信仰をそのまま受け入れることもできない。ああ無知《むち》は幸いであった。あの無知の中にいれば、そうしたらぼくも優しいお祖母さまが信じていた信仰だけしか知らないですんだのだが！　お祖母さまはその信仰で心足りていた。その信心のおかげで、お祖母さまは働き者で辛抱強《しんぼうづよ》く嘘《うそ》いつわりがなかった。それだからお亡くなりになった時も、そのお顔には後悔《こうかい》の曇りはなにひとつなかった。

お祖母さまの信仰は平和の信仰だったが、ぼくの信仰は疑惑《ぎわく》の信仰だ。禍《わざわ》いなるかな、それなのにぼくはお祖母さまを偶像崇拝《ぐうぞうすうはい》者と呼び、その迷信をあわれみ、その魂のために祈ったのだ。自分自身は危惧《きぐ》と罪と疑惑にさいなまれつつ底知れぬ深淵《しんえん》の海に船出したばかりだったくせに。ぼくは今後次の一事だけは決してするまい。キリスト教を欧米の宗教だからといって弁護することだけは決してするまい。

欧米キリスト教社会への反撥はこのような日本の古い信仰をなつかしむ詠嘆《えいたん》の辞となったが、しかしそれはキリスト教との訣別にはいたらなかった。キリスト教信仰はあまりにふかく内村の体内にはいりこんでいたからである。それに興味ふかい事実は、この日本の祖母の「祝福された無知」を讃える英文が、内村の『外国語の研究』にも引用されている聖書の『エレミヤ書』第十五章の一節に知らず識らずのうちに似ている、という亀井俊介氏の指摘である（亀井俊介『内村鑑三と英語』、『国語通信』一四三号、筑摩書房）。いま参考に内村の英文を抜萃《ばっすい》して掲げてみる。

O heaven, I am undone ! I was deceived...and woe is me that I called her an idolater, and pitied her superstition, and prayed for her soul, when I myself had launched upon an unfathomable abyss, tossed with fear and sin and doubt.

それにたいして内村が読んだジェイムズ王の欽定英訳聖書から並べると、

Woe is me, my mother, that thou hast borne me a man of strife and man of contention to the whole earth ! I have neither lent on usury ; nor men have lent to me on usury ; yet every one of them doth curse me.

そのように文章の語勢やリズムがいちじるしく類似している、というのである。亀井氏は英訳聖書のスタイルが内村の英文に与えた影響について、「こういう類似を、直接的な模倣とだけ見てはいけない。より重要なのは、表現に対する姿勢の全体的な影響関係なのであって、それがおもてに現われた時、この種の類似となったというだけのことである」と指摘している。英語の文章にいたるまで、聖書のスタイルの息吹きが感じられる内村であるなら、

「古い信仰に戻ろうと思っても、ぼくはもう大きく成り過ぎてしまった」

と告白したのはけだし実感であったろう。内村は日本へ回帰したが、しかし旧日本に全面的に一体化することはもはやできなかった。しかしそれでも内村には、

「キリスト教を欧米の宗教だからといって弁護することだけは決してするまい」

という決意は固く残った。それは内村の西洋人宣教師を嫌悪《けんお》するの情につながり、無教会キリスト教の運動を起す論理的・心理的必然を秘めていた。キリスト教は世界的宗教である。いやむしろキリスト教は——と内村は『日本国と基督教』などの論文でまたしても自分に都合のよいグループ化を行なった——いやむしろキリスト教は「亜細亜《アジア》に起つた……亜細亜に適する宗教」であって、「基督教を西洋の宗教と云ふ程違」っていることはない。「西洋が基督教を作つたのでは」なく「基督教が西洋を作つたので」ある。キリスト教が日本に入ったいま、ここでは西洋とは違った実を結ぶはずである。この「日本人を通して顕《あら》はれたる基督教」それが内村のいう「日本的基督教」であった。

このように本来「非西洋」の別表現でしかない「亜細亜」——文化的にも宗教的にも共通する実体を持た

ない、空体語としてのアジア——を強調したりする反撥癖の強い内村であったが、しかし自分がそこで生れ、自分がそこで力を尽して働くことを得る場としての日本にたいする愛着は——内村は日本および日本人にたいして激しい批判を浴びせることも時にあったが——人一倍強かった。「日本のために」for Japanといい、「イエスのために」for Jesusという内村は、それだから自分の墓碑銘を日英両文で草した時、その英文の第一行に次のように書いた。

I love two J's and no third: one is Jesus, and the other is Japan.

このように日本とイエスのほかはなにも愛さぬ、第三のものはなにも愛さぬ、と宣言した内村ではあった。しかしそれなら内村の心中からアメリカは本当に排斥されてしまったのだろうか。それならなぜ、とややアイロニカルな微笑を浮べて自問自答する方もあるいはおられるのではあるまいか、「それならなぜ内村鑑三は自分の墓碑銘《ぼひめい》を日本語だけでなく英語でも書いたのか。いったいそれは誰に読ませるためのものであったのか」と。

以上、日本人の対米感情の三つの典型である、攘夷、親米、反米の心理構造を、吉田松陰、新島襄、内村鑑三の場合を通して考察したが、そこに示された原型は今日もなお日本人の心性の奥底に秘められて、時折り表面化しているのではあるまいか。

# 5　西と東のナショナリズム
## ――明治日本の庶民の心――

### 英語で書かれた明治文学

日本文学は必ずしも日本語で書かれたものばかりとは限らない。内村鑑三の *How I Became a Christian* は徳冨蘆花の『思出の記』ときわめて近い位置にある作品だろうし、岡倉天心の *The Book of Tea* は、東洋的諸価値の主張という点では、夏目漱石の『草枕』や谷崎潤一郎の『陰翳礼讃』などとも一脈相通ずる作品といえるだろう。そのような視角に立って眺《なが》めると「英語で書かれた明治文学」というジャンルのあることに気づかれてくる。ところが、これは英文学の研究者によっても取りあげられることがほとんどなく、また国文学の研究者によっても等閑視《とうかんし》されている境界領域で、それでいてなかなか豊富な鉱脈を秘めた地域であるらしい。いま「英語で書かれた明治文学」の一つとしてラフカディオ・ハーン（一八五〇―一九〇四年）の著作にふれてみよう。

ハーンについては、彼が描写した日本は「ハーンが見たと思っている想像の日本の姿を描いたものである」という晩年のB・H・チェンバレンの辛辣《しんらつ》な批評（『日本事物誌』一九三九年版、邦訳、平凡社東洋文庫）が、英語圏の日本研究者の間では定評となっているらしく、最近ではマリウス・ジャンセン教授にいたるまでその説をほぼ踏襲《とうしゅう》しているかにみえる。しかし私はそれとは違う見方もあり得るのではないか、とかねがね感じていたので、松江で長く教鞭《きょうべん》を取られた森亮教授の次のような言葉に接した時はまことに嬉し

かった。すなわち森亮教授の『ハーンが遺したもの』によれば、

「日清戦争直後の巷《ちまた》の模様をハーンの『戦後雑記』ほど生き生きと描いた明治文学を私は知らない。」

とあり、『ハーンの美保関紀行』によれば、

「私がハーンの日本時代の著作を〝英語で書いた明治文学〟として珍重するのは、それが明治二十年代の日本を写したリアリズム文学を予想外に豊富に含んでいるからである。」

ラフカディオ・ハーンのルポルタージュの見事さは、当時の日本人作家の誰一人及びもつかぬものであったし、今日の日本人ジャーナリストにもハーンのような芸術的感覚を身につけた人はまず皆無といっていいだろう。私はハーンが日本に帰化して小泉八雲と名乗ったから明治文学の中へ入れて扱えといっているのではない。そのような国籍の問題ではない。明治日本の一面をハーンほどよく伝えている人は珍しいと思うから、その英文の著作を珍重するのである。明治日本の心を伝える人はなにも日本人であるとは限らない。ハーンは日本の他の作家の誰にもまして明治人の心を捉えている、と私たち日本人が感じる節さえあるのだ。それで、ハーンの *Kokoro*（『心』）の中の *After the War*（『戦後に』）という一章の一節をもとにして、十九世紀の西と東のナショナリズムを話題にとりあげてみよう。ハーンという西洋から日本へきた一作家の眼を照準にして、西と東の庶民のレベルの愛国心を問題とし、あわせてハイネや夏目漱石のことにも言及しよう。

## 三国干渉とその反響

まずはじめに同一事件を多角的に見るために「三国干渉《さんごくかんしょう》」という国際的な事件について、さまざまな指導的人物の見解を引いてみよう。日清戦争という近代戦の初体験や三国干渉という西洋列強の力の誇示にたいして、日本の各層はどのように反応したのだろうか。政府当局者の苦心は陸奥宗光の『蹇蹇録《けんけんろく》』（岩波文庫）の結論に次のように明確に記されている。

明治二十八年四月二十三日、露、独、仏三国干渉の突来するや其翌二十四日、広島行宮に御前会議《ごぜんくわいぎ》を開かれ、廟議《べうぎ》は「第三国との和親は到底破るべからず、新に敵国を作るは断じて得策に非ず」と確定したり。而《しかう》して当時、国中一般の状況如何《いかん》と云ふに、社会は恰《あたか》も一種の政治的恐慌《パニツク》に襲はれたるが如く驚愕《きやうがく》極りて沈鬱《ちんうつ》に陥り、憂心忡々《ちゆうちゆう》今にも我国の要所は三国の砲撃を受くるの虞《おそれ》あるものゝ如く、誰一人として目下の大難を匡救《きやうきう》すべき大策ありと高談する者なく、現に其頃対外硬派と称する一派に属する重立ちたる輩《やから》が京都に於て伊藤総理に面晤《めんご》し、談次三国干渉の事に及びし時、伊藤は彼等に向ひ、「今は諸君の名案卓説を聞くよりは寧《むし》ろ軍艦大砲を相手として熟議せざるべからず」と云へる好謔冷語《かうぎやくれいご》に対して、彼等は平日の多弁に類せず唯々諾々《ゐゐだくだく》敢《あへ》て一言の以て之に抗するなく、亦其胸中何等の打算ありとも言ふ能《あた》はざりし。

日本国内の反政府勢力にも、政府当局を批判するに足りるだけの代案はなかった。いつもは景気のよい側へついて、国民感情を煽《あお》ることを使命と心得ている諸新聞も、三国干渉にたいしてはさすがに対外硬の議論を展開することはできなかった。日本国民は口惜《くや》しかったが、ただ沈黙《ちんもく》して引きさがるよりほかしかたがなかったのである。過大な期待を抱いて下関条約の締結《ていけつ》を見守っていた国民は、勝利の果実を手に入れたと思った翌々日に、はやくもそれをあきらめざるを得なかった。しかもそれはただ単に遼東《りようとう》半島を還付《かんぷ》するということだけではすまなかった。ロシヤ以下の西洋列強の軍事力の脅威《きようい》をあらためて身にしみて感じさせられた、冷《ひや》やかな事件だった。現地にいてそのショックを受けた人には徳富蘇峰がいたが、『蘇峰自伝』の次の一節は、当時の心境をドラマタイズして告白したものだろう。蘇峰に見られるこの種の過剰《かじよう》反応が後に日本を誤らせた、といえるのかもしれないが、その当時にあっては無理もない反応だったのではないだろうか。

(旅順口に) 帰つて見れば、出発当時の形勢とは打つて変り、恰《あたか》も火の消えたる状態で、これは何事である乎と聞けば、愈ゝ《いよいよ》遼東還附《かんぷ》であると云ふ事にて、予は実に涙さへも出ない程口惜しく覚えた。……此の遼東還附が、予の殆ど一生に於ける運命を支配したと云つても差支へあるまい。此事を聞いて以来、予は精神的に殆《ほとん》ど別人となつた。而《しか》してこれも畢竟《ひつきやう》すれば、力が足らぬ故である。力が足らなければ、如何《いか》なる正義公道も、半文の価値も無いと確信するに至つた。そこで予は一刻も他国に返還したる土地に居るを屑《いさぎよ》しとせず、最近の御用船を見附けて帰へる事とした。而して土産には旅順口の波打際《なみうちぎは》から、小石や砂利を一握り手巾《ハンカチ》に包んで持ち帰つた。せめてこれが一度は日本の領土となつた記念として。

三国干渉は日清戦争の勝利に酔っていた国民の頭に現実政治《レアルポリティーク》の冷水を浴びせかけたから、反政府勢力もはじめはたじろいで沈黙《ちんもく》してしまった。しかし五月十日、遼東半島還付の詔書《しようしよ》が発せられると、国民は一面では不安感から解放されて安堵《あんど》の念を覚えた。と同時に他面ではやるせない不平不満を政府当局者に向けて爆発させたのだった。外交の衝《しよう》にあたる人の苦心を理解しようとせず、非現実的な強がりを唱えて明治政府の外交政策を糾弾《きゆうだん》した知識人の中には中江兆民などもいたので、西暦一八九八年、かつて日本が還付を余儀《よぎ》なくされた遼東半島の旅順《りよじゆん》、大連《だいれん》その他の土地が西洋列強の租借地《そしやくち》と化するのを見た時、兆民は明治の「進歩的文化人」として次のように切歯扼腕《せつしやくわん》した。

旅順口《りよじゆんこう》、威海衛《ゐかいゑい》、大連湾《だいれんわん》、凡《およ》そ此等の音響が、公等の耳に触るると同時に、直《ただ》ちに公等は我日本陸海軍の振古《しんこ》以来の大光栄を連想せずしてやむを得るか。爾《し》かく我日本陸海軍の大光栄を印刻したる旅順・威海衛は、一兵を動かさず、一丸を放たずして、欧州強国の手に帰せり、公等之を無法無礼と目せざるか。公等の面皮は抉《くじ》られ、骨肉は剔《ゑ》ぐられ、我日本国の大光栄は大恥辱と化して、公等は自若《じじやく》たるを得る乎《や》。

大光栄、大恥辱《ちじよく》、我日本陸海軍旗の翻《ひるが》へりたる旅順口・威海衛。露国・英国の国旗の翻《ひるが》へりつつある旅順口・威海衛。我同胞兵士の父母が、妻子が、朋友が、公等国民が、悲壮の歓声をあげて、はるかに震盪《しんたう》したる旅順口・威海衛。露人・英人が、外交と号する片言隻語もて奪ひ取りつつある旅順口・威海衛。我日本国に外交なる者有る乎、何処に有る乎。外交とは無外交なり。畏怖《ゐふ》なり、逡巡《しゆんじゆん》なり、退譲《たいじやう》なり。外交とは夜会なり、舞踏なり。片言交りのフランス語なり、否イギリス語なり、追従《ついしよう》なり、お世辞《せじ》なり。外交とは欧州強国の冷笑なり、外交とは支那帝国の分割なり、黄人に対する白人の種族的嫌悪心《けんをしん》の発揮《はつき》なり。彼れ列強の外交は此《か》くの如し、我れの外交は前に述べたる大恥辱《ちじよく》、大滑稽《こつけい》、大悲劇、是《こ》れなり。公等国民再三思せよ。

以上の諸見解の中で、第一に掲げた陸奥宗光《むつむねみつ》の文章は、正確で意を尽した説明《エクスポゼ》であり、政府当局者として自分が取った処置《しよち》について後世に向けて釈明《しやくめい》したものだった。第二に掲げた徳富蘇峰の文章は、陸奥宗光が知を代表するなら情を代表するとでもいえる、一日本国民としての義憤《ぎふん》の情の表明である。しかし義憤を発した人は政府攻撃に終始《しゆうし》するジャーナリズムの側にもあった。第三に掲げた中江兆民の文章は、国民感情に訴えて当局者を非難するという日本の論壇に深く根をおろした型を示しているが、しかし今日から振返ると、いささか無責任な煽動《せんどう》というそしりを免《まぬが》れない。日本の新聞雑誌界にいまもなお尾《お》を曳《ひ》く反政府的伝統 **oppositionist tradition** の一典型とみなせよう（三国干渉を行なった側が、どのような判断とどのような感情に基いて行動していたかについては次章に掲げる、ドイツ皇帝ヴィルヘルム二世のロシヤ皇帝ニコライ二世宛の手紙を参照）。

それでは、右に引いたような指導者層の見解とは別に、当時の日本の庶民の気持を伝えてくれるような記録や文字があるのだろうか。明治二十七八年戦役にふれた文学作品には徳冨蘆花の『不如帰《ほととぎす》』や国木田独歩の『愛弟通信』などがあるが、三国干渉当時の巷間《こうかん》の感情を伝えるものとしては、やはりラフカディオ・ハーンのルポルタージュが押えるべきつぼを押えており、いちばん秀れているようである。日本の新聞や雑誌も伝えてくれなかったような国民感情を正確に見抜き、それを的確に表現しておいてくれた、という点で、時代の証人としてのハーンの意味はいっそう貴重なのである。いまその一例として『心』の中に収められた『戦後に』を読んでみよう。

## 喇叭《らっぱ》のひびき

*Kokoro* の中の *After the War* という一章は四節から成っている。この『戦後に』の第一節は日清戦争の講和条約が結ばれた直後の一八九五年五月五日に設定されている。それは日本暦に直せば（という操作をハーン自身がその作中でしてみせているのだが）皇紀紀元二千五百五十五年五月五日に当るのである。その五が五つ並んだめでたい菖蒲《しょうぶ》の節句にちなんでハーンは甍《いらか》の波《なみ》の上をおどる鯉《こい》のぼりや鍾馗《しょうき》様を語る。あやめが花咲く五月の日本の風俗を描いているようで、その実、日本の男の子の間に古くからある尚武《しょうぶ》の伝統にさりげなく言及し、日本人のますらおぶりの背景にふれる。ハーンの『心』には「日本の内面生活の暗示《あんじ》やこだま」という副題が添えられているが、日本人の心性が作品中の挿話にそこはかとなく反響して示されているのである。

『戦後に』の第二節でハーンは日清戦争中の日本の銃後の生活にふれる。戦記類が飛ぶように売れたとか、鉄砲の玩具が汎濫《はんらん》しているとか。そして三国干渉に対する日本政府の対応については次のように評価している。

ところが講和条約の詳細が公表されるやいなや、ロシヤはフランスとドイツと提携して日本を威嚇《いかく》しつつ干渉《かんしょう》した。この三国の提携《ていけい》にたいしては反対する術《すべ》はなかった。そこで日本政府は、予想を裏切って譲《じょう》歩《ほ》を行ない、相手の期待の裏をかいた。日本政府は柔術の手を用いた。

しかしハーンは第二節の終りにはまたこうもつけ足している。

しかし日本国民の自尊心《じそんしん》は、そのために深く傷つけられ、いまでも政府当局者にたいする非難の声は鳴りを止めないのである。

ハーンのスケッチはさりげなく書かれているようでいて、前後照応《しょうおう》するよう巧《たく》みに伏線が配置されてある。第一節で鯉のぼりを叙したのは尚武《しょうぶ》の伝統を暗示するためだったが、白神《しらかみ》源次郎の『喇叭《らっぱ》のひびき』が第二節に挿入されてあるのは、第四節で消灯ラッパのひびきがいわばルフランのように使われる、そのための導入部なのだった。軍歌もまた日本人の「心」をさぐるための大切な資料なのである。それに、明治二十七八年戦役は、すぐれた軍歌が次々と生まれた戦争でもあった。その軍歌にうたわれた主人公たちは陸軍にせよ海軍にせよ名も無い一兵卒《いっぺいそつ》たちだったが、そのようなこともナショナル・ステイトの成立と国民皆兵《こくみんかいへい》の新制度と関係していることなのだろう。いま当時の代表的な軍歌を陸軍から一つ、海軍から一つ選んでみよう。

喇叭《らっぱ》のひびき　　加藤義清作

渡るにやすき安城の　　名はいたづらのものなるか
敵の打出す弾丸に　　浪は怒りて水騒ぎ
湧《わ》き立ちかへるくれなゐの　　血潮《ちしほ》の外に道もなく
先鋒《せんぽう》たりし我軍の　　苦戦のほどぞ知られける

この時一人の喇叭手《らっぱしゅ》は　取り佩《は》く太刀の束の間も
進め進めと吹きしきる　進軍喇叭のすさまじさ
その音忽ち打ち絶えて　再びかすかに聞こえけり
打ち絶えたりしは何故ぞ　かすかになりしは何故ぞ

打ち絶えたりしその時は　弾丸のんどを貫けり
かすかになりしその時は　熱血気管に溢《あふ》れたり
弾丸のんどを貫けど　熱血気管に溢るれど
喇叭放さず握りつめ　左手に杖つく村田銃

玉とその身は砕くとも　霊魂《れいこん》天地かけめぐり
なほ敵軍をや破るらん　あな勇《いさ》ましの喇叭手よ
雲山万里かけへだつ　四千余万の同胞も
君が喇叭のひびきにぞ　進むは今と勇むなる

ハーンはこの軍歌を『戦後に』の註にバラード風に訳している。この白神源次郎の名はいちはやく海外にも知られ、エドウィン・アーノルドも英語で一詩を書いている。ハーンも無論そのことを知っていた。というのは外山正一――この人が後にハーンを当時日本に一つしかなかった帝国大学の英文科の教師として東京に招くのである――が一八九五年十二月二十日、ハーンへ宛てた手紙で、ついでに申しあげますが、サー・エドウィン・アーノルドの『喇叭手白神源次郎』の詩をお読みのことと想像いたします。もしお読みならいかがお考えですか？　私見ではあの詩は冷やかで、情熱に不足するように思われます。冷たいインキで書いているので、燃ゆる血潮で書いているとは思われません。しかし私はだいぶ生意気になったようです。イギリスの桂冠《けいかん》詩人の候補者にたいして日本人の癖にこんなことをならべるのはまったく出過ぎた沙汰でしょう。

などと文通（原英文）していたからだった。『テニソン氏軽騎隊進撃《けいきたいしんげき》の詩』の訳をいちはやく明治十五年、「新体詩」として世に問うていた外山ゝ山《ちゆざん》は英詩についての鑑賞眼も結構あったらしい。東洋学者のサー・エドウィン・アーノルドとラフカディオ・ハーンと外山正一は、前二人は英語で後一人は日本語で同一主題について詩を競いあっていたのである。外山正一にも『われは喇叭手《らつぱしゆ》なり』という長詩があって、

岡山県人白神源次郎
彼はまた一個の喇叭手なりしなり
人はいへり「彼はただただ喇叭吹きなり」と
彼はいへり「われはただただ喇叭吹きなり」と。

などと書いていたのだった。ところで問題のラッパ手は、初め白神《しらかみ》と報道されたために、まもなく誤報が訂正されたにもかかわらず、強烈《きようれつ》な第一印象がその名前とともに流布《るふ》された。日本人が後に修身教科書で習った時には――といってもそれは昭和一桁生まれの世代のことだが――その名前は木口小平に訂正されて

いた。あの『尋常小学修身書』第一の十七に出てきた、

キグチコヘイハ　テキノタマニ　アタリマシタガ、シンデモ　ラッパヲ　クチカラ　ハナシマセンデシタ。

の木口小平である。

それでは次に海軍の軍歌からも例を一つ引こう。民族の記憶に残るのはやはり佐佐木信綱の、

煙も見えず雲もなく
風も起らず浪《なみ》立たず
鏡のごとき黄海《くわうかい》は
曇りそめたり時の間に

に始まる『勇敢なる水兵』だろう。その歌の、

「まだ沈まずや定遠は」

というルフランは日本国民に深く訴えるところがあった。定遠《ていえん》、鎮遠《ちんえん》の二艦は当時の日本艦隊の主力をはるかにうわまわる強力な戦艦で、清国北洋艦隊のこの主力が明治十九年長崎へ寄港してその中国人水兵が乱暴を働いた時など、日本の警察はその狼藉《ろうぜき》を取締《とりしま》ることができなかったほど、日本はこの装甲戦艦《そうこうせんかん》を怖《おそ》れていたからだ。いまその軍歌の中心部分を引いてみよう。

空に知られぬいかづちか

浪にきらめく稲妻《いなづま》か
煙は空を立ちこめて
天《あま》つ日かげも色くらし

弾丸《たま》の破片《くだけ》の飛び散りて
あまたの傷を身におへど
その玉の緒を勇気もて
つなぎとめたる水兵は

間近《まぢか》く立てる副長を
痛むまなこに見とめけむ
彼は叫びぬ声高《こわだか》に
「まだ沈まずや定遠は」

副長の眼はうるほひぬ
されども声は勇ましく
「心やすかれ定遠は
戦ひがたくなしはてつ」

聞き得し彼は嬉しげに

最後の微笑《えみ》をもらしつつ
「いかでかたきを討《う》ちてよ」と
いふ程もなく息たえぬ

ところでハーンの『戦後に』の第三節には、この殊勲の日本艦隊の旗艦松島が神戸へ帰還《きかん》した時、ハーンが日本国民多数とともに出迎えにいった様がルポルタージュ風に巧《たく》みに描かれている。四千二百八十噸《とん》の松島艦は七千四百噸の定遠や鎮遠と戦ったのだ。そしてハーンは案内の将校の口から、耳さとくも、ロシヤ艦隊にたいする日本将兵の敵愾心《てきがいしん》のほどをはや聞きつけている。日本の海軍士官はこう説明したというのだ。

「……支那の方には西洋人の砲術員が加勢《かせい》をしていたのです。西洋人の砲手が相手でなかったなら、勝ったからといって別に自慢にならないですよ。」

その説明に士官の本心が出ていた。この麗《うら》らかな春の日、松島艦の乗組員を喜ばすようなことがあるとすれば、それは、沖合に碇泊《ていはく》しているロシヤの大装甲巡洋艦を襲撃せよという命令を受けることよりほかになかったのであるから。

ハーンの『心』を「この世で可能な、最高度に教養のある、真面目で、実のあるジャーナリズム活動の所産」と評したのはホーフマンスタールだったが、いまの多くの新聞記者には、ハーンとジャーナリズムがなぜ結びつくのか、その見当もつかないのだろうと思う。

## 草葉の蔭

消灯《しょうとう》ラッパのメロディーを遠くに響かせつつ、ハーンは巧みな語り口で前後を照応《しょうおう》させせつつ物語る。その筋立ては心憎いほどうまくできている。ハーンは芸術家として、自己の芸術的な意欲を充たすために日本通信を書いた。リアリズムに支えられながら一箇の芸術作品としてのルポルタージュを書いた。第三節で海軍にふれると、第四の最終節では陸軍にふれ、そして日本の「心」にふれる。いまその最後の節を抜萃して掲げよう。

ハーンは明治二十七年、列車の中で会った出征兵士《しゅつせいへいし》たちが、自分の教え子たちと同じように、ういういしい、あどけない顔をして笑っていたこと、そして戦争や疫病《えきびょう》の悲惨《ひさん》を予覚していないことに心中ひそかに痛々しい気持になったことがあった。そしてそれからほぼ一年が経過した明治二十八年六月、ハーンは神戸駅まで凱旋《がいせん》する陸軍部隊を出迎えに行った(ハーンは社交嫌いなどという定評もあったが、もともとジャーナリストとして文名をなした人だったから、このような機会には妻の節子と連れだって進んで人混みの中へはいっていったのである)。神戸駅の前から湊川《みなとがわ》神社へいたる道筋にはアーチが建てられ市民の醵金《きょきん》で食事や煙草《たばこ》が無料で帰還兵《きかんへい》に提供されることとなっていた。汽車が着く。憲兵が人払したプラットフォームから兵士たちがいつもと同じように隊伍《たいご》を組んで出てきた。

すこし跛《びっこ》をひきかげんの半白の将校が、巻煙草をふかしながら先頭に立って進んでくる。群衆はわたしたちのまわりにぎっしり詰めよせていたが、みな、万歳《ばんざい》も唱《とな》えず、話し声さえたてないでいる。しんと水を打ったようなその静けさを破るものは、ただ通過する兵隊たちの歩調正しい靴の音だけである。見ているわたしには、これがみな去年出征《しゅっせい》の時に見たのとおなじ兵士たちだとは、どうしても思えなかった。どれもこれも日に焼けたこわい顔をして、髯《ひげ》をぼうぼうと生やしたのが大ぜいいる。紺の冬着の軍服は、摺《す》り切れたり破れたり、靴などもう原型をとどめないまで穿《は》きへらされている。しかしその力強い、ゆすって歩くような歩調は、艱難辛苦《かんなんしんく》にたえた兵士の歩調だった。かれらはもはやただの若者ではない。屈《くっ》強《きょう》な男だ。世界中のどんな軍隊でも相手にとることのできる男たちだ。敵を襲撃し敵を倒した男たち、口には出せない数々の苦しみに耐えた男たちだった。その眼は歓迎ののぼりや飾りに鋭い一瞥《べつ》を投げたが、しかしきっとこの眼は人間を深刻にするような事どもをあまりにも数多く見てしまったのだろう。……出迎人の多くは、その変化の訳を直観して、心動かされた様子だった。しかしとにかく、この兵士たちは前よりもさらに優秀な兵士となったのだ。いま故国の土を踏んで、こうして歓迎を受け、これからまたもとの兵営へ帰って、そこでゆっくり休養を取るのだろう。わたしは万右衛門にいった。

「今晩、この部隊は、大阪か名古屋へ着くんだろうね。そこで消灯《しょうとう》ラッパを聞いて、帰らぬ戦友をしのぶことだろうね」

するど爺やは、素朴《そぼく》な真剣な顔をしてこう答えた。

「西洋のかたは、死んだものは帰らないと思召《おぼしめ》しでしょうが、わたくしどもはそうは思いません。日本人は誰でも死ねばまた帰ってまいります。帰る道を知らないような日本人は居りません。支那からだろうが、朝鮮からだろうが、海の底からだろうが、戦死したものは、みんな帰ってまいりましたよ。ええ、もうみんな、わたくしどもと一緒におりましてな、日が暮れると、自分たちを故郷へ呼び戻したラッパの音にじっと耳を傾けておりますよ。そしていまにまた、天子様の軍隊がロシヤとひと戦さやる召集令が下るときには、みんなやっぱり、あのラッパの音を聞きに寄ってきますぞ」

ラフカディオ・ハーンは、日本が三国干渉から十年後にロシヤと戦って勝ったということを知らずに、それより前に死んでしまった人である。しかしこの日清戦争直後に書かれたルポルタージュを読めば、日本が日露戦争をどのように戦うかが、もうはっきりと目に見えるようである。草葉《くさば》の蔭《かげ》で故人の霊がいまもなお生きている人々を見守っている、という感情は私たちの間にいまでも深く残っている心持と思うが、ハーンは日本人のそのような民族感情にまでふれて、日本人のロシヤに対する敵愾心《てきがいしん》に注目していたのである。森亮教授は『ハーンが遺したもの』という一文でこの条を引いて次のように評された。

日清戦争直後の巷の模様をハーンの『戦後雑記』ほど生き生きと描いた明治文学を私は知らない。引用した一節における煙草をふかす将校の点出なぞ実にうまいものである。四月に下関条約が締結《ていけつ》されたが、直《す》ぐ三国干渉が日本国民の心に暗い影を落とした。ハーンがこの手記を万右衛門の言葉で結んだのは東西の死生観の違いを言うためよりも、当時の日本人の口惜しさを代弁したものであろう。私は初めてこれを読んだときハイネの『二人の擲弾兵《てきだん》』の壮絶《そうぜつ》な結びを思い出した。大筒轟《おおづつとどろ》き、馬いな鳴き皇帝（ナポレオン）わが墓をよぎりますとき、われも武装して墓から出る——と彼等の一人が戦友に告げるあの結びである。ハーンの結びの句はそんなに力んでいないが、一層胸にこたえるものがある。矢張り私たちに遠いようでも近い明治の幸薄かった人たちが噂の中心になっているからであろうか。

## 二人の擲弾兵

ここで森教授が話題にされたハイネの詩『二人の擲弾兵《てきだんへい》』を取りあげてみよう。ハインリッヒ・ハイネ（一七九七–一八五六年）の『二人の擲弾兵』は一八二〇年九月の作で、当時大学生であったハイネが、デュッセルドルフへ帰省した際、そこで気の毒なフランス兵たちを見かけた。その体験に基づいて書かれた詩であるという。フランス兵たちはロシヤとの戦争で捕虜となり、シベリアへ連れてゆかれ、平和が回復したのに長年抑留《よくりゅう》され、今ようやく帰還《きかん》したばかりだった（ハイネ『ル・グランの書』第十章参照）。それらのフランス兵の先頭にいた死人のような兵士の土色の顔のうちにハイネは古き友ル・グランの面影を認めたという（『ル・グランの書』第七章参照）。その体験が、他の話と混じり、ヘルダーの『民謡集』のスコットランドの譚詩『エドワード』などの台詞も借りて、『二人の擲弾兵』はできたのである。

ハーンはこの詩のことを意識して『戦後に』の万右衛門の言葉を書いたとはいえないだろう。しかしハイネの詩のことはよく知っていた。というのは、ハーンの東京大学における講義録 *Life and Literature* の冒頭にも、「ドイツ語で読めるなら、ハイネを英語韻文《いんぶん》訳で読むのは止しにした方がいい。ハイネは世界的な詩人だが、翻訳だと味がなくなってしまう。フランス語の散文訳ならすすめられる。何年か前に *Blackwood's Magazine* にハイネの一連のすばらしい英訳が出たが、しかしこれらは書物の形で出版されていないように思う」などと述べているからである。ハーンはドイツ語をよく読めなかったがハイネは好きだったのかもしれない。

ところでドイツ語から他の西欧語へ訳しても味が落ちるというハイネの詩は、日本語へ移されるとなおさら魅力《みりよく》を減じてしまうものらしい。ところがその中にあってただ一つ、断然異彩《いさい》を放つ訳文がある。それは——日本のハイネ学者がそのことを話題にしたことをかつて聞いたことがないが——夏目漱石の訳である。それは明治二十三年、漱石が第一高等中学校文科二年の作文の時間に提出したもので、岩波新書刊『漱石全集』第二十二巻「初期の文章」に収められている。西詩意訳の『二人の武士』という文語体の散文が、もとハイネの『二人の擲弾兵』であるということに小宮豊隆氏は気がつかなかったとみえて、註にも解説にもハイネの名前をあげていない。しかし数多い読者の中には西詩意訳がハイネ原作だということに気づいた人は必ずやいたことと思う。ハイネの『二人の擲弾兵』はシューマンやワーグナーの歌曲としても著名になっているからである。ただそのような事実に気づいた人の声が、編集者や岩波書店関係者の耳に達せずに消えてしまったということなのだろう。それでは漱石の訳文を（日本語の明らかな書き誤り二個所は訂正して）ここに引用しよう。「二人の武士」は「ふたりのもののふ」と読めばよいにちがいない。「御門《みかど》」と訳されているのは皇帝ナポレオン陛下である。なにか鎌倉時代の軍記物を思わせる、実に見事な和文と化した訳である。

二人の武士　西詩意訳

文科二年　夏目金之助拝

二人のものゝふの「ろしや」にとらはれたるがゆるされて故郷なる「ふらんす」にかへらむとて「どいつ」につきけるとき国はほろび軍はやぶれ御門はとらはれ給ひぬときゝていとかなしげに涙をながしけるがやがて手創《てきづ》おひたる一人があなかなしわがふるきづのもゆる如くにいたむことよといへば一人が今は生きがひなき身なればわれもともに死なんと思へどふる里の妻子のわれなくば餓もやせん渇ゑもやせんといふめれば手負《ておひ》は声をはげまして餓なばうえよわれは妻も子も何にかせん御門はとらはれ給ひぬるにわが御門はとてさめ〴〵となくやがて涙をはらひ今生《こんじやう》の願はたゞ一つなん侍るわれ今こゝに身まかりなばわがむくろを「ふらんす」にをくり紅ひのひもつきたる十字の徽章をわが胸にかけ筒《つつ》を手に太刀を腰にゆひつけて故郷の土にうづめたまへわれは墓の中にてしづかに待たん筒の音《ね》の今一度わが耳をつらぬくまで馬の蹄の今一度わがねぶりをおどろかすまでつるぎと太刀のうち合ふ声の今一度聞ゆるまで其時こそ御門はわが墓の上をよぎりてかへりたまはめ其時こそわれは墓の中よりおどり出でて御心をたすけ奉らむとらはれ給ひぬる今の御門をとて息たへぬ

西も東も同じ様なるものゝふのさまかないさましきことにこそ

この訳文の見事さはどうであろう。単語だけでなく言い廻しも日本の伝統の中にすっかりはいりきっている。「やがて涙をはらい、今生の願はたゞ一つなん侍る」などと手負が語りだす時、私たちは『平家物語』などにあらわれる武士を思わずにいられない。そのように大和の言葉と化した漱石の訳文に比べると近代の訳はいかにも舌足らずの感じを免れない。参考までに岩波文庫の訳（井上正蔵）を掲げよう。

擲弾兵

フランスへ還る擲弾兵
二人はロシヤで捕虜だつた
やうやくドイツの宿につき
もう力なく項垂《うなだ》れた

ここで悲報を聞いたのだ
フランス軍の敗北を
皇帝さへも囚《とら》はれた
大軍隊の壊滅を

擲弾兵は抱きあつて
悲しい知らせにただ泣いた
一人が云つた「たまらない
古い傷まで灼《や》けてくる」

相手が云つた「もうだめだ
お前と一緒に死にたいよ
けれど国ぢや妻子ども

俺が死んだら滅茶々々だ」

「俺あ妻子はどうでもいい
俺の望みはちと違ふ
奴らが食へなきや乞食さす
囚はれたんだ陛下さへ

おい　きいてくれ　お願ひだ
俺あもうすぐ死ぬからな
俺の死骸をフランスへ
祖国の土へ埋めてくれ

赤いリボンの勲章を
心臓《むね》のあたりへ載せてくれ
手に小銃を握らせて
腰には剣を佩《つ》けてくれ

さうして俺は墓に寝て
歩哨のやうに耳すます
やがてはひびく大砲や

嘶《いなな》く馬の跑《だく》の音

陛下の騎馬は行き過ぎて
剣は閃《ひらめ》き鳴るだらう
武装の俺は墓を出て
そのとき陛下を護るんだ」

このように比べてみると、まだ二十三歳の学生であったころの夏目金之助の訳が、その真情《しんじょう》と共感《きょうかん》において、また日本語の文章として、いかに秀れたものであるかがわかるだろう。いま漱石訳の最後の二連を参考に行を分けて書いてみよう。

われは墓の中にてしづかに待たん
筒《つつ》の音《ね》の今一度わが耳をつらぬくまで
馬の蹄の今一度わがねぶりをおどろかすまで
つるぎと太刀のうち合ふ声の今一度聞ゆるまで

其時こそ御門《みかど》はわが墓の上をよぎりてかへりたまはめ
其時こそわれは墓の中よりおどり出でて
御心《みこころ》をたすけ奉らむ
とらはれ給ひぬる今の御門《みかど》をとて息たへぬ

そしてその後に漱石は、「西も東も同じ様なるものゝふのさまかな、いさましきことにこそ」という感想を一行書き加えたのだった。

## 西と東のナショナリズム

漱石はそのような感想で作文を結んだが、ハーンが描いた日清戦争直後の日本の様を読んだ私たちもまた「西も東も同じ様なるものゝふのさまかな」という感慨をあらたにするのではないだろうか。ナポレオン戦争といわれる十九世紀初頭のヨーロッパの戦乱は、その時にできたフランスの国歌『ラ・マルセイエーズ』に象徴されるように、**Allons enfants de la patrie, le jour de la gloire est arrivé!**「いざ行かん、祖国の子らよ、栄光の日はきたりぬ」という歌詞の字義通り、ナショナリズムの雄叫《おたけ》びであった。シューマンやワーグナーがハイネの『二人の擲弾兵』に作曲した時、『ラ・マルセイエーズ』のしらべを採り入れたというのは、故のないことではなかった。そして十九世紀はヨーロッパでも、また後には日本でも、ナショナリズムが肯定され、讃《たた》えられた時代だった。二十世紀の後半の今日、殺傷力《さつしようりよく》や破壊《はかい》力の飛躍《ひやく》的な増大に伴って、軍事的ナショナリズムが否定的に評価される傾向が先進国の間では拡まりつつある。そのような風潮は全人類的立場からみて当然の動きでもあるから、筆者もそれを歓迎することにおいて人後に落ちるつもりはないのだが、しかしそのような今日的な評価の基準でもって明治時代の日本を裁《さば》いてよいのか、という疑問は依然《いぜん》として残る。筆者がそのような問題にふれるのはほかでもない。夏目漱石について彼は徴兵忌避者《ちようへいきひしや》であったという説が、巷間《こうかん》で今日の反戦ムードに乗じて流されているからである。漱石が兵役《へいえき》の免除を願ったのは間違いない事実だが、しかし「徴兵免除」と「徴兵忌避」が同じでないことは、丸谷才一氏ほどの作家であるならば直覚的にわかる区別ではないだろうか。もし徴兵免除を願うことが徴兵忌避であるならば、昭和十年代に旧制高等学校で文科でなく理科を志望したほどの人はみな「徴兵忌避者」だという大袈裟《おおげさ》なことになってしまうだろう。私がそのような区別を問題とするのはほかでもない。漱石のハイネ訳について学生に感想を求めた時、その結びに漱石が自分で書きいれた言葉、

「西も東も同じ様なるものゝふのさまかないさましきことにこそ」

について、これは「徴兵忌避者であった漱石の反語であり皮肉である」などという勘ぐりの答案が学生の間から出てきたからである。筆者は丸谷氏がかつて『展望』誌上に発表された論『徴兵忌避者としての夏目漱石』を推理小説のように面白く読んだが、しかし明治のナショナリズムの意味については別の角度から、そのような勘《かん》ぐりとは違った見方もできるのではないかと思い、ハーンを中心に日清戦争当時の日本人の心をさぐってみたのである。

## 6　ロシヤにこだまする「黄禍論」
### ――西洋帝国主義者のアジア観――

### 蒙古来

ここでロシヤ、ドイツ、日本、中国の関係を西洋対非西洋という問題関心から巨視的に眺《なが》めてみよう。はじめに民族の潜在的な歴史意識を伝える象徴的な逸話《いつわ》にふれる。明治二十九年、トルストイ翁をヤースナヤ・ポリャーナの村荘に訪ねた徳富蘇峰は、晩餐後《ばんさんご》、トルストイに日本の歌を所望されると、立ちあがって頼山陽の『蒙古来』を吟じた。

筑海《ちくかい》の颶気《ばいき》天に連《つら》なつて黒《くら》し。
海を蔽《おほ》ふて来たる者は何の賊ぞ。
蒙古来たる。
北より来たる。

三十三歳の徳富蘇峰は、日本男児として、臆《おく》することなく漢詩を吟じたが、たまたまその席に居合わせたトルストイの長男の嫁は、これが歌であり音楽であるかと思うともうおかしくてたまらず、ついにぷっと吹き出してしまった。トルストイは主人として遠来の客に礼を失してはならぬと考え、左手で笑い出しそうな口をおさえ、右手をふるって、「笑ってはいかん。笑うなら向うの部屋へお行き」と嫁をたしなめた。一方、徳富蘇峰は「笑われて止めるのは日本男児の恥だ」と負けん気を出して、ことさらに『蒙古来』を吟じ続けた。

吾が檣《ほばしら》を倒して、
虜艦に登り、
虜将を擒《とりこ》にして、
吾が軍喊《かん》す。

徳富蘇峰はなぜロシヤの奥地にトルストイを訪ねて、その邸でよりによって『蒙古来』などを大きな声を張りあげて歌ったのだろう。ほかに芸がなかったから、日本の歌を所望《しょもう》された時、かねて愛誦《あいしょう》していた頼山《らいさん》陽《よう》の漢詩を選んだのだろうか。徳富自身も『トルストイ翁を訪ふ』の記事を書いた時にはさすがに照れくさかったとみえ、「此処にて『蒙古来』も甚《はなは》だ似合はしからざれども」とか「実は馬鹿々々しき話なれども」と頭をかいているが、しかしそれでもともかくこの明治の男は朗々《ろうろう》と吟《ぎん》じたのだ。

蒙古来たる。
北より来たる。
東西次第に呑食《どんしょく》を期す。
趙家の老寡婦（宋の楊太后）を嚇《おど》し得て、
此を持《ぢ》して来たり擬《ぎ》す男児の国。
相模太郎、膽甕《たんかめ》の如し。

防海の将士、人各力《つと》む。

考えてみると明治の日本で頼山陽の『蒙古来』が愛誦《あいしょう》されたことにはそれなりの理由があった。日本人は幕末以来、西洋列強《れっきょう》の脅威《きょうい》が身に迫るのをひしひしと感じて「国難《こくなん》来たる」と思っていたから、日本人が外国軍の侵略《しんりゃく》を撃退《げきたい》した歴史的先例をうたった頼山陽の『蒙古来たる』にすなおに共感できるだけの心理的な背景をそなえていたのである。とくに明治二十八年四月、露独仏が日本にたいして三国で干渉してきた時、「国難来たる」の感はまたひとしお新たになった。徳富蘇峰が翌明治二十九年に欧米視察の旅に出て、途中ロシヤの奥地にまではいりこんだのも、その三国干渉の張本人《ちょうほんにん》であるツァーのロシヤの実体を自分の目で見ておきたかったからだ。そのような考えを胸の奥に秘めて旅していた徳富蘇峰は、いまロシヤに来て、以前よりもはるかにナショナリズムへの傾斜を深めつつあったに相違ない。そしてそのような緊張感が、トルストイ邸における『蒙古来』の吟詩となって表面化したのではなかろうか。

そのような推測を筆者がめぐらすのは、前に次のような体験があるからだ。昭和二十九年といえば、その春にディエン・ビエン・フーで北ヴェトナム軍に包囲されたフランス軍が降伏《こうふく》し、ジュネーヴ会議が開かれた一九五四年だった。筆者はその年の秋、フランス郵船のヴェトナム号でヨーロッパへ留学したのだが、サイゴンからはフランスへ留学するヴェトナム人子弟が二等に乗ってきた。そして同じ船の一等にはインドシナから撤退《てったい》するフランス軍の上層部も乗ってきた。サイゴンやフエの良家の出であるらしいヴェトナム人学生たちはフランス植民地に育った関係で、日本の大学でもっぱらフランス語を学んだ筆者などよりはるかに流暢《りゅうちょう》にフランス語を話した。船がインド洋を渡ってゆく夕べ、一、二等の船客のパーティがあって、国籍別のグループごとに芸を披露《ひろう》したが、その時ヴェトナムの留学生たちはヴェトナム語で歌をうたった。学生の一人がフランス語で解説を加えたが、それによると昔、モンゴルやシナの大軍がヴェトナムへ攻め寄せてきた時、その大軍を撃破《げきは》した故事にちなんだ叙事詩であるという。ヴェトナム人の学生たちはフランス文化に憧《あこが》れ、パリへ留学する途上にあるのだが、それでいながらいまインドシナ派遣《はけん》フランス軍司令官サラン将軍夫人などの前で歌をうたう段になると、やはりナショナリズムの情念がやみがたくよみがえってきたのだろう。そして外国の勢力を駆逐《くちく》した輝しい過去の事件が、自尊《じそん》の念を高める先例として、思い出されもしたのだろう。そしてそのような緊張感がフランス船上におけるかれらの『蒙古来』――ヴェトナムにはヴェトナムの『蒙古来』の詩がヴェトナム語で書かれていたのだ――の合唱となって表面化したのではなかったか。

民族の集合的な記憶は、ふだんは影のようにおぼろに意識の深層に沈んでいる。モンゴルの襲来など個人々が生まれるよりもはるか昔の事件であり、幼年期に口伝えでいつとはなしに記憶の中へおさめられた程度の事柄なのだろう。しかしそのようにしておさめられた集団的な記憶は、ひとたびその民族が他国の脅威にさらされるような歴史的状況の下に立たされた時には、構成員の脳裏《のうり》に突如《とつじょ》としてなまなましくよみがえるものであるらしい。民族が民族という単位で悩み、苦しみ、戦い抜いた事件、そのような民族の血で誌《しる》した事件は、その民族が国難に再会した時には、国民の一人々々の脳裏にふたたび生き生きとよみがえり、一つの共通の思い出となって民族を結びつけ、良かれ悪しかれ、民族の行動を規制することになるだろう。それは物体の運動にたとえていえば、自分たちが背負った過去の歴史という重荷がもつ運動量なのである。それだから危機に際しては「先祖返り」と呼ばれる現象が生ずるのだ。標準語を使いこなせるつもりになっていた大人が、はっとした一瞬には幼年時代に喋《しやべ》っていた田舎言葉を本能的に口走ってしまう。それと同じように、深層に抑えられていた過去の思い出は、間歇泉《かんけつせん》の噴出《ふんしゆつ》にも似て、時折、また新たにほとばしるのである。

「蒙古来」は日本人やヴェトナム人にとっても未曾有《みぞう》の国難《こくなん》だったが、それではモンゴルの軍勢が通り去った後、廃墟《はいきよ》には虐殺《ぎやくさつ》された大人や子供の髑髏《しやれこうべ》が人気《ひとけ》の絶えた町に幾千幾万ところがっていた、というような悲惨《ひさん》を繰返し味わったロシヤや東欧の人々は、そのような歴史的事実からどのような民族的な集合的な記憶を心奥《しんおう》に留めているのだろう。そしてその潜在的な記憶に訴えて、十九世紀末以来「黄禍」yellow perilという言葉は、どのように政治的に、意識的にあるいは無意識的に、使われてきたのだろう。

また今日的な国際関係の中で、「黄禍論」はどのような新しい粧《よそお》いをまとってまた現われてくるのだろう。ニクソン大統領とブレジネフ書記長の米ソ巨頭会談を伝える一九七二年五月二十九日付の『ニューズウィーク』誌は、ロシヤがアメリカとの関係を改善しようとする動機の最大なるものとしてソビエト連邦の中華人民共和国にたいするパラノイアをあげ、最近ソ連を訪問したアメリカの一研究者の談話を引いている。二十世紀の後半で世界最強の陸軍を誇り、その戦軍師団によって一九六八年にはチェコスロヴァキアを制圧したソ連——かつての騎兵隊は機械化部隊となりさらには空挺師団《くうていしだん》となって中ソ国境付近で「関特演」(かつての日本の関東軍の特別演習)などをはるかに上廻る大展開を行なっている——が、中国の人民軍を恐れるというのも奇妙だが、ブルッキングズ・インスティチューションのメルヴィル・クローンの談話とはこうである。

「私がソ連でほかのいかなる話題よりもずっとしばしば耳にしたのはロシヤ人が口にする黄禍という言葉であった」

それではこの「黄禍」という言葉に含まれている含蓄《がんちく》を歴史的にたどってみよう。この「黄」の中に私たち日本人はどのような関係でかかわっているのだろうか。

## アジア的専制

ありがたい国である。ここには天を掩《おお》う黄塵《こうじん》も捲きあがらず、緑の原野を食い尽す蝗《いなご》軍の来襲もない。良民を大量虐殺する異民族の来寇《らいこう》もなく、農奴《のうど》を鞭《むち》打つ貴族もいない。

日露戦争の前夜に中ソ国境地帯に潜入《せんにゅう》して工作活動に従事し、ロシヤ軍によるブラゴヴェシチェンスク虐殺事件を身近に見聞してきた石光真清は、日本へ引揚げてくると、ほっとしてそういった。日本人はナイーヴにその事実を見逃《みのが》しているが、日本列島は、外国軍隊によって占領され、財産は奪われ、男は殺戮《さつりく》され、女は強姦《ごうかん》される、という悲惨《ひさん》な目にあったことのない、地球上でもまれに見る幸運な国なのであった。しかしそれは、かつての皇国史観《こうこくしかん》が主張したような、日本国民の尚武《しょうぶ》の精神のお蔭という内在的な理由によるよりは、日本という国が対馬《つしま》海峡によってアジア大陸から隔絶《かくぜつ》されていたお蔭という外在的な地理的理由によるものだろう。ドーヴァー海峡は最短距離が三十二キロで、時々泳いで横断する人も出るほどの幅だが、しかしこの海峡ですらナポレオンやヒトラーの英国侵略をはばんだのであった。朝鮮海峡はドーヴァー海峡の五倍以上の幅があり、波もまた荒れることの多い海域である。その「風濤《ふうとう》」のゆえに徳川時代の中期でも李朝の通信使が来日する場合、釜山から博多へ来るまでに数十日を要した。そしてその大部分は対馬や壱岐《いき》で天候回復を待っていたのである。それほど用心を重ねてもなお「房中の溲瓶《しびん》、痰壷《たんつぼ》はくつがえり」と金仁謙の『日東壮遊歌』にうたわれているような時化《しけ》にあうことが多かった。日本はそれだから二度までも「神風」によって元寇《げんこう》から救われたのだった。そのような海によって守られていた日本国民にとってさえも「蒙古来」は未曾有の国難だったのである。ましてやそのような海によって守られることのない国民にとっては、モンゴルの恐怖はいかばかりであったろう。ロシヤではいまでも、蒙古斑《もうこはん》の青いあざのある赤ん坊が生まれるたびに、ノヴゴロードの略奪《りゃくだつ》やキエフ王朝滅亡時の悲惨《ひさん》が、かすかに母親たちの念頭《ねんとう》をよぎるのではないだろうか。

日本人はモンゴル大帝国の出現を一篇の英雄的な叙事詩のごとくみなしがちであり、蒼《あお》き狼《おおかみ》の子孫たちはエグゾティックな色彩を帯びて語られる傾向にあるが、ロシヤのように自分自身の土地や民を侵された国の歴史家がモンゴルの侵略について語る時は、その筆致は（ちょうどロシヤの史家がナチス・ドイツの暴虐《ぼうぎゃく》を語る際と同じように）冷たい怒りにいまもなおふるえているかの感がある。ソビエト科学アカデミー版『世界史』中世3（邦訳、東京図書）を開いてみよう。

アジアの幾多の農業国家に対して、遊牧民が略奪《りゃくだつ》的な侵略《しんりゃく》を行なうと、これによって荒廃《こうはい》を招くのが常であった。モンゴル軍の侵略の特色は、ジンギス・カンとその部下が、文明国を徹底的に破壊し、住民の中で抵抗の能力のある多数の分子を一挙に根絶《こんぜつ》するという戦術を取り、平和な民衆にたいしてテロと威嚇《いかく》を加えたことである。都市の攻囲戦にあたって住民が容赦《ようしゃ》されるのは、すぐに降伏《こうふく》して開城した場合に限られていた。もし都市が抵抗した場合には、占領後ジンギス・カンの司令官は住民をことごとく野外に駆《か》り出して市内の略奪《りゃくだつ》を行い、貴重品を奪った。敵の兵士は全員殺したが、職人とその家族や若い女は奴隷《どれい》として連れ去った。ジンギス・カンの司令官たちは都市の住民だけでなく近郊の農村の住民も一人残らず殺してしまうことが珍しくなかった。

ソ連邦の公式の歴史書であるから文章が硬ばっているのだ、と思う読者もいるかもしれない。しかしロシヤ人は革命以前の昔から、傲然《ごうぜん》とした構えの男を見ると、「無慈悲《むじひ》な面《つら》をしているじゃないか。まるでどこかのカンみたいな奴だ」などといって冷やかしていた。そのように、カンという名前は一八六七年に出たツルゲーネフの『けむり』の中では「魂のない野蛮さ」soulless brutalityを象徴する人物にたいして比喩《ひゆ》的につけられた名前だったが、それからちょうど百年後に出たスターリンの娘のスベトラーナの『回想録』の中ではベリヤ——政治警察を握り粛清《しゅくせい》を担当した第一副首相——が、「東洋的な狡猾《こうかつ》さ」を体現した男として描かれている。もとより父親を弁護しようとする娘としての情が働いているからだろうが、スベトラーナによると、数々の無慈悲《むじひ》な残虐行為《ざんぎゃくこうい》がソ連邦でなされた原因は、スターリンのせいであるよりもむしろベリヤの「東洋的な狡猾《こうかつ》さ」のせいだというのである。

## ヘーゲルやゲーテの「東洋」

ここでスベトラーナがいう「東洋的」の東洋が、シナを指すのかモンゴルを指すのかはっきりしないのだが、そしてまたスベトラーナ自身にも判然としているわけのものでもないのだろうが、ロシヤ人にとって「アジア的」という形容詞には「アジア的専制」などという表現と結びつくような「野蛮《やばん》的」「後進的」という響きが秘められていることは否定できない。そしてロシヤ人の心中では「アジア的野蛮」は「ヨーロッパ的文明」と対句《ついく》となって響きがちなのである。

「シナ及びモンゴルの帝国は、神政的専制の帝国である。この帝国ではわれわれ西洋人が良心に帰せしめているところのものまでも専制君主が支配している」

「東洋人は、精神または人間そのものがそれ自体として自由であることを知らない」

このような定義づけはヘーゲルの著作中によく見かける言葉だが——そしてその言葉はいまなお個人崇拝《すうはい》の盛んなアジアの全体主義国家については妥当《だとう》すると主張する論者もいるが——そのようなヘーゲル風の歴史哲学も、また一面においてそれを継承《けいしょう》したマルクスの「アジア的停滞性」とか「アジア的生産様式」とかいった概念も、その内容が仔細《しさい》に吟味《ぎんみ》されることなく、いわば自明の真理としてそれぞれの世代のロシヤ人に受取られ、漠然《ばくぜん》とした「遅れたアジア」というイメージを強めるのに役立ってきた。それもまた無理はなかった。

産業革命以後の西洋の急激な発展に比べて、アジアの不振は十九世紀を通してあまりにもみじめであったから、西洋人やロシヤ人だけでなく、日本や中国の知識人の中にさえヘーゲル風の歴史観を歴史的真実として承認する者があらわれる始末だった。日本の知識人はそのような後進意識に彼自身が悩まされていたからこそ、次のようなヘーゲルの『歴史哲学』の言葉を、それが真実を言いあてているかのように受取って、いいひろめていたのではなかったろうか。そして大学教授たちも、その言葉に真理が含まれていると思っていたからこそ、講義にドイツ語をまじえつつ、アジアの後進性を糾弾《きゅうだん》していたのではなかったろうか。だが、ヘーゲルのこのような大摑《づか》みな歴史把握がはたして真に歴史哲学の名に値いするものなのだろうか。この図式は一見壮大でありながらその実、内容の空虚《くうきょ》な、世界史というよりは世界詩とでも呼べばよいような、一西洋中心主義者の発言ではないだろうか。ヘーゲルはこういった。

世界の歴史は東から西に向って進む。なぜならヨーロッパは要するに世界史の終局であり、アジアはその端緒であるからだ。東洋からは外面的な、物理的な太陽が昇り、その太陽は西に沈むが、しかしその西からは内面的な、自己を意識した自覚の太陽が昇るのである。その太陽はいちだんと高い光輝、すなわち絶対的に自由なるがゆえにまた批判的なる精神の光輝《こうき》を、四方にあまねく輝かせるのである。

ヘーゲル教授はベルリン大学で、そのようにいかにも壮大に語っていたが、それではヘーゲルと同時代の賢者ゲーテはワイマルにいて「東洋」をどのように見ていたのだろうか。世界文学を唱えたゲーテの目は、ヨーロッパの内部に局限されるようなことはなかった。ゲーテは『西東詩集』の中で、「東」にたいしても次のようなしたしげな目を向けていた。

Was bedeutet die Bewegung ?
Bringt der Ost mir frohe Kunde ?

胸《むな》さわぎ何を意味する？
東風《ひがし》喜びの報せもたらす？
風さはやかにその羽鳴《はね》らし
わが心傷手《いたで》をいやす。

しかしそのように胸襟《きょうきん》を開いて、さわやかな東風を待受けたゲーテも、東洋的野蛮《やばん》の予感に胸があやしくときめいた時があった。ナポレオン軍が敗退して、それを追うようにロシヤ軍がドイツ領内へはいってきた時、その軍隊の中にはヨーロッパ人でない兵士も混っていれば、キリスト教徒でない者もいた。この異様な服装をし、異様な眼付《めつ》きをした「解放軍」を迎えた時、ワイマルの市民の心境は複雑だったにちがいない。ある人々は昔のフン族の襲来《しゅうらい》やモンゴルの侵寇《しんこう》のことを思い出していた。ドイツにはヴァールシュタットの大会戦のようにドイツ軍がモンゴル軍に打破られた悲惨《ひさん》な歴史が、十三世紀の昔にあったからである。そしていま西暦一八一三年、ロシヤ軍の中の回教徒兵士がワイマルの新教のギムナジウムの応接間で回数の儀礼を行なったと聞くに及んで、ワイマルの善良で敬虔《けいけん》な市民たちは驚愕《きょうがく》した。ゲーテは自分自身その儀式《ぎしき》を参《さん》観《かん》して、ふかい感銘《かんめい》を受けた。フランスのゲーテ学者アンリ・リシュタンベルジェの説によれば『西東詩集』中の「チムールの書」という詩はその時受けた印象をもとに書かれた作であるといわれるが、その詩では冬将軍はチムール王とともに、専制と圧迫と破壊の象徴となっている。ゲーテにとっても「東風」は喜びをもたらすものとは限らなかった。いまその詩の冒頭の荒れ狂う東方のイメージを訳してみよう。

こうして彼らを冬が取囲んだ、
恐るべき猛威《もうい》をもって。

その凍りついた吐息《といき》を
あらゆる人々の間に吹き散らしながら、
冬はありとあらゆる風を煽《あお》り立てた、
人間に手向い、刃向かう風を。

ドイツにとって冬将軍のイメージは「東」と結びつくらしい。そのような連想は、ナポレオンのモスクワ敗退《はいたい》だけでなく、その後の両大戦における東部戦線の有様を思えば合点《がてん》もゆくだろう。そしてその「東」のイメージはまたモンゴルとも結びつくらしい。敗戦色が濃厚《のうこう》になってきた第二次大戦の末期にドイツ国内で表面化した民族の心理にはその点で興味ぶかい徴候が認められる。当時、ドイツの大学に勤務された西洋古典学の前田護郎教授はそのころの思い出を次のように書いておられる（『国際文化』一三九号）。

前線から休暇に帰って来る将兵は、戦争の前途《ぜんと》の並々《なみなみ》ならぬことを物語り、殊《こと》に蒙古兵の強さに舌を巻いたドイツ人が多い。戦争末期の頃のドイツ軍司令部発表の戦況に、アジアの危機が迫っている、という意味の表現がしばしば見られるのがわたくしの目についた。要するにアジアといい東方といい、戦争という大変動の中に時々現われる用語とその実体を観察していると、そこには日本では想像もつかぬ深刻なものが潜《ひそ》んでいるのがうかがわれる。中世における蒙古の襲来《しゆうらい》や十字軍の悲劇など、東というものに対する西の嫌悪《けんお》ないし、恐怖《きようふ》はそれから数百年後の今日まで一つの底流をなしていることは否定できない。

## ヴィルヘルム二世の黄禍論

私たち日本人は、自分自身がアジア人であり黄色人種の一員である以上、「アジアの脅威」とか「黄禍」

などという言葉を聞くと、奇妙《きみよう》なとまどいを覚えてしまう。そして多くの人はそのような「黄なる禍《わざはひ》」の実在しないことを主張するだろう。また中にはさらに進んでそのような人種主義的な政治観そのものを倫理的見地から非難する人も出てくるだろう。しかしそう非難すると同時に自分たちの祖父や曾祖父の世代の人々が激しく感じたであろう「白人ばら」への敵愾心《てきがいしん》や、かつての日の大アジア主義やアジア・アフリカ連帯の主張のことなども心の片隅では思い出すことだろう。日本人が「白き禍」を強く感じたことがあるというなら、相手側の白人が多少は「黄なる禍」を感じたであろうこともいくらかは察しがつくにちがいない。

それに私たちの周辺を見まわしてみると、いわゆる進歩的な政治観の持主の中にも、意外に人種主義的な政治観の持主がいることに気づかれてくる。一例をあげると、福沢諭吉の「脱亜論《だつあろん》」を非難することは、近年の日本の歴史学界ではほとんど定型と化しているが、しかし「脱亜論」を非難してその次に、日本人もあくまでアジア人として留りアジア諸国民と連帯して白人の帝国主義的勢力と戦うべきであった、という風に論理を展開するのだとすると、この願望的思考はやはり多分に人種主義的な政治観へ傾斜したものといわざるを得ないだろう。

ところでこの「脱亜入欧」の是非については、それと同様趣旨の問題が日本以上に切実に論議された国がほかにもあった。それは西欧主義とスラヴ主義が思想史上の主要な問題となった十九世紀ロシヤの場合である。一体ロシヤという国はシナ人や日本人の目には西洋の国として映りがちで、事実、十九世紀のロシヤは西洋帝国主義の諸悪を典型的に身に備えた国でもあった。日露戦争に際して日本国民は西洋の一大国と戦って勝ったと感じていた。それだから、ロシヤが西洋人によって非西洋と目され「東」と呼ばれることが不可解なのである。「東西の冷戦」といういい方は西洋人には自然だったかもしれないが、東洋人である日本人からすればロシヤが「東」であるというのは一向にしっくりしない呼び方であった。しかし日本人がそのようにロシヤを西洋の側に置いて考えがちであるとしても、西欧人にはロシヤは「ヨーロッパ外」

aussereuropäischという感じがあくまで強かった。それだから文明開化に努力するロシヤ人が時々野蛮な本性を露呈《ろてい》すると、フランス人は、

「ロシヤ人の皮を一皮《ひとかわ》ひんむいてごらん、韃靼《だったん》人の正体がわかるから」

などと諺にまでして冷やかしていたのである。

日本人の目から見れば白人の国であり、ギリシャ正教ではあるがキリスト教の国であり、トルストイ、チェーホフなど、ヨーロッパ文学の伝統に沿って、しかもそれをさらに一歩進めたと思われる文学者を生みだした国――そのように見えたロシヤも、西欧にたいしては後進国としてことごとに劣等感にさいなまれ、近代を求めて苦悩した。それだから（その二つのイズムの対立葛藤《かっとう》が十九世紀ロシヤ文学の一特色ともなっているのだが）ロシヤの知識人や学生はある時は西欧主義の旗印《はたじるし》を掲げて「脱亜入欧」を目指したし、またある時は逆にスラヴ主義の旗印を掲げて土着性に誇りを見いだしたのだった。

それではそのように自己の帰属を自分自身でも決めかねているロシヤ人にとって、「黄禍」という言葉は、どのような心理的インパクトをもたらし、どのような政治的効果をあげたのだろうか。三国干渉直後の一八九五年四月、独帝ヴィルヘルム二世が「黄禍論」を唱え、宮廷外交のレベルで人種主義的政治論を展開したのはただ単にカイザーの思いつきによるものだけではない。ドイツ皇帝がロシヤ皇帝へあてた手紙の中からアッピールしたからこそ、ロシヤでも反響が生じたのだった。ドイツ皇帝がロシヤ皇帝へあてた手紙の中から「黄禍論」意識の顕著《けんちょ》な部分を拾ってみよう。明治二十八年四月二十三日は、陸奥宗光の『蹇蹇録《けんけんろく》』の表現を借りれば、「露、独、仏三国干渉の突来」した日だったが、その三日後（時差を考慮すればその二日半後）、ヴィルヘルム二世はニコライ二世へ宛てて次のような三国干渉支持の手紙を送った。

親愛なるニッキー、

ぼくは君が日本に対抗してヨーロッパの利益を守るためにヨーロッパが連合して行動を取るようにイニシアチヴを取った、その見事なやり方にたいして心から感謝している。エネルギッシュな措置《そち》が取られてしかるべき時機だったのだ。ぼくは間違いなくぼくの力でできる限りのことをしてヨーロッパを平静に保ち、かつロシヤの背後を守るだろう。そうすれば、誰も君の極東方面への活動の邪魔《じやま》はできないはずだ。というのもアジア大陸を開拓し、大黄色人種の侵入からヨーロッパを守るのが、ロシヤにとっての将来の大きな任務であることは明らかだからだ。このことについて、君にはわかると思うが、ぼくはいつでも君の側に立ってできるだけの力をつくして君を助けるつもりなのだ。君はよく神のあのお召しを理解し、すばやくその機をつかんだ。それは政治的・歴史的に非常に価値のあることだ。そしてそこから多くの善が生じるだろう。ぼくは興味ふかくぼくたちの行為（三国干渉）のこれから先の展開を見まもってゆくつもりだ。そして次のように希望している。すなわち、ぼくとしては（シナ）領土の幾つかの部分を将来ロシヤに併合するという問題を君が片付けるのを喜んで手伝うつもりだから、それと同じように、君もドイツがどこか君の邪魔にならぬところで港を一つ手に入れることのできるよう好意的に配慮してくれたまえ。

この手紙はその冒頭が、まず日本人読者の意表をつくだろう。「親愛なるニッキー」〈Dearest Nicky〉という狎《な》れ狎れしい呼びかけは、日本人が日本の皇族にたいして抱くイメージとはおよそかけ離れた表現で、Nickyはニコライの愛称なのである。「朕《ちん》」「爾《なんじ》」などというあらたまった間柄ではなく、「ぼく」「君」とわざとざっくばらんに呼びあうような仲なのである。そして「ぼく」はそのままドイツ、「君」はそのままロシヤなのである。ホーエンツォレルン家のヴィルヘルム二世とロマノフ家のニコライ二世が従兄弟の間柄にあったから、このような親愛の情をこめた呼びかけとなったのだが、そのスタイルにはヴィルヘルム二世個人の人となりも無論関係していた。これらの手紙の英文には、英語として奇妙な語法もまま見られるが、それは独帝が臣下の手を借りず、自分自身で書いたからであり、ドイツ外務省も関知しないまま、この種の手紙がヴィルヘルム二世からニコライ二世へ送られることもしばしばあったのだった。そのようにドイツの皇帝《カイザー》は日本の天皇とは性格を異にする字義通りのモナークだったのである（monarch の原義は one who rules alone の意）。その差は、その個性が現実政治に参与したといわれる明治天皇の場合にすらもこの種のパーソナルな外交書簡がないことに徴して明らかだろう。

ヴィルヘルム二世は自分自身で人種主義的な政治論を展開すると、その線に沿ってニコライ二世の関心を極東方面へ集中させようと謀《はか》った。ドイツ皇帝が三国干渉の joint action を讃え、ロシヤにたいして「その背後を守る」と約束したのは独露関係の緊張緩和《きんちようかんわ》を策したからで、その際「黄禍論」は信念としてよりもひとつの口実として引合いに出されたのだろう。独帝は露帝をおだてながら次のようにいった。

「アジア大陸を開拓し、大黄色人種の侵入からヨーロッパを守るのが、ロシヤにとっての将来の大きな任務であることは明らかだ」

ヴィルヘルム二世はそのような論を一面ではキリスト教信仰の宣布《せんぷ》というイデオロギーで正当化して「君はよく神のあのお召しを理解した」と述べたが、その十字軍意識は他面では現実政治についての利害打算《りがいださん》とすこぶる密接に結びついている。独帝は満州におけるロシヤの行動の自由や将来起りうるであろう領土併合《へいごう》までも承認し、しかもあわよくばドイツもどこかに港が一つ欲しい、と臆面《おくめん》もなく希望を述べたのである。そしてそのヴィルヘルム帝の要求は、具体的には三年後の一八九八年、ロシヤの旅順・大連租借《そしやく》と相前後して行なわれたドイツの膠州湾租借《こうしゆうわんそしやく》となって実現した。なにか子供じみた感じさえするドイツ皇帝の手紙は、その軽々しい筆致にもかかわらず、実際には世界の現実政治にも、またシナや日本の運命にも、密接に関係していたのだった。

いま *The Willy-Nicky Correspondence*（と題名を記すといかにも悪ふざけのようだが、独露両皇帝の間の通信は、前にも見た通り、Dearest Nickyという書出しで始り、Willyというヴィルヘルム二世の砕けた自称のサインで終っているので、そのように呼ばれている）のさらに先の手紙から「黄禍論」についての発言を拾ってみると、一八九五年（明治二十八年）七月十日、ウィリーはニッキーに次のように十字軍意識を丸出しにして書いている。

……ロシヤにとっての大いなる将来がアジアの開拓と、モンゴルや仏教の侵入から十字架や古来のキリスト教的ヨーロッパ文化を守ることにあることに君がこのようにすばやく気がついたことにたいし、ヨーロッパは君にたいして感謝せねばならなかったはずだ。

ここで仏教が蒙古人と並んで引合いに出されたのは、日本人の感じからいえば、なんともそぐわない取合せだが、仏教はキリスト教にたいするアジアの大宗教として、その名前がいわば反射的・対照的に引き出されたにすぎない。要するに「非西洋」の脅威としてモンゴルと仏教という二つの名前は歴史的現実にたいするきめ細かな配慮なしに独帝によって引き出されたまでなのである。

## 十字軍意識

一九六四年、フランスのドゴール大統領は中華人民共和国を承認した。新聞にはさまざまな解説が出たが、「力の均衡」の信者であるドゴール大統領は、中華人民共和国を承認することによって同国の国際社会におけるプレスティージュを高め、その結果としてソ連邦の注意力がヨーロッパよりも中国に向うことを意図したのだとも伝えられる。ソ連邦がその力を東に向けるならば、ヨーロッパに加えられるソ連の圧力はそれだけ減少し、フランスがヨーロッパでイニシアチヴを取り得る外交上の可能性が増大するからであろう。

一八九五年当時のヴィルヘルム二世は、キリスト教国の十字軍意識を強調することによって、ロシヤの関心をバルカンから東洋へ転じさせようと計っていた。一八九五年八月二十五日、ドイツ皇帝はロシヤ皇帝宛に次のような手紙を送った。

極東の発展、とくに極東の発展がヨーロッパやぼくらのキリスト教信仰にもたらす危険は、この春ぼくらが最初に共同して行動を開始した（三国干渉の）時以来、ぼくの脳裏を去らない大問題だった。そしてぼくの考えはついに発展して具体的な一形態を取るにいたった。ぼくはそれを紙の上にスケッチしてみた。そしてある芸術家——第一級の図案家だ——の助けを借りて描きあげた。そして出来上ったあとで公共の用に供するために版画にして刷らせたのだ。その図は天からつかわされた大天使ミカエルによって一場に呼び出されたヨーロッパの諸列強（それはそれぞれの国民的特徴によって示されている）が一致して、仏教や異教や野蛮の侵入に対抗し、十字架の擁護《ようご》に立ち上るというものだ。すべてのヨーロッパが一致して抵抗するという点に重点が置かれている。恐縮だが君にもその版画を一枚お贈りするから、なにとぞぼくの温い誠実な友情——君とロシヤにたいする友情——の徴《しるし》として受取ってくれたまえ。

ヴィルヘルム二世は一八九八年一月四日にも、自分が描いた別の絵について次のような手紙をニコライ二世へ宛てて書いている。

どうかぼくが君のためにスケッチした絵を受取ってくれたまえ。この絵はロシヤとドイツを象徴する姿が黄海に歩哨として立ち、東洋における光と真理の福音の宣布を見守っている。ぼくはこのスケッチをクリスマスの週にクリスマス・ツリーの光の下で描いたのだ！

一体このような手紙は、どこまでが幼児性につらなる誇大妄想癖《こだいもうそうへき》で、どこまでがツァーのキリスト教的感情に訴える計算ずくの策だったのだろうか。ヴィルヘルム二世が案出し、クナックフースが実際には描いたといわれるこの後の図は、その複製が世界のジャーナリズムを賑《にぎ》わせるにいたるのだが、仏陀が血と火の上に君臨《くんりん》する偶像として描かれていた。仏陀の傍《かたわら》にはロシヤとドイツが哨兵《しょうへい》として立っており、その両者の警戒の下に極東へのキリスト教布教が行なわれている、というグロテスクな図であった。

私たち日本人の感覚としては、穏和《おんわ》な仏陀の像は（そこがキリスト教と対照的に違うところだが）赤い血となじまないものである。それだけにこの図に投影されたキリスト者としてのヴィルヘルム二世の心理は特徴的である。キリスト教の神は、キリストの磔刑《はりつけ》の図に血が赤く描かれているように、血を流すことをいとわないゴッドだった。仏教の伝道がおおむね平和のうちに行なわれたことに比べて、キリスト教の伝道はいかにも血なまぐさいものだった。そのキリスト教の血の痕が、ヴィルヘルム二世の仏陀の図にそのまま反射・投影していると見るべきなのだろう。一八九八年、ドイツ皇帝はその同じ手紙でロシヤ皇帝に向い、

文明をさらにひろめること、すなわち極東においてキリスト教をさらにひろめること、君がいう、そのような高尚な理想なしには、君主の存在理由はないのだからね。

などといって相手の歓心《かんしん》を買い、また挑発《ちょうはつ》していた。そしてその種の発言と平行するように、ロシヤの満州支配は着々と行なわれ、同年三月三日、ロシヤは清国に大連・旅順の租借《そしゃく》を要求、三月二十七日両港の二十五年の租借権と南満州鉄道敷設権《ふせつけん》を獲得《かくとく》、ドイツもまた三月六日、清独間の膠州《こうしゅう》湾租借条約に調印し九十九年間の租借権を得た。三月二十八日、ヴィルヘルム二世はニコライ二世宛に次のような手紙を送って

ツァーの外交政策を祝した。

ぼくは本当に心から君の旅順港における行動が成功裡《せいこうり》に終ったことをお祝いする。ぼくら二国は渤海湾《ぼっかいわん》の入口で二人仲良く哨兵を勤めることになるだろう。そしてこの哨兵にたいして当然払われてしかるべき敬意がとくに黄人から払われることになるだろう。「いらだつ日本人《ジャップ》」の感情を宥《なだ》めるために君が朝鮮について行なった上手な取決めは、外交上の策としてまことに見事で先見の明をよく示していると思う。そして君が自分自身で大旅行をして極東問題を現地で勉強できたことがどれほど幸いしたかがそれでわかるというものだ。君はいまや精神的には北京の支配者なのだ。

ヴィルヘルム二世がニコライ二世に送ったより煽動的《せんどうてき》な文章は、日露戦争が緊迫《きんぱく》の度合いを増した一九〇二年（明治三十五年）九月二日の手紙で、そこには虚実《きょじつ》とりまぜて次のように書いている。

シナ駐在の日本軍の司令官山地中将が北京の公使館付となって清国軍隊の再組織に着手する——日本人以外の外国人をすべてシナの外へ追い出すという秘められた目的をもって——というニュースは非常に深刻だ。二、三千万の訓練《くんれん》されたシナ兵が日本のおよそ六箇師団ほどの軍勢に助けられ、有能で勇敢《ゆうかん》、かつキリスト教徒を憎む日本の士官たちに指揮《しき》されて（ヨーロッパを攻撃するようなことがあれば）その将来は不安なしには考えられない。しかもあり得ないことではない。これはぼくが数年前に絵に描いた「黄禍」がいよいよ現実と化したということだ。ぼくはあのころあのような版画を拵《こしら》えさせたために大多数の人々から笑い者にされたものだったが。

独帝の英文の手紙にあるYamaiは、ドイツ人らしい発音からくる誤りで、ヴィルヘルム二世の念頭にあったのは山地元治中将だろう。山地将軍は日清戦争の旅順戦でdauntless Yamajiとしてその名を欧米にはせた独眼竜《どくがんりゆう》の武人だった。同中将は明治三十年には亡くなっているので、ヴィルヘルム二世のこの通信は虚報ないしは脅しの類《たぐい》だったが、独帝は一年後にもその種の情報を露帝へあてておためごかしに流している。日露戦争を二ヵ月後に控えた一九〇三年（明治三十六年）十二月四日の手紙である。

シナ駐屯《ちゆうとん》のぼくの部隊を指揮《しき》する将校たちに前々から日本人とシナ軍部との交渉ならびにシナ陸軍にたいする日本の増大する影響力について細かく観察するよう命令しておいたが、二日前、ぼくは次のような報告に接した。すなわち日本人たちはひそかに君やぼくの背後でシナ人を武装してぼくらに敵対しようとしているのだ。また日本人たちはシナと秘密の取決めを交わし、シナ軍に新式の機関銃二万挺と弾薬、野《や》砲《ほう》四十門、山砲（速射式）十二門と弾薬を次の夏までに引渡すというのだ。シナの部隊は連日連夜訓練《くんれん》に励《はげ》んでいる。日本の教導士官によって指揮されているのだが、その教導士官の数は着実にふえているということだ。いやはや結構なことだ。シナ人が自分たちの陸軍に日本人を雇うことのできないようにしたいものだとぼくは考えている。この日本人たちは間違いなくシナ人に希望を抱かせるようになるだろう。そして白人種一般にたいするかれらの憎悪心《ぞうおしん》を燃えあがらせ、君が日本の軍事的冒険と（朝鮮）海岸で相対しなければならなくなる時、君の背後にたいする深刻《しんこく》な脅威《きようい》を構成するようになるだろう。ぼくがこのような勝手な意見を述べたことを君は許してくれると思う。太平洋の提督《ていとく》は大西洋の提督の信号に腹を立てることはないだろうと思っている。大西洋の提督はいつも見張番《みはりばん》に立っているのだ。ラッパがタッタカ鳴っている。アリクスにくれぐれもよろしく。

君の献身的な友にして従兄の

この手紙でヴィルヘルム二世は自分を「大西洋の提督」に、ニコライ二世を「太平洋の提督」に擬しているのだが、四十三歳の男と三十五歳の男の文通にしては、幼稚ともいえるし尊大《そんだい》ともいえる。やはりなにか誇大妄想《こだいもうそう》を思わせる文面なのである。

## 大隈伯の演説

ヴィルヘルム二世は日露戦争が始まると、一九〇四年八月、各国の代表に彼の政治的構想を伝えたが、『ヴィルヘルム二世伝』を書いたエーミル・ルードヴィッヒはその文書を「彼の本体を構成するあらゆる要素が独特のヴィルヘルム風の融合物にとけこんだもの」と評している。ヴィルヘルム二世は、ヘーゲル風の歴史哲学がもてはやされる国の皇帝だけのことはあって、歴史をさながら一大演劇のように見たて、二大宗教の試合《マッチ》を空想しているかのようだった。明治三十七年八月、独帝はこういった。

日露戦争は、キリスト教と仏教という二宗教の最終の戦いとなるだろう。西欧文化と東洋の似而非《えせ》文化(Halbkultur)の間の最終の戦いとなるだろう。われわれの同情がロシヤの側に傾くのはそのためであり、バルチック艦隊が出動して海上権を奪回《だっかい》し、日本に打勝たねばならぬことが最重要事に属するのもそのためである。ロシヤの将来が、そして間接的にはヨーロッパの将来がそれにかかっているのだ。

そして日露戦争が終結した後でも、ヴィルヘルム二世は新兵に向い次のように訓辞《くんじ》したとルードヴィッヒは伝えている。

諸君は、日本が勝利を収めたからといって、仏陀の方がわれらの主キリストより上であると結論する必要はない。

いかにもドイツ人らしい大袈裟《おおげさ》な把握《はあく》の仕方だが、しかしドイツ皇帝は、国際情勢が自分の予見した通りに展開してゆくと思い、むしろ先見の明を誇っていた。一九〇七年十二月二十八日ヴィルヘルム二世はニコライ二世に次のような手紙を送った。

ロンドン（英国政府）は日本とアメリカの出会いを恐れている。日米が衝突《しょうとつ》すれば英国はその一方に加《か》担《たん》しなければならないからだ。それは人種の問題で、政治問題ではないだろう。ただ黄色人種対白色人種ということになるのだから。

明治四十年の十二月は日米間の空気が緊迫《きんぱく》した年だった。アメリカはその月の中旬に大西洋艦隊を太平洋へ回航したのだが、アメリカの新聞は、この移動の動機を一半は日米関係の悪化に、一半は演習目的のせいとした。

ヴィルヘルム二世の人種的政治論はそのすべてを荒唐無稽《こうとうむけい》として斥《しりぞ》けることはできないので、例えば右の書簡に見える、英国はやがて日米両国中の一国を選ぶことを余儀《よぎ》なくされるだろう、という予想は、第一次世界大戦後になって実際化している。一九二一年、イギリスは、アメリカやカナダの圧力の下に日英同盟を廃棄《はいき》するにいたるのだが、それはある意味では二十年後の大東亜戦争を予兆するものとなった。そしてその政治決定に際してはEnglish-speaking peoplesの連帯が、アングロ・サクソン側でまず第一に尊重されたのだった。右のヴィルヘルム二世の書簡は日英同盟廃棄よりも十四年前に書かれたものだが、次のような英国における対日感情の変化への言及が見られる。

このような感情状態の中で大隈伯の演説が数日前に惹《ひ》き起した効果を判断してくれたまえ。その作用たるやロンドンに下瀬《しもせ》火薬の砲弾が炸裂《さくれつ》したようなものだ。いまではイギリスの新聞もぼくの絵から取った「黄禍」という言葉をはじめて使い出すようになった。いよいよ黄禍が事実となってきたのだ。

大隈重信は、在野の政治家だったが、その彼の言動が、海外の新聞紙面を賑わせたのは、彼が好んで外人客を早稲田の邸へ招いたからだろう。たとえば明治三十七年七月には『ロンドン・クロニクル』紙の記者リンチに次のように説明したと『大隈侯八十五年史』に出ている。

……それから談が黄禍の事に移ると、伯はまたそれを非認して、彼《か》の欧亜を席捲《せきけん》した大侵略家ジンギス・カンは蒙古韃靼《もうこだつたん》の人種で、今日の支那民族とは全くその性向を異にしていることを指摘した後、ヨーロッパで唱えらるる黄禍論は、ロシヤの提灯持《ちょうちんもち》に過ぎない、事実を無視した空論に過ぎぬ事を説明した。

大隈は邪気《じゃき》のない人であり、大きな事をいう癖《くせ》のある人だったから、彼の「東洋の事は日本自ら処置すべきである」という所説は、日本国民には別に耳新しく響かなかったにもかかわらず、海外では「オークマ・ドクトリン」として喧伝《けんでん》された。ヴィルヘルム二世が「ロンドンに下瀬火薬の砲弾が炸裂《さくれつ》したようなものだ」と評した大隈の演説も、本人はそれほど引火性《いんかせい》のものとは意識していなかったに相違ない。それはおそらく明治四十年十月に大隈が神戸の実業家の集会に臨んで日印間の貿易を奨励《しょうれい》した次の言葉に端を発したものと思われる。

戦後海外における日本の評判は誠に宜い。殊に印度で好評だ。印度人は今や大に日本人を歓迎せんとしている。正に日本人の発展すべき好機だ。諸君は奮発《ふんぱつ》して印度方面に日本の生産品を売付け、ヨーロッパと競争せねばならぬ。

『大隈侯八十五年史』によればこの演説を『神戸クロニクル』紙が誤聞《ごぶん》して、演説中に政治的意味が潜《ひそ》むように書きたて、それがシナの英字新聞に転載《てんさい》され、さらに英国へ伝わってイギリス人の反感を挑発《ちょうはつ》したのだという。大隈が日印協会会長であったところから、日露戦争後インドの独立運動の激化に敏感《びんかん》になっていたイギリスは、来日中の国会議員テエラアをはじめ、大隈を反英主義者と誤解する向が多かったのである。ロイター通信も長電を発したが、英国側には大隈が「ヨーロッパ人に圧迫されている三億のインド人は日本の保護を求めている。日本にはそのインド民衆の期待を裏切る権利はないはずである」という主旨の発言を行なったものとして受取られたようである。なおこの件について大隈は英国大使館へ人を遣わして事情を説明させている。

一つのキャッチ・フレーズとして提唱された「黄禍論」はこのようにいまや言葉自体も自動運動を起して、危機的な状況に際しては敵対感情を刺激しはじめた。大隈も多少困惑《こんわく》して釈明《しゃくめい》したけれども、ヴィルヘルム二世などは漢民族とモンゴル民族の区別などは別に気にも留めなかった。ドイツ皇帝は対外的な危機感を煽《あお》ることにヨーロッパのキリスト教国の君主としての使命感を覚えていたからである。

## ロシヤ詩人たちと黄禍論

ヴィルヘルム二世は一連の手紙を寄せることによって、ロシヤの皇帝の関心を動かそうと策していた。「黄禍論」はなにもない白紙の上に現われた論ではなくて、過去にフン族に侵入され、モンゴル人に殺戮《さつりく》されたロシヤ人やヨーロッパ人の集団的な記憶に訴えた時、それに共鳴するなにかがあって生じた論であった。そしてロシヤ人は人一倍その恐怖を潜在的《せんざい》に感じていたからこそ、ヴィルヘルム二世の訴えにも反応するところがあったのである。

ロシヤの哲学者ヴラディミール・ソロヴィヨーフ(一八五三―一九〇〇年)は一八九四―九五年の日清戦争の際に次のような詩を書いたが、その詩は作者の死後、ロシヤが日本と戦うに及んで一躍有名となった。

「汎蒙古主義《パンモンゴリズム》!」恐るべき言葉だ
だがこの荒々しい響きが私の耳には心地よいのだ
まるで神がついに私たちのために
終末の運命の重い道程をさし示されたかのようだ……

すでに黄色人種がわれ勝ちに
熱狂的に、闘争の武装をいそぐ。
すでに幾十万幾百万の銃剣が
突撃《とつげき》準備を整えて、シナ国境に立ち並ぶ。

抗しがたい悪魔大王サタンの力に服した
人海《じんかい》が渦をえがきつつ押し寄せてくる、

血に渇《かつ》えた貪欲《どんよく》な連中が、数知れず押し寄せてくる。
蝗《いなご》の群だ、残酷《ざんこく》、無慈悲《むじひ》な軍勢だ。

宗教哲学者ソロヴィヨーフの眼には、終末論的なイメージが無気味《ぶきみ》に漂《ただよ》っている。そして闇《やみ》に呑込《のみこ》まれてゆくような恐怖と、その恐怖にひそむ一種の快感——虚無《きょむ》の世界がロシヤの未来に暗黒《あんこく》の口を開いて待ち構えている……

このような詩人哲学者が今日のソ連でポジティヴに評価されないのは、それなりに理解できることだが、しかしこの詩に表面化して現われたロシヤ民族の集合心理は注目に値いする内容だろう。中ソ国境紛争がソロヴィヨーフによって七十年前に先取りされているかのような感じがあるからだ。そしてこの詩はアレクサンドル・ブローク（一八八〇–一九二一年）にもアッピールするところがあったから、ブロークは有名な詩『スキタイ人』の冒頭にソロヴィヨーフの右の詩句を引いたのである。『スキタイ人』はロシヤ革命の精神を要約した詩として評判が高いが、その詩におけるロシヤ人の自己イメージはどのようなものであるだろう。ロシヤ人におけるアジア性を強調する一九一八年のブロークは、ヨーロッパ人に向って次のように呼びかけた。

君たちは幾百万、そして俺たちも多いぞ、
多いぞ、無慮無数だぞ、
さあ来い、一戦を交えるがいい、俺たちはスキタイ人
左様、俺たちはアジア人、目尻の釣りあがった貪欲《どんよく》な種族だ。

君たちのためには何世紀もの間、俺たちのためには一時間の間、

　従順な奴隷のように嫌われながら
俺たちは楯《たて》の役割を勤めたのだ
　ヨーロッパ人と荒れ狂うモンゴル人の間を。

ブロークは一方ではそのように歌いながら、他方ではロシヤの西欧化の努力の讃歌ともいえるような言葉も次々と書いている。

俺たちは一切《いっさい》の事物を愛するぞ、冷たく燃える数字も
ひそかに花ひらく恍惚《こうこつ》も、
俺たちは一切を知っているぞ、ゴールの明晰《めいせき》も、
深く内に蔵したゲルマンの陰欝《いんうつ》な天才も、

俺たちは憶《おぼ》えているぞ、パリの地獄も、
ヴェネチアの干潟《ひがた》の爽《さわ》やかな風も、
レモンの茂みのはるかな香りも、
またケルンの大伽藍《だいがらん》の雨に煙《けむ》る尖塔も。

このような詩句はロシヤ人の西欧体験を列挙《れっきょ》したものといってよいだろう。そしてブロークはヨーロッパ人に向って次のように平和の回復を求め、友愛の手を期待する。

さあ、俺たちのところへ来るがいい！　暗黒悲惨《あんこくひさん》の戦争をやめ、
　俺たちの平和な腕の中へ身を投げて休むがいい。
　さあ同志たちよ！　手遅れにならぬうちに、
　古い刃《やいば》は鞘《さや》におさめろ。おたがいに仲よくなろうじゃないか。

この『スキタイ人』の詩にはロシヤ人ブロックの西欧にたいする愛憎並存《アンビヴアレンス》が認められる。ちょうど日本人がある時は自分自身をアジア人と規定して自己を他の東洋人と同一視し、またある時は自分自身を文明開化の進んだ先進国民と規定して自己を遅れた他の東洋人から区別したがるように、ロシヤ人も御都合に応じてある時は自分自身をアジア人といってみたり、またある時は西洋人といってみたりしたのだった。

そのような手前勝手な自己規定は日露双方にあるので、日本人がロシヤ人に向かって、お追従《ついしよう》から自分たちはともにアジア人だと主張した例には、芥川龍之介のレーニン讃歌、

　君は僕等東洋人の一人だ

があり、ロシヤ人が腹に一物あって日本人に向って、自分たちもアジア人だと強調した例には、日ソ不可侵条約調印後、スターリンが松岡洋右《まつおかようすけ》の肩を抱いて言った「われわれもアジア人だ」があげられる。スターリンはチフリス生れのグルジヤ人だという意味でアジア人といえるかもしれないが、日本の松岡外相に向ってはソ連邦を代表する人として「ロシヤ人もアジア人だ」といったのである。

いったいロシヤ人は、日本人以上に、脱亜入欧の努力を重ねた上流階級を持った国民だったから、ブロークの詩にあるように、ある時は「俺たちはアジア人」といいながら、それと同時に西欧文化摂取《せつしゆ》の体験を誇

らかに歌いもしたのだろう。ブロークはロシヤの西欧に向って開かれた港であるサン・ペテルブルクの名門（祖父は同市の大学総長）の生れであった。そしてロシヤの上流階級のみについていえばその「脱亜入欧」ぶりは、ツルゲーネフやトルストイの小説からも察せられるように、なかなか見事なものだった。そして（これは日本人についてもいえることだが）脱亜入欧に努力しているロシヤ人は、それが自分がいままさに棄《す》て去ろうとしている古い殻《から》であるがゆえに、「アジア的」と呼ばれることにたいして、奇妙に激した反応を呈するのであった。

ヴィルヘルム二世が操作《そうさ》しようとしたのも実はロシヤ人の身中にひそむそのような相反する二方向へ走る感情にたいしてだったのである。それだから、第一次世界大戦後、オランダへ蒙塵《もうじん》したドイツ皇帝は、『自伝』の中で往事を懐古して次のような逸話《いつわ》を意地悪な笑いをこめて書き残した。

黄禍については後に、露日戦争後、ロシヤ皇帝と会見した際、次のような会話をまじえたことがあった。ロシヤ皇帝は当時明らかに増大してゆく日本の力とそこから生じるロシヤとヨーロッパにたいする脅威《きようい》を身にしみて感じていた。そして私にたいしてそれに関する意見を求めた。私は彼にたいし次のように答えた。

「もしロシヤ人が自分で自分をヨーロッパの文明化された勢力の一つと考えるならば、黄禍にたいしてヨーロッパを守る責務を引受ける覚悟をきめ、自分自身とヨーロッパのために、ヨーロッパとともに戦わなければならない。それに反してもしロシヤ人が自分で自分をアジア人であると感じているのならば、その際はロシヤ人は黄禍と一体になり、黄禍ともろともになってヨーロッパを襲うことになるだろう。ロシヤ皇帝はそれに応じて自国の軍隊と国土防衛を整備しなければならない」

露帝はそこで私に、ロシヤ人はどのような行動に出ると思うか、と質問したので、私は、

「その後の方だ」

と答えた。ロシヤ皇帝は憤激《ふんげき》して、そのような判断はいかなる事実に基くものであるか直ちに知りたいと述べた。私は、普墺国境方面への鉄道建設とロシヤ軍の移動がその根拠だと答えた。それにたいしロシヤ皇帝は即座に抗議して言った。ロシヤ皇帝とその一族はヨーロッパ人であり、彼の国の国民も間違いなくヨーロッパ側につく。ヨーロッパを黄色人種から守るのは彼にとっては徳義上の義務なのだ、と。そこで私は応じた。

「ロシヤ皇帝がそのように考えるならば、よろしくそれに応じた軍事的態度を遅滞《ちたい》なく整えるべきである」

するとロシヤ皇帝は黙ってしまった。

このようなドイツ皇帝の回想に接すると、黄禍論が人種主義的政治論として効力を発揮し得ると考えたからこそ、ヴィルヘルム二世がそれを利用したこともまた理解できるところだろう。

## アムール川とウスリー川

俺たちは楯の役割を勤めたのだ
ヨーロッパ人と荒れ狂うモンゴル人の間を。

そのように自称したロシヤ人たちは、それでは自分たちがその「楯《たて》の役割」をやめ、ヨーロッパとアジアが直接激突する場合を想定した時には、どのような光景をイメージしたのだろうか。ブロークは『スキタイ人』の中で西欧人に呼びかけつつ次のように書いている。

だが俺たちはもう君らの楯にはならないぞ、

これからは鬨《とき》の声が聞えようとも、無関心に
（アジアと西洋の）死闘を見守るとしよう、
冷淡な、細い目をして、高見の見物といこう。
凶暴《きようぼう》なフン族が死骸《しがい》から金目《かねめ》の品を略奪《りやくだつ》し、
死体を裸のままほうり出し、町を焼き、
教会の中へ馬を押しこみ、白人の肉を焼く匂いが
大気に満ちようが、俺たちは動きはしないぞ。

ブロークはそのように書いたが、しかしこのイメージの裏にあるのはロシヤ人自身が黄色人種と敵対関係にはいって、「白人の肉を焼く匂いが大気に満ちる」ような恐怖にさらされた時への懸念《けねん》だろう。そのような恐怖にさらされた時、ロシヤ人はいったいどのように反応するのだろうか。

アムール川の流血や氷りて恨《うら》み結びけむ。
二十世紀の東洋は怪雲空にはびこりつ。

日本の第一高等学校の生徒がそのような寮歌をうたったのは、明治三十三年（一九〇〇年）七月、義和団事件がエスカレートして、黒竜江《こくりゆうこう》（アムール川）へ幾千人もの清国人が突き落されて殺されたブラゴヴィシチェンスクの事件に義憤《ぎふん》を発してのことだった。
「愛琿《あいぐん》及び黒竜江《こくりゆうこう》沿岸の諸村落は焼かれ、汝等《なんじら》の兵旅は殺され、ために黒竜江の水は満人の屍によって汚

されたり」

これは事件直後、ロシヤ側の軍務知事グリーブスキー中将が「清国人に告ぐ」と題して発した布告《ふこく》にある言葉なのであり、ロシヤ側は虐殺《ぎやくさつ》を否定するどころか、虐殺の事実を清国人脅迫の材料に使っていたのである。このような事件が六十年後の中ソ論争の際に黙過《もくか》されるはずはなかった。そしてアムール川の流血から七十年近くたった一九六九年にはウスリー川に銃声が響いてまた血が流れた。その時、ロシヤ人には「黄禍」の恐怖がまたよみがえった。ブロークの詩がふたたび念頭に浮んだ。ソ連当局は間接的に圧力をかけて、モンゴル人がジンギス・カンを民族の英雄として高く評価するのを抑えてきたが、一九六二年にはジンギス・カン生誕八百年の記念祭典を中止させてしまった。そしてまた漢民族にとってはおよそ理解しがたい台詞《せりふ》だろうが、ソ連側は中華人民共和国の政策を「社会主義のジンギス・カン」と呼んで非難しはじめたのである。中国側はソ連邦の政策を「新沙皇主義」、新しいツァーリズムといって応酬《おうしゆう》したが、かつての大隈重信と同じように、

「彼《か》の欧亜を席捲《せきけん》した大侵略家ジンギス・カンは蒙古韃靼《だつたん》の人種で、今日のシナ民族とは全くその性向を異にしている」

と不満顔に反論していることだろう。

ソ連では市民たちはウスリー江で戦死したロシヤ軍兵士の柩《ひつぎ》を囲んで涙を流した、とジャーナリズムでは報じられた。その当時、ソ連に特派されていた日本の新聞記者の中には、中国人と間違えられてこづかれた人もいた。ソ連ではこの事件に取材した映画の大作までできたと最近は報ぜられた。かつて帝政時代の終りの日々にソロヴィヨーフの詩が読まれ、革命時代にブロークの詩がもてはやされたと同じように、一九六九年にはソ連邦の人気者の詩人エフトシェンコが『ウスリー江の赤い雪の上で』と題する次のような詩を書いた。半世紀に及ぶ社会主義の体験も、この種の人種間問題に根本的にはなにほどの変化ももたらしはしな

かった。それどころか国外旅行の自由の制限は、かつての日の独善《どくぜん》や偏見《へんけん》をそのまま維持強化させるのにかえって役立っているのだろう。文化相が外人記者との会見の席上で、自分たちの社会主義の新体制の内部には人種的偏見《へんけん》は存在しないと公式的な見解を打ち出してみたところで、近代の政治的イデオロギーとは層を異にする、民族のより根源的な危機意識に根ざしている反応を消しさることはできない。民族の潜在意識を根こぎにすることはできない。

ソ連邦の反体制的な詩人たちというのは、多くの場合、西欧的な言論の自由にあこがれる人たちであるから、「アジア的野蛮」と目される毛沢東配下の行為にたいしては、当局者以上に反撥する人たちでもあった。エフトシェンコの詩の冒頭を掲げてこの章の結びとするが、そこでもシナ人は「新しい蒙古人」new Mongolsとして槍玉にあげられている。このソ連邦の「新しい」世代の詩人の発想がまたなんと「古く」文化的・歴史的伝統に根ざしていることだろうか。詩中で言及されているクリコボの決戦は、モスクワ大侯ドミトリ・ドンスコイの軍隊がモンゴル軍を破った戦闘で、それがロシヤ解放の第一歩となったのだという。それとも、このような「蒙古来」の決意を反体制派の詩人がロシヤ語で歌わずにいられないというのが、ロシヤ人のやむにやまれぬ血の雄叫《おたけ》びというものなのであろうか。エフトシェンコはいう。

暗い夕闇の光を通して君の眼には見えるだろう、
えびらに火箭《かせん》を備えた新しい蒙古人、新しいモンゴルの戦士たちが。
だがもし奴らが攻めてくるなら、警報は鳴り響き、
新しいクリコボの決戦のために
ロシヤの戦士は次々と蹶起《けっき》するだろう。

# 7　乃木将軍と森鷗外
## ――西欧化日本と和魂の行方――

愛児《まなご》討たれし　将軍よ
うから同胞《はらから》　魂《たま》あへる
友喪《うしな》ひし　つはものよ
森鷗外『うた日記』

### さまざまな乃木解釈

乃木希典という将軍は、不思議と日本人の心を捉え続ける人であるらしい。私が大学で図書委員だったころ、次のようなことがあった。司馬遼太郎氏の乃木将軍を扱った作品『殉死』を図書室のために注文したのである。すると一人の先生が怪訝《けげん》そうな顔をして、

「大学の図書の予算はまず西洋の原書を購入するためではありませんか」

といった。いま一人の先生は、

「いや東洋の古典でも結構ですが、司馬遷ならともかく……」

と口を濁した。司馬遷ならよいが現代作家の本などを、という口吻であった。ところが数年経ってから貸出カードを調べてみると、この『殉死』を借り出した人は、教官にも学生にも事務職員にも、断然数が多かった。私は一冊の本がこれほど読まれるのなら著者冥加《みようが》にあまるだろう、と羨《うらやま》しく思った。そう思うと

同時に乃木希典という人格が、昭和の日本人の心をいまなお深く捉えていることの不思議さを思わないわけにはいかなかった。しかも、日本人ばかりではなかった。事件の起った一九一二年、フランスで世界にさきがけて比較文学という学問の新分野を開拓したバルダンスペルジェも、シナから日本へ回る途中、下関から乗った寝台車中のただ事ならぬ雰囲気に打たれボーイに尋ねるとジェネラル・ノギが切腹したと聞き、翌九月十五日には乃木邸に駈けつけて弔問《ちょうもん》すると、その感動を『メルキュール・ド・フランス誌』へいちはやく報じたりした。乃木希典の殉死《じゅんし》はそのように国際的な反響をまきおこした、日本の思想史上の一事件でもあったのである。

するとそうこうするうちに昭和元禄の日本では乃木将軍を悪《あ》しざまにいう本も出た。またそれに痛棒を加えるように福田恆存氏の『乃木将軍は軍神《ぐんしん》か愚将《ぐしょう》か』という熱を帯びた論文が昭和四十五年十二月発行の『歴史と人物』誌を飾った。私はそこに展開されてゆく知的プレイを興味津々たる気持で見ていた一人だが、そのようなゲームの応酬《おうしゅう》には公平な審判官はいるのだろうか、どうだろうか、と考えた。そしてひょっとして森鷗外が見た乃木将軍などという視角は、比較的に淡々とした客観的な乃木像を浮彫りにしているのではあるまいか、と考えた。

ところで「幕末維新の渡航者たち」の章で筆者は、従来の見方とやや趣《おもむ》きを異にする吉田松陰《よしだしょういん》―新島襄《にいじまじょう》―内村鑑三《うちむらかんぞう》という精神の系譜《けいふ》のたどり方を試みた。しかしそれはあくまで筆者の試論に過ぎない。支配的な見方は（すくなくとも太平洋戦争にいたるまでは）吉田松陰―乃木希典という精神の系譜が正統であった。そしてそのような見方にはそれなりに十分な根拠もあったのである。一八三〇年に生れた吉田松陰も、一八四九年に生れた乃木希典もともに長州（山口県）萩の人である。吉田松陰は松下村塾で山鹿流兵学などを講じた教育者であり、勤王家である。乃木希典は直接吉田松陰から学びはしなかったが、間接的に（松陰の叔父玉木文之進を介して）その精神に連なる人である。晩年の乃木希典は学習院長として山鹿素行《やまがそこう》の訓《おしえ》を説き、古風な教育を施そうとして『白樺』派のお坊っちゃんたちの反撥を買った。一見すると吉田松陰は教育者として成功し、乃木希典は教育者として失敗したかに見える。しかし吉田松陰にしても、もし明治末年まで生きながらえたなら、はたして反抗を事とする学生たちの嘲笑を浴びずにすんだかどうかわからない。また教育者として失敗したかに見える乃木将軍についても、

乃木さんは決して不成功ではない。乃木さんの（殉死）行為の至誠《しせい》であると云ふことはあなた方（一高生）を感動せしめる。夫《それ》が私には成功だと認められる。

というような夏目漱石の肯定的な評価もあるのである（講演『模倣と独立』）。それでは、西欧化の風潮が知識人や学生の間で強くなるにつれ、なんとなく若い人々に違和感《いわかん》を覚えさせるようになった「日本精神の権化《ごんげ》」的存在の乃木将軍を、明治日本の陸軍部内でいちばん深く西欧文化に通じていた森鷗外はどのように見ていたのか。乃木将軍と森鷗外の交渉を実証して、明治精神史の一面を観察しよう。

もっともこの問題について書き出そうとして私は正直のところたちまちに窮《きゆう》した。なにしろ東京大学の図書館には、本郷キャンバスにも駒場キャンバスにも、乃木希典に関する文献がほとんどなにも蔵められていないのである。それはいかにも東大らしい、偏《かたよ》った学問観（というか学問感）のあらわれのような気がして苦笑させられたが、それでいて司馬氏の『殉死』はまことによく読まれているのだ。そのような史書を内心では興味ふかいものに思いつつ、しかもそれらはなんとなく学問の世界の外にあるような、乙に澄ました顔をしてきたところに、人間不在の官学史学のペダントリーがあるのだろう。専門白痴とはこういう度量の狭さをさすのか、と本郷の大図書館で「乃木」のカードを検索しながら、いらだたしい気持を私は覚えた。しかし専門白痴にはそれなりにまたメリットもあった。というのは森鷗外関係の資料の方はまことによく整

備されていたからである。それで私はもっぱら森鷗外の側から乃木希典について語ることとした。というか、そうしかできないのである。当然、森鷗外が話の主になるのだが、しかしだからといって「森鷗外と乃木希典」と題したのでは地下の鷗外の気持はおだやかではないだろう。鷗外にとって乃木さんは上官であった。これはやはり「乃木将軍と森鷗外」と題するのが穏当なテーマであるにちがいない。そう考えて森於菟氏が『森鷗外』という旧著の一章で短くふれた「乃木将軍と鷗外」なども参考させていただいて、なるべく目こぼしのないよう両者の関係をさらったのが以下の一文である。それでは乃木希典と森林太郎は、どのようにして知己となり、どのようにしてたがいに敬しあう仲となったのか。またその交際はどのように鷗外の作品の中に反映しているのか。そのような点についてまず事実に即して、実証的に年代を追って述べることとする。

## 乃木さんとの出会い

乃木将軍と森鷗外の交際のことは鷗外自身が『戴冠詩人《たいくわんしじん》』に淡々とした筆致で書いているが、乃木将軍は一八四九年の生まれで鷗外より十三歳年上、一八八七年（明治二十年）四月十八日ベルリンで二人ははじめて会った。鷗外の『独逸日記』には、

十八日、谷口と乃木川上両少将を其客館に訪《おとな》ふ。伊地知大尉も亦座《また》に列す。乃木は長身巨頭沈黙厳格の人なり。川上は形体枯瘦《こそう》、能く談ず。余等と語ること二時間余、其深く軍医部の事情に通ずること尤《もつと》も驚く可《べ》し。

と出ている。二十五歳の森陸軍一等軍医は上官をよく観ていた。『長身巨頭』という外面の容姿と「沈黙

厳格」という内面の性格は乃木希典をよく言い表わした言葉だろう。そしてそのような乃木少将との対比において後に参謀総長となる川上操六の俊敏《しゅんびん》な頭脳や人事の掌握《しょうあく》ぶりが森、谷口両軍医を驚かしたのだ。『戴冠詩人』にも言及があるが、鷗外はベルリン時代に乃木少将にしばしば逢っていた。『独逸日記』から拾うと、

（五月）三十一日。夜乃木、川上両少将の家に会す。小松宮を始とし、伯林《ベルリン》に滞在せる武官畢《ことごと》く集る。麦酒《ビール》葡萄酒茶菓等の饗あり。今より毎月第二の日曜日を以て此に会すべき約を為す。
（六月）十二日（日曜）。川上、乃木両少将の家に会す。
（九月）四日。石氏を訪ふ。乃木少将に逢ふ。

そしてウィーンの旅先では、

（十月）六日。乃木少将の「テゲット」客舎に在るを聞く。往いて訪ふ。逢はず。楠瀬と語る。

とある。楠瀬は乃木、川上両少将とモルトケの間の通訳を勤めた楠瀬幸彦大尉で後に陸軍大臣となった人だった。珍妙な話は両少将がドイツへ来て現地で雇った学生アルバイトの小倉庄太郎というのが、ドイツの各地で日本人を相手にかたはしから詐欺《さぎ》を働き、森鷗外も乃木希典も楠瀬幸彦もそれと知らず金を貸しておそらく取られっぱなしになったことで、鷗外はベルリンへ戻った後、自分が小倉にたいして取った処置を次のように日記に書いている。この妙な男のことでも鷗外は乃木少将と縁があったのだ。すなわち、

（十月）二十三日。谷口マグデブルクに赴《おもむ》く。早川の宴に赴《おもむ》く。（乃木、川上）両少将、野田、福島、楠

瀬、山根等皆至る。楠瀬曰く「聞く君曾《かつ》て金を小倉庄太郎に貸すと。已に清算せしや。」（森）曰く「曾て貸したることとなし。」（楠瀬）曰く「小倉は君に返すと称して余に百二十麻《マルク》を借りたり。」所謂《いはゆる》小倉庄太郎は（乃木、川上）両少将の僕なり。初め独逸に来り居て、政治学を修むと称す。面貌俊美《めんぼうしゅんび》、弁口あり。貧窶《ひんく》にして学校に留まること能はず。将官憫《あはれ》みて扶持《ふち》す。一日余を訪ひて曰く「嘗《かつ》てチュウビンゲン大学に在りし時借財《しゃくざい》あり。今百二十麻を請求せらる。急に之を弁ずるに苦む。君余裕あらば之を繕《つくろ》へ」と。余諾《だく》す。小倉曰く「此事秘を要す。他言すること勿《なか》れ。」（森）曰く「可なり。」後（森）維納《ウイーン》に在り。小倉書を寄せて曰く。「聞く君乃木少将と現に維納に在りと。少将或は君に問ふに僕が借りたる金の事を以てせば、請《こ》ふらくは已に返すと告げよ。敢《あへ》て請ふ」と。余書を作りて答へて曰く「貴諭を領す。僕の金を君に授くるや共に他人に告ぐること無きを誓ふ。僕黙然たること魚の如し。将官は果して何人より之を知るか。僕大に之を疑ふ。若し僕をして足下の人と為《な》りを知らざらしめんか。或は将に疑ひて曰はんとす『小倉金を余に返すと詐り、之を其主に受け、徒然散擲《さんてき》せり』と。然《しか》れども僕は足下の此事なきを知る。僕今余資あり。請ふらくは以て念と為すこと莫れ」と。帰途（乃木・川上）両将官とシルレル骨董店Café Schillerに至る。

なお『独逸日記』の十月三十一日の項には小倉がかつてチュービンゲンにいた時、自ら伯爵某と称し、日本の大蔵大臣は自分の父であるといい、一種の制服を擬造《ぎぞう》して着用していたこと、日本人彫刻家多胡氏から四百マルク詐取したことが記されており、十一月五日にはその小倉が鷗外のもとへ罪を謝しに来たことも記されている。それもこれも外国留学中の一逸話《いつわ》にすぎない。しかしこのような金銭に関する事件とちがって、乃木少将と森鷗外の間により親しい交流があったことは、十一月三日の天長節《てんちょうせつ》の宴会の席上での会話から察せられるので、鷗外はその日のことを活発な筆致で書いている。

（十一月）三日。井上勝之助天長節の宴を公使館に開く。余正装之に赴く。領事ヲルフゾオン、ジイボルト、斎藤修一郎等を見る。亀井子爵亦在り。頗《すこぶ》る健全。座間石君乃木に謂て曰く。「森子の正服旧製に依る。肩章及腰帯なし。之を谷口の新正服に比すれば甚だ劣れり。故に旅中人谷口を呼びて軍医正君とし、森を軍医君とせり」と。乃木余に向ひて曰く「然し得なることも有りしならん。」余急に答へて曰く「そこ等は油断なく利用せり。」一座大に笑ふ。

ここに出てくる石君とは当時の陸軍軍医部内の第一の実力者、医務局次長の石黒忠悳のことで、石黒は明治二十年七月ヨーロッパに到着すると森林太郎と谷口謙の二人を連れてドイツ各地の軍衛生施設を次々と見学してまわり、九月十八日から二十八日までカルルスルーエに滞在して、第四回国際赤十字会議に出席した。森鷗外がその席でドイツ語を駆使《くし》して活躍したことはよく知られているが、谷口謙が鷗外の活躍を嫉視《しっし》して、会議の最終日、酔って鷗外に向って、「今回の会君の尽力多きに居る。僕力の君に及ばざるを知る。然れども僕微《なか》りせば誰か能く石黒の為めに衽席《じんせき》の周旋《しゅうせん》を為さん」などとからんだこともまた知られている。鷗外は陰険なところのある（そしてそれだから『ヰタ』の中では鰐口弦という名で描くこととなる）この谷口謙の策謀《さくぼう》を気に病んでいたので、この二人の大学の同期生の間の敵対関係は十一月十四日付の日記に詳しく記されている。二人はそのようなライヴァルの間柄であったから、上司の石黒軍医監が、谷口謙は旅行中その新式の正装ゆえに外国人にもてて軍医正（佐官相当官、Generalarzt）とみなされた。それに反して森林太郎はいまこの席でも着用しているその旧式の正装ゆえに外国人から軍医（尉官相当官、Stabarzt）とみなされた、などという話を、座興《ざきょう》にせよ、皆の前で披露《ひろう》したのはあまり愉快《ゆかい》なことではなかったにちがいない。石黒軍医監がそのような森のプライドを傷つけかねない話を天長節の宴席で口にした時、乃木少将が鷗外の方を向

いて、

「然し得《とく》なることも有りしならん」

と微笑を浮べて言ったのである。乃木希典は後年の聖人化されたイメージとちがって、若いころは放蕩三昧《ほうとうざんまい》にふけった、人情の機微《きび》にも通じた人だったから、森一等軍医に向ってなまじ谷口一等軍医のように軍医正などと思われなかっただけに、森よ、おまえは旅行中に得をしたこともあっただろう、格式張らずにすんだからかえっていい目にあっただろう、とヒューマニティーに富んだ発言を間《あい》の手にはさんだのだった。すると鷗外もすかさず、

「そこ等は油断なく利用せり」

と答えたので一座は大いに笑ったというのである。乃木の発言は、格式《かくしき》ばらずにすんだから旅先で宿の経費やチップも安上りについただろう、という卑近《ひきん》な意味にも取れるが、しかしそれで一座が大いに笑ったというからには、なにかその裏があったにちがいない。想像を逞《たくま》しうすれば、『ヰタ』に金井君と「臨時に金井君を連れて歩いてゐた大官」という森鷗外とその臨時の上官の石黒忠悳をモデルとした二人の話として、次のような挿話《そうわ》が記されていたことが思い出される。

維也納《ウインナ》のホテルを思ひ出す。臨時に金井君を連れて歩いてゐた大官が手を引張つたのを怒つた女中がゐる。金井君は馬鹿気た敵愾心《てきがいしん》を起して、出発する前日に、「今夜行くぞ」と云つた。「あの右の廊下の突き当りですよ。沓《くつ》を穿《は》いて入らつしつては嫌《いや》。」響の物に応ずる如しである。咽《む》せる様に香水を部屋に蒔《ま》いて、金井君が廊下をつたつて行く沓足袋《くつたび》の音を待つてゐた。

相手の女中も、この年少の士官に見えた森には気楽に応じた、というその間の機微にふれたのが乃木希典

の発言だったのではないだろうか。それだから鷗外が、

「そこ等は油断なく利用せり」

と言った時、一月前（ウィーン出発の前夜というのが事実なら十月七日夜である）の意外な鷗外の武勇伝《ぶゆうでん》を皆は思い出して笑ったのではないかとも思われる。ところで石黒軍医監の座興《ざきょう》の発言もあってのことだろうが、鷗外は自分の新式の軍装が日本からはやく着かぬかと気にかけていた。そのことは天長節から五十日後の十二月二十三日の日記に「新調の軍服至る」と特に記していることからも察せられる。なお森鷗外についての写真アルバムを見ると明治二十一年ごろと説明されているドイツ軍人二名と写した鷗外——正装したドイツ軍人が向って右に着席し、中央にいま一人のドイツ軍人が立ち、左に鷗外が着席しているもの——の写真の軍服に肩章がない。写真はドレスデンのG. Karsch写真店の撮影にかかわるものだから、時期は明治二十一年でなくもっと早いものではないかと思われる。

鷗外が乃木将軍にたいして批判的な記述を遺しているのは、明治二十年の歳末のベルリンにおける西園寺公望公使の宴席でのことで、

（十二月）二十八日。公使宴を張りて同邦人を招く。余も亦与《あづか》る。乃木少将の祝辞嚅々《じゅじゅ》解す可らず。石君雄弁坐人を驚かす。

乃木少将の話は「嚅々」とぎれとぎれで何の意味かわからなかったが、石黒忠悳の雄弁はその席の人々を驚かしたというのである。そしておそらく乃木少将も石黒医務局次長も出席していたにちがいない翌明治二十一年正月のベルリン在留邦人の懇親会《こんしんかい》の席上で——これも当時の留学生の会合なればの話で、その後はなかなかありがたいことだが——森鷗外がドイツ語で演説したのだった。

（一月）二日。大和会の新年祭なり。独逸語の演説を為す。全権公使西園寺公望杯を挙げて来りて曰く「外邦の語に通暁《つうげう》すること此域に至るは敬服《けいふく》に堪へず」

西園寺は鷗外より十三歳年上、すでにパリに十年遊学した体験があった。その人が鷗外の才と学と識とを愛して、杯を挙げて近づいて来たのである。それはパリの社交生活で磨きのかかった三十八歳の西園寺公使らしい、いきな敬意《けいい》の表しようだったが、そのような時に、西園寺と同じような感嘆《かんたん》の情を胸に抱きながら、しかし表には出さず、黙って微笑のうちに陸軍の後輩、森一等軍医を見ていた人がいたとするなら、それは三十八歳の乃木将軍であったろう。その乃木将軍は後から来て一年ほどのドイツ滞在の後、先に日本へ帰った。森鷗外の『隊務日記』明治二十一年四月十五日の項には「送乃木少将還郷」と記されている。

乃木将軍がドイツでどのような留学の日々を過したのか、その具体的詳細ははっきりしないが、口下手の将軍であってみれば学問成果が大いにあがった、などということはなかったであろう。初老の乃木少将にとっては辛い、抑圧《よくあつ》された時期であったかもしれない。そのような圧迫感が帰国して提出した意見具申書に逆に精神主義的な強調となって出たのではないだろうか。そこには、

「受クル処ノ教育、修《をさ》ムル処ノ学術ハ、実ニ己《おの》ガ任務《にんむ》ヲ遂達《すいたつ》スルノ補助ニシテ、奉ズル処ノ職務ノ結果コソ、即チ己《おの》ガ進退栄辱《えいじよく》ヲ表スルモノナレバ、其ノ学芸ノ如キハ、其ノ身に属スル私有物タルニ過ギザルナリ」

などという乃木流の信念が吐露《とろ》されていた。乃木希典はそのように強く出ることによって、自己の生き方に意味づけをしようとしたのだろう。しかし若い後輩にたいしては、親しみの感情とともに別様の価値評価もしていたのだろう。鷗外にたいしては彼が修めた処の学術、その学芸にたいしてあくまで敬意を表していたのだった。乃木少将は自分は横浜在留のイギリス人仕立屋に軍服を作らせるような、そのような容儀を整

えることの好きな性格でありながら、鷗外にたいしては、その旧式の正装を温かな目で見ているような人でもあったからである。

森鷗外は後に石黒忠悳を長とする陸軍軍医部内での人事の関係が円滑にゆかず、明治三十二年六月十七日、東京から左遷《させん》されて小倉へ第十二師団軍医部長として赴任《ふにん》することを余儀《よぎ》なくされる。その出発の時、見送人は多くなかったが、その中にやや遅《おく》れて乃木中将も見えた。鷗外は慌《あわ》ただしく車から降りて丁寧《ていねい》に挨拶《あいさつ》した。すると乃木さんは鷗外の挨拶に答えた後、家族の方を向き、長男の森於菟さんを新橋駅のプラットフォームで胸のあたりまで抱きあげて、将来なにになるかという意味の問をされた由である。その時満八歳の於菟さんははにかみやで一言も答えなかったそうだが、しかしそれでも乃木将軍にそのような折に抱かれたということは、終生温かな思い出として心に伝わったことにちがいない。乃木将軍が部下の心をつかみ得たのは、栄転の時ではなく左遷の時に見送りに来てくれたただ一人の将官であったという、そのような心づかいにあったのかもしれない。その時の乃木将軍はまだ旅順の英雄ではなく、台湾総督を辞した後で、第十一師団長の職にあった。

## 乃木勝典少尉のこと

『戴冠詩人』にはベルリン時代の後の交際として以下のような挿話《そうわ》にふれている。

「年を経て私が第一師団にゐた頃、或日乃木ぬしが司令部に来て、かう云ふことを私に頼んだ。それは高崎に往つてゐる子息がドイツの小説を買つてくれと云つておこす。それがどんな事を書いてある書だか分からない。どうぞ書名を見て、青年に読ませて好いものか悪いものか甄別《けんべつ》してくれと云ふのであつた。私は快く承諾《しようだく》した。これが初で、其後乃木ぬしは外国語に関する事を、一切私に相談せらるることになつた」

森鷗外が東京の第一師団軍医部長に補せられたのは明治三十五年三月十四日だが、休職中の乃木希典中将が鷗外を訪ねたのは明治三十七年の一月のことで、鷗外がたまたま不在であったため手紙をのこして、翌日は使いに託してまた手紙を送り、長子勝典少尉が買って読みたいというドイツ詩人の書の可否について鷗外に問合せに来たのだった。そのようなもう満二十四歳にもなった子供の読書にたいする配慮《はいりょ》のしようには、後の学習院長乃木希典のやや窮窟《きゅうくつ》な教育観が予兆《よちょう》されているともいえるが、三通の手紙は次のとおりである。

舌　代

独逸文学書之儀に付御指教相願度参上仕候。明日明後日午前中は在宅不仕候得共、右両日之中師団司令部へ御出務相成候節一寸御しらせ被下候得旨、御役所へ可罷出候間此段御許容相願候。頓首

一月十九日　乃木希典

森　仁兄　尊下

拝啓

昨日御留守に申上置候御願之儀、今日は無拠終日不在候間明日にも又々従是可相伺候、此段御違約謝罪迄如此候。頓首

一月廿日　希典

森　仁兄　尊下

拝啓

愈御勇健奉賀候。然は過日御教示に拠り本人え申遣はし候処全く友人等之噂に依り一読之念を起し候迄の事と申越候。就而は尊堂御著述之水泡集幷に其中に御加へ相成候詩の原書相求度申候。水泡集は何店に有之候哉、未だ拝読も不仕候間、自分も一読仕度且又右申上候如き原書の有之候向は御示奉願度候。右御願迄如此候。頓首

一月廿五日　　　　　希典

森　賢台　尊下

鷗外は、乃木希典が自分の学問をこのように尊重してくれたことを、嬉しくも思ったのだろう。自分が明治二十五年、春陽堂から出した第一著作（訳）集『美奈和集』（後『水沫集』と改題）の話などした。そのような縁もあっただけに、明治三十七年五月末、鷗外自身も参加した南山の攻撃で、前にドイツ文学を読みたいといっていた乃木将軍の長男勝典中尉が戦死したことに心動かされたのであろう、晩年、右の三通の手紙を表装して家蔵とし、次の識語をその写しに添えた。

乃木希典書簡題言

右三通は明治三十七年の初に将軍の子息が独逸の小説を読まむと欲して将軍に其書を買はむことを請ひしに将軍そは書の善悪を森に問ひたる上にて許すべしとて予と往復したまひし時の柬牘《かんとく》なり

大正十年三月二十日

団子坂にある文京区立鷗外記念本郷図書館で、その実物を見せていただくと、「明治三十七年」の「七」

は「六」を書き直して「七」としている。もしかすると乃木将軍が鷗外に問合せたのは、日露の間の風雲が急になった明治三十七年の一月のことではなくて、その前の年の一月であったかもしれない。最晩年の鷗外はそれがどちらの年であったか、はっきり憶えていなかったのであろう。

日露の間の最初の激しい陸上戦闘は、金州城から南山《なんざん》要塞にかけての戦闘だった。その戦いに際して森鷗外は死を覚悟した時もあったが、そのような体験が『うた日記』の中でも名作といわれる『唇の血』『扣鈕《ぼたん》』『大野縫殿之助《ぬひのすけ》』を生みだした。ここに『唇の血』の最後の三連を引こう。

時はこれ　五月二十五日　午後の天
常ならば　耳熱すべき　徒歩兵《とほへい》の
顔色《がんしよく》は　蒼然《さうぜん》として　目かがやき
咬みしむる　下唇に　血にじめり

戦略何の用《いよう》ぞ　戦術はた何の用ぞ
勝敗の　機はただ存《そん》ず　此刹那《このせつな》に
健気なり　屍《かばね》こえゆく　つはものよ
御旗《みはた》をば　南山の上に　立てにけり

誰かいふ　万骨《ばんこつ》枯れて　功成ると
将帥《しやうすゐ》の　目にも涙は　あるものを
侯伯は　よしや富貴《ふうき》に　老いんとも

南山の　　唇の血を　　忘れめや

この詩を読むと、まなじりを決した兵卒の姿が思いに浮ぶ。その咬《か》みしめた下唇ににじんだ血が思い浮ぶ。そのような一人一人の兵士たちの決意が勝利をもたらしたのだ、その唇の血をゆめ忘れまいぞ、——そのようにさとす森鷗外の気持には、多数の部下を失った軍司令官である乃木将軍ほどの苦衷《くちゅう》はにじんでいないかもしれない。しかしこの詩にはやはり野戦服の泥にまみれた乃木希典の心事に通ずるものがあった。そういえば読者は、将軍が明治三十九年一月、帝都《ていと》に凱旋《がいせん》した際に賦《ふ》した漢詩をすでに思い起しておられるだろう。乃木将軍は鷗外が明治三十七年五月、南山の戦いで感じたと同じ気持を、

王師百万驕虜《けうりよ》を征す
野戦攻城　屍《しかばね》山を作《な》す
愧《は》づ我《われ》何の顔《かんばせ》あってか父老を看《み》ん
凱歌《がいか》今日《こんにち》幾人《いくたり》か還る

とうたって面《おもて》を伏せていたからである。そしてその乃木将軍自身が、その二子を日露戦争でなくしていたのだった。すなわち森鷗外が「唇の血」をうたった金州城から南山要塞へかけての戦闘で、将軍の長男の陸軍歩兵中尉乃木勝典は、ロシヤ軍の機関銃に撃たれて戦死した。乃木希典はその勝典戦死の電報を、広島で乗船する直前に受けとった。それから十日後、第二軍が制圧している金州湾に上陸すると乃木第三軍司令官は、案内されてその新戦場を視察した。そして勝典が機関銃掃射《そうしゃ》を浴びた金州城の東門の前を通って、その新しい白木の墓標の前に額《ぬか》ずいた。帰路、赤い夕陽の沈む満州の野で馬をとめると、胸に凝集していた想い

を七絶に賦したが、その漢詩は――漢詩という詩形式が当時においては新体詩という詩形式よりも正統的ということもあったが――絶唱《ぜつしょう》として、日本国民の胸に訴えたのである。森鷗外の『うた日記』も、なるほど佐藤春夫が『陣中の竪琴』で説くように、千古不刊の一書であるかもしれない。しかし乃木将軍の漢詩は、その凝縮《ぎょうしゅく》した形において、自己の感懐《かんかい》を鷗外よりもさらに見事に詩化したものであった。

山川草木《さんせんそうもく》転《うたた》荒涼《くわうりやう》
十里風腥《なまぐさ》し新戦場
征馬すすまず人語《かた》らず
金州城外斜陽《しややう》に立つ

## 乃木保典少尉のこと

乃木将軍にいま一つ印象の深い漢詩がある。旅順陥落《りよじゆんかんらく》もまぢかい明治三十七年十二月の作である。

爾霊山嶮なれども豈《あに》攀《よ》じ難《がた》からんや
男子功名　艱《かん》に克《か》つを期す
鉄血山を覆《おほ》うて山形《さんけい》改まる
万人斉《ひと》しく仰ぐ爾霊山

この詩について司馬遼太郎氏は『坂の上の雲』（文藝春秋社）第四巻の「二〇三高地」の章で、次のように説き明かした。

「爾霊山」

という、このことばのかがやきはどうであろう。この言葉を選び出した乃木の詩才はもはや神韻を帯びているといってよかった。二〇三《にれいさん》という標高をもって、爾《なんじ》の霊の山という。単に語呂をあわせているのではなく、この山で死んだ無数の霊――乃木自身の次男保典《やすすけ》をふくめて――乃木は鎮魂《ちんこん》の想いをこめてこの三字で呼びかけ、しかも結《けつ》の句でふたたび爾ノ霊ノ山と呼ばわりつつ、詩の幕を閉じている。

まことに適切な、見事なエクスプリカシオン・ド・テクストではないか。

ところで乃木将軍の次男保典少尉が明治三十七年十一月三十日、二〇三高地の戦闘で戦死したという報せは、すぐに北方の十里河にあった奥大将の率いる第二軍の司令部にも達した。森軍医部長も居合わせた人ともどもに感銘《かんめい》を受けたが、その種の知らせは次々と伝わるうちにたちまち伝説に化してしまうものなのだろう。保典少尉戦死の報が乃木司令官へ伝えられたその場の景について、その時すでにlégendeが満州の野でもう生まれていたにちがいない。鷗外は自分で脚色したり伝説化したりするという型の詩人ではなかったから、きっと十里河で聞いた話を基にしてそのまま詩に書いたのだと思うが、それが『うた日記』の中でもっとも重みのある次の一詩となった。

乃木将軍

つはものの　武勇なきには　あらねども
真鉄《まがね》なす　べとんに投ぐる　人の肉《しし》
往《ゆ》くものは　生きて還らぬ　強襲の

鋒《ほこさき》を　しばし転じて　右手《めて》のかた
図上なる　標《しるし》のたかさ　二零《れい》三
巓《いただき》の　ふたつ聳《そび》ゆる　石やまに
たえだえの　望のいとを　掛けてこそ
きのふけふ　軍《ぐん》の主力を　向けてしか

霜月《しもつき》の　三十日の　夕まぐれ
将軍は　高崎山《たかさきやま》の　師団より
ただ一騎　柳樹房《りうじゆぼう》なる　本営に
帰らんと　曲《きよく》家《か》屯《とん》をぞ　過ぎたまふ
ほの暗き　道のほとりを　見たまへば
身《み》うち皆《みな》　血に塗《まみ》れたる　卒ありて
そびらには　はやこときれし　将校の
亡骸《なきがら》を　かきのせてこそ　立てりけれ

汝《なれ》は誰《た》そ　そを何処《いづく》にか　負《お》ひてゆく
聞召《きこしめ》せ　背負ひまつるは　奴《やつこ》わが
主と頼む　乃木将軍の　愛児《まなご》なり
年老《お》いし　将軍の家の　二人《ふたり》子《ご》
そのひとり　勝典《かつすけ》ぬしは　いちはやく

南山に　討たれ給ひて　残れるは
おとうとの　保典《やすすけ》のぬし　ひとりのみ
背負《せお》へるは　その一人子《ひとりこ》の　亡骸《なきがら》ぞ

父君《ちちぎみ》は　心ををしく　我主《わがしゆ》をも
隊附《たいづき》の　ままにあらせて　討死の
身の果《はて》は　おのれと三人《みたり》　葬《はふり》をば
ひと時に　営《いとな》めと宣《の》り　給ひしを
人人の　強《し》ひて料《はか》らひ　つるにより
さいつ頃　友安旅団の　副官に
職《そく》かはり　まだ程経ぬに　この朝開《あさけ》
あへなくも　空しき骸《から》と　なりましぬ

果てましし　処は高地　二零《れい》三
目鏡《めがね》もて　敵《あた》の備《そなへ》を　望みます
うら若き　額《ぬか》のただ中　打ち貫《ぬ》かれ
ひと言を　宣給《のたま》はん　ひまもなく
持口《もちぐち》の　南の峯に、　うせ給ふ
その骸《から》を　奴《やつこ》背負ひて　此村に
ありと聞く　野戦病院　たづぬれど

くるほしき　心からにや　　たづねえず

かくいふを　駒をとどめて　聞きましし
将軍は　病院の旗　あるかたを
鞭《むち》あげて　彼方《かなた》にこそと　さし給ふ
面《おも》ざしは　かはたれ時に　見えねども
目ざとくも　雲の絶間《たえま》ゆ　覗《うかが》ひし
さむ空に　まだ輝かぬ　冬の星
更闌《かうた》けて　友なる星に　将軍の
睫毛《まつげ》だに　動かざりきと　語りけり

この詩は乃木将軍を象徴とする、国難に黙々《もくもく》と殉《じゆん》じた当時の日本国民の魂にふれた一詩といえる。この詩の成立については森於菟氏の興味ふかい証言がある。明治三十九年一月十二日は森鷗外が新橋駅に凱旋した日だが、その日の様を当時満十五歳の於菟氏は日記におおむね次のように書いた（『父親としての森鷗外』筑摩叢書）。

一月十二日。……父上ノ戦地談ノ中ニテ特ニ余ノ心ニ深ク残リシモノ二三記シ置ク。……最モ感動セルハ乃木大将父子ノ話、初メ長子勝典ハ南山ニ戦死シタルニヨリ人々保典ヲ旅団副官ニナス、父将軍ハ心平ナラズ。或夜将軍司令部ニ帰ラントスル時、トアル陰ニ一人ノ兵士何モノカヲ負ヒテ行キツ戻リツセリ。将軍何モノカト問ヘバ「死ナセテナラナイ人ガ死ニマシタ」トイフ。タレカト問ヘバ「司令官ノ御子サンノ保典少尉デス、先刻カラ野戦病院ヲ探シテ居マスガワカリマセン。」将軍再ビ云ハズ、鞭《むち》ヲ挙ゲテ野戦病院ノ方ヲ示シ馬ノ足掻《あがき》ヲ早メテ司令部ニ帰レリ。保典少尉戦死ノ報一度伝ハルヤ幕僚《ばくれう》一同色ヲ失ヒ将軍ニ報ズルニ忍ビザリキ。終《つひ》ニ副官進ミ出デ「閣下、私ハ今最御気ノ毒ナ報告ヲシナケレバナリマセン」トイヘバ将軍手ヲ振リ「知ツトル知ツトル云ハンデモイイ」トテ再ビ何事モ云ハザリシト、少尉ハ敵軍ヲ双眼鏡ニテ偵察スル際一弾ソノ額ヲ貫キタルナリ。

『うた日記』は、鷗外が陣中から雑誌や親戚知友に書きおくった長詩や短歌の類を、おそらく手もとのノートに控えておいたのだろう。明治四十年九月十五日に春陽堂から刊行されたこの詩集は陣中吟《じんちゆうぎん》といわれているが、しかし中には戦後の作もまじっていたかもしれない。鷗外が凱旋した日の夜、家の者に語っていちばん感銘を与えたというのは、すでに詩に書いていたから話が整然と出てきたためかもしれない。あるいは逆にそのように繰り返し人々に語るうちに、乃木将軍の話が鷗外の胸中で結晶して、五七五の八行六連の芸術品に化したのかもしれない。満州の曠野《こうや》で日本軍の将兵が乃木将軍にたいして覚えた感動――その日本人の気持が日本人の胸底に集団的表象として結晶し、乃木伝説を形造っていったのだ。そしてそのことは軍司令官というものの役割が、昨今の一部の乃木希典批判のように、ただ単に攻城の技術の巧拙においてのみ論評されるべき筋合ではないことを示唆《しさ》している。旧陸軍の典範令の綱領にも、

指揮官ハ軍隊指揮ノ中枢ニシテ、又団結ノ核心ナリ。故ニ常時熾烈《しれつ》ナル責任観念及鞏固《きやうこ》ナル意志ヲ以テ、其ノ職責ヲ遂行スルト共ニ、高邁《かうまい》ナル徳性ヲ備ヘ、部下ト苦楽《くらく》ヲ倶《とも》ニシ、率先躬行《そつせんきゆうかう》、軍隊ノ儀表トシテ、其ノ尊信ヲ受ケ、剣電弾雨ノ間ニ立チ、勇猛沈着、部下ヲシテ仰《あふ》ギテ富嶽《ふがく》ノ重キヲ感ゼシメザルベカラズ。

とあったというが、乃木将軍はその綱領《こうりよう》を身をもって具現化《ぐげんか》しようとつとめた人だったのだろう。今村均将軍が、『続一軍人六十年の哀歓《あいかん》』（芙蓉書房）の終りに上原勇作元帥の言葉を引いてふれたように、あれほどの死傷者を生ぜしめながら衆心一致、最後まで戦い通させたのは、やはり乃木将軍の武徳のいたしたところだろう。軍司令官は、部下を心服《しんぷく》せしめ、部下をして進んで死地におもむかしめる人格の力においても判断されねばならないのだ。乃木さんだからこそ決死隊は死地に赴いたのだ。当時巷間で、

「一人息子と泣いては済まぬ、二人失くした方もある」

という俗謡《ぞくよう》がうたわれたというが、それが応召兵《おうしようへい》の家族の心事をうがった言葉だったにちがいない。

鷗外の詩『乃木将軍』が、物質的劣勢にもかかわらず大国ロシヤと一戦をまじえずにはいられなかった悲痛《ひつう》な日本――「真鉄《まがね》なす　べとんに投ぐる　人の肉《しし》」――そのような日本へのいとおしさを基に書かれたナショナリスティックな作品だが（そしてその肉弾を讃え、人海を讃える思想は太平洋戦争当時の日本にあっては異常なファナティシズムにまで歪《ゆが》められて高められたが）、しかしこの詩は技法の点からいえば必ずしも日本風ではない。はなはだしく西欧詩風な条《くだり》もある。たとえば冬の星が友なる星に語ったというその結びがそれで、庄野潤三氏は師の伊東静雄がその詩を歌うように朗読するのを聞いて、

「甘美で神秘的な感じに打たれた。こんな結びを考へつく鷗外といふ人は全く不思議な力を持つた、自由自在な人のやうに思はれた」

とその印象を筑摩書房の『森鷗外全集』第二巻の月報に書いている。筆者もこの詩にはこのような天上界の対話があって、はじめて異常に高揚《こうよう》した精神が適切に表現されたのだと考える。死を越えて永遠につながるなにかを鷗外は歌い得たのである。

## 箱入娘

鷗外が自由自在な人だったということの一面は、乃木将軍の求めに応じて戦地で兵士たちのために軍歌を作って、兵士たちがまた実際それを歌って士気をあげた、という事実にも示される。鷗外はその軍歌を『うた日記』の中におさめることはしなかったが、世間のいわゆる軍歌とははなはだおもむきを異にするもので、佐藤春夫や石川淳氏も注目したほどの面白い作だった。『箱入娘』と題されたその軍歌は、旅順をロシャの箱入娘と見たてたので、それだけでも「落ちる、落ちない」という兵隊たちの気持に訴えるように仕組まれていた。卑俗《ひぞく》なようでいて、過去の歴史——日清戦争の時にも日本軍は旅順を落している——を踏まえ、三国干渉以来の理非曲直にふれ、戦闘の経過に及び、クロパトキンまで上手に引合いに出してあった。兵士たちがこの歌を『雪の進軍』の節で歌いながら歓声をあげている様が、耳にどよめきつつ聞えてくるようである。

箱入娘

西施《せいし》楊貴妃生ませた親の　自慢娘の旅順ぢやけれど
昔くどいたらつひ落ちたのを　いつか忘れて養女にいつて
今ぢやロシヤの箱入娘　おちぬ噂が世界に高い

鉄条網の八重《やへ》の関するゑ　掩蓋《えんがい》深く姿も見せず
水門口《すゐもんぐち》から忍《しのん》でゆけば　探海燈の目でおどしつけ
今ぢやロシヤの箱入娘　おちぬ噂が世界に高い

勧降書《くわんかうしよ》といふ附文《つけぶみ》見ても　けんもほろゝのすげない返事
頼みに頼んだ白襷《しろたすき》さへ　途中まで往《い》て逐《お》ひかへされた
今ぢやロシヤの箱入娘　おちぬ噂が世界に高い
今ぢやロシヤの箱入娘　落ちぬ噂がよし高いとて
昔し落した馴染《なじみ》ぢやものを　今度落さにや男が立たぬ
落ぬ靡かぬ名代《なだい》の娘　日本男子《にほんだんし》が落して見せう

恋の邪魔するクロパトキンが　沙河《さか》の向うでもぢ〱するうち
こちぢやお先へもうお正月　屠蘇《とそ》の機嫌でくどいて見たら
おちぬなびかぬ名代娘《なだいむすめ》が　又もころりとつひおとされた

森第二軍軍医部長ははじめこの歌を第二軍の新年宴会用に作ったらしいが、歌はたちまち全軍へひろまった。その歌をいちはやく内地の『大阪新報』へ報じたのは第一軍の従軍特派員だった。軍人さんにもすぐぴんとくるこの砕けた『箱入娘』の歌詞は、旅順を落した第三軍の将兵たちを喜ばせたにちがいない。第三軍司令部と幕僚たちが寄書きした礼状の絵はがきが文京区立鷗外記念本郷図書館に保存されているが、礼状は明治三十八年四月三日の神武天皇祭の佳節に記された。まず「旅順　箱入娘妙　四月三日ノ佳節ニ於テ」とあり、美人半身像の絵葉書の左頰のわきに乃木希典、ほかに参謀長の一戸兵衛以下諸将の署名がある。「御蔭で落した男ガ引立チマシタ　白井」とあるのは参謀の白井二郎中佐である。乃木大将はこのような歌を作ってくれた森鷗外にたいして、ますます好意を寄せたのだろう、五年後の明治四十三年三月十日、奉天会戦にちなんだ陸軍記念日に靖国神社でその話をしたらしい。鷗外の日記には、十日。晴。靖国神社にゆきて相撲を見る。冷酒を饗せらる。乃木大将希典箱入娘云々の話をなす。

と出ている。

ところで鷗外に反感をもつ人は『箱入娘』などの通俗な詩を書いたことをもって、鷗外の俗物性の証拠とするかもしれない。そうした人に反論してもなかなか聞きいれてはくれないだろうが、石川淳氏の『鷗外に関する対話』に次のような説がなされていることを参考までに紹介しておこう。

（鷗外のごく通俗な作品に）箱入娘といふものがある。だれでも知つてゐるだらうが、これは日露戦争中、旅順陥落に際して第二軍軍医部長たる鷗外が兵隊にうたはせるために作つた歌謡だ。意匠も調子もすべて俗なのはあたりまへだらう。歌の伝統からいへば、俗俳諧の流れを掬《く》むものと見られる。鷗外は詩人の我を抛棄して、兵隊の心情に分け入り、その感動の急所を突きとめてゐる。詩人はしばらく陣中の声に唱和してゐるけしきだ。俗に入つて、しかも低きに溺れない。ここにもまた鷗外の分身があるのかも知れない。作者の意識がよほど高くなくては、かう俗なものは出来上つて来ないだらう。

## 赤十字の精神

昭和一桁までに生れた人ならば、昔、小学校の木造の校舎で、オルガンにあわせてうたった『水師営《すいしえい》の会見』という小学唱歌をなつかしく記憶しているだろう。『尋常小学校国語読本』巻十にもこの歌はのっていた。

旅順開城約《やく》成りて

敵の将軍ステッセル
乃木大将と会見の
所はいづこ水師営
庭に一本棗《ひともとなつめ》の木
弾丸あともいちじるく
くづれ残れる民屋《みんをく》に
今ぞ相見る二将軍

乃木大将はおごそかに
御《み》めぐみ深き大君の
大みことのり伝ふれば
彼かしこみて謝《しや》しまつる

昨日の敵は今日の友
語る言葉も打ちとけて
我はたたへつ彼《か》の防備
かれはたたへつ我が武勇

そのステッセル将軍が今日のソ連邦の歴史教科書では、いちじるしく貶《おとし》められていると聞くと——たとえばアカデミー会員バンクラートヴァ監修ロシヤ共和国文部省付属国立教育図書出版所の『ソ連邦史』第十学年用には英雄的な戦死をとげたコンドラチェンコ少将がもっぱら讃えられ、ステッセル将軍については、旅順港はまだ持ちこたえることができたはずだった。しかしながら要塞司令官で裏切者のステッセル将軍は、要塞を敵に明け渡す文書に署名した。

と出ている。そのような酷薄《こくはく》な記事に接すると、なにか昨日の敵のために惜しむような気持が私たちの間にも湧《わ》かないでもないだろう。日露戦争の後でステッセル将軍がロシヤで軍法会議にかけられ死刑を求刑された時、乃木将軍が自分の旧部下に依頼して、ヨーロッパの諸新聞にステッセルの開城のやむをえざるものであることを論証して投稿させた、などという行為は、やはり人の心を動かすなにかがあるように思う。それはいってみれば、ニミッツ提督が、ダンス・ホールとして使用されていた軍艦三笠を、昨日の敵の日本海軍の名誉のために惜しんで、みずから進んで三笠艦をその本来の栄誉ある地位に復活させようとして、私財を投じたのと同じような動機によるのだろう。勇敢《ゆうかん》に戦った敵に敬意を表することは、とりもなおさず自分自身を重んずる自敬の念にも通ずる態度なのである。それが西洋の騎士道の精神なのであり、また日本の武士道の精神でもあるのだろう。そしてそのような配慮は当然、赤十字の精神の尊重ともなるのだろう。

乃木第三軍司令官が旅順開城に際して、敵軍の将兵を遇《ぐう》することが立派で、思いやりに富んでいたことは、一面では武士道精神の発露《はつろ》だが、他面では国際世論の注視の下に行なわれた日露戦争で、日本の当局者が優等生として振舞おうと意識的につとめた結果でもあった。しかし、水師営の会見で乃木希典という一人格の一挙手一投足が、外国特派員の注目を浴びていたことは事実であり、乃木将軍であってはじめてなし得た情味のある発言、武士的な美しい行為が参列した人々の心を動かしたのだろう。ステッセル中将は「自分がこの半生のうちで会った人の中で、将軍乃木ほど感激をあたえられた人はない」と語ったというが、ステッセルは乃木大将に自分の馬を贈って謝意《しやい》を表した。

明治三十八年三月の奉天の会戦では、敵の主力は北方へ逃げたから、旅順開城のような敵軍の全面降伏とはならなかったが、それでも（鷗外の言葉を借りれば）「小旅順といふ情況」を現出した。そしてその際、ロシヤ軍が敗退した後も奉天へ踏みとどまったロシヤ側の赤十字社関係の諸員の取扱いに当ったのが、森第二軍軍医部長であった。振返ってみると、森鷗外が「はたとせまへ」にヨーロッパで乃木希典に認められ、その知遇《ちぐう》を得たのは、鷗外がカルルスルーエの国際赤十字の会議で日本の代表を助けて活発に活躍したその頃のことだった。乃木将軍も森軍医部長も、そのような体験をわかちもつ人であった以上、いま戦時に際して世界に恥じないように振舞いたいと決意していたのは当然の反応であったろう。鷗外にとっては若き日にヨーロッパの国際赤十字の会議の席上で颯爽《さつそう》と振舞い、颯爽と発した数々の言葉——祖国の名において結んだ公約を、いわば実地で実行する機会に際会したのだ。そのロシヤ赤十字社関係者本国送還の事実経過については山田弘倫著『軍医森鷗外』に詳しいのでそれにゆずるが、鷗外も手紙にその間の事情を次のように洩らしている。いまそれを拾うと明治三十八年三月十七日の森しげ子宛には、

この頃は敵が沢山病院をこしらへておいて行つたもんだからそのあと始末を引受けてむやみにいそがしいのだ。……毎日々々西洋人が来るのに相手になつていろ〳〵話あひをしなけりやあならないのでなか〳〵めんだうだよ。もうあと三日ばかりであらかた片付くのだ。

とあり、その三日後の三月二十日、遼東守備軍軍医部長賀古鶴所宛には、

拝啓。奉天は一寸小旅順といふ情況を現出して敵の残していつた主な病院が五つ衛生部員及赤十字社員

将校相当三十八人篤志看護婦三十一人下士相当二十二人卒三百二十四人敵の収容してゐた敵の患者二千五百ばかりだ。大旅順にはそれぞれ機関もあつたらうが奉天では司令官の名で通牒書《つうてふしよ》を遣《つかは》すも敵がたの総代と交渉するも何も彼もおれ一人だ。おれの部屋は朝から晩まで露人が絶間《たえま》なく出入する。独逸語と仏語とでさつさとやつつける。俘虜の後送が二十二日に終つて車が明き次第敵の衛生員等の前送となるのだ。今日はロスケと我軍医連と写真をとつた。扨晩《さて》になつて柄になく酒に酔つてゐるところへ君の手紙が来た。

……

と書いている。鷗外はロシヤ側の赤十字社総監督に次のような感謝状まで与えていた。

感謝状

職氏名閣下

閣下ガ奉天附近ノ会戦ニ於テ事態ノ明ナル認識ト速ナル決断トヲ以テ開始セラレ、其（会戦ノ）終局ノ後、堅固ナル意志ト侵スベカラザル耐忍トヲ以テ閣下ノ部下ト共ニ遂行セラレタル事業ハ、多数ナル貴国及我国ノ傷者ノ為メニ祝福トナリタリ。余ハ閣下及閣下に附随セル貴婦人及紳士ニ対シテ余ノ驚歎ト尊敬トヲ言明スル責任アルヲ感ズ。

明治三十八年三月二十一日

於奉天西関外

陸軍軍医監　森林太郎

森鷗外は日本陸軍側のナニクソ流の向意気《むこういき》と、国際条約を楯にとり博愛《はくあい》主義の旗印を掲げるロシヤ軍赤十字の主張の間にはさまれてその解決に苦心したのだが、外国人の気風を十分に呑みこんでいる鷗外は冷静に円満に問題を処理したのでその間の機微《きび》は四月三日、賀古鶴所に宛てた手紙に次のように出ている。

三月二十六日ロシヤの医者や看護婦を皆かへしてしまつた。初は軍では皆営口へやりたいといふ。予は今迄とちがつて多数だから条約第三条どほり前哨線へやらぬとあとで面倒になると争ふ。其中児玉から前哨線へやれと命令がある。そこで告知書を作つてわたす。其内に第四軍の上原が総司令部に意見上申をしたとやらで前哨線にやるのはわるいといふ方針を総司令部から示されて軍はそりや見たことかといふ風になつて予にいふには前の告知書は取消しにくいがなるべく皆営口へやりたいから営口へゆくと先方でいふやうに談判してくれといふのだ。先方は女まで一人として営口へ希望でゆくといふやうなものはゐないのだ。予は先方に向つて前哨線の漸次遠隔すること、交通不便の事、食物不足の事などゝいろ〳〵説いてやつと一部分（主要の人間、男女共）前哨線へやつてあとは営口といふことにさせる。軍は其前方にゆく少数の車に故障をつけて無理に営口へゆかせうとする。先方は此に至つておこる。条約無視などゝいふ詞《ことば》が出てくる。こんどは予がロスケの味方になつて軍に前約履行をせまる。条約無視云々の詞で軍が折れる。まあざつとこんな事でやつとかへして一息ついた。やれ〳〵満洲軍と第二軍とのぐらつきで予のひどいめにあつたことはロスケ以上だ。（秘）

四月二日夜　林　賀古兄

奉天にスコットランド人のデュアルド・クリスティという伝道師が一八八三年以来住んでいて、『奉天三十年』（岩波書店）という本を書いたことはよく知られている。クリスティの報告によると、奉天陥落《かんらく》直後にはいった日本軍は規律正しく、中国人もはじめは救世主としてそれを迎えたが、やがてあくどい商人たちがはいりこみ、日本人の民衆レベルにおける中国人蔑視《チャンコロべつし》の感情が露骨《ろこつ》に示されるに及んで、中国人の期待や希望は幻滅《げんめつ》や反感《はんかん》へ変っていったという。ところで奉天陥落直後、第二軍軍医部長としてクリスティに謝意《しゃい》を表しに行った人は森鷗外だった。クリスティの著書には森第二軍軍医部長の名前は直接出ていないが、日本の将官のことが、

日本軍の首脳部との交際は、最も幸福なる思ひ出ならぬものはない。……日本軍の占領の間、その当局と我々との関係は最も友誼的であった。我々が負傷兵を収容したことに対する彼等の感謝が、絶えざる友誼の始まりであった。

と記されていた。森軍医部長の訪問がきっかけとなって大山総司令官も奥軍司令官も福島将軍もクリスティを訪問するようになったのだろう。クリスティはそれらの諸将のことをなつかしげな筆で書いている。また鷗外も四月一日付の妻への手紙にクリスティ一家のことを次のようにやさしい感情をこめて書いている。

けふは英国の宣教師で日本の負傷者をたすけてくれた人があるので其人のところにお礼にいつた。主人は二十何年とか支那にゐるのださうだ。奥さんは支那に来てから十五年だといつてゐる。子供が六人なのが三人英国にゐて三人こちらに来てゐる。末の二人がひとりは男で十二位ひとりは女で九つ位だ。どれも実にかはいゝ子だつたよ。かへりに奉天のまちを見ようとおもつたが北風で顔がいたいやうなのでいそいでかへつてしまつた。よその子を見ると茉莉が見たくなるよ。

森鷗外はそのように平和のための地味な仕事に忙しかったが、その森第二軍軍医部長にロシヤの赤十字社

の将校は、別れ際に大きなジャンという犬を贈って謝意を表わした。そして、乃木将軍がステッセルから贈られた馬を東京に連れ帰って大事にしたように、森鷗外はその犬――「巨獒《おほいぬ》」と『うた日記』に出ている――を凱旋に際して連れて帰った。当時十五歳だった森於菟氏の日記にも父上凱旋の日のことが、

（明治三十九年）一月十二日。……二時半頃従卒酒井一太郎露国将校ノ愛犬ジャンヲ引キ帰ル。父上ハ三時頃帰ラル。

と出ている。

ところでその軍医森鷗外について、中国人が述べた感想がある。それはほかならぬ魯迅《ろじん》で、彼は一九三四年（昭和九年）七月二十三日、上海から日本にいる友人山本初枝にあてて次のような手紙を日本語で書き送っていた（『魯迅選集』第十三巻、岩波書店）。すなわち魯迅は鷗外の『うた日記』を評釈した佐藤春夫の『陣中の竪琴』を評して、

……立派な本ですが若し私が歌がよくわかるならもう一層面白いだらうと思ひます。此《こん》な軍医様は今では日本にももう少ないでしやう。

と山本夫人宛の手紙に書いていた。それは上海事変が起った二年半後に上海で書かれた感想だった。魯迅は乱れに乱れた中国の現状を思い、また日本の現状を思うと、「森鷗外先生のような軍医様は今では日本にももう少ないでしょう」という淋しい気持を覚えたのにちがいない。ここで「日本にも」というのは「中国にはさらに少ない」という意味である。「今では」というのは「明治三十七、八年当時の日本に比べると今

の日本では」という意味である。考えてみると魯迅がそのような比較をすることには深刻な根拠があった。というのは、魯迅は、かつての日本の先覚者たちが漢方医学の無能を知って蘭方医学へ転じたように、従来の中国の医学では人は救えないと思ったからこそ、西洋医学へ進んだ人だった。

光緒二十八年（明治三十五年）に魯迅が日本へ留学したのは、個人的な立身の問題もあったが、そのような中国の文明開化のためでもあった。しかも、鷗外がドイツで医学を修めに留学中に近代文学にたいして眼を開いたと同じように、魯迅も日本留学中に西洋文学にたいして眼を開いた。そしてその際、もっとも重要なチャンネルとなったのはほかならぬ森鷗外による西洋文学の紹介を通してだった。しかも魯迅が医学から文学へ転ずることになった直接の動機は、魯迅自身の説明によれば、仙台医学専門学校在学中――それは明治三十七年から三十九年にかけてのことで、ちょうど日露戦争の時期と重なっていた――教室である幻燈《げんとう》を見たからだった。それは『藤野先生』や『吶喊《とつかん》』自序にも記されている中国人処刑の光景だった。幻燈に照し出されたその男は満州でロシヤ軍のためにスパイを働いたので日本軍の手で首を斬られようとしていたのである。鷗外の『うた日記』が日露戦争当時のその満州の地での詩作であってみれば、魯迅はそれを読むとそのような一連の過去を思い出さずにはいられなかったにちがいない。魯迅は中国人が処刑されるということ、そしてその犯人が三角帽子をかぶせられて市中を引き廻されると、ほかならぬ同国人が「その見せしめのお祭りさわぎを見物に来る」ということ、――そのような奴隷根性にたいしていたたまれない気持を覚えたのだった（魯迅はそのような専制と表裏をなす奴隷根性を打破するために言論の自由や国際間の思想交流の自由の重要性に思いをいたしたのだろう。それだから『阿Q正伝』や『引き廻し』という作品を書いたのだし、後に、「どこの国、いつの世でも、新しい道を歩いて行く人の背後には、必ず反動者の群がゐて隙を窺《うかが》つてゐる。そして或る機会に起つて迫害《はくがい》を加へる。只口実丈が国により時代によつて変る」という鷗外の主張を中国語『沈黙之塔』に訳したのだろう）。

そのような三十年前の日本での自分の心境と現状との対比が、感慨を呼んで、『うた日記』の歌よりもむしろその著者への評価であるところの、「此な軍医様は今では日本にもう少ないでしやう」となったのではないか、と考えるのだが、どうだろうか。

それともそれほど深刻に考えずともよいことなのかもしれない。魯迅は自分の作品を日本語に訳すと申し出てくれた佐藤春夫の評判の近刊を取り寄せてみた。しかし外国人である魯迅には佐藤春夫の解説にもかかわらず、鷗外の歌や詩はどうしてもなじめなかった。魯迅自身はついに医師にはならずじまいだったが、ここで話題になっている鷗外は軍医でもあり作家でもあった。自分とちがって鷗外はその二つをものの見事に両立させた人だった。しかし、「此な軍医様は今では日本にもう少ないでしやう」

中国はもとより今の日本にもかつての鷗外のような多力者はもういなくなってしまった。——魯迅がいおうとした感想はあるいはその程度のことだったのかもしれない。

## 教科書にあらわれた乃木将軍

旅順港を陥れたと云ふ乃木ぬしの大功が世界の耳目《じもく》を聳動《しようどう》してからは、乃木ぬしのために私のしなくてはならぬしごとはひどく繁多《はんた》になつた。それは世界のあらゆる国国から、乃木ぬしにあてた手紙などが来たからである。詩を作つておこすものもある。書を著して寄せるものもある。私は一々それを訳したり、梗概《かうがい》を書き取つたりして、乃木ぬしに見せることであつた。

鷗外が書いた『戴冠詩人』には乃木将軍と自分との交際のことが、そのように書いてあるが、二人の交渉が日露戦争の後でしげくなったということは鷗外の日記の記事からも推察される。すなわち、

(明治四十一年十二月) 十三日。岡沢大将うせさせ給ひしを聞きて、其家に弔ひに往き、乃木大将希典等に逢ひて帰る。

(四十二年三月) 十六日。乃木大将希典整骨家某を紹介し給ふ。

二十一日。乃木大将希典の紹介し給へる名古屋武修館長虫明盛光といふもの来ぬ。武術より悟入せし整骨者なり。齲歯痛をも治すと云ふ。

乃木大将は町に隠れた昔の剣客が整骨者としても秀でていることを知ると、男を森軍医総監にわざわざ紹介したのだった。虫明盛光の技術が本物で、人柄もまた立派であったから、森鷗外は虫明盛光と交際し、その子の久平も森家にしたしく出入りした。久平は愛知医専を出、父盛光の特殊技術を整形外科学上の治療に応用するという着想の下に東京大学の解剖学教室に入っていたので、鷗外の長男於菟氏とも親しくなったのである。鷗外は久平に依頼されて大正十年には『虫明盛光墓表』を書いているが、そのような人間関係の一つ一つにも乃木将軍の徳がしのばれる。いま乃木将軍との関係にふれた条りを引くと、

虫明盛光墓表

乃木伯希典少学剣。嘗謂。吾邦古有剣術。後失其伝。而参取外法。学歩邯鄲。無足称者。明治四十二年己酉伯在学習院。有剣客虫明盛光者通刺。伯使之為撃刺勢。歎曰。吁是古剣術也。不図今見之。因問。卿何以為活。盛光曰。僕所能剣術与挙技。無以為活。幸通正骨法。足以為世用乎。伯乃諾之予。予験之。知其与西法逈異而有可取焉者。……盛光生而魁偉。以武技為性命。未曾読書講道。頗明大体。其受知乃木伯。尋常人所诩。緘口不言。伯薨後。毎有事入京。必先往拝伯墓。次来見予。……

ドイツ医学を学んでいた青年時代にも鷗外は東洋の医学的伝統をできるなら生かしたいと考えていたが、それだからといって漢方医の精神主義的な強がりに迎合《げいごう》するようなことはなかった。鷗外の判断は科学的根拠に基づいていたので、無名の市井の人虫明盛光も、その技術によって評価し、その人柄において重んじていたのである。乃木大将も森陸軍軍医総監も、調べてみると、いろいろ陰徳《いんとく》を施していたことが知られて、奥床しく感じられるが、そのような些細《ささい》な行為の一つ一つがやがて乃木伝説を形造っていったのだろう。

明治四十三年三月十日の鷗外の日記に靖国神社で乃木大将が『箱入娘』の話をした記述があったのはすでに述べた。同じ年の、

(八月) 九日。乃木大将希典中耳炎になる。往いて訪へば、夫人出でてこれより赤十字社病院に入らんとすといふ。

そしてその翌年、明治四十四年八月二十八日「夜乃木希典を新橋に迎ふ」と日記にある日の森鷗外の佐佐木信綱宛の手紙には次のような文面がある。

……今日乃木将軍ニ逢候而水師営云々之件委細話置候ニ付、小生ノ名刺御持参被下候ハヾ何時ニテモ御出向被下候而宜シク候

二十八日　　林太郎

佐々木大人御許ニ

佐佐木信綱が『鷗外博士の思出』(『文学』第四巻第六号、岩波書店)で語ったところによると、

これは、文部省から小学読本の料として乃木将軍とステッセル将軍との水師営会見の唱歌を作るやう嘱されたをり、当時の情況を詳しく知りたいと思ひ、乃木将軍に紹介を請《こ》ふた故であつた。それで将軍を訪問すると、快く逢はれて、誤があつてはならぬといふので、当時の副官安原少佐と同列で、偕行社に於いて詳しいお話をお聞きしたことであつた。これも故博士の親切な心遣ひの賜であつた。

このようにして『水師営の会見』の詩はできあがったのである。しかし（最近『岡田良平関係文書』が公表されたのでわかったことだが）半月後にその詩を見せられた時、乃木将軍は困惑《こんわく》して時の文部次官岡田良平に宛てて次のような手紙を書きおくった。

拝啓　朝夕秋冷相覚候。愈御佳適奉賀候。別冊拝読恣に加朱仕候。水師営は誠に困り申候。元来此流の長歌不愉快に存候処故、寧ろ削除可然と存候。其他御寸暇の節御通覧相願候。為其。匆々頓首

九月十四日夜　　希典

岡田老兄

尊下

『水師営の会見』について乃木将軍は儀礼的な遠慮から、「削除《さくじょ》してしかるべし」といったのではなく、本当に迷惑に感じていたのだろう。「元来此流の長歌不愉快」と書いたのは――その中に森鷗外の『うた日記』の『乃木将軍』という長歌も含まれていたのだろうか――ずいぶんきつい語調のように思う。しかし、乃木将軍はそのように顔をしかめたが、国語や修身の国定教科書に取りあげられた乃木さん関係の話では、『水

師営の会見』の歌が私たちの心にいちばんなつかしく記憶されているのではないだろうか。厳冬に父親から水を浴びせられて育てられたという『乃木大将の幼年時代』という話や、雨降りの日、外套《がいとう》が雨にぬれていたので車内で人から席をゆずられてもただていねいに礼を言うだけで、腰を掛けようとはしなかった、という『公徳』の話などより、『水師営の会見』の方が、歴史的事実の一齣を伝える美しい話であるだけに、いわば個性を備えた一詩として、私たちの脳裏《のうり》に深く刻みこまれているように思う。アメリカの一日本学者の説だったかに、この詩について問題とするべき点はそれが歴史的事実であるか否かということよりも、むしろ日本人が『水師営の会見』のような情景を良しとした事実にある、という批評があったように記憶するが、乃木さんはそのような日本国民の道理の感覚の体現者であったがゆえに、本人は望まなかったにもかかわらず国民的英雄となってしまったのだろう。『教科書の歴史』(創文社)の著者唐沢富太郎教授も、後の太平洋戦争当時の「鬼畜米英」などというスローガンを掲げて狂奔《きょうほん》した昭和日本の心理状態に比べて、国語教科書に現われ、音楽教科書に載せられて全国的に歌われた『水師営の会見』にはるかに武士道と呼ぶにふさわしい、敵にも敬意を表する気持を認め、そこに「明治の精神」がにじみ出ていることを指摘している。佐佐木大人の詩は、日清戦争の代表的な軍歌である『勇敢なる水兵』にせよ『凱旋』にせよ、またこの詩にせよ、まことにおおらかな佳作だと思う。

ところで岡田次官宛の手紙からもわかるように乃木さんはずいぶん細かいところにまで気のつく人だった。その手紙にある「ほしいままに朱筆を加え」たというのがなにであったか明らかでないが、文部次官宛だから教育関係のことにちがいない。その時のことかどうか知らないが、歴史教科書の文章表現について乃木将軍が次のように言ったと喜田貞吉博士が興味ふかい証言を残している。喜田博士は明治末年、文部省の教科用図書調査委員会主査委員として歴史教科書の編纂《へんさん》にあたった人だが、教科書に明治三十七八年戦役の事を加えるについての思い出を『六十年之回顧』に次のように記していた。すなわち、

（教科書の）原案には、従来の普通の筆法によつて、陸軍大将乃木希典が第三軍を率ゐて、旅順を攻囲したといふ様な書き方をして置いたのであつたが、乃木大将はそれを御覧になつて、「是はよくない。昔の戦争ならばともかく、今日の戦争はさうではない。旅順を攻囲したのは乃木個人ではなくて、第三軍である。若し乃木の名を出す必要があるならば、乃木の率ゐる第三軍がと言ふ様に書いてほしい」と言はれた。成る程乃木さんはいつも此の気持で戦争をして居られたのだなと、思はず襟を正して、謹んで其の様に訂正した事であつた。

歴史というのは、そのような「が」をどこへ置くかという言葉づかいのニュアンスのちがいにも秘められている。そのような片言隻句の中に血となり肉となって生きている。そのような乃木さんの言葉にひそむヒューマニティーを感じる心があってこそ過去ははじめて現在によみがえり、歴史は私たちの心にふれるのだと思う。

## 戴冠詩人カルメン・シルワ

乃木大将の最後の年と森鷗外の交際は後者の日記には次のように記されている。

明治四十五年一月一日（月）。晴。拝賀《はいが》に参内《さんだい》し、東宮御所《とうぐうごしょ》にも往く。長谷場文相、原内相、閑院宮、久邇宮、石黒男等の家に刺を通ず。乃木大将希典の家にて、午餐に稗《ひえ》の飯を供せらる。米一升に先づ蒸したる稗を一合を加ふとなり。荒木嶽父の家にて雑煮を饗せらる。夕に山県元帥の椿山荘にゆき、杯を賜はる。亀井伯第に刺を通じて帰る。

稗飯の炊き方への言及を読むと、森軍医総監がかつては日本陸軍の米食採用の可否のために実験を重ねたという閲歴が思い出される。鷗外博士は精神主義ではなく、カロリー計算や消化率、吸収率の数字を問題とする人だった。だから明治四十五年の元旦も、乃木家の稗飯の馳走にはいささか閉口したのだろう、妻の実家の荒木家で雑煮を食べなおしているのも面白い。

鷗外が『戴冠詩人』にも言及していたが、旅順開城の英雄乃木将軍と諸外国人との間の文通は、将軍が明治四十四年、天皇陛下の御名代の東伏見宮依仁親王の随員としてイギリス国王ジョージ五世の戴冠式に参列するよう渡欧したために、ますますしげくなった。鷗外の日記にも、

（四月）十六日（火）陰。乃木希典来訪す。Marques de Polaviejaに序文を請はれしがためなり。二十日。乃木大将のためにPolaviejaに贈る序文を艸《さう》す。

などと出ている。右のガルシア・デ・ポラビエハ・イ・デル・カスティーヨ侯爵は一八三八年スペインのマドリッドに生まれ、若年からアフリカ、クーパなどの戦闘に参加して功績のあった将軍で、一八九六年にフィリピン総督に任命された。リサールを銃殺刑に処したのも彼であった。一八九九年にはスペインの陸相となり、政治にも関係した人で、著書も数多いという。スペインの図書館で調べればその中に森鷗外が乃木将軍の名で書いた序文も見つかることだろう。

そしてそれから四日後の明治四十五年四月二十四日、鷗外の日記では生前の乃木将軍にふれる最後の記事が次のように出ている。

二十四日。雨。上原大臣官邸の晩餐会にゆく。乃木大将希典来て赤十字に関する意見を艸せしを謝し、Carmen Sylva妃に逢ひしことを語り、白樺諸家の言論に注意すべきことを托す。

乃木将軍とルーマニア王妃エリーザベト、筆名をカルメン・シルワという方との交際については鷗外は『戴冠詩人』に次のように書いている。

乃木希典ぬしは、ルウメニアに往つて妃に見《まみ》えた。それから乃木ぬしが帰つて後、妃は詩を作つて寄せられた。我国に行はれてゐる色紙と言ふものに比べると、稍大きい厚い紙に草花を書いてあつて、それに詩が書いてあつた。それを乃木ぬしは誰やらに訳せしめたが、訳語が当つてゐるかどうか分からぬので、一応引き合せて見てくれと云つて、副官に持たせて私の所へおこせた。訳は散文であつたが、字句が妥当であつたので、私は筆削を加へずに返した。想ふに妃の詩に訳文を添へたものが、遺物の中にあるであらう。

乃木将軍とルーマニア皇后カルメン・シルワとの交際については木村毅氏著の『乃木将軍』に言及がある。先にふれたジョージ五世戴冠式に参列した後、乃木将軍はルーマニアへまわった。宮廷で午餐の後、社交上手の皇后と日本の将軍の間に詩や和歌、俳句、さては日本の宮中の御歌会のことなども話題にのぼったという。話はそれからそれへとはずみルーマニアの皇后は日本の紅葉のことを言われた。乃木将軍は明治四十四年八月末に帰朝したが、義理がたくその時の会話のことを憶えていて、その年の秋、学習院の庭で紅葉の一枝を折ると、それをルーマニア皇后へ贈った。それにたいしルーマニア妃は羊皮紙に御自分で彩管を揮い、乃木将軍から贈られた紅葉の葉を写生すると、その下に皇后自作の四行詩をドイツ語で記して送ってよこされたのである。

Der grosse Held weiss überall zu siegen:
Sein Adlerblick kann Grenzen überfliegen,
Doch wird er zart den Frauensinn erfreuen,
Verständnisvoll ins Kinderherz sich schmiegen !

Carmen Sylva

Huldgesang

Jan 1912

Elisabeth

大英雄は向ふところ勝たざるはなく
爛々《らんらん》たる眼光は遠く境をも超つべし
さるを又優しくも婦人の懐を楽ましめ
聡《さと》くも児童の心を迎ふ

カルメン・シルワ

山中吟

これが森鷗外が目を通して、字句が妥当であるとして筆削を加えずに返した訳であった。木村氏によれば別に訳者不詳の漢訳もあった。

遼東勲烈日星懸
威望雄名万里伝
和気豈唯姫媛喜
稚児仰徳亦欣然

カルメン・シルワの詩句が単なる儀礼の言葉だったとは思われない。乃木将軍の和気が貴婦人やお姫様を喜ばせただけでなく、稚児もまた喜んで将軍になついた、という印象は日露戦争に従軍したアメリカ人記者スタンレー・ウォシュバンの印象とも一致するからである。ウォシュバンはその著『乃木』（『明治文学全集』第四十九巻、筑摩書房）で言う。

将軍の一大軍人たることは、全世界に知らぬ人はない。しかし其の私的個人的方面、其の純真掬《きく》すべきほどの温情、婦女子の柔和にも類《たぐ》うべき、其のなつかしき慈容《じよう》に至っては、英米人の知るところでなく、また全く理解し得ないことと思う。

乃木さんは昭和時代の陸軍軍人とはちがう（そしてまた西洋の軍人ともちがう）独特な社交の術を身につけていた人だったのである。

ところでルーマニア王妃と乃木将軍の間にこのようなゆかしいやりとりのあったことを、鷗外は明治天皇御製が一冊の本として出ると聞いた時、思い出したのだろう。帝王后妃の身分の方で詩人として聞える方は先帝とカルメン・シルワのお二方しかいない、と思い返したのであろう。それに、佐佐木信綱が明治天皇御製に謹解を付した『やまと心』を大正三年四月に出したのは、鷗外が大正元年九月五日、いちはやく佐佐木に説いてその刊行をすすめたからであった。そのような縁があったから、『やまと心』の巻末に鷗外は乞われるままに一言を寄せたのである。

古来帝王后妃と云はれる方方が同時に詩人を以て聞えたと云ふことは、極めて罕《まれ》である。我国には世々のみかど、きさいの宮をはじめ、皇族の方方の御歌が伝へられてゐるが、さう云ふ例は他国には少い。中にも先帝陛下は、御歌数の多いこと、又国民の口々に誦して聖徳を仰ぎまつるよすがとする類の御歌も少からぬことに於いて、未曾有である。現今のところで、他の国々を見渡すに、私の寡聞《くわぶん》を以てすれば、ルウメニアの妃Carmen Sylvaと言ふ方が只一人詩人の誉を有してをられるだけである。

「戴冠詩人」という語は、英語のpoet laureateを連想させ、またその意味でも用いられることがあるが、「戴冠詩人」はここでは帝王皇妃でありながら詩にすぐれた人をさすのである。そして実は鷗外はそのような意味でこの語をすでに二十余年前に用いていた。それは鷗外が明治二十四年に書いた『顕微斎漫録』にあるので、鷗外はその時すでにルーマニアの妃のことを次のように紹介していたのである。

戴冠の詩人といへば、人其カルメン・ジルワCarmen Silvaがことたるを知らざるなし。然れども世には或は其人の又戴冠の看護婦たりしことを知らざるものあるべし。ルメニアの兵病院にて、カルメン・ジルワはみづから手を下して、創を裹《つつ》み食を与へて労を辞せざりき。されば「ムウメ・ラニチロル」Mume ranitilor（創を負ひたる人の母）といふ名は、今も国内に伝はりたり。山間の民は夫人（Mume Regine）が唯一瞥したるのみにて、病を治したりなど言伝へて、これを敬すること神の如くなり。キツヂンWiddinの囲にて、ルメニヤ兵の業果てて、カロル侯Fuerst Carol軍を旋《めぐ》らししとき、夫人は纔《わづか》に其看護の職を廃めていはく、婦の社会にあらはれて業をなすは、一種の破格なり、又一種の不幸なり。我花卉《くわき》、我籠禽《ろうきん》、我書籍は我を俟《ま》てり。我は今帰ることを喜ぶと。

なにか一篇の抒情詩を思わせる紹介文ではないか。鷗外はこの文章ではCarmen Silvaと書いたが、ルーマニア妃エリーザベトの筆名は正しくはCarmen Sylvaと綴るらしい。一八四三年、ドイツのノイヴィートでドイツ貴族の家に生まれ、一八六九年ホーエンツォレルン家出身のカルル侯のもとに嫁した。侯は一八八一年ルーマニア王カロル一世となったのである。皇后は御自身でルーマニアの風物習慣に取材した作品や詩をドイツ語で書かれ、ルーマニア文学の独訳や仏文の著述もされたという。鷗外が敬愛するタイプの貴婦人であったことは、右の紹介文の鷗外の筆致からも察せられよう。一九一六年にブカレストで亡くなられた。

## 白樺派の人々

乃木大将と白樺派の人々、芥川龍之介、岩野泡鳴、『日本及日本人』の同人などとの関係は、世代間対立の典型的な例として、精神分析の立場からも、思想史の立場からも、いろいろと論ずることができるだろう。現に大宅壮一は『炎は流れる』でその問題を取りあげているし、森銑三氏も『古い雑誌から』の中で内田魯庵の『気紛れ日記』にふれて言及している。

日常にも軍服を着用していたという乃木将軍の乃木式といわれる生活態度が、ドイツ留学の体験に由来するものであることはすでに諸家の指摘するところだが、森鷗外も『鶏』の中で日常にも軍服を着用していた自分自身を描いている。森於菟氏によれば馬を大事にしたのも、臥床でも軍刀を離さなかったのも（『金貨』参照）、「軍人として心服した乃木大将の流儀にならつた」のだとあるが、軍刀の件は『金貨』に書かれているようにむしろ奥大将の流儀にならったのだろう。鷗外の心の隅には『鶏』の石田が言ったように、「乃木閣下の事は知らない」と言うだけの、自己のスタイルを貫く態度があったように思える。鷗外は人からその生活様式を押しつけられることも、また自分から自分の生活様式を他人に押しつけるのも好まないリベラルな人だった。その点、鷗外は口喧《くちやかま》しい乃木学習院長とコントラストをなしていた。乃木院長は乃木流の精神主義を生徒たちに徹底させようとして、白樺派の青年たちに嫌われたのだが、そのような若い世代の反抗に直面して悩んだ乃木将軍は、鷗外のもとを訪ねては再三その意見を求めたのだろう。鷗外はここでも智恵《ちえ》袋《ぶくろ》として働いたのにちがいない。山田弘倫の『軍医森鷗外』には、医務局で下僚であった山田が、乃木院長来訪のことについて上司の鷗外にただすと、鷗外が次のように答えたと記されている。

「乃木大将は学習院生徒の教育に就《つ》いて色々質問されるのだが、中々熱心な人で教育上の着想も遠大精密であり、武人には中々珍らしい人だ」

そのような二人の関心のもち方は、鷗外の日記にある、乃木大将が「白樺諸家の言論に注意すべきことを(鷗外に)托す」などに相応じる。そして小泉信三の『わが文芸談』によれば、明治末年、小泉信三が慶応の助手のような身分で三田文学の会に出席して末席に連なっていると、鷗外が乃木将軍の名前を口にして話をしたことが語られている。小泉氏の文章をそのまま引くと、

「……鷗外は乃木の名前を口にしていました。そのときは乃木は学習院長をしておりましたが、学習院から御承知のとおり志賀、武者小路、長与、その他の『白樺』一派の人が出た、その『白樺』一派の文学について、乃木さんがいろいろ心配している、気にかけているというような話を、鷗外はそのときしておりましたが、要するに乃木にたいへん好意を持っておったんです」

森鷗外が乃木将軍に好意を寄せていたことはまぎれもない事実だが、しかしそれだけがすべてではなかった。明治末年の森鷗外は自分自身が陸軍軍医総監の地位について、身の安全が確実になっていただけに、積極的に思想の自由を唱え、リベラルな発言を繰り返していたからである。鷗外には乃木将軍の教育方針に批

判的である面が無論あるので、将軍が学習院の白樺派に代表されるような若い世代が、外国思想にかぶれて忠君《ちゆうくん》の念を失うことを嘆き、山鹿素行の著書を対抗的に引き出そうとするのを、乃木将軍と名ざしてはいないけれども、『青年』（明治四十三年）の中で次のように間接的に批判していた。

……日本人は色々な主義、色々なイスムを輸入して来て、それを弄《もてあそ》んで目をしばだたいてゐる。何もかも日本人の手に入つては小さいおもちやになるのであるから、元が恐ろしい物であつたからと云つて、剛《こは》がるには当らない。何も山鹿素行や、四十七士や、水戸浪士を地下に起して、その小さくなつたイブセンやトルストイに対抗させるには及ばないのです。

鷗外はそのように偏狭《へんきよう》な保守的な国粋主義には反対していたが、しかしだからといって外来のイズムに溺《おぼ》れる人たちにも批判的でないわけではなかった。鷗外は乃木院長にいわれるまでもなく学習院の白樺派の思想動向には気を配っていたのだろう。それだからこそ明治四十五年の一月には『中央公論』誌上にほかならぬ学習院出身の五条秀麿を主人公にした『かのやうに』を発表して、当時の皇室と関係する思想史上のデリケートな一連の問題にあえて言及したのだろう。『かのやうに』の執筆動機の説明としては鷗外が女婿山田珠樹に宛てた大正七年十二月十八日の書簡の一節がいままではいつも必ず引かれた。

……イデエはワイヒンゲルなること御話申候通に候。然らば全篇捏《こ》ね合せものなるかと云ふに、一層深く云へば、小生の一長者に対する心理状態が根調となり居り、そこに多少の性命は有之候者と信じて書きたる次第に候。

そしてこの「一長者」は山県有朋と見て間違いないといままではいつも解説されていた。はたして山県を指すのだろうか。乃木希典という可能性を文学史家は考えたことがあるのだろうか、ないのだろうか。学習院出身の若い世代の思想的動揺を憂慮《ゆうりよ》する乃木院長を近くから見ていた鷗外が、その世代間の思想的対立を取りあげて丹念に書きこんだ作品が学習院出身者五条秀麿を主人公とした『かのやうに』なのだ、という推測も一つの可能性としてなお検討するだけの余地が残されているように思われるが、どうだろうか。

## 殉死

明治四十五年七月下旬、明治天皇の御不予が伝えられた。鷗外の日記には連日のようにそのことが出てくる。

（七月）二十八日（日）。晴。聖上御病症午後増悪せるにより参内し、午後十一時まで宮中に居る。
堀のへにつとへる見れはふみよまぬ人も君をは思ふなりけり
黒きもの結ひそへては見なれつる日のみはたともおもほえぬかな
三十日（火）。晴。薄き白雲。午前零時四十三分天皇崩ぜさせ給ふ。朝聖上皇后皇太后の御機嫌を伺ふ。夜雨点々下る。蒸暑。大正元年と称することとなる。

そして天皇崩御《ほうぎよ》の直後、夏目漱石は山田三良博士の懇請《こんせい》を受けて『法学協会雑誌』第三十巻第八号の巻頭に、率直《そつちよく》に誠実に、次のような哀悼《あいとう》の言葉を記した。

過去四十五年間に発展せる最も光輝ある我が帝国の歴史と終始して忘るべからざる
大行天皇去月三十日を以て崩《ほう》ぜらる

天皇御在位の頃学問を重んじ給ひ明治三十二年以降我が帝国大学の卒業式毎に行幸の事あり日露戦役の折は特に時の文部大臣を召して軍国多事の際と雖《いへど》も教育の事は忽《ゆるがせ》にすべからず其局に当る者克く励精《れいせい》せよとの勅諚《ちよくぢやう》を賜はる
御重患後臣民の祈願其効なく遂に崩御の告示に会ふ我等臣民の一部分として籍を学界に置くもの顧みて
天皇の徳を懐ひ
天皇の恩を憶《おも》ひ謹《つつし》んで哀衷《あいちゆう》を巻首に展ぶ

諒闇《りようあん》の最中に乃木希典は山鹿素行の『中朝事実』の筆写をした。そして九月十一日参内すると当時十二歳であった裕仁親王《ひろひとしんのう》に『中朝事実』について御進講《ごしんこう》申しあげた。そして九月十三日の午後八時、号砲が鳴って御霊柩の葬列が宮門を出た。その時、乃木大将夫妻は刃に伏したのだった。森鷗外の日記にはその時のことが次のように出ている。


十三日（金）。晴。輜車《じしや》に扈随《こずゐ》して宮城より青山に至る。午後八時宮城を発し、十一時青山に至る。翌日午前二時青山を出でて帰る。途上乃木希典夫妻の死を説くものあり。予半信半疑す。

十四日（土）。陰。乃木の邸を訪ふ。石黒男忠悳の要求により鶴田禎次郎、徳岡凞を乃木邸に遣る。

十五日（日）。雨。午後乃木の納棺式に涖《のぞ》む。

十六日（月）。陰。**C. Cagawa**と称するもの松本楽器店員の肩書ある名刺を通じて乃木希典の歌を求む。拒絶す。

十八日（水）。半晴。午後乃木大将希典の葬を送りて青山斎場に至る。興津弥五右衛門を艸して中央公論に寄す。

森鷗外のその時の気持の動きは「予半信半疑す」という記述に感じられる。鷗外も意表をつかれ、それだけにいっそう胸にこみあげてくるものが強かったのであろう。それだから十六日、今日ならばさしずめ週刊誌記者とでもいうべき男があらわれて歌を求めた時、怒りを発して拒絶したのだった。

鷗外は湧《わ》きあがる感動を芸術作品を書くことによって昇華《しようか》しようとした。それが五日足らずのうちに書きあげた『興津弥五右衛門の遺書』なのだが、その初稿は乃木大将殉死の報を得た刹那《せつな》に自分の胸に響いた感動をもとに一気に書いた作品であるから、厳密な意味での歴史物ということはできない。大正二年六月になって考証をもとにおびただしい改変を行なって決定稿としての第二稿を出しているが、そのようにさまざまな史料にあたって加筆しようとも、『興津弥五右衛門の遺書』の最初の主情的な執筆衝動《しようどう》の横溢《おういつ》は、これは歴史考証などとは次元を異にする世界である。いま鷗外の気持が露骨《ろこつ》に示されている語句をその第一稿から拾ってみよう。

「茶儀は無用の虚礼《きよれい》なりと申さば、国家の大礼《たいれい》、先祖の祭祀《さいし》も総て虚礼なるべし」

「これが主命なれば、身命に懸けても果たさでは相成らず」

「総《すべ》て功利《こうり》の念を以て物を視《み》候はば、世の中に尊き物は無くなるべし」

作品中にちりばめられたこのような言葉は、乃木大将殉死《じゆんし》の報に接して、鷗外の血の中から湧いて出た鷗外の信念ともいえる言葉だった。そしてその時以来、鷗外が創作において別方向へ向って動き出したことはすでに周知のとおりだろう。

ところで、そのような鷗外の晩年十年の精神的活動の方向をはっきりと定めてしまった内面世界の問題に比べれば、次に取りあげる話題は些細《ささい》に過ぎるかもしれない。しかし乃木将軍と森鷗外の交際はそのような小さな事実によって織りなされていたのだから、やはりふれておこう。それは乃木大将の形見分けについてである。それには二つ話があって、一つは鷗外が『戴冠詩人』で語る思い出によればこうである。

……先帝の崩御《ほうぎょ》せさせ給ふ少し前に、戸山学校に卒業式があつた。式が済んで帰る途中で、私は乃木ぬしにかう云ふ事を言ひ出した。此頃ドイツの新聞を見るに、キインの彫塑家某が御身のルリエフ像をあらはした銀牌を作つて寄贈したさうである。若《も》し到着してゐるなら、一見させて下さらぬかと云つた。乃木ぬしは答へた。いかにも其銀牌は到着したから、切角《せつかく》見せようと思つてゐた。見せるばかりではない。あれは御身に遣《や》らうと云ふことである。私は云つた。切角人が御身を尊敬して贈つた記念品を、私は貰ふことは出来ぬ。若し出来が好かつたら、拝借して武石弘三郎と云ふ友人に摸造させようかと思ふと云つた。乃木ぬしは、「いや、己はいらぬのだ」と云つて、ずん〳〵往つてしまつた。其後副官が銀牌を持つて来て、返すには及ばぬと云ふ乃木ぬしの口上を伝へた。併し私は承諾せずに、二三日借りて置いて返した。私はルリエフが余り気に入らぬので、摸造もさせなかつた。乃木ぬしの亡くなつた後に聞けば、丁度其頃乃木ぬしは友達にそれとなく遺物分をしたらしい。私は遺物分とは心付かずに受けなかつたのである。銀牌も乃木ぬしの遺物の中にあるであらう。

鷗外のこの文章は「強ひて記憶をたどつて見れば」と書きだしにあるが、勘ちがいではないか、と思われる節もある。明治天皇が陸軍戸山学校の卒業式に行幸したのは、鷗外の日記によれば明治四十五年五月三十日で、そのころ乃木大将が形見分けを考えていたとは考えられないからである。それに乃木大将が鷗外に形見とする積りであった品は、それではなくて別の品であったらしいことが、山田弘倫の『軍医森鷗外』に次のように出ているからである。

会報のために私共が或日局長室に集つて居ると、突然闥《たつ》を排して入つて来た人がある。見るとそれが乃木将軍であつた。私どもは遠慮してすぐに隣室に引きさがつたが、思へばそれが将軍自刃の数日前の出来事であつた。そして御大葬《ごたいそう》後のある日、局長は私共を前に物静かに次のやうに語られた。

「乃木さんが先達来られて、晴雨計がいるならあげようと云はれたが、入用もなかつたから御断りをしてしまつたが、後から考へるとそれを自分への形見とする積りのやうであつた」

先生の言葉はただこれだけであつて、将軍の悲壮《ひそう》な最期に対し、別に残念だとも何とも感情の動きをお見せにならなかつた。この時私は先生の淡々《たんたん》たる情味の奥に一種徹底《てってい》した諦観《ていかん》の如きものの潜在《せんざい》することを感じた。

山田弘倫は鷗外の態度を「淡々たる情味」といっているが、『戴冠詩人』の文章でも「ルリエフが余り気に入らぬので」とはっきり書いているところが鷗外らしく思われる。そしてそのような鷗外の短文が、なにとなくしたわしく感じられる。乃木将軍と森鷗外の高雅《こうが》なまじわりが、さりげない文章を通してなにとなく私たちにも感じられるのである。

## 国民的英雄

乃木将軍と森鷗外の間のことは、鷗外が長男の於菟氏（当時満二十三歳）のために乃木大将夫妻の遺影となった御大葬当日の礼装した写真を町で買ってきたとか、図書寮で『観乃木将軍書扇謹題』の漢詩を草したとか、なお二、三話題もあるが、この結びの章ではそのような資料的な事から離れて、昨今とくに問題とされる藩閥の観点からする両者の交遊——石見《いわみ》の人森林太郎と長州の人乃木希典の関係についてふれてみたい。

もうだいぶ前になるが、松江から萩、津和野へかけてはじめて旅したことがあった。東京駅で私が寝台急行「出雲」に乗ると、向いにいかにもやさしい感じの若い婦人が腰かけていて、行先をお聞きすると津和野へ帰るところという。それはいかにも女らしいほのかな感じのする方で、列車はまだ東京駅のプラットフォームを離れていなかったが、車内はもうすっかり山陰地方の雰囲気となっていた。そしておたずねすると同じ島根県といっても津和野の人にとっては急行で四時間かかる県庁所在地の松江より普通列車で一時間足らずで行ける山口の方がよほど親近感があるらしいお返事だった。昔と今と交通事情も違うし感情のもちようもよほど変ってきたこととは思うが、津和野の人森鷗外にとって長州人は存外親しい存在だったのではあるまいか、などとその時私は考えた。森家には長州側にも親戚縁者は数多いので、鷗外の父静泰ももと三田尻の吉次家の人で山を越えて森家に入婿に来たのだった。津和野は文を尊んだ城下町で、人々も萩のように武張っていなかった。諺《ことわざ》にも「津和野女に萩男」といったとかいうが、そのような間柄であるなら、文の森鷗外と武の乃木希典が君子の交りを結ぶのも、またすなおな成行きではなかったか――その点についてはあまり藩閥史観にこだわらない方がよいのではないか、などとも考えた。

乃木将軍と鷗外博士の交際はその二人についていったい何を語るのだろう。「乃木大将は愚将か」という見だしが目を打った時、筆者は、森鷗外ほどの人があれだけの敬意を払うからには愚将であるはずはないではないか、と即座に考えた。そしてそれが動機となって両者の交際関係を調べたのだが、筆者が客観的な事実を並べて実証的に説いてみても、乃木大将は、右であれ左であれ、どうもアレルギー反応を惹《ひ》きおこしやすい性質の主題であるらしい。

それでは最後にそのデリケートな点についてもふれておきたい。日本で乃木将軍についていまなお過敏な反応が右であれ左であれ生じやすい、ということはこれは考えなおしてみると乃木希典という人が、日本の思想史の上ではいまなお生きている、ということだろう。乃木将軍をどう評価するかが、自分自身の日本人としての生き方を各自そこに投影することになるからだ。乃木将軍はある人々にとっては、かつての日の志賀直哉や長与善郎が感じたような、「抑圧」のシンボルであるかもしれない。また逆にある人々にとっては、辻占売りの少年をいたわった将軍は、名もなき民を愛した仁慈の化身であるかもしれない。麻生旧藩邸の一隅にひっそりと立つ「乃木大将と辻占売りの少年像」は、見る人によっては目頭の熱くなるような尊い姿でもあるのだ。将軍はそのように日本精神史の上の一つのシンボルであり、そのシンボルはさらに深く根ざすところがある以上、それをめぐって正邪、好悪の論戦が起るとしても実は不思議ではない。そしてそのような対立感情は右と左の対立などという図式的なものではないだろう。同一個人の中においても二つの相反する感情、相反する評価が渦を巻いているというのが真実に近いことなのだろう。

その点をいちばんはっきりと正直に書いておられる方は松下芳男教授かと思う。氏は陸軍士官学校の出身だが、大正九年歩兵中尉の時軍職を去った方である。批判精神の強かった氏は、大正元年九月十三日、明治天皇御大葬の日、士官学校の生徒隊の一人として青山通りに並んで立っていて、翌十四日の朝の三時ごろ、同期生の武藤章から、

「おい松下、乃木大将が自殺されたそうだぞ」

と聞かされた時、ふだんから乃木将軍にたいして抱いていた不快の念をいっそうつのらせたという。そして間もなく出た大杉栄の雑誌『近代思想』に、

乃木の死をうたひたたへしその日より牧水《ぼくすい》といふ歌人きらひになりぬ

という歌がのったのを見て、やはり自分と同じような感じをもつものもいるのか、といささか気持よく感じられた由である。松下教授はそのように率直に陸軍士官学校生徒であった当時の気持を回顧しながら、さらに続けて五十年後の自分が、昔とは非常に違った乃木観をいだいていることの自覚も述べておられる。

「若い時代の未熟な反抗心で見た乃木大将を、乃木大将よりも多く生きているわたしが、全く違った目で見ている」

松下教授はそのようにことわられると、「限りない哀愁《あいしゅう》と尊敬《そんけい》の念をいだいて」乃木希典の批判的な略伝を昭和三十五年、吉川弘文館の人物叢書に書かれた。人生にも紆余《うよ》曲折《きょくせつ》があるように、一個人の乃木将軍への評価にも、さまざまな紆余曲折はある。同じく文学者といっても森鷗外の眼を通して見たのと、ほかの作家の眼を通して見たのでは趣きを異にする。徳冨蘆花の『宿生木《やどりぎ》』の主人公の見た乃木将軍もまた違う。しかしそのようにして語りつがれ言いつがれてゆくことこそ、とりもなおさず乃木希典が国民的英雄であることの一示唆なのだと筆者は思う。

# 8　非西洋の近代化とその焦り
## ――国民感情と国家理性――

### 集団的愛国的自負

近代化の過程で後進国が先進の大国となにかといがみあうような体験をもったのは、別に日本国民だけに特有の体験ではなかった。近代中国の作家魯迅《ろじん》（一八八一―一九三六年）は『熱風』の随感録三十八で次のような冷ややかな観察を行なっている。魯迅が生きていた時代のシナは、清朝末期にせよ、民国初期にせよ、西洋帝国主義列強《れっきょう》や、西洋列強の行動のパターンを踏襲《とうしゅう》する日本によって、極度に圧迫され、はずかしめられていた。そしてそのような外部の圧迫に抵抗するだけの体制が中国の内部にはまだ整っていなかった。そのような時期に、誇高《ほこりたか》い漢民族は、ナショナリスティックな、負けずぎらいの気持から、どのような集団的な愛国的自負《じふ》をもって大言壮語《たいげんそうご》していたかというと、魯迅によれば、次の五通りであるという。

一は、「中国は地大物博、開化は最も早く、道徳は天下第一だ」と称する完全な自負型。

二は、「外国の物質文明は高いけれども、中国の精神文明はさらに結構だ」という型。

三は、「外国のものは中国にはすでにことごとくあった。某種の科学は、某子《ぼうし》の説いたところであった」という説をなす型。

四は、「外国にも乞食《こじき》がいる。掘立小屋《ほったてごや》も、娼妓《しょうぎ》も、南京虫《なんきんむし》もいる」という消極的反抗の型。

五は、「中国はつまり野蛮《やばん》なところがいいのだ」という自己の醜悪《しゅうあく》を人に誇示《こじ》する居直《いなお》り型。

このような五つの型に分類される反応は、優越《ゆうえつ》した外来文明の衝撃《しょうげき》にさらされた中国人の劣等感《れっとうかん》と自尊心《じそんしん》が複雑にいりまじった心理状態を示している。そしてその基調にあるのは、なんとかして民族の自負心を強調したい、という焦《あせ》りなのである。魯迅自身の言葉をまた借りれば、

落ちぶれた家の子弟が他家の旺盛《おうせい》なさまを見て、大口をたたき並べて、人々に見栄《みえ》を張るようなものであり、あるいはまた他人から多少の破綻《はたん》を探し出して、いささか自己弁護をしているようなものである。

自分や自分の家がよそに劣らぬものと思いたいのは、人情であり、プライドの問題だが、国家や民族の単位でもプライドの問題があり、それは国威《こくい》とか名誉とかプレスティージュとかいわれる。そのような愛国的自負はどこの国民にもあるのだが、それがとくに奇妙に強く出てくるような危険な時期というのがあった。それは自分よりも優越《ゆうえつ》した文明が威圧《いあつ》的に出現した時である。そのような異文明との出会いに際して、愛国的自負心が集団的に現われるというのは、優越した外国文明の出現に脅威《きょうい》を覚えたからであり、自分自身に自信を持てなくなったがゆえに、かえって強がりをいい「見栄《みえ》を張る」心理なのである。

ところで日本人にも優越した外来文明の出現におびえて興奮した体験があった。一八五三年、ペリー提督《ていとく》が率《ひき》いる黒船《くろふね》が浦賀《うらが》の沖に現われた時、日本国民の一部の間には、神国日本を守るために尊王攘夷《そんのうじょうい》を断行せよ、と主張する者も現われた。そのような民族的な興奮は十九世紀の中葉に湧《わ》き起こっただけではなかった。日本人は二十世紀の中葉の千九百三十年や四十年代にも、対アメリカとの関係で民族的に興奮しついに無謀《むぼう》な一戦をまじえたほどの歴史的体験をもっている。そのような日本人には、魯迅が指摘する中国人の「烏合《うごう》の衆的愛国的自尊《じそん》」の五つの型が、いわば自分自身の経験として、理解されるはずである。

いま日本人の心理の歴史の中から、魯迅が分類した五つの型に相応する例を並行的に拾い出してみよう。

まず、

「……中国はもっとも早く開け、道徳は天下第一だ」

と称する完全な自負型について。この第一の型に関連するものとして、昭和十五年、いわゆる紀元二千六百年の祝典《しゆくてん》が行なわれた際の日本人の集団的な自己高揚《じここうよう》の心理が想起《そうき》される。その当時の日本では、日本は世界でいちばん歴史が古い国であり、万世一系《ばんせいいっけい》の天皇を上に戴いている。日本の国体は万邦無比《ばんぽうむひ》である。このような秀れたお国柄はほかにない、といわれていた。そして日本の子供たちはそのような教えをまともに信じていたのだった。

しかし後から振返ってみると一九四〇年の日本は「日支事変」の解決のめどがたたず、米英両国との関係も悪化の一途《いっと》をたどり、A（アメリカ）B（ブリテン＝英国）C（チャイナ）D（ダッチ＝蘭領東インド）包囲陣に取囲まれていると感じていた。そのような孤立感や危機感が国内的には夜郎自大《やろうじだい》の愛国心の強調となってはねかえったのだろう。ナショナリズムがそうした危機意識とうらはらをなす自己主張であることは中国の場合も日本の場合もさほど違いはないだろう。次に、

「外国の物質文明は高いけれども、中国の精神文明はさらに秀《すぐ》れている」

という型について。この種の精神性の主張は自国が貧乏だった間は、日本でも繰返し主張された。日本精神や大和魂《やまとだましい》の強調がそれで、大東亜《だいとうあ》戦争に負けるまで、幼稚園の児童の中にさえ「日本人には大和魂がある」と健気《けなげ》に（？）思って日の丸の紅い旗を振っていた子供もいたのだった。第三の、

「外国のものは、自然科学の分野のものでも、昔から中国にはすでにあった」

という型について。この種の主張は、中国では外来の機器や制度を取りいれる際、土着主義的な抵抗が行なわれることのないよう、便宜《べんぎ》的な口実として唱えられたこともあった。しかし多くの場合は民族的なプライドから、大発明大発見の功績を自国人に帰したく思ったためだろう。日本でも飛行機を最初に発明したの

はアメリカ人ライト兄弟ではなくて日本人の誰某であった、といった文章が小学校の教科書にまで載《の》ったことがあった。西洋文明にたいして同じく劣等感に悩まされていたロシヤでは、スターリンの治世下では大発明はおおむねロシヤ人の手で行なわれたことになっていた。しかしそのようなロシヤ人の過度の自己主張はソ連邦が宇宙開発の面で世界をリードするようになってからかえって影をひそめた。第四の、

「外国にもさまざまな社会悪や非衛生などの欠点はある」

という他者の欠陥を指摘して安心する型について。この型との関連では昭和十年代の日本で行なわれたアメリカのさまざまの社会悪の指摘が思い出されもしよう。当時の日本の新聞雑誌は、反米気運に乗じて、リンチ、ギャング、黒人問題などアメリカ社会の暗黒面を糾弾《きゆうだん》するに急であった。中国人に限らず日本人も他国の悪弊《あくへい》を列挙《れつきよ》することによって自分自身を正義と感じる傾向はあったのである。最後に第五の、

「中国はつまり野蛮なところがいいのだ」

という居直り型について。一時期前までの日本では質実剛健《しつじつごうけん》が美徳として唱えられ、それはさらに一歩を進めると蛮カラの礼讃となった。肥桶《こえおけ》をかついで生活するのがいいのだ、という類の農本主義的発想は都市文明の贅沢《ぜいたく》を敵視する反文明の見方とたやすく結びついた。ロシヤにおけるスラヴ主義の主張にも、

「ロシヤはつまり野蛮なところがいいのだ」

という居直り型があったことはツルゲーネフの『けむり』にも見える。西ヨーロッパの内部でもフランスの文明にたいしてドイツ人がゲルマンの野蛮性の美徳を強調した例もあった。

右のように相似的な例を並行的に拾い出すと、優越的な外来文明の衝撃を受けた際に、「烏合《うごう》の衆的愛国的自尊」が表面化するのは、なにも魯迅の時代の中国だけには限らなかったことが知られるのである。愛国的自負心といえば聞えはいいが、マス・ヒステリーに近い症状もその中にはまじっていたのである。

# 国民感情と国家理性

民族の歴史を動かすエネルギーの一つに、集団的な愛国的自負があり、それはナショナリズムと呼ばれる運動となるのだが、いま対西洋文明との関係で、日本人のその種の心理の推移を見てみよう。

日本で愛国的自負心の発露《はつろ》が見られたのは、古くはモンゴル侵入の際であり、新しくは対西洋列強との対決の際である。幕末維新の尊王攘夷の運動は、ナショナリズムが外的な刺戟を受けて沸騰《ふっとう》した典型的なケースだが、ただ元寇《げんこう》の場合と違って、十九世紀中葉の西洋列強との対決の際には、日本人は奇妙《きみょう》な立場に立たされた。モンゴルの侵入の際には、モンゴル・中国・朝鮮の連合軍を水際で撃退《げきたい》すればそれで事は済んだのだが、西洋列強との対決の際には、日本は自分自身の独立と発展のためには、西洋起源の技術や制度を採用し、それによって欧州的な強国とならねばならぬ、という自覚を強いられ、その方針を実践に移したからである。元寇《げんこう》が軍事的な次元で終結《しゅうけつ》した事件であったのに反して、黒船に象徴《しょうちょう》される近代西洋は、ただ単に日本に通商上の開国を強要しただけでなく、文明的な次元でも日本に方向転換を強いたのであった。

西洋列強に対抗するために西洋文明の採用を余儀なくされた——この一見矛盾した状況に、幕末以来大東亜戦争にいたる一世紀の日本の特殊な心理的緊張の原因がある。西欧化することによって近代化を推進しようとした明治維新以後の日本は、西洋に敵対し、西洋を攻撃しようとしても、相手の文明を腹の底まで軽蔑《けいべつ》することはできない、という中途半端な状況の中に置かれてしまったからである。それが、非西洋の諸国の近代化運動一般に含まれる心理的矛盾なのだが、そのような心理的葛藤《かっとう》こそ西洋諸国の自然発生的な内発的な近代化の過程には見られない、非西洋諸国の外発的な近代化の特殊な相貌《そうぼう》なのである。そしてそのような関係からくる劣等感と優越感の奇妙な交錯《こうさく》が、日本をやがて太平洋戦争へ突入させた強力な心理的理由の一つとなったことにも注意しなければならない。

いま西洋文明と日本との関係を、日本側の傷つきやすい心理状況に留意しながら、再検討してみよう。西洋文明と日本との出会いは二世紀余にわたる鎖国《さこく》を中にはさんで前後二回、別々に行なわれた。十六世紀の第一回の出会いと十九世紀の第二回の出会いの決定的な相違は、その間に西洋先進諸国では産業革命が行なわれ、十九世紀の西洋列強は一八五三年、江戸湾に現われた蒸気船《じょうきせん》によって象徴されるように、技術文明の上で圧倒的な優位に立っていたということである。そのために日本側の反応にも差異が生じた。

西洋近代と日本との出会いは西暦一八五三年の嘉永《かえい》六年に始まったのだが、その際の日本側の直接的な反応は、尊王攘夷の排外主義として表面化した。それではその当時の日本が、志士たちのかけ声通りに、実際に攘夷の本土決戦を行なったかといえば、明治維新の志士たちは尊王攘夷を唱えて徳川幕府を倒した人々であったにもかかわらず、現実問題としては、自分たちの暴発《ぼうはつ》しようとする愛国心をたくみに統御《とうぎょ》して、ひとたび中央集権の明治新政府を樹立するやいなや、西洋文明を摂取同化する方向へ国策を転換してしまったのである。国民感情としてのナショナリズムは尊王攘夷の高唱となったけれども、国家理性としてのナショナリズムはその感情を抑えて開国和親の方向へ進んだのであった。

明治日本の建設者たちは、長州藩出身の人にせよ、薩摩藩出身の人にせよ、西洋事情を大局的にはよく把《は》握《あく》していた。外国事情を知るにはなにも学校で書物を通して習う、というだけが機会ではない。維新の志士たちは、下関で四国連合艦隊と交戦して破れるとか、薩英《さつえい》戦争で鹿児島の町を焼き払われるとか、そうした戦争体験や外交処理の問題等を通じても、西洋の何であるかを身にしみて知ったのだった。そのような体験があったからこそ、後に元老となった人々は、明治・大正を通じて慎重《しんちょう》であり、白閥打破などの主張に安直にくみしなかったといえるだろう。たとえば山県有朋《やまがたありとも》については、彼が生きている限り日米戦争はあり得ない、といわれていた（徳富蘇峰の説）。そのような観点からすれば、山県評価は多少改められてもよいのかもしれない。

日本人の西洋知識や西洋体験は、明治時代に比べて大正、昭和と年を追うとともに進んできたかのように漠然と考えられている。しかし日本人の外国知識が質量ともに進歩したのかといえば、すくなくとも日本の指導者層についてはそうはいえない節がある。明治の指導者は英語でoligarchy（寡頭《かとう》政治）と評されているように、きわめて少数の限られた人物から成っていた。後に「維新の元勲」と呼ばれるような人々は、一面では徳川時代以来の伝統的な価値観に従って育てられた人々であったが、同時に他面では知欧派という側面ももっていた。

いったい学校教育とか翻訳とかを通してはいってくる外国知識は、かならずしも生きた有効な知識ではない。その種の知識はたとえてみれば日本語の文章にまじっているカタカナのような西洋知識である。それに比べると大久保利通《おおくぼとしみち》にせよ、伊藤博文《いとうひろぶみ》にせよ、また幕府側の勝海舟《かつかいしゅう》にせよ、幕末維新の活動家たちは直接外国人と接して鋭い勘を働かせている。外国渡航の体験についていうなら、勝海舟は一八六〇年、咸臨《かんりん》丸でサンフランシスコへ渡っているし、伊藤博文も一八六三年にはひそかにイギリスへ渡っている。また明治新政府は明治四年には岩倉具視《いわくらともみ》以下の政府首脳の大半を米欧回覧に派遣《はけん》している。その視察旅行は一年十ヵ月の長きにわたるのだったが、そのような外国旅行の見聞が、岩倉、大久保、伊藤らを内地残留組が主張した征韓論とは反対の方向へ走らせたのである。それは外国体験の有無や西洋認識の深浅の差が日本の国策決定をめぐって、国論分裂にいたるほどの決定的な対立を招いた第一回の例といえるだろう。

## 革命後第一世代と第二世代の差

いま明治の指導者の方が昭和前期の指導者よりも外国をよく知っていた、と述べたが、実例をあげて比較してみよう。伊藤博文《いとうひろぶみ》、西園寺公望《さいおんじきんもち》、山県有朋《やまがたありとも》、桂太郎《かつらたろう》といった人々と、近衛文麿《このえふみまろ》、平沼騏一郎《ひらぬまきいちろう》、東条英機《とうじょうひでき》、小《こ》磯国昭《いそくにあき》といった人々のどちらが世界の中の日本の位置について、より正確に把握していたかといえば、外国体験、外国人との交際、外国知識という点で、疑いなく前者の方がすぐれていた。太平洋戦争にいたる千九百三十年代、四十年代の日本の悲劇は、全般的な指導者の指導力の低下に加えて、国際関係について展望を欠いた人々が、軍部内での定期的な異動で前面に押し出され、そうした人々が陸軍大臣、さらには総理大臣の要職についたという、国家組織の自動運動という面にも求められる。

第二次世界大戦の後、連合国側は日本の戦争責任の所在を、ドイツやイタリアの例になぞらえて理解しようと試みた。それだからナチス・ドイツの指導者たちを裁いたニュールンベルグ裁判に相応するものとして極東国際軍事裁判を市谷《いちがや》の法廷で開いたのである。しかし日本には、ヒトラーであるとかムッソリーニであるとかの、一国の国民を特定の方向へ積極的に引張っていった個性的な指導者はいなかった。ヒトラーはドイツ語で「フューラー」と呼ばれ、ムッソリーニはイタリア語で「ドゥーチェ」と呼ばれたが、ともに「導く人」という意味である。戦時中の日本には良かれ悪しかれそうした意味での独裁者は存在しなかった。そのような昭和十年代の日本だったから、もしかりに東条英機陸軍中将が近衛内閣の陸軍大臣とならず、ほかの将官が陸軍大臣となり、またその人がさらに総理大臣となっていたとしても、日本がたどっていたであろう対米英戦争突入へのコースには、それほどの違いがあったとも思われない。戦争開始の責任は、特定の個人にあるというよりも、昭和日本の指導者を取りまいていた雰囲気にもあったといわなければならない。

それではそのような明治維新後第一世代の指導者と第二世代、第三世代の指導者の質の違いは何に由来するかといえば、前者が若い時から外国の力にさらされていたのに対し、後者がそうではなかった点に求められる。すでに述べたが、薩英戦争《さつえいせんそう》や四国艦隊の下関砲撃で破れたという体験は深刻な体験であり、しかもそれは西洋の力や外交の術を学ぶ好機会でもあったのである。そのように実地で苦杯を喫した人々が、後年、米欧を回覧《かいらん》し、日本の伝統にも留意しつつ、意識的につくった明治日本という新しい人工作品は、十九世紀後半の国際環境であったところの帝国主義時代のルール——帝国主義の時代にはその時代なりの国家として取るべき行動様式があった――に適合するよう工夫《くふう》されていた。それだから明治の日本国家はきわめて効率的に日露戦争を遂行《すいこう》することができたのである。それは将来起るであろう西洋列強との戦争を仮定して、そのために作られたような新しい組織だった。そのために「文明開化」を行ない、そのために「富国強兵」にいそしんできたかの観さえあった。

　そのような明治体制は、日露戦争をほぼ成功裡《せいこうり》に戦うことはできたが、しかしその機構は戦後も自動的に存続し、動脈硬化症状を呈して、だんだんと機能不全におちいっていった。まず明治体制は、徳川時代以来の伝統的な合議制――そのトップ・レベルでの合議は元老《げんろう》たちによって行なわれたが、「元老」という表現には徳川藩体制下の「大老」や「老中」のニュアンスがおのずから伝わっている――によって裏側から支えられていた。ここで裏側というのは、元老と呼ばれる存在は明治憲法のどの条文にも表記されていない存在だからである。この元老のように背後から支配するという陰の存在éminence grise《エミナンス・グリーズ》は諸外国の政治界にもまったくないわけではないが、そのような政治文化の形式は日本には古くから伝統的に存在し、院政《いんせい》であるとか大御所《おおごしょ》であるとかいう先例に事欠かない。そのような支配形式が可能なのは日本のタテ社会の構造とも関連しているのだろう。

　ところで明治時代には比較的に均質で、意志の疎通《そつう》がよく行なわれていた少数の元老によって掌握《しょうあく》されていた日本の政治は、元老の消滅《しょうめつ》とともに、扇の要《かなめ》を失ったように、ばらばらとなった。陸軍、官僚などをはじめとする、それぞれタテに連なった各集団が、日本の国家の諸機構にそれぞれ割拠《かっきょ》して、それぞれが自己主張を繰り返し、凝集力《ぎょうしゅうりょく》を失った日本国家の国政をそれぞれ恣意《しい》的に引きずるようになってしまったからである。そのような国内国家的な諸機構のエゴイスティックな自己主張は、集団的な愛国的自負の念によって正当化されていた。そのような国民感情の暴走にたいして、それを統御できるだけの国家理性を備えた国家主体が日本にはもはや存在しなくなってしまったのである。

日本の歴史が、明治、大正、昭和と直線的に進歩してきたかのように考えるのは幻想《げんそう》だろう。義務教育の普及や識字率《しきじりつ》の上昇や大新聞の発達は、一面からいえば進歩だが、他面からいえば、日本国内で愛国的感情を過熱化させることに少なからず貢献《こうけん》してきたのであり、昭和十年代の日本はそのようにして醸成《じょうせい》された国民感情に乗じて軍部が独走し、その軍部の独走に惹《ひ》かれて新聞雑誌が迎合《げいごう》的な記事を書く、という悪循環を呈していたからである。

一般に非西洋の諸国における近代化途上のナショナリズムについては革命後第一世代と第二世代以下の差について留意する必要がある。近代化革命の担《にな》い手たちは、外国、とくに西洋事情に通じている人が多い。インドのネルーが英国のケンブリッジ大学で学んだとか、中国の周恩来が若い時に日本やフランスへ行った、などがその例である。しかし革命後第二代、第三代の世代では、外国の力にさらされて、そこで鍛《きた》えられた人が国家中枢の要職につくとは限らない。独立国家としての体裁も整え、教育体系も完備し、社会に民主化のきざしが見えだしたころは、明治日本の場合が典型的にそうであったが、ナショナリズムの感情が非常に高まるものである。そしてそのような時期には、初等教育の普及や識字率の上昇、通信報道機関の発達によって、愛国的な集団的自負心は高まるが、そのことは必ずしも国際間の平和に寄与するものとは限らない。

国内体制の整備は当然のことながら国内産の指導者を生み出すこととなる。先にもふれたが明治の少数の指導者と昭和の各界の首脳者の違いは、前者が若くて外国の力にさらされて出てきたのに対し、後者があくまで国内製の指導者――メイド・イン・ジャパンのエリート――であった、という点にある。そしてこのように国内製のエリートが上層部に出て来て主流派を形成するという現象はなにも日本に限らず、非西洋の新興諸国家でも革命後二代目、三代目には必ず起る現象に相違ない。

そのような時期に国民感情としてのナショナリズムを国家理性としてのナショナリズムはよく制御《せいぎょ》し得るものであるか、どうか。次章では日本におけるその種の相剋《そうこく》を、一海軍軍人の生涯をたどることによって、具体的に考察してみよう。

近代日本の栄光《えいこう》と悲惨《ひさん》は、軍の栄光と悲惨に重なる面が多いが、このデリケートな問題を、日本国内の問題として見ることをせず、国際的な空間の中にひろげて考察してみよう。そのためにはじめに西洋の一短篇小説へ言及する迂回《うかい》を許していただく。

# 9　軍人の栄辱《えいじょく》
## ――日本における国家主義と国際協調主義――

### 『ローレット』

フランスのロマン派の詩人アルフレッド・ド・ヴィニーの短篇小説集に『軍人の栄辱《えいじょく》』（一八三五年）という厳粛《げんしゅく》な、それでいて光り輝く珠玉《しゅぎょく》のような作品がある。厳粛な、というのはフランス語の授業で『軍人の栄辱』の一節を読んでゆくと、ふだんはざわざわしている教室が、一瞬、水を打ったように静まりかえる時があるからである。そういう時には窓外のマイクの叫喚《きょうかん》がいかにも空しいものに響いてくる。ヴィニーのその集中の一篇は『ローレット』と題されているが、その話の筋はおよそ次の通りだった。

一七九七年、大革命に引続く執政官《コンシュラ》政治の時代のことである。その年の革命暦の実月《みのりづき》二十八日、フランス海軍の二本マストの小艦「マラー」はブレスト軍港を出帆《しゅっぱん》して大西洋の南、カイエンヌへ向かった。旧体制の下でフランス海軍の中核を形成していた貴族出身の士官たちは、いまではあらかた追放されてしまったから、「マラー」の艦長として指揮をとっていたのは、水夫から叩きあげた武骨な、中年の男であった。この船には十九歳の白晳《はくせき》の青年とうら若い妻ローレットも乗っていた。正確にいえば護送《ごそう》されていたのである。青年は執政官政府の独裁にたてついた政治犯なのだった。長い洋上生活であってみれば、狭い船中では親しみの情もおのずから湧《わ》くというものだろう。老艦長は、つがいの雉鳩《きじばと》のように善良な青年とその新妻を食卓に呼んで、スエーデンの酒も飲ませてやったりした。もっとも艦長としての威厳《いげん》を保つために小さなグラスしか渡さなかったが……　一ヵ月の航海の後に艦長は二人をわが子のように思うようになる。そして老マドロスは慎《つつし》みぶかい人柄だったが、ある日、はにかむように提案した。瘴烟《しょうえん》の地のカイエンヌでは――この南米の悪魔の地は、後にドレフュスなどもその近くへ送られた流刑の土地である――そんな土地では、かよわい二人の腕ではとうてい暮せまい。自分はいまは徴用されて軍艦の艦長となっているが、もとは商船の乗組みで、海で稼いで多少の資産もある。そろそろ足を洗って陸へ上ろうと思っていた時だ。力を貸すからカイエンヌで三人で一緒に暮さないか、資産は死んだら君たちに贈ろう、そのような申し出だった。それは、文学史的立場からいうなら、三十年後にヴィクトル・ユーゴーが『レ・ミゼラブル』の中で描く、年老いたジャン・ヴァルジャンがマリユスとコゼットにたいして抱く感情に共通するセンチメントでもあった。大西洋を南下する船上でハンモックに休らう青年と新妻を見守る老艦長の眼差《まなざし》はやさしい一篇の牧歌《イディル》だが、その当時をしのぶ老軍人のたとえはうまい。

「ほら、そこに濡れたハンケチに梨を二つくるんでぶらさげてあるでしょ。それみたいに船が揺れると二人ともハンモックで揺れていたんですよ」

南海のはてで、文明から離れて、親しい者だけが助けあって暮すという話は、ベルナルダン・ド・サン・ピエールの作品にでもありそうな夢物語だが、『ポールとヴィルジニー』の名は、夢みがちなローレットの口にも上り、若い彼女の胸は未来の生活の設計にふくらむのだった。そこにはロマン派文学特有の、コントラストの作為があるともいえるが、洋上の牧歌は、不吉な予感に包まれているだけに、ひとしお切《せつ》ない。

ところでこの作品のシンボルは副題ともなっている「赤い封蠟」である。艦長はブレスト出港時に執政官政府から命令書を受領した。命令書の中にはさらに赤い蠟で封印されたいま一通の命令書がはいっていて、後者は赤道を越すまで開封が禁じられていた。それがある朝、目を覚ましてみると艦に動揺が感じられない。「マラー」は波も風も凪《な》いだ赤道の上に来ていたのだ。夕方まで待って、拇指《おやゆび》で赤い封蠟を粉々にして命令書を開封したが、その内容を青年に伝達する時、艦長は苦悩に胸がつまる。ヴィニーは次のように書いているが、油汗のにじむような、（教室で訳読していると、学生たちが一瞬しんと静まりかえるような）場面である。老艦長はわざと、一生懸命わざと、気軽な口調で青年に問いかけた。

「おい君、君はいったい執政官たちに楯ついて何をしでかした、というのかね？」

「いや艦長、別にたいした事はしちゃいないんです。芝居の替歌《かえうた》を三句ばかり作って、執政官政府を冷かしてやったんでさあ」

「ほんとにそうかね？」

「いや、ほんとにそうなんですよ。それもたいして気の利《き》いた句でもありませんでした。実月《みのりづき》の十五日に逮捕、同十六日に死刑の判決、ついで情状酌量により流刑となったんです」

「変だぞ、執政官たちはよっぽど癇癪《かんしゃく》持ちの同志と見える。命令書には君を銃殺せよ、と書いてある」

## 規律と良心

ヴィニーは人の命が手軽に扱われることを黙って見捨てておくことはできなかった。『ステロ』（平岡昇訳）ではヴィニーは革命を安直に理想化せずにこう書いている。

「実際、革命の時代とは、凡庸低俗《ぼんようていぞく》に至極《しごく》あつらえ向きの時代なのである。それは蛮声《ばんせい》が思想の純粋な表現をおし殺す時であり、背の高さが品性の大いさ以上に評価される時であり、新聞雑誌の罵詈《ばり》が書物の永続的な叡智《えいち》を一時蔽《おお》い隠す時であり、野心満々たる老人が青二才を瞞着《まんちゃく》するために、自分等に滔々《とうとう》と説く彼等青二才の説に耳を傾けるふりをする時である」

またヴィニーは、その全集を編んだバルダンスペルジェの言葉に従えば、「外見上は所属の陣営を変え、党派を変えているかには見えるが、その実は自己の主張に酔いしれた多数派によって圧殺の危機にさらされた敬服《けいふく》すべき少数派の側につねに立つ」人であったという。

そのようなヴィニーはもともと軍人であったが、軍人生活には不適の人だった。しかしだからといって退役した後で軍隊を罵倒《ばとう》するというタイプの人でもなかった。ヴィニーは兵役を通して知りあった名もない軍人の崇高《すうこう》な魂を愛した。その軍人が、執政官政府の命令とはいいながら、取るに足らない罪の青年を銃殺刑に処さねばならぬ、という矛盾に彼自身も悩んだ。老艦長の悩みは作者ヴィニーその人の悩みでもあり、それはまた心やさしい軍人のひとしくわかちもつ悩みであった。

このような規律と良心の矛盾の問題は、日本の軍の学校ではどのように取りあげられていたのだろう。ウェストポイントやサン・シールの士官学校ではどのように論じられているのだろう。盲目的に上司の命令に服してよいものか、という人間の良心をめぐる問題は、軍の学校でよりも、敗戦国で戦争犯罪の責任の所在をめぐって提起されることが多かった。というのも、いったん勝者の側に立てば、一般市民を殺すような陰険《いんけん》なテロ行為や虐殺《ぎゃくさつ》行為までも不問に付されてしまうのが世の常だからである。そしてこの種の問題については、お追従《ついしょう》からだろうが、帝国主義国家の軍隊にあっては盲目的服従は悪であるが、さもなければ絶対的服従も善であるかのような口吻《こうふん》を洩《も》らす人も不幸にしているのである。しかしヴィニーは、そのような政治色に染った論議の空しさを、革命期に生きた人として、知り過ぎるくらい知っていた。ヴィニーは意図的に『軍人の栄辱』の三つの挿話を、それぞれ共和政、帝政、君主政の三つの異なる体制下から拾っている。「人間らしさが軍服の下では消えてしまう」〈l'homme s'efface sous le soldat〉ということは、体制の如何《いかん》を問わず、起り得る問題だということをヴィニーはその三つの設定でもって暗示したのに相違ない。

ヴィニーは、軍人を一束にまとめてカテゴリーとして悪口をいう、という安直な態度は取らなかった。それだから先の「マラー」の老艦長についても彼が命令通りに死刑を執行したことを罵倒《ばとう》したりなぞしていない。それどころか、従容《しょうよう》として死に臨む青年の口をかりて、「艦長、あなたはあなたが果さなければならぬこの任務のために私よりも苦しんでいらっしゃる。そのことが私にはよくわかります」といわせている。青年がそうした健気《けなげ》な心性であればあるだけ、艦長の立場はいっそうつらく切ないものとなる。死んだ青年も、夫の死刑執行を目撃して気が狂ってしまったローレットも、この事件の犠牲者だが、老艦長もまた犠牲者の一人だった。彼は発狂したローレットという十字架を背負って、その余生を戦野に送ることとなる。フランドルの街道を馬車に狂女を乗せて進む老将校の嗚咽《おえつ》にまじる感受性のふるえは、作者ヴィニーの感受性のふるえであり、ヴィニーの憐愍《れんびん》の情はこの老軍人に寄せられる。ヴィニーの短篇の中でもっともよく描き出されている人間はこの老兵ではないかといわれている。

深く人間性に根ざしたヴィニーの短篇はフランスの国境を越えて、広く国外でも読まれた。日本でも第二次世界大戦が始まる前に、辰野隆教授は『シャトオブリヤンとヴィニイ』という随筆で前者の『殉教者《レ・マルテイイル》』と後者の『軍人の栄辱』を簡潔に紹介した。辰野氏にとって『軍人の栄辱』は「少年時代の忠君愛国の魂を再び呼び覚まし、生の最初期の感動——君国への深い愛著——を甦らせた」書物であった。しかし日本人でフランス文学者の辰野博士よりもおそらくさらに深い共感をもって『殉教者』や『軍人の栄辱』を読んだ人——辰野氏とはやや異なる読み方をした人は大正時代にもいた。それが本稿で扱う日本帝国の海軍軍人堀悌吉である。ヴィニーの『軍人の栄辱』を読んだ時の堀悌吉の感想は『堀悌吉君追悼録』に収められた自伝的な文章の一節にあるが、それにはこう記されている。

自分がフランス駐在中に読んだAlfred de Vignyの軍隊生活の追憶（『軍人の栄辱』、原名*Servitude et Grandeur Militaires*）を構成する三篇の小品は規律と自己犠牲とを骨脈とする軍人の生涯に関し、崇高なる精神的の哀話を記したものであるが、之《これ》が自分をして作品の主人公のごとき立場に在る者に対し、限り無き同情と同感とを惹《ひ》き起さしめたものである事を、此処《ここ》に挿入記述して置くのも無用ではないと信ずる。

無用ではない。というのは堀悌吉は平和のために尽した類稀《たぐいまれ》な日本の海軍軍人だったからである。

## 藩閥以後の一エリート

堀悌吉といっても知っている人はごく少ないだろう。実は筆者自身も昭和三十六年、山梨勝之進氏にお目にかかった際、「君はフランスに長く留学していたのだろう。ラテン系統の文化にふれた人には特徴がある。堀君も同じだった」といわれて、いったい誰のことか、と思ったほどだった。もっとも、昭和四十年に阿川弘之氏の『山本五十六』(新潮社)が出てからは、山本五十六の親友としての堀悌吉の名前は人々に記憶されるようになった。いまその人の生涯をたどって日本の近代の歴史を眺め、あわせて軍人の栄辱という問題にふれてみよう。

昭和前期の日本の指導者の特徴は何なのだろうか。明治維新の指導者が、徳川時代の伝統的な教育の中で育ち、幕末以来の動乱の中で鍛えられ、いちはやく西洋列強の力にさらされて、身をもって西洋文明を体感した侍たちであったのに対して、堀悌吉や山本五十六の世代は明治日本で新しく整備された、近代的な学校制度にのっとって出てきた、その当時なりの「新制」の出身者だった。堀悌吉が小学校へあがったころに開かれた帝国議会では、民党が「藩閥《はんばつ》打倒」を叫んで、軍艦製造費や製鋼所建設費の予算を承認しない、という拒否的な態度に出たりした。業《ごう》を煮やした樺山海軍大臣が衆議院で、

「諸君は薩長政府などと罵るも、我が国今日の隆運を来したるは薩長政府の御蔭にあらざるか」

と言い放って議場を騒然《そうぜん》とさせたりもしたころである。しかし一時期はそれほどまでに全日本をゆさぶっ

た「藩閥打倒」というスローガンも、大正年間を通じてだんだんと色あせていった。というのも明治の第一世代が消えてゆくとともに、藩閥もまた勢力を失っていったからである。そしてそれに代って、東京帝国大学や陸軍士官学校、海軍兵学校などの出身者が、各界に割拠《かっきょ》して、日本を支配するようになっていった。何となく封建的な臭いのした藩閥に代って、そのような本人の能力《メリット》や学歴によって、社会階層の上層へ立身できるという仕組の社会は、二十世紀初頭の地球上では、北アメリカやヨーロッパの一部を除いては、日本にしか存在しなかった。それだから江田島の海軍兵学校へ英語を教えに来たイギリス人教師は、貴族や上流階級の子弟が幅《はば》を利《き》かせている英国海軍との比較において、日本海軍の「民主主義的」性格に驚いて、あるいは眉《まゆ》をひそめ、あるいは感心したのだった。

実際、堀悌吉の履歴書を一瞥すると、堀が一世代前の指導者とは型を異にする、学校秀才的なエリートであったことが合点される。明治十六年（一八八三年）大分県の八坂村で庄屋の家に生まれた堀悌吉はもともと藩閥には縁が無かったし、士族階級の出身でもなかった（堀の同期生の山本五十六についていえば出身は士族だが、しかしそれは薩長と戦って滅ぼされた長岡藩の出身であった）。堀は、八坂尋常小学校、大分県立杵築中学校（一回生）を経て、明治三十四年に海軍兵学校に入学する。悌吉は小学校時代に豊島沖の海戦の知らせなどを聞いて、「討てや懲《こ》らせや」を斉唱して興奮した、単純に愛国的な少年だったのだろう。近代日本の秀才がたどる典型的なコースを進んで、明治三十七年、日露戦争酣《たけなわ》のころに兵学校を首席で卒業した。そしてクラス・ヘッドの堀悌吉候補生は旅順陥落《かんらく》の直後、聯合艦隊の旗艦「三笠」の乗組を命ぜられ、高野五十六は「日進」乗組を命ぜられた。日本海海戦の最中に重傷を負った高野少尉候補生は、後に山本五十六として知られる人である。

明治三十八年五月二十七日の日本海海戦は日本側の完全な勝利に終ったが、それではそのような海軍の栄光の絶頂にあって、その戦闘に参加したこの年少の士官はどのような心境であったのだろう。昭和二十一年になってその当時を回顧して綴《つづ》った堀悌吉の自伝的な文章があるが、その一節を堀は次のような古歌を冒頭に引きながら書いている。

とれば憂《う》しとらねば物の数ならず
捨つべきものは弓矢なりけり

## 一は悲惨、一は悲壮

自分は明治三十八年五月二十七日、海軍少尉候補生として聯合艦隊司令長官旗艦「三笠」に乗組み、日本海海戦に参加したが、当日午後五時半、わが第一戦隊が南下して第二戦隊と分れ、さらに索敵《さくてき》北上するにあたり、敵の仮装巡洋艦《かそうじゅんようかん》「ウラル」が左方近距離に現われた時、第一戦隊の主力艦「三笠《みかさ》」、「敷島《しきしま》」、「富士」、「朝日」、「春日」、「日進」の六隻から強烈なる集中砲火を浴びせかけ、「ウラル」はたちまちの間に損傷《そんしょう》大破した、注視するとそのマストに幾綴《つづ》りかの信号旗旒《きりゅう》を掲揚《けいよう》していたが、その信号がなにであるかを見てとるひまもなく、甲板はわが方に傾いて、マストは倒れ、艦体は沈没していった。甲板の上に集っていた多くの人は水中に転落し、または艦とともに海底に消え去ってしまった。自分は「三笠」の艦橋上から二、三千メートル突《とつ》の至近の距離で双眼鏡裡《り》にこれを目撃《もくげき》したのである。

次に忘れることのできないのは、敵の旗艦「スワロフ」が全艦猛火に包まれ、運航の自由を失っていながらも、なお後部将官室付近の小口径砲一門だけをもって勇敢《ゆうかん》に我《われ》に抵抗し、あくまで奮戦《ふんせん》を続けていたことである。

一は悲惨《ひさん》、一は悲壮《ひそう》、ともに軍艦の最期である。「スワロフ」はたとい小口径砲一門でも、なおこれをもって抵抗勇戦しているわが敵であるが、「ウラル」は戦闘力を欠いた、すくなくとも武力を行使し得ない、仮装商船である。しかもその掲げていた信号は何であったかわからぬが、もしかしたら降伏の申し入れであったかもしれぬ。それが戦場の習慣《ならわし》とはいいながら、わが主力部隊の全砲火――十二インチの主砲だけは打方《うちかた》を控えた艦もあった――を蒙って沈んでいったのである。「スワロフ」にたいしては「敵ながらも傑《えら》いものだ」と感嘆《かんたん》させられたが、「ウラル」にたいしては「ああ気の毒だ、可哀そうだ」と思わぬものはなかっただろうと思う。たがいに名乗りをあげて華々しく刃《やいば》をあわせた歴史時代の武士の作法《さほう》から見れば、なんたる変り様であろう。ことに近代の海戦においては武士の情もなにもあったものではない。ただ遠くからおたがいに砲弾を送りあって相手を仆《たお》さんとする手段のみが存在するのである。自分が「ウラル」の最期から受けた印象は右に引いた古歌に現われたる通りであって、ついに消えさることのできないものであった。

この古歌に現われた印象というのは、今日的な問題意識に置き換えていうなら、軍備の問題といえるだろう。「弓矢」はいうまでもなく軍事力の象徴である。しかしその力を実際に発動すれば、「とれば憂し」、自他の国民を殺さざるを得ぬという物憂《ものう》い破目に追いこまれてしまう。しかし軍備をゆるがせにするならば、「とらねば物の数ならず」、国防の決意がない国は、他国から恫喝《どうかつ》され、他国と通じる勢力によって心理的に支配され、独立国民としての精神の自由も失ってしまうだろう。国としても人間としても物の数にも入らなくなってしまうだろう。そうした前後相矛盾する心境を「捨つべきものは弓矢なりけり」という下の句でくくったのである。それは平和な、動乱のない世の中を憧れる心であり、それだけにまた現実にはなかなか有り得ない境涯への溜息《ためいき》にも似た憧憬《しょうけい》なのである。

いったい戦闘行為そのものに参加した人の中からは、このような人間的な、謙抑《けんよく》な気持を抱いた人がかえって出たらしい。日本海海戦に同じく「三笠」艦に乗って参加し、聯合艦隊の作戦を指導した秋山真之《あきやままさゆき》は、日本海海戦確定詳報には簡潔に、「スワロフは益大破して其一檣二煙突を失ひ全艦煙焔に包まれて操縦する能はず」「スワロフは尚ほ艦尾の小砲一門を以て最終の抵抗を試みしも遂に我が水雷二発の下に沈没せり」と書いているが、このような惨況《さんきょう》から深い衝撃《しょうげき》を受け、戦後、海軍をやめて出家しようとした。そしてそのことを部内の人々からとめられると、自分の長男の大《ひろし》に僧になることを頼み、現にその長男は無宗派の僧になることによって父親のその希望に応《こた》えた、といわれている。はなやかな戦争の勝利の報道を伝えた人は、そしてそのようにして軍国主義の伝統を培《つちか》っていった人は、必ずしも第一線にはいなかった新聞記者などであったのかもしれない。どうも軍事的勝利の集団的記憶というものは――これから先のヴェトナムがそうなることを中華人民共和国をはじめ隣国ははやくも一抹《いちまつ》の危惧《きぐ》をもって眺《なが》めていると外電は報じているが――必然的に軍の威信《いしん》を高め、ミリタリズムの伝統を培うものとなるのだろう。

しかし堀士官は軍事的な栄光に酔いしれるような人ではなかった。堀悌吉は日本海海戦について次のような思い出も書いている。

明治四十一年、神戸沖に観艦式《かんかんしき》が挙行せられた。自分が乗組中尉として乗っていた通報艦「淀」は供奉艦となって、御召艦《おめしかん》「浅間」の通跡を進航したが、狭い上甲板は特別拝観者でいっぱいになっていた。それらの人たちから戦争の話を求められたので、自分は「スワロフ」の奮戦《ふんせん》や「ウラル」の最期などについて当時の話をしたところ、そのうちの一人が進み出て、「敵艦が沈没する時はさぞ愉快《ゆかい》であったでしょうね」というから、自分は「私どもはただもう悲惨の思いで胸いっぱいでした。ことに乗っていた人々にたいしては気の毒でたまらなかったのです」と答えると、居あわせた陸軍の一老将軍は「そうでしょう。武士は相身互《たが》いだ」と眼をうるませて同感してくれたのを記憶している。

このような話に接すると、筆者は日本文学の中に脈打つ、美しい伝統を思わずにはいられない。それは熊谷次郎直実が平敦盛の首をかき切る一節に示された心情、

あはれ、弓矢とる身ほど口惜《くちをし》かりけるものはなし。武藝の家に生れずば、何とてかゝるうき目をばみるべき。なさけなうもうちたてまつるものかな。

という武人の嘆きである。『平家物語』に始まるこの主題は、室町時代には謡曲や幸若《こうわか》となり、徳川時代には『一谷嫩軍記《いちのたにふたば》』の時代物浄瑠璃となって国民の間に伝承されてきた。そのように同一の主題が繰返し取りあげられ歌舞伎などでもてはやされ伝承されてきたということ自体が、日本国民の心性が奈辺《なへん》にあるかを示唆《しさ》するものだが、堀悌吉は一面ではそのような日本的伝統につながる繊細な心性の持主だったのだろうと思う。

## 洋行

しかし堀悌吉は他面では広く世界につながる人でもあった。同一世代の日本人の中では群を抜いて西洋につながっていた人でもあった。というのも海軍のエリート将校であった堀は、再三にわたって外国へ行く機会があり、その上、長く駐在するという好運に恵まれた人だったからである。そしてそのような外国体験は、堀悌吉の合理的な平和の思想の形成にも深く関係していることだった。いまその日本人の洋行体験について、同世代の日本人のパリ体験という横の面と、海軍軍人という同職業の日本人のパリ体験という縦の面と、双方から切断して眺めてみよう。

洋行ということは、明治初年以来この方、日本人のあこがれの的だった。第二次世界大戦が始まる直前ま

で、日本の小学校高学年の国定教科書には、横浜や神戸から、香港、シンガポール、コロンボなどを経、インド洋や紅海を進んで、スエズ運河を通過し、マルセーユ、さらにはロンドンにいたる欧亜航路のことが載《の》っていた。そして官吏も、会社員も、急進思想家も、芸術家も、留学生も、同じ郵船に呉越同舟《ごえつどうしゅう》してひとしく西洋を目ざしたように、日本人は職業、思想の差を問わず、西洋への憧憬という点では不思議なくらい似通っていたのである。その日本人のあこがれの的は、昔も今もパリのようだが、そうしたパリへの憧憬が思想的な区分などを超越したなにかであったということを示すために、二つの詩歌を引いてみよう。やや品が下るが、〈Penses-tu〉とあるのは、媚《こび》を呈する女がなれなれしく「あら、そう思って?」といったというほどの意味である。
Penses-tu《パンスチユ》とアンリエットが艶《なま》めきて
言ひつる癖も忘れ難かり
独房《どくぼう》の
実はベッドのソファの上に
葉巻のけむり
バル・タバレンの踊り子ドリイ

このような詩歌を二つ拾って並べると、その詩境の等質性に驚かされる。それらはともに「パリの屋根の下」をなつかしむ風情なのだが、しかし実は前者は哲学者九鬼周造《くきしゅうぞう》の『巴里心景』中の一歌で、後者はアナーキスト大杉栄の『日本脱出記』中の一詩なのである。二人の職業や立場の差にもかかわらず、歌われている境地はすこぶる共通している。――筆者がこのような例を引いたのは、日本人の西洋体験という問題は、いわゆる思想史的な区分――その当人が社会主義者だとか軍国主義者だとか審美主義者だとかいった区分――そうした区分を超越したより一般的な体験だ、という面を強調したかったからである。

ところでパリがもっているこのようないきな面に反撥《はんぱつ》した日本人も無論いた。明治三十三年のことだが、イギリスへ留学する途中、パリへ寄った夏目漱石は、言葉が通じないことの腹だたしさもいりまじってか、

巴理《パリ》ノ繁華ト堕落ハ驚クベキモノナリ

と吐き出すように日記に書いている。文学者の漱石でさえそのような反応を呈したほどだから、忠君愛国や儒教倫理を叩きこまれて育った日本の軍人がパリに着いて硬直症状を呈したとしても、それは訝《いぶか》しむに足らなかった。漱石がパリへ寄る一年前、上村《かみむら》彦之丞大佐は竹下勇少佐や当時フランスに駐在していた村上格一に案内されてパリ見物をした。海軍大臣秘書官を勤めたこともある村上の案内は綿密で順序よく親切でしかも徹底《てってい》していた。一夜一行をカルチエ・ラタンへも連れて行ってくれた。『海軍大将村上格一伝』から引用すると、一八九九年のセーヌ左岸の光景は、「輪奐《りんかん》の美を極めたる殿堂の裡《うち》に、紅燈緑酒歓楽に酔える多数の男女学生が、互に相擁して乱舞狂蹈《きょうとう》し、夜の更《ふ》くるをも知らざる有様」であったという。上村彦之丞――後に蔚山《うるさん》沖の海戦でロシヤのウラジオストック艦隊を撃破した海将――は、その有様に悲憤慷慨《ひふんこうがい》して、「亡国的」と称し、「見るに堪えぬ」といいだした。上村大佐のそのような腹立ちや苛立《いらだ》ちもそれなりにわかる心理だが、しかしここでより興味深いのはその時に若い村上格一大尉が示した反応である。村上は位がはるかに上であり、しかも剛腹《ごうふく》という定評のある上村大佐に反駁《はんぱく》して、「皮相の観察によって事物を断定するの過誤なることを力説し、敢て上村大佐の悲憤慷慨に合槌《あいづち》を打つことをしなかった」といわれている。その

ような応酬《おうしゅう》の思い出を後年語った人は、その場に居合わせた財部彪《たからべたけし》（当時大尉）だが、村上格一が留学先のフランスの魅力を身にしみて感得《かんとく》し、若いながら個人としての個性ある見解を主張して譲らなかったことが察知されよう。村上は一八八四年の海兵卒業で、イギリス留学を命ぜられた財部彪（一八八九年卒）や、アメリカ留学を命ぜられた秋山真之（一八九〇年卒）、ロシヤ留学を命ぜられた広瀬武夫（一八八九年卒）などとほぼ同じ時期に海外留学を命ぜられた人なのである。そのような先輩たちの系譜の後へ、およそ十五年遅れで、大正期になって、堀悌吉も登場するのだった。堀悌吉のような海軍軍人はなにも突然変異的に現われた、というわけではなかったのである。

## ギャラントな紳士

堀大尉は大正二年（一九一三年）、満二十九歳の時にフランス駐在を命ぜられる。堀悌吉がその三年間のフランス滞在で人間も変ったな、と思わせる証言に寺島健が『堀悌吉君追悼録』へ寄せた次のような思い出話がある。

寺島健は、堀悌吉の後釜として大正五年にフランスへ渡った人だが、事務引継の際に気をつけていると次のようなことがあった。パリ大使館付補佐官は、職務の性質上いろいろ電報を打たなければならない。ところが第一次世界大戦下のパリの郵便局は、男は局長を残して、あとはみな兵隊にとられ、女の事務員だけでたいへん混みあっている。それなのに堀悌吉が郵便局へはいってゆくと、受付の窓口が混んでいる時でも、

「ああ外国電報ですね」

と若い女の局員が、並んでいるフランス人を差しおいて、さっと自分から手をのばして堀少佐の電報を受付けてくれたという。この挿話を読むと、第一次大戦当時、ひとしく聯合国の側に立って戦った日本にたいするパリの庶民の好意が感じられるが、しかしこれには裏もあるのだった。堀は女の局員に日本の土産物を

くれたり休日には散歩に誘ったりなどの心づかいまでしてあったというのである。彼女らが、

「堀さんはたいへん親切な人だ」

というと、堀はすかさず、

「いや、貴女が悦《よろこ》んでくれることが私の楽しみで愉快《ゆかい》だからだ」

などと接続法を使って答えた。武骨な海軍軍人であった堀悌吉が、ヨーロッパで背広を着て暮しているうちに、西洋女性を巧みに扱う術も心得た、ギャラントな紳士に垢抜けしていった様が、こうした日常の挿話の端々にも感じられる。

ここで軍人という肩書をはずして堀悌吉のフランス体験を考察してみよう。フランス文化を学んだ一日本人としてのMonsieur Hori《ムシュー ホリ》の外国生活を検討してゆくと、時代とか職業とかの違いにもかかわらず、フランス語を専攻しフランスに学んだ筆者などにはひとしくfrancisant《フランシザン》（フランス研究者）としての深い親しみが湧くのを覚える。なにか秀れた一先輩にめぐり会ったような感慨さえ覚える。マロニエの咲くパリの森を好んで散策し、橄欖《かんらん》の茂った南欧の海辺に遊んだといわれる堀悌吉の在外体験はそれでは具体的にはどのようなものだったのか。

堀悌吉にフランス語学習をすすめた人は明治四十一年水雷学校普通科学生当時の教官であった岡田啓介だった。それで堀ははじめは暁星学校の先生からフランス語の手ほどきを受けた。大正二年フランスへ渡った時は、まず地方のトゥールへ行った。トゥールは人情も厚く、フランス語の発音もいいというので、外交官の卵や若手の学者がしばしば留学初期に赴《おもむ》く土地――たとえばその一人の中村光夫氏にその地の美しい描写の一文もある――である。「風光明媚《ふうこうめいび》なるロワール河の流域で、古城の懐古に耽《ふけ》りながら静かに勉強した。」こういう堀の回想の文章に接すると落着いた心境のようにも思えるが、事実は必ずしもそうではなかったらしい。なにしろ単語の知識も乏しくて、家庭教師にもついていろいろと苦心したが、トゥールでの

五ヵ月間の生活は、堀のユーモアに富む表現に従えば、「自分の周囲で思う存分日本語が使えて、しかも了解してくれるのは犬と赤ん坊のみであった」からである。

パリへ出てからは——その時は洋行の船中等で相当自由に喋《しやべ》れた英語が今度はできなくなっていた——ソルボンヌの講義も聴き、コレージュ・ド・フランスの講義にも連なった。軍事上の特殊研究に打込むことはせず、一般軍事研究の名の下に各般の知識の習得につとめた。大学で行政法や経済学の講義にも出席し、また文学関係の書物も探しては次から次へと読んだ。内容の大体を知るに急で濫読《らんどく》したものも多かったが、中には辞書を引いて精読したものも少なくなかった。その中にヴィニーの『軍人の栄辱』が含まれていたことについてはすでに述べた。

大戦下のパリで堀は最初、各国人共同の下宿生活をしていたが、フランス人の生活の中にはいらなければ駄目だと思い、『エキセルシオール』紙にわざわざ広告を出して下宿を探し求めた。するとフランスの旧貴族の Vicomte de Manet ド・マネー子爵という人がその家庭に堀を迎えてくれたのである。フランスは大革命で旧体制は崩壊《ほうかい》したが、爵位《しやくい》を名目的に名乗ることは共和制下のいまでもなお許されている国柄なのである。ド・マネー子爵は学者肌の人でカトリックの新聞に勤め、夫人のマリー・アントワネットは婦人雑誌 *la Mode* に執筆し、水彩画をよくしてサロンに出品、入選したりしていた。息子の教育を共和国政府の学校で受けさせることを拒んで、英仏海峡にあるジャージー島で育てたが、その息子がいま出征中なので、それでその空いている部屋に聯合国日本の海軍少佐を迎え入れたのだった。

堀悌吉はド・マネー家で暮して、はじめてフランス文化の豊かな基盤にふれる思いがした。画も音楽も文学もなにひとつできないものはない上に、その上にマリー・アントワネット夫人は家政の切り盛りもてきぱきとやってのけるのである。そのころパリへは日本から塩田広重博士ら赤十字の救護隊も来ていたが、フランスの上流家庭の夫人や娘が、疲れも知らず、病院の廊下に寝泊りまでして、献身的な看護活動に従事することに驚きを覚えた。社交で洗練された婦人たちは、命令を出すのも受けるのも、てきぱきと要領《ようりょう》よかったのである。noblesse oblige《ノブレス オブリージュ》はこの国ではまだ生きていた。

堀少佐のド・マネー家の思い出には、戦局の好転による生活のゆとりも感じられる。「この家族の者と日曜に寺詣りしたり、近郊に散歩やドライヴに出かけたりした。夕食後は一家団欒《いっかだんらん》の中に居て、まったく家族の一員として生活した。そしてこの家族の間で語学はもちろんだが、歴史、文学から真の健全なるフランスの物を研究知得し、得《う》る所が非常に多かった」

堀悌吉は子供の躾《しつ》け方までこのフランスの家庭で教えられたところがあったらしい。堀は晩年、お孫さんの教育についてもフランスの躾け方などを例にあげたという。フランスでは先年まで子供の尻を叩く鞭を店で売っていたが、日本と違って子供を甘やかさず、その躾け方がよかれあしかれきわめて厳しいのである。

## 留学の心理的・生理的法則

このように外面的な事情をスケッチすると堀悌吉のフランス体験はまことに幸福なもののように見える。堀は恵まれた環境で、一介の武弁からギャラントな紳士へと変貌《へんぼう》していったかにも見える。しかし、その人格上の脱皮にはやはり苦痛も伴っていたので、その間の心理の変化を堀は自分自身で内側から眺めて、次のように分析して書いているが、それはまことにすなおな自省である。

一、初めて外国到着の当時は衣食住その他の生活様式および環境の変動から一種の旅愁《りょしゅう》にかかるものか、その国が嫌いになり、人のいう言葉はわからぬ癖に悪意に解し、人々の欠点のみが目につき、皮相《ひそう》なる見解により万事を軽蔑《けいべつ》せんとする傾きがある。次ですこし落ちついて言葉もややわかるようになってくると、いままで欠点と思ったことが案外美点であったり、また思いもよらぬところに自分より優《まさ》った見所があることがわかってきて、何だか引け目を感じて忌々《いまいま》しくなり、かつまた、自己の意志を言葉で充分に言い表わすことのできぬために、人から馬鹿にされていると邪推《じやすい》する。大体日本でもそうだが、どこの国でも語学の程度をもってその人の知能の程度とみなしがちのものだから、面白くなく感ぜられる場合が多いのも無理はない。このために癪《しやく》にさわることがふえて、事々物々厭《じじぶつぶついや》になり、ついに憎悪的な感情を伴い、白眼をもって他に接するようになる。以上が第一期における変化である。

外国へ来たてに生活様式が違うため面喰うことを文化人類学の方ではcross-cultural frustrationと呼び、いまは「カルチャー・ショック」という言葉が流行《はやり》だが、その間の心理状態が実感的に記されている。これは堀悌吉が自分自身のトゥール時代の気持を要約したのだろう。外国へ着いた当初は、なにしろ物事を判断する基準そのものまでが違うのだから、自分のルールでもって応対しようとしても、どうも調子が乗らず、テンポがあわず、うまく相手と嚙《か》みあわない。それでいて相手のルール——その相手のルールの最大なるものが言葉のルールであり、文法の規則でもあるわけだが——の中へは、はいろうと努力してもなかなかはいっていけない。そのために心理的に違和感《いわかん》が生じて、無性《むしよう》に腹を立てる人も出てくれば、なかには無闇《むやみ》に相手に感心してなにからなにまで西洋が優秀であるかのように盲信《もうしん》してしまう人も出てくる。それが過ぎると第二期。

二、それから語学も少々出来、研究も進んで行くと同時に、漸次《ぜんじ》環境にも慣《な》れてくると、冷静に事物を観察し、かつ自己の判断がついてきて、自己の知識の非常に貧弱なことを自覚する。これまでに精神修養などで相当に固めたつもりの考え方もすこぶる独断的のもので、ここかしこに疑点が湧いてきて、道徳の根本観念が動揺《どうよう》をはじめる。過去に自分等の受けた修身教育は倫理的考察を充分に経ていたものでなかったから、外国の社会に来て新規の事物に遭遇《そうぐう》すると、片っ端から打ちこわされて行くような気がする。

この感想については堀悌吉の世代の人が詰込まれた教条主義的な教育という事情をやはり考慮に入れなければならないだろう。この世代の人々は明治二十三年に出た「古今ニ通ジテ謬《あやま》ラズ、中外ニ施シテ悖《もと》ラズ」とみずから主張するところの『教育勅語』を暗誦《あんしょう》させられて育った人々である。日本の国体の優秀性を無批判的に信じこまされた世代である。それだけに外国の社会に来て、新規の優秀な事物に遭遇《そうぐう》すると、そのたびに自分自身の精神の土台が音を立てて崩壊《ほうかい》するような、不安感に襲われたのだろうと思う。

もっともそのような無批判的な愛国主義の傾向は、ナショナリズムの昂揚《こうよう》期にはいずれの国民にも多かれ少なかれ見られたところなので、「すべてに冠《かん》たるドイツ、ドイツ」という国歌を斉唱したドイツ人にも、「ラ・マルセイエーズ」を歌ったフランス人にも、ひとしく認められた傾向なのである。近年の例を引くなら、中華人民共和国の内部で『毛沢東語録』を暗誦して祖国の優秀性を信じていた紅衛兵《こうえいへい》が、ひとたび香港へ出て、その地で新規の事物に遭遇すると、もうそれだけで過去の信念が片っ端から打ちこわされていく思いがした、というような話も伝えられている。上から教えこまれた諸観念は、外から批判的な目で一遍洗い直してみない限り、真に自分自身のものとはならないのである。その間の経緯を堀はこう述べている。

三、それから第三期となるのであるが、ここまで来ると真面目に各方面にわたって勉強し、注意深き観察を行ない、是非《ぜひ》を超越《ちょうえつ》して知識を吸収せんことをつとめる。そしてその国の国家組織や国民性の基調をなす歴史習慣等の文化の真相がわかってきて、考え方が善意的になるから諸方面において優《まさ》った点を見出すことができるようになる。かくのごとくして始めて吸収した知識を整理選択して自己に同化体得し、将来の処世活動の資料とすることができてくるのである。これで外国に遊学した効果があることになると信ずる。

このような留学の心理というか、留学の生理とでもいえるような法則について、昨今の飛行機ですぐ欧米に行ける若い世代はどのように論評することだろうか。筆者は、このような外国体験による人格の生成発展の現象は、なにも一昔前の軍人に限らず、今日の銀行員にも外交官にも商社員にも留学生にもかなり共通するところのある一般的通則ではないかと考えている。以前に大学の教官同士のセミナーで筆者がこの主題について発表した時、

「身につまされますなあ」

という嘆声《たんせい》が次々と洩《も》れた。その著書には外国の大学で碩学《せきがく》と論争したことを誇らし気に書いていた教授もそのような嘆声を発した一人だった。そのような事情から推察《すいさつ》すると、近代日本の第二代以後のエリートの一部は、その海外での遍歴《へんれき》時代に、おおむね堀悌吉が記したような心理過程の曲線を描いて、それぞれの人間形成をしていったのではないだろうか。堀自身はナショナリスティックな軍人であったために、その種の心理をよりいっそう切実に感じたのかもしれない。いま一度堀悌吉の同様趣旨の発言をここに引こう。

フランス駐在の三年は自分の個性に根本的な影響を与えた。すなわち外国に来てみると今迄の修得による道徳観念では解決のできない問題が続いて起ってくる。その結果、知育は徳育に先行すべきものなる事を痛切に感じた。すなわち知識を伴わざる道徳は一朝新しい事態に遭遇する時、まったくその権威を失し、観念の基礎が崩壊してしまう事を経験したのである。

特定の情報文化圏の中で育った人は、その世界の中で宣伝され教えこまれた価値観をたよりに生きている

（ちなみに今日の日本列島は他の自由世界諸国とは異なるきわめて特殊な情報文化圏を構成している）。しかしひとたびそれを脱してそれとは異なる情報文化圏の中へ身をひたすと――それが留学生活の特徴だが――従来の価値観が必ずしも通用しないことに気がつく。そして堀悌吉と同様、日本国内産の主義主張だけが世界に通用するものではないことを外国へ来ていまさらのように了解した人の中には、堀と同期生でアメリカへ行った山本五十六もいたのである。駐米大使館武官時代に山本は、かつて尾崎行雄東京市長が苗樹《なえぎ》を送ったワシントン公園の桜の絵はがきを郷里の恩師に送ったが、それには次のような意味深い短文が添えられてあった。

当地昨今吉野桜の満開、故国の美を凌《しの》ぐに足るもの有之《これあり》候。大和魂また我国の一手独専《どくせん》にあらざるを諷するに似たり。中央巍然《ぎぜん》たるはワシントン記念塔。

アメリカ通の山本五十六は、日本に大和魂《やまとだましい》があるなら、アメリカにはアメリカ魂があるぞ、と言いたかったのである。日本産の価値観に従って親米だとか反米だとかといっているのは青二才のすることで、性格の強い人は「是非を超越して知識を吸収せんことをつとめる」。アメリカに留学するなら、知米になって始めて留学した効果があがるのである。

## 軍縮

第一次世界大戦後の日本には、（ブルジョワ的という形容詞をつけたがる論者もいるかもしれないが）インターナショナリズムの空気が漂《ただよ》ったことがあった。聯合国側の勝利はデモクラシーの勝利として受取られ、それが吉野作造以下の「大正デモクラシー」の運動を裏側から支えることとなった。大戦の惨禍《さんか》の反動は平和主義の運動を熱っぽいものにした。水雷艇《すいらいてい》の艇長として日本海海戦で武功を立て、『此一戦』を著わして文名をもあげた水野広徳が、海軍大佐の軍服を脱いで平和運動に身を投じたような時代でもあった。もっとも水野にはロシヤにできたソビエト政府が軍備を撤廃《てっぱい》したと信じたような軽はずみな面もないわけではなかった。国際聯盟は平和維持のために機能するかに期待されていたし、軍縮を待望する気持は戦勝国民の間にも強かった。当時皇太子であられた天皇陛下も、裕仁殿下として外遊され、フランス東北部の激戦地の跡に立たれ戦争の悲惨《ひさん》に胸をいためられた一人であった。そのような御体験も、昭和二十年八月に終戦の断を下された天皇陛下のお人柄の形成とけっして無縁なことではなかろうと拝察する。大正期の平和主義というのは、民衆レベルから元老層にいたるまで、一時期はとにかく世論として存在していたのである。そしてそのような世論が背景にあったからこそ大正十年（一九二一年）、日本は進んでワシントン会議に加藤友三郎《かとうともさぶろう》、徳川家達《とくがわいえさと》、幣原喜重郎の三全権を送り、五・五・三の海軍軍備制限条約に調印できたのだろうと思う。

もっとも当事者の加藤海軍大臣にはそれとは別の見地からも国政についての明確なヴィジョンがあった。海相就任以来四年間にわたって推進してきた山本権兵衛《やまもとごんべえ》の方針をつぐ八・八艦隊計画が、日本の総予算の二割から三分の一を食うようになり、国家財力の負担の限界が目に見えていたからである。加藤はこの状況においてワシントン会議を活用してこの局面を徹底的に転換しようと深く決心したのだった。それだから加藤はワシントンへ到着するなり駐米大使幣原喜重郎に向って、

「八・八艦隊ナンカ出来ることでないから何かチャンスがあったら止め度いと思っていたのだ。この点では原首相ともよく話し合って来た」

と語ったといわれている。

ワシントン会議は第一日の冒頭演説でヒューズ米全権は爆弾的動議を提出して、今後十年以上の主力艦の建造休止、十対六の米日海軍比率の設定の具体案をつきつけた。それにたいして第二回の総会の席上で加藤

が起って、

日本ハ軍備制限ニ対スル米国政府ノ提案ニ明示セラレタル目的ノ誠実ナルコトヲ深ク認識ス……日本ハ此ノ計画ヲ企図スルニ至レル米国ガ高遠ナル目的ニ感動セザルヲ得ズ。即チ日本ハ主義ニ於テ断然此ノ提案ヲ受諾《じゅだく》シ自国ノ海軍々備ニ徹底的ナル大削減《だいさくげん》ヲ加フルノ決心ヲ以テ、協議ニ応ズベク覚悟セリ。

加藤全権が演説し、スタンフォード大学の市橋教授が〈agree in principle〉と訳した時、満場は総立ちとなって拍手を送ったのだった。

アメリカを仮想敵として八・八艦隊を計画してきた従来の山本的国防方針から、日米関係の改善を意図した対米主力艦六割という新しい国防方針への大転換については、日本海軍部内の納得がまず必要とされた。そこで加藤友三郎は本省で留守を預っていた井出謙治海軍次官を受領者として、次のような伝言を加藤寛治中将立会いの下に随員の一人に口授筆記させると、その随員にその文書を持たせて急ぎ帰国させた。ワシントンで加藤友三郎の「先天的方針」を筆記して、ヴァンクーヴァー経由で日本へ急行した人がほかならぬ堀悌吉（当時中佐）だったのである。日本海海戦当日、「三笠」艦上にいた当時の聯合艦隊参謀長加藤友三郎は、同じ艦上にいた最年少の士官、堀悌吉候補生の人柄をそのころから知っていたのだろうと思う。いま加藤が堀中佐に口述筆記を命じた文章を抜萃して引用する。

国防ハ軍人ノ専有物ニアラズ。戦争モマタ軍人ノミニテナシ得ベキモノニアラズ。国家総動員シテコレニアタラザレバ目的ヲ達シガタシ。ユヱニ一方ニテハ軍備ヲ整フルト同時ニ、民間工業力ヲ発達セシメ、貿易ヲ奨励シ、真ニ国力ヲ充実スルニアラズンバ、イカニ軍備ノ充実アルモ活用スルアタハズ。平タクイヘバ、金ガナケレバ戦争ガデキヌトイフコトナリ。仮リニ軍備ハ米国ニ拮抗《きっかう》スルノ力アリト仮定スルモ日露戦役ノ時ノ如キ少額ノ金デハ戦争ハ出来ズ。シカラバソノ金ハ何処ヨリ之ヲ得ベシヤト云フニ、米国以外ニ日本ノ外債ニ応ジ得ル国ハ見当ラズ。而シテ其ノ米国ガ敵デアルトスレバ此ノ途ハ塞《ふさ》ガルルガ故ニ、日本ハ自力ニテ軍資ヲ造リ出サザルベカラズ。コノ覚悟《かくご》ノナキ限リハ戦争ハ出来ズ。カク論ズレバ結論トシテ日米戦争ハ不可能トイフコトニナル。コノ観察ハ極端ナルモノナルガ故ニ、実行上多少ノ融通キクベキモ、マヅ極端ニ考フレバカクノゴトシ。

余ハ米国ノ提案ニ対シテ主義トシテ賛成セザルベカラズト考ヘタリ。仮ニ軍備制限問題ナク、コレマデ通リノ製艦競争ヲ継続スル時如何。米国ノ世論ハ軍備拡張ニ反対スルモ、一度《ひとたび》ソノ必要ヲ感ズル場合ニハ、ナニホドデモ遂行スルノ実力アリ。米国ガ何等ノ新艦建造ヲナサズシテ、日本ノ新艦建造ヲ傍観《ばうくわん》スルモノニアラザルベク、必ズサラニ新計画ヲ立ツルコトニナルベシ。マタ日本トシテハ米国ガコレヲナスモノト覚悟セザルベカラズ。カクナリテハ、日米間ノ海軍差ハ益々増加スルモ接近スルコトハナシ。日本ハ非常ナル脅迫ヲ受クルコトトナルベシ。米国提案ノイハユル十・十・六ハ不満ナルモ、but if コノ軍備制限完成セザル場合ヲ想像スレバ、ムシロ十・十・六デ我慢《がまん》スルヲ結果ニオイテ得策トスベカラズヤ。

加藤大臣が口授した内容を六百字詰十八枚の明晰な文章に清書した堀悌吉はこの大方針をわがものとして胆に銘じたにちがいない、日本の海軍の最上層部には、このような米国と日本の国力の差を直視した、冷静な発想があったのである。第二次世界大戦で、山本五十六が戦死した後、聯合艦隊司令長官の職をついだ古賀峯一も、当時十・十・六の軍備制限に賛成した一人だったが、軍縮に反対して激昂《げきこう》する士官たちに向って、「英米が日本の六分の十で我慢している。そういう風に考えればよいではないか」と諭《さと》したという。知米派の山本も軍縮賛成の一人で、

「デトロイトの自動車工業とテキサスの油田を見ただけでも、日本の国力で、アメリカ相手の戦争も、建艦競争も、やり抜けるものではない」

といっていた。しかし日清日露戦争以来の軍事的栄光の記憶は、そのような「止むを得ぬ、意気地なき論」に我慢がならなかった。五・五・三という不平等な数字が、平等主義的発想の強い日本人には、国威を傷つけるものとして映じたのである。小学生でも各国海軍現有勢力の図を見て、シルエットが黒く描かれている戦艦の数が日本の方が少ないのを見ると――小学生には工業力とかproductivityという観念がないだけに――軍縮条約によって日本は不当に縛られている、と子供心にも憤慨《ふんがい》したのだった。昭和一桁生れより上の世代には、そのような義憤を発した覚えのある人が存外多いように思われる。

## 修辞による呪縛

日露戦争が終って十年経った大正四年、森鷗外は土岐松也が訳したフランシス・マッカラーの『コサック奮闘録』に「陸軍省森林太郎」の名で序を寄せてこう書いた。

我国にはまだ文飾と誇張とを苅り尽した、現代的の戦記が無い。今率直な描写と、忌憚《きたん》のない批評とを以て勝れたMcCullaghの書が、土岐君の手で訳出せられて、我国の人は始て戦争の何物たるかを知るであらう。そして日本人でもなく、露西亜人でもない英吉利の著者にして、始て道破《だうは》し得る、痛切な論断に耳を傾けずにはゐられまい。

このマッカラーの通信文は近年も『歴史と人物』誌に再掲されて評判となったが、ここで話題としたいのは森鷗外が指摘した日本人の戦記や戦史に見られる「文飾と誇張」の多い叙述の特徴についてである。司馬遼太郎氏は『坂の上の雲』のあとがきで、参謀本部編纂の官修の戦史『明治卅七八年日露戦争史』の書き方を「最大の愚書」と批判されたが、森軍医総監もそのすぐ前の年に出たこの官修の戦史との対比においてマッカラーの戦争叙述をあるいは評価したのかもしれない。いったい日本人の歴史という学問にたいする見方には、事実羅列《られつ》主義という価値論抜きの見方がもともと存在する。それに歴史叙述の上での修辞《しゆうじ》上の定型といったものもこれまた存在する。それだから漢語系統のレトリックに縛られた頌徳《しようとく》表に近い大将元帥の伝記の類《たぐい》なら数多く編《あ》まれてきたのである。しかしそれらはいってみれば告別式の席上で読みあげる故人の略伝のようなもので、もっぱら儀礼的な言葉を連ねたものが大部分だった。それだけにイギリス人記者のマッカラーのように日露戦争の一局面を自由自在に報道するといった類の表現形式は、戦史編纂の任にあたった日本の軍人たちには心理的にも縁遠い修辞形式だったのだろうと思う。礼儀に拘束された儒教的伝統の根強い社会では、上司や先輩の業績を（ネガティヴな業績をも含めて）客観的に評価することは難しい。それには余程のタクトと勇気とが必要とされるからである。

それやこれやで、日露戦争の体験は、それが輝しかっただけにますます固定観念的な先例となり神話となって軍人の頭脳を呪縛《じゆばく》した。将来の戦争が生産戦という様相を呈するであろうことを頭の一隅では自覚していながら、しかも開戦当初の軍艦の数量をもっぱら重要視して不平等条約反対を叫んだ軍人の心理には、開戦当初の軍艦の数の内で戦った日露戦争という先例がやはりあったからにちがいない。その先例が頭から抜けがたい時、提督《ていとく》たちはそればかり見つめて（ということは後向きになって）前方から来る問題に対処しようとしてしまう。それに、タテ社会に特有の専門という発想も、兵器の生産は軍人の専門外ないしは自己の任務外とみなす傾向を強めたのだろう。日本の産業国家としての立遅れには故意に目をつぶって、開戦当初に決められていた駒数の範囲内で、あたかも将棋の試合でもするかのように、米英海軍と戦うことを日本の海軍軍人は想定ないしは希望して兵棋の駒をふっていたのではないだろうか。

しかし第一次世界大戦当時から見る人は見ていたように、それ以後の戦争は生産戦であった。第二次世界大戦当時のアメリカは、いってみれば手もとに鉋《かんな》や鑿《のみ》や木材を持っていて、飛車や角を次々と彫っては盤上に打ってくるという手に負えぬ相手であった。それだからこそ三年八ヵ月にわたる太平洋の戦闘で、日本海軍は開戦当初にアメリカ海軍が所有していた七隻の航空母艦はことごとく撃沈破したにもかかわらず、一九四五年の八月、アメリカはなお二十隻の正式航空母艦を自由自在に活動させていたのである。アメリカが戦時中に新造した航空母艦は二十六隻（日本七隻）、護衛空母にいたっては百十隻（日本七隻）という大差である。「もしミッドウェイの海戦で日本が勝っていたなら」、という式の戦記物は読まない方がいいだろう。そのような一戦闘の勝利くらいでは、日本の終局的な敗北という事実には変わりはなかったはずだからである。――大体そのような戦記物が世に行なわれること自体に、また日本側の奮戦努力のみを書いてアメリカ側の艦船の生産数に言及のない『大東亜戦争全史』や『太平洋戦争』といった史書が世に行なわれること自体に「己を知りて彼を知らざる」メンタリティーがはしなくも露呈《ろてい》されている気がしてならない。

そのような物量がものをいった太平洋戦争の性格を敗戦後から振返ると、加藤友三郎以下の軍縮賛成の論理の合理性がいまさらのように納得されるのだが、しかしそのようなラショナルな冷静な考え方は、日本人の気質にあわないという不幸な側面をもっていた。命を的に戦うつもりでいた軍人にとって軍縮の結果馘《くび》になるということほど腹立たしいことはなかっただろう。労働者にしても造船所が閉鎖《へいさ》されて失業することほど辛いことはなかっただろう。それやこれやで五・五・三の不平等条約にたいする憤懣《ふんまん》は国民の間にわだかまっていった。そしてその憤懣が爆発したのがワシントン会議から九年後に開かれたロンドン会議の際なのであり、そしてその昭和五年、海軍省にあって山梨海軍次官とともに軍縮条約の締結に尽力した人が、軍務局長であった堀悌吉（当時少将）だったのである。しかもそのようにして出来あがった軍縮条約は、それが締結《ていけつ》されたことによって、逆に軍縮の精神を破砕《はさい》する一連の連鎖《れんさ》反応を日本国内で惹《ひ》き起した。一体それはなぜか。

## 「亡国的ロンドン条約」

これから先、私たち人類が生きのびてゆくためには、軍縮は是非《ぜひ》とも実現しなければならぬ課題として私たちの前途に立ちはだかることだろう。その解決は至難だが、しかし是非とも解決しなければならぬ人類的な課題であるだろう。であるとすると過去において実現した軍縮の数少い例としてのワシントン条約やロンドン条約は、その心理的余響をも含めて研究するべきpeace researchの重要な対象であるにちがいない。考えてみると軍備縮小は軍人にとってはわれとわが身を切るような辛いことである。偉大な政治家が現われて、かりに大局的見地から同意したとしても、軍部エゴイズムの出方如何《いかん》によっては軍縮は実行不可能になる事柄なのである。現に昭和日本は、ロンドンで軍縮条約に調印したことによって、逆に海軍が真二つに割れ、重臣層や国際協調派の孤立化を招来し、やがては日本を太平洋戦争の奈落《ならく》へと引きずりこんでしまったのである。いま外交よりも内交に破れたという感の深い、その間の経緯に多少ふれよう。

若槻元首相と財部彪海相とを全権とする日本は、ロンドンで、補助艦艇対米七割という当初の方針にほぼ等しい六割九分七厘五毛という線で交渉を妥結することに成功した。しかし協定調印の後になって加藤寛治軍令部長は、騒然《そうぜん》としてきた世論に乗じて「国防上最小所要兵力として内容不充分」などという所見を発表した。右翼団体なども「統帥権干犯《とうすいけんかんぱん》」を叫んで政府を非難攻撃した。そしてそこに倒閣の機会到来を見てとった野党は――政党政治の責任内閣を主張すべき立場にある野党としては自殺行為にひとしいが――犬養、鳩山などが軍司令部の帷幄《いあく》上奏の優越を是認《ぜにん》する、政府弾劾《だんがい》の演説をしたのだった。その年の秋、浜口首相は佐郷屋留雄《さごうやとめお》に狙撃《そげき》されたが、その狙撃理由には、

「現内閣はロンドン条約を締結して、日本海軍を屈辱《くつじょく》的な地位に置きました。そして統帥権の干犯をやり

ました」

というのが含まれていた。もっとも佐郷屋は取調べ検事の「統帥権干犯」とは何か、という質問にたいして答えられなかった。情念でもって動かされやすい反体制運動の壮士は「トースイケン・カンパーン！」という威勢のいい音（t、s、k、pの子音を含む）にただもう陶酔《とうすい》していたのだろう。昭和七年五月十五日には、二年前に民政党の浜口首相を「統帥権干犯」で攻撃した政友会の犬養毅首相その人が海軍の青年将校によって射殺された。国民の同情は、しかし、「純情な」青年将校の側に集った。五・一五事件の軍法会議で特別弁護人として出廷した海軍中尉清水鉄男は熱弁をふるったが、「月月火水木金金」の猛訓練に励むという自負心が、次のような自らを正しとする論を展開させたに相違ない。

　西暦一九二一年、アメリカの策略は、平和の美名に名を藉《か》りて、ついにかのワシントン条約をつくりあげたのでありました。日本の世論は、英米二国の野心のかたまりであったこの外交上大芝居を易々と上演せしめ……

　量の欠陥は質をもって補おうと、日夜研鑽《けんさん》、武を練り、技を磨きつつあった私達の眼前に映った国内の有様は、はたして如何でありましたか。時弊《じへい》に凝《こ》って、ついに恐るべき議会中心主義となってあらわれ、不戦条約となってその正体を暴露し、ついに亡国的ロンドン条約は締結されたのでありました。

このような艦隊派の将校の弁論が新聞紙上を賑わした当時の条約派の高官たちの苦衷《くちゅう》についてはいまさら述べるまでもないだろう。省略させていただくが、しかしただ一つ、この問題について以前筆者が大学で講義した時にたまたま生じた学生たちの反応にふれておきたい。筆者は教室で参考資料として五・一五事件の檄文《げきぶん》を読みあげた。

凡《すべ》ての現存する醜悪《しゅうあく》な制度をぶち壊せ！　偉大なる建設の前には徹底的な破壊を要す。

すると、本来深刻であるべきその瞬間に広い教室の一隅でくすっと笑い声が洩れた。と見るまにその笑いがケタケタケタと教室に広まっていった。それは昭和七年の「革新」将校の発想が、そのころはやった全共闘の「革新」の発想――先破後立《せんぱこうりゆう》――にあまりにも似ていたために生じたところのおかしみなのだった。今日の日本には幸いこの種の檄文を滑稽として揶揄《やゆ》するだけの心のゆとりが学生の心中にも、教室の一隅にもなお存する。しかし、昭和七年当時の日本はそうではなかった。満洲事変の勃発、上海への事件の拡大（堀悌吉少将は第三戦隊司令官として呉淞《ウースン》へ行く。そしてそこでの堀の慎重な行動がまた堀を非難中傷する種となる）、日貨排斥……そしてそのような時局の大勢を背景に、加藤友三郎の遺志を継いで軍縮に尽力した条約派の人々は次々と海軍を追われていったのである。山梨勝之進（昭和八年三月）、寺島健（九年三月）、そして九年十二月には堀悌吉も予備役に編入された。当時ロンドンにいた山本五十六は――山本が海軍を代表してロンドンに来たのもワシントン条約やロンドン条約にまつわる「国威」の問題の後始末のためであったが――堀離現役の報せに憤り、

「巡洋艦戦隊の一隊と堀悌吉一人と海軍に取ってどちらが大切なんだ」

と言ったと伝えられる。

「かくのごとき人事の行はるる今日の海軍に対し、之《これ》が救済の為努力するも到底難し……海軍自体の慢心《まんしん》に斃《たふ》るるの悲境に一旦陥りたる後、立直すの外なきに非ざるや」

郷里の長岡でも山本の兄で歯科医をしていた高野季八は東京から帰って来た大学院生星野慎一の歯をいじりながら言った。

「弟はのう、海軍をやめるかも知れないて」

「どうしてやめるんですか」

「すっかりいやになったらしい。いろいろあるらしいね」

## 「吾、一人の友を得たり」

近代日本の歴史は、その重要な結節点において、海軍の歴史と密接に結ばれてきた。このスケッチでは一個人堀悌吉のキャリヤーを通してその間の経験を眺めてきたが、その中でもくっきりと浮ぶのが、日露戦争、第一次世界大戦、ワシントン会議、ロンドン会議、革新将校の蹶起《けっき》などの重大事件であった。そしてその歴史は、ほとんど必然の勢いをもって、日独伊三国同盟の締結《ていけつ》、太平洋戦争への突入と引き続いて行く。この軍の栄辱の小史の終りに、堀悌吉の親友としての山本五十六の話を添えて結びとさせていただく。

昭和三十四年に出た『堀悌吉君追悼録』（非売品）という本は、故人の温雅な人柄を反映して、海軍関係の知友はもとより、将官の夫人、新聞記者、部下、親戚、お手伝いさんにいたるまでが、それぞれに真実の情のこもった思い出を寄せた、美しい文集である。その中でも再三再四言及のあるのが堀悌吉と山本五十六の友情で、五十六が兵学校時代、実兄にあてた便りの第一句が、「吾、一人の友を得たり」に始まるのだった。海軍の先輩の四竈孝輔《しかまこうすけ》夫人竹子の思い出にも、まだ独身で一緒に下宿して海軍大学校へ通っていた大正五、六年当時の堀、山本の茶目なコンビの話がなつかしく語られている。海軍士官の留守宅を荒す賊が盛に出没したころ、毎日のように留守宅を慰めに遊びに来てくれた二人は「ちょっと出て来るぞ」などとわざと大声をあげて毎晩十二時ごろ帰るのだった。いま四竈夫人のその先の言葉を引くと、

ある日お二人で申さるるのには、今度海軍では始めてボーナスが出るといち早く教えてくださいました。

まさかと思って私は「ウソ〳〵」と申しました。「じゃもし出たら一割出しなさい」「出しますとも」と言いましたら、本当に出ましたので私は嬉しくて早速三十八円出しました（大佐の俸給は三百八十円）。夜に入りガラ〳〵と門があきました。誰かと思いましたら商人が茶箪笥を一つ持って来ました。「ただいま男の方お二人でこちらに御届けするようにとのことです」

驚いた夫人の顔と、「そういえば先日わたしが茶箪笥が欲しいといったのをあのお二人は耳にはさんでいたのだわ」というこみあげてくる笑いが聞えるようである。そして大佐夫妻と二人は後にその残金で神田の宝亭で会食したのだった。

また渡辺重徳氏は夫人が学校を出たころの思い出を次のように語っている。山本五十六少将から「お祝いに何がいいか」と尋ねられた彼女は、箕作元八《みつくりげんぱち》著『西洋史講話』ほか一本の名をあげた。『西洋史講話』は書店には見当らなかったが、たまたま堀悌吉が持っていた。するとそれを「堀が持っていましたから差しあげます」と山本が持って来てくれた、というのである。彼女がびっくりして山本さんを見あげたところ、「堀のですが私が差しあげるのです」といったという。この二人のクラスメイトの茶目な、それでいて真実な、打てば響くようなつき合いは、この二人の運命を思う時、感なきを得ない。

実際、運命というのはアイロニーに富む、不思議なものである。山本五十六といえば、アメリカ人の多くには、真珠湾を奇襲した、不信不実《トレチヤラス》な男ぐらいにしか印象されていなかっただろう。それだからもし山本が戦死していなかったならば、戦後は必ずや戦争犯罪人に仕立てられ、処刑されていたにちがいない。しかしアメリカ人一般がいまだに脱け切らずにいるそのようなイメージと違って、山本五十六は命を賭《と》してまで対米戦争を回避《かいひ》しようと努力した数少い日本軍人の一人だった。そしてその間の事情を薄々知っているからこそ、日本人は山本五十六の運命に悲劇を感じ、故人への追慕《ついぼ》の情がいまなお絶えないのだろうと思う。いつかアメリカ人の中から真面目な研究者が現われて、長岡にある山本の掘立小屋同然の生家を見、また山本が尊敬していた人物がリンカーン——やはり掘立小屋出のリンカーンであったと知ったなら、彼もまた感慨《かんがい》なきを得ないだろう。それも小学生が答える「尊敬する人物リンカーン」なのではない。山本は英語でリンコルニアを片端から読んで、カール・サンドバーグの『リンカーン伝』にいたったといわれる。それはリンカーンを理解することがアメリカを理解することに通じる、と思ったからだろう。山本は部下が英語を勉強したいというとその本をもっぱら推めたといわれている。こうした山本のアメリカ体験の意味についてはいま少し掘下げた研究が行なわれてもよいのではないかと思う。

山本は昭和十一年末から十四年八月聯合艦隊司令長官になるまで海軍次官を勤めた。そしてその間、対米英戦争を回避《かいひ》するために日独伊三国同盟締結に終始一貫して反対した。暗殺の惧《おそ》れさえあったが反対して譲らなかった。山本も武人である以上、自分の真意が人に知られずにむざむざ殺されてしまっては心残りだったのだろう。憲兵に尾行されたころに次のような遺言状を認めた。その「述志」は山本の戦死後、海軍省で遺品を整理した堀悌吉が後に発表したものである。

一死君国に報ずるは素《もと》より武人の本懐《ほんくわい》のみ、豈《あに》戦場と銃後とを問はんや
勇戦奮闘、戦場の華と散らむは易し。誰か至誠一貫《しせいいつくわん》、俗論を排し、斃《たふ》れて已《や》むの難きを知らむ
高遠《かうゑん》なる哉《かな》君恩、悠久《いうきう》なるかな皇国
思はざるべからず、君国百年の計
一身の栄辱《えいじよく》生死、豈論ずるの閑《いとま》あらむや
語に曰く
丹可磨而不可奪其色、蘭可燔而不可滅其香と

此身滅すべし、此志奪ふ可からず

昭和十四年五月三十一日

於海軍次官官舎　山本五十六

「丹《たん》ハ磨クベシ、ソノ色ハ奪フベカラズ、蘭ハ燔《や》クベシ、ソノ香ハ滅《めっ》スベカラズ」という語の出典は『劉子』であるという。

ドイツ語で「勇気」という言葉にMut《ムート》とCourage《クラージュ》の二語がある。前者はどちらかといえば肉体的勇気の意味に用いられ、後者はどちらかといえば精神的勇気というか市民的勇気の意味に用いられる（ブレヒトの*Mutter Courage*の「クラージュ」である）。西浦進氏も指摘していたと思うが、陸軍にせよ海軍にせよ、戦場で死をおそれぬ勇気ある軍人は多かった。いまも江田島に行けば、日本海軍の先輩の遺品は大切に保存されている。特別攻撃隊員の遺書など見る人の胸を打つ。命を捨てて祖国の難に殉《じゅん》じた人々の志は尊い。しかし戦争が始ってからの身命を賭《と》しての行為にもまして尊いのは、一身の栄辱生死を度外視して三国同盟の「俗論」に反対したような、山本五十六などの蔭の努力だったのではないだろうか。そうした地味な当局者の苦心は「恰《あたか》もナイアガラ瀑布《ばくふ》の一、二町上手で、流れに逆って船を漕いでいたようなもの」（米内光政）かもしれないが、いますこし顕彰《けんしょう》されてしかるべきではないだろうか。山本五十六が日米開戦の二ヵ月前に堀悌吉へあてた手紙は、私的な遺言状ともいうべき性質のものだが、ロンドン会議以来の経過を念頭に置いて読む時、まことに暗然《あんぜん》たるものがある。それを抄すると、

昭和十六年十月十一日

一、留守宅の件適当に御指導を乞ふ。

二、大勢はすでに最悪の場合に陥《おちい》りたりと認む。山梨さんではないが、これが天なり命《めい》なりとはなさけなき次弟なるも、いまさら誰が善いの悪いのと言つた処で始らぬ話なり。
三、個人としての意見と正確に正反対の決意を固め、その方向に一途邁進《まいしん》の外なき現在の立場はまことに変《へん》なものなり。これも命といふものか。

ここで「最悪の場合」というのは日米開戦不可避の事態をさしている。歴史がもつ運動量は、もはや一個人の力でもっては防ぎ止めることはできない。「山梨さん」とあるのはロンドン条約締結当時の海軍次官でそのために予備に退いた山梨勝之進氏で、山本の先輩にあたる。「個人としての意見と正確に正反対」というのは、聯合艦隊司令長官の山本五十六も堀悌吉宛だからこそ口に出せた真意だが、山本個人としては大反対の日米開戦に向っていまや全力をあげて進まざるを得なくなった長官の複雑な心境をのぞかせたのである。部下思いの山本五十六は情に感じやすい人だったが、昭和十七年十二月八日には、開戦一周年に際して、堀悌吉へあてて次のような歌を送った。

一《ひと》とせをかへりみすれば亡き友の数へがたくもなりにけるかな

そしてそのような歌を詠んだ山本その人も昭和十八年四月十八日にはソロモンの上空で戦死した。

## 敬慕哀悼の微衷

敗戦後、戦争犯罪の容疑者が次々と逮捕されたころ、堀悌吉は知人から、
「あなたは早く海軍をやめておいてよかったな」

といわれると、口先では合槌《あいづち》を打っても、心中では悔恨《かいこん》の念が湧きあがるのを禁じ得なかった。堀自身も次のような感慨を洩している。

「もしあの時、自分がなお責任を頒《わか》ち得る立場に居たとしたならば、或は身命の危険に曝《さら》されるような場合があったかもしれないが、三国同盟反対でも、時局収拾に関してでも、なにかもっとしっかりした貢献ができたのではなかろうか。たとえ天下の大勢すでに決し、如何《いかん》ともすることができなかった事由があったとするも、何等かの形に於て、何等かの方向に自分の力を致すことができなかったものであろうか」

人間誰しも、一介のサラリーマンであろうとも、自己の力量を発揮するべき役職が与えられない時にはいらだつものである。ましてや堀悌吉のように海軍大臣になることが自明のように思われていた軍の官僚が、働き盛りでキャリヤーを閉ざされたのである。心中に憂《うれ》いが湧《わ》くのは当然であろう。しかも、堀悌吉が奉じて譲らなかった政策が容れられず、異なる政策と異なる人事が押し進められたために、海軍はじりじりと戦争へと傾斜していった。「否」といって開戦に同意せぬ海軍大臣がいなかったために、また「否」とはいえる雰囲気の日本ではなくなっていたために、日本は内と外から押されて戦争へと突入していった。その経過や心理を身近に見聞きしていた人だけに堀悌吉は戦中も戦後も憂いのおもいを抑えることはできなかったのである。しかしそれでも、歴史の巨歩が万事を決したのちは静かな心境に返ったと家人の思い出に記されている。

その晩年を伝える追憶は、身辺に起った不幸にもかかわらず、みな温い雰囲気に包まれていて、なにかフェアリー・テイルを眼のあたりにするような心地さえする。その昔、進水式に臨む堀中将から「よしちゃん、長靴を出しておいてくれよ」といわれて、進水式をする場所は水溜りのような場所だろうと思い、ちょっとおかしいとは思いつつも、ゴム長を出しておいて、盛装してあらわれた旦那様や奥様に「あはははは」と大笑いされた田舎出のお手伝いの娘さんが、戦後上京した時の思い出をこう書いている。

朝早くおなつかしい世田谷のお家に向いましたときでございました。旦那様には大分の御母堂様の米寿のお祝に行ってこられ、昨夜帰られたばかりというときで、まだ休んでおられました。お部屋に御挨拶に伺いました私に、襖《ふすま》越しに「お互に悔みをいうのはやめようネ」といわれました。旦那様には奥様とたったお一人のお坊っちゃまに先立たれ、私も主人に死に別れたばかり、旦那様の淋しい御心中をお察しし、胸がつまり思わず涙があふれました。

堀悌吉は一九五九年に亡くなった。その三十五日忌に切々と述べられた山梨勝之進大将の哀悼《あいとう》の辞は読む人の心に深く触れる。「堀君、君死ぬるなよ。君が死ぬると僕の生きてる価値が半分いや七割なくなるよ」と言っていた山梨大将が、思いのたけを述べずにはいられずに綴った哀悼の言葉である。いまこの一文の結びにこうして書写してゆくうちにも、山梨大将の声音が耳奥に聞え、山梨勝之進・堀悌吉の水魚の交わりが偲《しの》ばれるようである。

昭和三十四年五月十二日、我等の敬愛する堀悌吉君溘焉《かふえん》として逝《ゆ》き、遠く去りて天上の栄に帰らる、誠に哀悼《あいたう》の情に堪へません。知友一同、茲《ここ》に涙を帯び、跪坐《きざ》して、恭しく敬弔の誠を捧げ、其《その》高徳を偲ぶものであります。

君の生涯七十五年、素《もと》より短しとは申されませんが、稀に見る立派なもので、之《これ》を仰げば愈ゝ《いよいよ》高く、明かに之に接すれば愈ゝ清く、優《すぐ》れたものでありました。君、人と為《な》り明敏英邁《めいびんえいまい》、遠く群を絶するもので、如何に複雑紛糾せる難問題、盤根錯節《ばんこんさくせつ》も、一度《ひとたび》君の慧眼《けいがん》に触るると瞬時にして条理明晰《めいせき》、利害得失、帰趨《きすう》等歴々として掌《たなごころ》を指すが如く解説され、何人《なんぴと》にも分り易く説明さるるので、其神速にして透徹《とうてつ》せる、実に「電光影裡斬春風《でんくわうえいりしゆんぷうをきる》」の趣きがあり、衆人の驚歎《きやうたん》する所でありました。従つて加藤元帥、浜口首相、関係外務当局の深く信頼する所であり、又相識の民間知人、言論界の賞讃する所であつたのであります。

凡《およ》そ重要事項の処理に当りては、国家の大事を磐石《ばんじやく》よりも重しとし、一身の利害は繊塵《せんぢん》よりも軽しとし、毫厘《がうりん》も理性の境地を逸脱することなく、明鏡《めいきやう》の如き其叡智《えいち》は、感情とか行き懸《がか》りとか、先入主とか云ふものは寸毫《すんがう》も潜み入る余地を許さずに、実に醇乎《じゆんこ》として醇の醇なるものでありました。従つて常時何等の染着、偏執《へんしふ》なく、中庸《ちゆうよう》の大道に即し、脳裡胸中光風明月洒々落々として澄み渡り、片附き切つて居られました。

人間としての一面には、温情深く友誼《いうぎ》に厚かつたのは著明な事実で、従って広く各方面に多彩の親友を有して居られたのであります。又、稀有《けう》の理智的才能に配するに、裕《ゆた》かなる文化愛好の趣味を併有せられ、英仏、和漢の古典文学、芸術等に大なる興味と理解を有して居られました。

恭《うやうや》しく惟《おも》みるに、君は其生涯を通じて亭々《ていてい》たる大節を持し、天命を知り、其分《ぶん》に安んじ、道を楽しみ、求むる所なく、深く自得《じとく》されたものと拝します。人生の行路は何人にも艱難《かんなん》多く、兎角蹉跎《とかくさだ》たり易く、骨の折れるものですが、君も波瀾《はらん》多き其経路に於て常に則《のり》を越《こ》えず、天を怨《うら》みず、人を尤《とが》めず、随所に主となり、又客となり、立つ所常に真と申すべき様に窺《うかが》はれました。其高風清節、国士としての風格、実に昔の魯仲連《ろちゆうれん》や蘇東坡《そとうば》を思はしむるのであります。

今や梅雨も時々に中休み、東都の天地は緑蔭濃かに、方々の池辺には水蓮や花菖蒲が、人間の恨を知らずに今を盛りと咲き乱れて居ります。之を眺《なが》めて我々は在りし日の君の身辺に思ひ及ばざるを得ません。嗚呼《ああ》、君去る、杳《えう》として英影追ふに由なく、幽明《いうめい》境を異《こと》にするも、温容髣髴《はうふつ》として目に遮《さへぎ》り、声音耳を離れず、芳魂《はうこん》今何《いづ》れの処にか彷徨《はうくわう》する。マロニイの咲く巴里の森か、或は愛好曾遊の橄欖《かんらん》の茂れる南欧の海辺か。君と我々の貴きづなは形に依りて切れるものではなく、生死不二、水流れて海に入り、月落るも天を離れず、永遠に及ぶものと確信するものであります。我々は君の如き優れたる立派の人を知己とし友人として有し得たるを光栄とし、大なる誇りとし、永く之を伝唱普及し、其高風に追随《ついずい》し、之を模倣《もはう》し、其遺志を継続して、切に邦家の為尽瘁《じんすい》せんことを盟《ちか》ふものであります。天定まりて後人に勝つ、君の積善《せきぜん》陰徳《いんとく》は必ずや御子孫に福禄永く伝はり、御幸福の益ゝ久しからんを祈りて已《や》みません。茲《ここ》に聊《いささ》か蕪辞《ぶじ》を連《つら》ね、敬慕哀悼《けいぼあいたう》の微衷《びちゆう》を捧《ささ》ぐるもので、尚《ねがは》くは英魂髣髴《えいこんはうふつ》として饗《う》けられんことを。

昭和三十四年六月十五日

辱知　山梨勝之進

# 10　クローデルの天皇観
## ——日本のこころを訪れる眼——

### 日のもとの黒鳥

日本からフランスへ行った一海軍軍人の生涯を通して国際社会における日本の近代史を一瞥《いちべつ》した後に、今度はフランスから日本へ来た人の天皇観に集約される日本文化論を見てみよう。共和国フランスから来た詩人大使は、大正時代の帝国日本と天皇に何を見、何を感じとったのだろうか。日本駐劄《ちゆうさつ》フランス大使であったクローデルに、*l'Oiseau Noir dans le Soleil Levant*（Gallimard 一九三〇年）という文集があり、プレイアッド版の『クローデル散文集』にも増補された形でおさめられている。邦訳は内藤高の手で『朝日の中の黒い鳥』と題されて講談社学術文庫から出た（一九八八年）。名訳である。しかし題については私は『日のもとの黒鳥』と訳したい。le Soleil Levant は英語の the Rising Sun であり、日本の日章旗の日の丸をさす。黒鳥は「こくちょう」でなく「くろどり」と読む。堀辰雄の『クロオデルの「能」』によれば、この黒鳥というのは、実はクローデルの洒落《しやれ》なのだそうである（Claudel というフランス語は日本では普通クローデルと延ばして表記されるが、実際の発音はクロデルに近い。またそれだけに「くろどり」にも近いのである）。大使はいわば海の彼方から渡ってきた鳥であり、その大使が宮中に参内する時は黒い礼服に身を包んでいる。しかも「日のもとの黒鳥」という時、白地に赤と黒の対照がはっきりと映えて、神道《しんとう》の審美感覚がそこに生き生きと感じられる。新年の初日出《はつひので》の印象とも、能楽堂の舞台にシテが立った印象ともいえる。「何か象徴的な感じの黒鳥」と堀辰雄は書いているが、実際、日出づる国へ外交使節として海を渡って来、その他に足掛け七年を生きたフランス大使の日本印象記の題として、これほど水際だった題名はほかに考えられないであろう。

その一冊にクローデルは、日本人のこころについての管見や、大正十二年九月一日の関東大震災当日——クローデルもその火災で『繻子《しゅす》の靴』の原稿を一度は焼失した——の健気《けなげ》な庶民についてのルポルタージュや、自分自身劇詩人として新たな霊感を得た能や、竹や松や雪の大和絵《やまとえ》や墨絵《すみえ》についての文章などを集めた。フランスやスイスの詩人や外交官が書いた作物でこれほど深く日本人の魂にふれた文章を私はほかに知らない。『日のもとの黒鳥』は散文で綴られているが、それはあくまでクローデルの散文であって、詩人が天来の声に耳を傾け、直観を生かしつつ語る時、散文の行と行とは内から湧きあがる必然の力によって熱気を帯び、結びつけられてゆく。クローデルの感動——こうしたラテン人の感動をcommosso《コンモッソ》とイタリア語でいうのだが——が読む人をも「共に動かす」ほど、共感が作用する文章があるが、その中にクローデルの天皇論ともいえる*Meiji*や日本への別れの挨拶《あいさつ》ともなった*les Funérailles du Mikado*をあげることができると思う。

前者の「明治」という題は「明治時代」ではなく、私たちが「明治神宮」とか「明治節」とかいう時の「明治」であるから『明治天皇』と訳すべきであろう。後者の題は公式にあらたまれば——そのために原題のエグゾティックな響きは失われるが——『大正天皇御大喪』と訳すべきであろう。明治・大正の日本へ来た外国使臣が本国の政府や国民へ伝えるべき事柄は多々あったが、その第一に位したことはやはり日本における天皇の意味についてであった。クローデルの『明治天皇』や『大正天皇御大喪』は、詩人であり外交官であった彼の日本文化論の一つであり、日本報告の一つである。公人としてのクローデルと私人としてのクローデルが実に見事に重なりあい混じりあっている。私はこのたび八年ぶりに読返して前にもまして感銘の真実を覚えた。たとえば『明治天皇』のこの冒頭の詩的な響きをいったい何という日本語へ移したら良いのだろう。

L'Empereur au Japon est présent comme l'âme. Il est ce qui est toujours là et qui continue.

天皇は、日本では、魂のように現存している。天皇はつねにそこに在《あ》り、そして続くものである。天皇がいかにして始ったのかは誰も正確には知らないが、しかし天皇が終らないであろうことは誰もが知っている。

## 明治天皇

フランス共和国から日本帝国へ来たクローデルは日本の天皇が日本の国民にたいしてもつ意味をまず右のようにとらえた。「天皇は、日本では」という書き方は、「ほかの国とは違って」という含みである。クローデルは日本の天皇の意味を日本民族の永生の象徴としてとらえる。日本民族の不死の象徴として万世一系の意味を考える。その点でクローデルの天皇理解は明治憲法的というよりは、大正後期の日本に駐在したクローデルがまだ知るべくもなかった昭和二十一年の新憲法的である、といえなくもない。日本の天皇は、ドイツのカイザーやロシアのツァーと性格が異る、という含蓄《がんちく》なのである。日本の天皇は（これも昭和二十一年になって明文化されたことだが）国政に関する権能《けんのう》を行使しない。クローデルは西欧的君主と異なる日本の天皇の特性を次のように指摘する。

天皇になにか特別の（国政上の）行為があるように考えるのは不適切であり不敬であろう。天皇は干渉しない。天皇は自分の国民の仕事や暮し向きに一々口をさしはさみはしない。

二十世紀初頭のドイツ帝国やロシヤ帝国の間では、ヴィルヘルム二世が自分で書いた手紙が、ドイツ外務省の頭越しに、ニコライ二世へ送られていたことなどを思うと、日本の天皇は、その個性が国政に反映したといわれる明治天皇の場合ですらも、西洋流のモナークとその実体を著しく異にしていたように思われる。天皇親政といっても明治日本には明治天皇個人の名前を冠した睦仁《むつひと》外交のようなものは有り得なかった。それに対してドイツ帝国では（ちょうど本稿執筆時のアメリカにキッシンジャー外交があるのと同じ意味で）ヴィルヘルム外交があった。ヴィルヘルム帝は前にもふれた通りモナークの原義（monarch = one who rules alone）を文字通りに実行した君主であったが、日本の天皇は明治天皇でさえもそのようなことはありえなかったのである。まして、クローデルが日本へ着任した大正十年（一九二一年）は大正デモクラシーの時代であり、日本はワシントン会議で軍縮に賛成し、国際協調路線を打ち出そうとしていた。クローデルも直接フランス語で会話する機会を持ったに相違ない元老西園寺公望の影響が宮中でも感じられた時期である。それにクローデルは日本へ来て直接大正天皇へ信任状を捧呈《ほうてい》する機会はなかった。クローデルが着任した十一月二十一日、大正天皇の御病状はすでに悪く、四日後の十一月二十五日に皇太子裕仁《ひろひと》殿下が摂政《せっしょう》となられているからである。そのような皇帝親政からほど遠い日本帝国の実状も、日本における天皇の特殊な意味についてクローデルに示唆《しさ》するところがあったに違いない。クローデルは西洋的なエンペラーやカイザーやツァーの観念で日本の天皇の性格をそのまま規定するような浅はかな真似はしなかった。彼は（日本人がそのように言っていたからかもしれないが）天皇の性格を積極面において把握しようとせず、なかなか言葉にはつくしがたいその存在理由を、

「もし天皇がいなければ日本はどうなるか」

という仮定によって証明しようとした。つねにそこに在り、魂のように現存している天皇がもしそこにいなければ、日本国民の感情はどのように乱れるか。アーチの要石《かなめいし》についてでも語るように、クローデルは言う。

天皇はつねにそこに在り、そして続くものである。……天皇は干渉しない。天皇は自分の国民の仕事や暮し向きに一々口をさしはさみはしない。だがそれでも、もし天皇がそこにいなければ、事は今までと同じようには運ばず、万事がたちどころに異常をきたし、脱線してしまうであろうことは誰もが知っている。それはいつまでも繰返しなしに続く楽《がく》の音《ね》であり、その楽の音に耳を傾ける他のもろもろの楽の音が勝手に音を変えたりあるいはいつまでも同じ調子でいたりすることを一時的に抑えたりもする。それはいつまでも同じままであるとともに他をして変化することを余儀《よぎ》なくさせるものである。それは時間の経過や有《う》為転変《いてんぺん》があろうとも、それを通してふたたび根源にがっしりと結びつくものであり、日本国民に死に絶えてはならぬ、という義務を永遠に課するものである。

天皇は日本国民の民族的な命（不死）の象徴だとクローデルは見るのだが、しかし天皇によって象徴《しょうちょう》される継続性は固定的に過去を維持するためのものではない。時と場合に応じて「他をして変化することを余儀《よぎ》なくさせるもの」であるという。そういった時、クローデルの念頭にあったのは、明治維新における天皇の役割であった。クローデルは幕府の滅亡《めつぼう》と王政維新《おうせいいしん》については『松の中の大政奉還《たいせいほうかん》』という短文も書いているが、「外国世界が四方八方から日本を襲いに来た時、そのような外国世界に適応するべく日本が鎖国の外へ出なければならなかった時」、日本をしていつまでも日本たらしめるとともに日本をして近代国家へ変貌《へんぼう》することを余儀なくさせるものとして天皇が長い間の無名に近い状態から、日出づる国の天子としてはっきりと表へあらわれたのだ――とそのようにクローデルは明治天皇を歴史の中へ位置づけたのである。そうした不変と可変の性格を内にはらむ天皇観にはクローデル自身の民族の生命観といったものが反映しているのかもしれない。

## 明治神宮

クローデルは一八九八年（明治三十一年）二十九歳の時に三週間であったが勤務先の清国福州から日本へ旅行し、東京、日光、京都などを訪ねたことがあった。その旅はクローデルにとって実り豊かな体験であったと伝えられる。クローデルはそれだから彼自身の目で明治時代の日本を見てはいるのだが、しかし『明治天皇』に結晶した天皇論はやはりそれから二十三年の後、大使としてふたたび日本へ来た時の体験に由来するのだろう。もとより明治天皇の存在は天皇の死後の大正末年にも感じられたではあろうが、クローデルの印象記は明治天皇がまします二つの御息所《みやすどころ》――residenceという生者に用いられる語をクローデルはここで使っている――東京の明治神宮と京都の桃山御陵《ももやまごりょう》を書くことによって形づくられる。フランスを代表する外交使節として参拝しただけに、クローデルはその神域でひとしお深く日本を感受したのであろう。日本滞在の末期に近い一九二六年（大正十五年）夏に書かれたと推定される『明治天皇』の中で六年前の大正九年に出来た代々木の森の明治神宮についてまずこう書いている。

今日、明治天皇は日本の二つの都にその御息所《みやすどころ》をしっかりと定め給うた。東京には明治天皇の御名《みな》が、大文字の御名が残されている。それは精神の足跡であり、精神の支えである。それはその人を呼び出し、それによってその人とわれわれの間に思い出がよみがえり、対話が行なわれ、認識や理解が生じるような、まさにそのようなものである。

明治神宮の精神的性格について、それが日本国民にたいして持つ意味について、自分自身を日本国民の側に置いてこう書いた後、クローデルは神道の神宮をカトリック教会の建築や祈禱《きとう》の言葉の類推において理解して行く。いまそれを日本語に還元《かんげん》する。

彫像や彫刻はいっさいない。明治天皇を祀《まつ》るために白木《しらき》で社殿が建ててあるが、それは樹皮の下の木の身《み》のもっとも生な、もっとも変質しない部分である。そしてその周囲に大きな黒々とした内苑《ないえん》が築かれた。腐りやすい皮の部分をすっかり剝ぎとられた巨大な木の幹で造られた二つの鳥居の下をくぐり、突然直角に折れる幅の広い参道を進み、一連の境内の囲みや中庭などを過ぎると、参拝者《さんぱいしゃ》は冷んやりとした木々の香りの中を絹の御簾《みす》の向うの玉座《ぎょくざ》におわします、御祭神《ごさいじん》の前へいたる。社殿の肌目《きめ》細かな茣蓙《ござ》の上にはたくさんの銅貨や銀貨が散っているが、それはそれだけの数のつつましやかな祈りやささやかな願い事のあらわれである。人間という森の中から風にのってここまで運ばれてきた幾枚かの木の葉なのである。


都の中にありながら山野の中にあるがごとき心地する明治神宮の鬱蒼《うっそう》とした森ほど東京に住んで嬉しい場所はない。明治天皇の御遺徳《ごいとく》を追慕《ついぼ》し、明治の日本を偲《しの》んで造られたこの森は、人工でありながら、人工の感を与えない。いまの東京の小鳥や老若男女の心のやすらぎの場でもある。樹齢千二百八十四年、幅五十五尺、高さ四十尺という大鳥居はクローデルにも印象深かったのであろう。戦前や戦中には参拝者の中に威儀《いぎ》を正した軍人が目立ったせいか一種の緊張感が参道にあった。いまは七五三の日など子供たちは嬉々《きき》としているが、それでもおのずから心が清められるような崇敬《すうけい》の念が社頭に静かに漂っている。

晩秋など、かしわ手をうつ人の足もとに紅葉が散っていることもあるが、クローデルに日本国民の心を感じさせたのは、その社頭に木の葉のように散っていた銅貨や銀貨であった。「それはそれだけの数のつつましやかな祈りやささやかな願い事のあらわれなのである。人間という森の中から風にのってここまで運ばれてきた幾枚かの木の葉なのである」

クローデルもかつて愛唱したヴェルレーヌの詩には、秋の日のギオロンのためいきや過ぎし日の思い出とともに、「うらぶれてこゝかしこさだめなくとび散らふ落葉《おちば》」としての人間存在が虚無的な淋しさをもって歌われていた。それがパリの公園の物悲しい憂愁《ゆうしゅう》であった。しかしこの東京の明治神宮で、お賽銭《さいせん》をあげて祈る老若男女には信《しん》が感じられた。その人たちのつつましやかな願い事や祈りを感ずるカトリック信者のクローデル大使の言葉は温い。森とか風とか木の葉とかいう大地のエレメントに結びついたイメージも、農民の国フランスの農村の出身のクローデルにふさわしい。黒い礼装に身をかためているが、猪首《いくび》でずんぐりとしたクローデルの姿が思い浮ぶようである。

クローデルが「ものを聴く目」というような言い方をするようになったのは、彼が造形美術に関心を寄せるようになった日本滞在中のことの由だが、ただ単に「ものを見る目」でなく「ものを聴く目」なのである。そのような感じ方には、岩にしみいる蟬の声に静けさを感じる日本人の感性に訴えるところがあると思うが、クローデルは天皇についても「聴く人」という見方を取った。イギリス人は自国の立憲君主について「君臨すれども統治せず」という有名な解釈を下したが、クローデルは日本の天皇について「天皇は帝国を統治しない。天皇は聴く」という定義を下した（『松の中の大政奉還』）。それだから明治神宮に祀られた先帝と国民との間の無言の対話についてクローデルはこう書いている。

天皇はそこにいて皆の話を聴く。皆はそれぞれそこへ来て一身上のことを話すことができる。自分の苦《く》衷《ちゅう》を述べに来ることもできる。なぜなら臣下が不当な扱いを受けたことは主君に非礼が加えられたことでもあるからだ。官吏にたいし苦情がある時、国民はそこで訴えることができる。労働者が経営者と争いを起した時、労働者はそこへ代表団を送る。外交官や軍人が重要任務を果して帰国した時、かれらは明治神宮に参拝して報告する。また感謝の礼を述べに来るのも、ここである。

クローデルはなにかユートピアを書いているような気もする。たしかに明治天皇は、中国出身の一日本学者が言ったように、かつて歴史上に存在した中国の皇帝の誰よりも儒教道徳に描かれた理想像に近い君主であったろう。しかしそのような「聖徳」でもってすべてが解決されるはずのものでもない。しかしまたひるがえって考えると、重大使命を国民から託された大臣や外交官が代々木の神宮に参拝しないような日本に将来もしなるのなら、それも淋しいではないか。

私は畏敬《いけい》の念の奴隷となった人の狂信を愚《おろ》かしく思うが、それと同時になにものにも畏敬の念を持ち得ない人の猜疑心《さいぎしん》も愚かしく思う。過度の懐疑心は軽信《けいしん》の一形式にしか過ぎない。

## 畏敬の念

クローデルは神道について一九二三年七月日光で行なった講演『日本のこころを訪れる眼』では、その土地の印象にふれつつ次のように述べている。芳賀徹氏訳を引用する。

……私は杉の巨木にふちどられた果しもない並木道をたどってゆきます。その木々の色づいた幹は深々とやわらかな暗闇《くらやみ》のなかにまぎれていいます。突然はげしい日の光が一筋射して、石柱に刻まれた読めもせぬ文字を浮かびあがらせる……。この不思議な道からでているいくつもの間道は、追いかけてくる悪魔をくらまし、私をとこしえに世俗から距《へだ》ててくれます。珊瑚《さんご》色の太鼓橋《たいこばし》で黒玉の池を渡る（つかのまのきらめきによって、水面《みなも》にひろがる蓮のあいまに、私の姿なき道づれをふとかいま見せてくれるのは、この黒玉の池だろうか）。幾百年の翳《かげ》りのこめるところで、木の柄杓《ひしゃく》から冷たい水を手にそそぐ。おお、その身にしむ冷たさ。私のいのちはあらたまる。そして閉《と》ざされた扉のむこうに、鐘の音《ね》がゆるやかに熟《う》れてゆき、蠟燭《ろうそく》が一本燃えるのをじっとうかがう。あちらの木々の葉の深いしげみのなかから、間をおいて山鳩の声がきこえる。その声はとこしえに教えを説いてながれる滝の鳴動にこたえている。

ここにいたってはじめて私にはわかりました。——人生に対するとくに日本的な態度、それは、フランス語にはこのような感情を表現する語彙《ごい》があまり沢山なく、他によい言葉がないので、私は恭敬《きようけい》とか、尊《そん》崇《すう》とか呼ぼうと思いますが、理知には到達しえぬ優越者をすなおに受けいれる態度であり、私たちをとりまく神秘の前で私たち一個人の存在を小さくおしちぢめてしまうことであり、私たちのまわりになにかが臨在《りんざい》していて、それが儀礼《ぎれい》と慎重《しんちよう》な心づかいとを要求していると感ずることなのだと——。このことが私にはわかったのです。日本がカミ（神）の国と呼ばれてきたのもゆえなきことではありません。いやこの伝統的な定義こそ、今日なお、みなさんのお国について下されたいちばん正しい、いちばん完全な定義であると私には思われます。

日本へ来た外国人で日本の神道的雰囲気を体感することのできた人には前には出雲にいたラフカディオ・ハーンがあり、後にはポール・クローデルがいた、といえるかと思う。クローデルは晩年山内義雄教授へ宛てた手紙（一九四九年九月九日付）でその事を回想し、

「私は日本で多くの外国人が理解し得ないところのもの——宗教的雰囲気を呼吸しました」

と書いている。日光にある神々しい雰囲気を感得したクローデルは「理知には到達しえぬ優越者をすなおに受けいれる」神道的な畏敬《いけい》の念を尊崇《そんすう》（respect）という言葉で示したが、それは芭蕉が、

あらたふと青葉若葉の日の光

と詠歎《えいたん》した時の「あらたふと」という感情に通じるものであろう。

ところでその神道的な畏敬の念がおおらかに示されている和歌は、ほかならぬ明治天皇の御製ではないだろうか。明治神宮には明治天皇とその皇后であられた昭憲皇太后《しようけんこうたいごう》の御製が季節の移りかわりに従ってかけかえてあるが、ふと立ちどまって読むたびに心打たれることが多い。

あさみどり澄みわたりたる大空の
　広きをおのが心ともがな

というような世に広く拝誦《はいしよう》された歌だけではない。昭和四十八年の師走には、

ちはやふる神をまつりてこともなく
　くれゆく年をいはひけるかな

という御製が掲げられていたが、それは平凡な一家の主人が母や妻や子がつつがなく歳末を迎えられたことを有難く思う心事に通じるものがある。実際、雲居の上の明治天皇のお人柄が私たちにもしのばれるのはその御生涯を通じて十万余首にのぼる歌を詠まれたからである。クローデルがその歌のことなど知っていれば、また別様の感慨も湧《わ》いたことであったろう。

晩年、日本にたいしてやや硬化したB・H・チェンバレンは興味深い『新宗教の発明』の論文で明治天皇の御製の詩的価値をことさらに黙視《もくし》しているが、チェンバレンが天皇制による言論の自由の束縛に反感を覚

えたことはわかるとしても、御製にたいする反撥は、明治天皇の数多い歌に目を通した上でのことではなかったであろう。

## 桃山御陵

明治天皇の御名は東京の明治神宮に残り、その御墓は京都の桃山にある、とクローデルは書いた。その伏見桃山の御陵を叙してクローデルの『明治天皇』という一文は終る。フランス共和国駐日大使として花環を奉持《ほうじ》して静々と歩を進めるその黒服の背に日の光のさす様が感じられるような、耳を澄して聴くような文である。

　京都には、丘や森が南北にのび、その麓に神社仏閣が並んで続いているが、そのいちばん遠くの端の桃山の杉や楓の中に――それは年末に太陽のように紅くなるが――その桃山の杉や楓の中に明治天皇の御陵《みささぎ》がある。そこにも彫像はなにもない。私は墓碑銘《ぼひめい》さえ見なかった。そこには木々があり、日がさし、静《せい》寂《じゃく》がある。私が花環を捧げるために恭《うやうや》しく進む間、私の背後には大和の生きとし生ける大平野が、そのきらきら光る水路や、桑畠や、茶畠や、梨の果樹檣《しょう》や、池や、畑や、工場とともにひろがっている。どの山にも、どの四辻にも、歴史が刻まれていないような処はない。

このクローデルのフランス文を読んでゆくうちに、昔、修学旅行でいった大和の盆地――なにとぞその民族の祖先の土地が、無計画な開発や自動車で荒されていないことを祈る――が丘から見渡したきらきら光る池や街道や森とともに私の眼前に髣髴《ほうふつ》としてくる。そしてまた心中に『古事記』に記された日本武尊《やまとたけるのみこと》の歌が湧きあがる。

やまとは国のまほろば
たたなづく　青垣
山隠《ごも》れる　倭《やまと》し美《うるは》し

フランス大使は人が死んで土に返る神道の陵《みささぎ》に感銘を新たにする。

御陵はなにか青いもので、土でできている。それは建築されたものではなく、土という物質そのものを借りてできたものである。しかも土のなかのもっとも類稀《たぐいまれ》なるもの、完全な曲線を描いた硬玉の宝石ともいうべき、空の色をした小高い丘を借りてできたものである。その名を越えたはるか彼方の、ものを思う森の中に、聖なるやすらぎがある。

そしてこの一篇の詩を思わせる散文は次の見事な一節によって終る。

そしてそのすぐ脇に、良き臣下であった乃木将軍のつつましやかな墓が、その主君の足もとにある。主の君が失せ給いし後、もはやそれ以上生きながらえようとはしなかった乃木将軍の墓である。

## 大正天皇御大喪

クローデルの天皇論はこれで終るはずであった。一九二一年に日本へ来た彼は途中で一旦フランスへ帰ったが、一九二六年には四年の任期を了え離日の予定が迫っていたのである。しかし予期せざる事情が思わぬ務めを彼に課した。一九二六年（大正十五年）十二月二十五日、大正天皇が崩御《ほうぎょ》され、ポール・ルイ・シャール・クローデルは仏国特派大使として引続き御大喪儀《ごたいそうのぎ》に参列することをフランス政府から命ぜられたからである。

葉山の御用邸で亡くなられた大正天皇の御柩《みひつぎ》はただちに宮城へ遷されて殯宮《ひんきゆう》に安置されていたが、崩御あらせられてから四十五日に当る一九二七年（昭和二年）二月七日、御大喪儀が行なわれることとなった。当日午後六時、四頭の牛にひかれた轜車《じしや》は宮城を出、沿道を埋めた百数十万人の官民に送られて、大篝火《おおかがりび》の光に映える中を、大きな車輪をきしらせつつ、午後八時半、新宿御苑に設けられた葬場殿へ着いた。クローデルが参列したのはその葬場殿での夜の儀式であった。

「死」の御使いが長い距りを置いて一人また一人と高い白木造りの鳥居の方へ進んでくる。その最後の鳥居の中に月が見える。大きな轜車《じしや》は四匹の夜の獣によってひかれている。轜車の哀しい轣音《れきおん》がきしるると、その音を長びかせて続けるように神道の神官の笛の音《ね》が鳴る。時々大胴の鼓《つづみ》の音が深々と響く。笏《しやく》を手にした三人の死の御使いの後に、大篝火が明々《あかあか》と続く。いかにも明るくて雪が燃えているかと思うばかりである。そしてあの夜の大きな轜車が祭壇の奥へ着御《ちやくぎよ》する。

クローデルはそこで参列の祭官たちによって海の幸《さち》山の幸《さち》が神さりましし帝《みかど》に捧げられ、また同じ礼式によってその海の幸山の幸が祭壇から取りさげられることに非常な感銘を覚えた。「ここにも世代から世代へと生命が引き継《つ》がれてゆくことのシンボルを見るべきだろうか？　死者と生者とのコミュニオンを見るべきだろうか？」

天皇陛下、若槻総理大臣、一木宮内大臣が御誄《るい》を奏し終えると、凍《い》てついた夜を静寂が支配する。喇叭《らつぱ》の響きが冬の夜空をつんざく。皆が深々と頭を垂れる。騎兵隊の奏楽が起り、やがてかすかに遠くで大砲の響きが聞える。そして葬場殿の御儀は終了した。クローデルはいう。

要約して言えば清らかさと寒さというのが私の印象だ。

私は前に『日本のこころを訪れる眼』で日本のこころの特徴は畏敬の念だと書いたが、それに清らかさという特徴も加えるべきであった。神道の道義の感覚は清らかさに由来する。日本国民ほど清らかさを尊ぶ国民はほかにないと思う。

死そのものが最高の清めのようだ。それだから、帝《みかど》をおさめまいらするのに、凍《い》てついた冬の夜――大地は雪にとざされ大空は星に輝く、凍てついた冬の夜にまさる御衣はないように思える。

クローデルは整然とした儀式の式次第と、参列者各位がそれぞれの役割を自己のものとして果すことの見事さに深く心打たれた。

日本が国をあげて「死」の前に頭《こうべ》を垂れ、神去ります大君《おおきみ》に御挨拶する様を私は目のあたりにした。天皇陛下も皇族も高位高官も、さらには庶民にいたるまで神去ります大君の御前にぬかづく様を私は目のあたりにした。これが私が日本から受けた最後の印象である。これ以上に美しくまた荘厳な印象はあり得なかったであろう。

二月八日午前零時十五分、御霊柩列車は新宿御苑仮駅を発車して東浅川の多摩御陵へ向った。クローデルは大使公邸へ戻るとその日のうちにその感銘を一文に記した。大正天皇の御即位の大礼に際しては森鷗外が『盛儀私記』を草して『東京日日新聞』に寄せたが、このたびはクローデルの文章が訳されて二月九日の『東京朝日新聞』に掲載された。クローデルは二月十七日、「これ以上に美しくまた荘厳なものはない」その最後の印象を胸に秘めて日本を去った。そしてそれが事実、最後の印象となった。その後クローデルはいくたびとなく懐しげに日本時代を回想しているが、ふたたびこの地を訪れる機会はもはやなかったからである。

ところで右のような文章に接するとクローデルが神道の感覚を実によく摑んでいたことがわかりはしないか。

すめ神のみまへのかがりかげふけて
　霜夜の庭に星うたふなり

これも歳末の明治神宮にたまたま掲げられていた明治天皇の御製だが、神道的雰囲気を伝えるという点でクローデルの文章などといかにも共通するといえよう。

クローデルにとって日本はとくに深い印象を与えた国であったらしい。一九四三年秋といえば昭和十八年で、日本の敗色はすでに濃くなっていた時期だが、そのころクローデルはこう語った、とモンドールは伝えている。市原豊太先生の随筆『クローデルの言葉』から引用して結びに代えさせていただく。

私が、決して滅ぼされることのないようにと希《ねが》う一つの民族がある。それは日本民族だ。あれほど興味ある太古からの文明をもっている民族を私は他に知らない。あの最近の驚くべき発展も私には少しも不思議ではない。彼等は貧乏だが、しかし彼等は高貴だ。

# あとがき
## ――比較文化史的アプローチ――

### 「非西洋」としての東洋

最後に「西欧の衝撃と日本」という問題の立て方について、二三説明させていただく。(実は筆者は「西洋の衝撃と日本」という題にしたかったのだが、その題を筆者も編集者の一人である東大出版会刊の『講座比較文学』第五巻にすでに与えてしまったので「西欧の衝撃と日本」とした。「西欧」はthe Westという意味である。)はじめにその題の背後にある「西洋」とか「東洋」という言葉について一言ふれておきたい。

いま東洋という地理的な称呼は、西洋という称呼と対《つい》になって用いられる。それは、地理上の分類としても問題のある分け方だろうが、文化上の区分としてはさらに問題の多い区分であるにちがいない。東洋文化とかアジア思想というものは、はたして西洋文化とかヨーロッパ思想と同等に、対にして用いられてよいのだろうか。地球上の文化は、そのように対になって二大別されるほど二元的である必然性はどこにあろうか。

西洋がギリシャ・ラテンの古典文明とキリスト教文明を継承《けいしょう》して、一つの比較的等質な文明圏を構成しているのにたいして、東洋全体にはそのような単一の文明的実体は存在しない。比較的にまとまった文明圏として、儒教文明圏、仏教文明圏、イスラム文明圏、ヒンヅー教文明圏などをあげることはできる。しかしそれら全体を包含する単一の文明的実体は存在しないのである。日本人にとってヒンヅー教徒やイスラム教徒は、同じく東洋人といっても、欧米人よりもはるかに親しみが薄い。その際、日本人のヒンヅー文化やイスラム文化にたいする無知を「同じ東洋人でありながらなにも知らない」といって慨嘆《がいたん》する人がいるかもしれない。しかしその際、検討されてしかるべきことは、実は東洋や東洋文化という分類の妥当性の方である。というのも、アジア文化や東洋精神などという発想は、西洋文化への対抗上案出された自己主張である場合が多く、学問的には効力の弱い、仮の分類でしかないからである。

歴史的に振返ってみよう。亜細亜《アジア》という漢字はASIAという横文字への当字であり、もともとアジア人ではなくヨーロッパ人が行なった地理上の分類だった。その場合、アジアはユーラシア大陸のヨーロッパではない部分をさすという消極的な定義でしかなかったのである。西暦紀元前後に、ローマ帝国の人々がラテン語でアシアといった時、かれらが思いうかべた土地は地中海の東にひろがった地域のことであり、誰ひとり日本やシナのことを考える人はいなかった。というのも日本という存在はローマ帝国の人々には知られていなかったからである。

ところが地中海の東の陸地が意想外に広かったために、地理的発見が進むにつれ、「近東」「中東」「極東」などの分類が後には行なわれるようになった。西洋人にとって「東洋」は、このように起源的にも「非西洋」という要素を含んだ分類だったのであり、文明上の分類としても、東洋文明は「非キリスト教文明」という連想において把握されることが多かったのである。イスラム世界もヒンヅー教社会も仏教文化も儒教文明も、東のインド人も西のインディアンも、みな非西洋のもの、ドイツ語でいわゆるaussereuropäisch「欧州外」のものとして、一括して論じられることが多かったのは、そのような西洋からの視角のためである。

それだから、一つの文明圏である西洋と複数の文明圏とから成る東洋を対等視するような、「東洋と西洋」といった呼び方は、たいへん誤解を招きやすい。津田左右吉は『支那思想と日本』(一九三六年、岩波書店)でその点についてとくに警告を発している。しかしそれにもかかわらず東洋の国々にある種の共通性が感じられるとするならば、それは産業革命以後の欧米列強の帝国主義的進出の際に、これらの国々がひとしく西洋の圧迫を受け、ひとしく受身の立場に立たされたからである。近代ヨーロッパの衝撃をひとしく受けたからである。岡倉天心が発した「アジアは一つなり」という主張は、本質的には、その種の自己防衛上の政治的情念によって支えられたスローガンだったのであり、背後にアジア文明という統一体を持った上での自己主張とはいいがたい。その証拠にその種の言論は〈Asia is one.〉と英語で提唱されて、西洋の人々にはもとより東洋の人々にもはじめて理解されたのである。アジア・アフリカ会議も英語やフランス語を使って運営されているのが実情なのである。東洋の実体はそのように「非西洋」「非白人文明」の要素が強いのだから、そのような実態に注目しなければならない。

それだから「西洋と東洋」というような対の言葉をならべるより、「西洋と非西洋」と呼ぶ方が、産業革命以後ほぼ今日にまで及ぶ「西洋の衝撃」について、衝撃を与えた側（西洋）と衝撃を受けた側（非西洋）の力関係が如実に示されるかと思う。そのような刺戟と反応の関係の中で展開されてきた東アジア、とくに日本の近代の歴史に焦点を絞り、シンボリカルな史実や人物を取りあげたのが本書である。それでは西欧の衝撃と非西洋の国日本の対応のような横の軸に沿った問題が、なぜそれほどの重要性を帯びるのか。

## 比較文化史的アプローチ

ここでは比較文化史的な問題への接近方法について説明させていただく。本巻で取りあげた一連の歴史現象は、人物にせよ、制度にせよ、心理の動きにせよ、その思想や行動が複数の文明圏に跨《また》がっているのが特徴である。たしかに近代の日本の諸相が取扱われているが、しかし国史学者とはやや異なる問題への接近が試みられている。それではなぜ従来行なわれてきたような一国単位の歴史研究の枠組をはずして、「西洋文明と日本」のような横にひろがる歴史現象がとくに重要であるのか、そのような文化空間がとくに問題となるのか、インターカルチュラルないしはインターレイシャルな交渉や衝撃や反応がとくに注目に値するのか、その点についてもふれておきたい。

普通、歴史は縦の時間の軸に沿って発展すると考えられている。それだからそのように年代を追って記述されることが多い。事実、シナや日本の歴史も、十九世紀の半ばにいたるまではおおむね内発的な進化だった。伝統的な社会では歴史は自分たちの内部から発生した力でゆっくりと連続的に展開してゆく。もちろん変化はあったが、しかしその変化はおおむね伝統の枠組内での変化であった。外部世界との交渉や軋轢《あつれき》もあったが、それらはどちらかといえば逸話《いつわ》的な事件にとどまる場合が多かった。千八百年代の半ばにいたるまで、一つの地球上には複数の世界が、たがいにそれほど縁もなく、別個に縦に並んで存在していた。ちょうど旧分類の大学の史学科で、西洋史学科の教師や学生が国史学科や東洋史学科の学生とあまり口も利かず、深いつきあいもせずにすませていたように、西洋史と日本史とは過去においては無縁ですんでいたのである。西洋史と中国史もまた比較的に無縁ですんでいたのである。そのような複数の歴史が相互に独立して並存していた「縦割りの時代」には、それにふさわしい歴史の研究法も歴史の叙述法もあったのだと思う。

しかし前世紀の半ばに、日本やシナには——やや誇張していえば——それ以前とそれ以後の歴史を二大別するような大事件が起った。それが「西欧の衝撃」である。そしてこの近代ヨーロッパの衝撃は、西洋よりも非西洋にとって、より深刻《しんこく》な傷痕《きずあと》を残すショックとなった。十九世紀の西洋はなお内発的な進化を悠々《ゆうゆう》と続けていたが、アジアには外発的な大変動が起り、それ以後、非西洋の世界は好むと好まざるとにかかわらず、西洋がリードしつつあったグローバルな世界史の中へ抜き差しならぬ関係で組みこまれてしまったからである。十九世紀の西洋は非西洋の文明を無視することができたが、非西洋の側は西洋文明を、受け容れるにせよ拒《こば》むにせよ、どうしても気にかけずにはいられなかった。過去百五十年来の日本やシナの歴史には西洋文明の存在が常にひしひしと感じられて今日に及んでいる。非西洋のエリートにとって西洋語を学ぶことは必修に近いが、西洋のエリートにとってアジアの言語を学ぶことは必ずしも必要ではなかった。そのような微妙な点に、文明史的次元における西と東の力関係の差が如実に示されていたといえよう。

産業革命以後における西洋と非西洋のそのような力の不均衡は、西洋と東アジアの出会いの歴史を大観するといかにも判然とする。十六世紀における西洋と日本との第一回の出会いの際に比べると、十九世紀における第二回の出会いの際には、西洋側の力には格段の進歩が見られた。十九世紀の西洋の地球大の進出は、十六世紀以来のヨーロッパの膨脹《ぼうちょう》運動の継承《けいしょう》ではあるが、西洋と日本の第二回の出会いの際には、江戸湾に現れたペリー提督《ていとく》の黒船によって象徴されたように、西洋側は、軍事力、技術力、組織力などによって明らかに圧倒的な優位に立っていた。産業革命を経た直後の西洋列強は、自分たちの意志を清朝《しんちょう》政府や江戸幕府に押しつけることができるほど強大になっていた。しかも自分たちの意志を押しつけることが「文明開化の事業」であり、正義であると思いこむことができたほど自分たちの産業文明に楽天的な信頼を寄せていたのである。十九世紀はそれだから「ヨーロッパの世紀」と呼んでもさしつかえないほど、西欧の衝撃が地球上の隅々にいたるまで感じられた百年であった。

しかしここで華々しく能動的に表面にあらわれた西洋列強の進出に見とれるだけでなく、受動的にその進出に対応した非西洋という裏面にも注意しよう。そして前者の内発的な歴史の進化には見られない、後者の、外から強制された、外発的な歴史の展開の特殊性に留意しよう。西洋の先進国の近代化の歴史と違って、日本をはじめとする非西洋は西洋文明という異質な文明の衝撃に対応し、脱皮《だっぴ》することを余儀なくされた。日本やシナの新しい歴史的展開は、敏捷《びんしょう》や鈍重《どんじゅう》の相違はあったにしても、そのような外部の刺戟に対処しようとして生れた変化である。その外部の刺戟に対する智恵や力が旧来の伝統の内からひき出されたものであるにせよ、そのようにして生じた変化はもはや旧来の伝統の枠内での変化にとどまりはしなかった。

このように異文明の強力なインパクトの下で歴史が展開するという体験は、あくまでひきずられた非西洋の側の体験であって、ひきずった西洋の側の体験ではない。世界史をリードしてきた国々の歴史にはそのようなかげりのある屈折――その屈折のいちばん暗い影は植民地化された体験であろう――は少なかった。そしてそのように東西の世界の歴史を巨視的に眺め、近代日本などの歴史展開のダイナミックスを、良《よ》かれ悪《あ》しかれ、西洋文明の刺戟と反応の関係に求めるとするると、過去一世紀半の人類文化の歴史にとっては、縦の時間の軸に沿った、各国史別の発展に劣らず、横の空間の軸に沿った、「西洋と非西洋」という相互作用もまた歴史現象として重要性を帯びてくる。そして歴史をそのように立体的に把握しようとするならば、従来のようにもっぱら縦の時間の軸に沿って直線的に進歩することを前提にしたような世界史の法則や段階説は――それらはおおむね西洋世界で生れた歴史理論であったが――いかにも不十分な作業仮説であったことが理解されてくる。そして「西洋と非西洋」というような空間的な視角も歴史理解に必要とされてくると、従来の一国単位の縦割《たてわ》りの歴史研究の枠組は、ただ単に不適当であるばかりか、ややもすると歴史を見る目を固定化させ、視野を型にはめてしまう欠点をもっていることにも気づかれてくる。

そのようなナショナルな研究単位の功罪が感じられるのはなにも歴史学の領域だけではない。文学研究の領域でも似たようなことが指摘される。一国文学を単位として、国文学、英文学、仏文学……という風に言語別に区分されている大学の文学科では、各国の文学史はおおむね個別的に教授されている。日本文学の場合は、日本が島国だったという地理上の条件も手伝って、国文学は国文学として自己完結的な様相を呈していた時期もないわけではなかった。しかし明治以前の日本文学については漢文学、明治以降の日本近代文学については、西洋文学との関連を無視《むし》しては、その展開を十分に説明することはできない。比較文学の方面からする明治・大正文学へのアプローチが盛んなのは、そうした文学史的事実を解明する上では、西洋と日本に跨った広角の視野が要求されるからだろう。

日本近代の文学や思想を解明する上でも「西洋と非西洋」の関係に注目することがそのように重要であるとすれば、近代日本の歴史を解明する上でも、その種の比較研究法を応用することは――その応用が慎重に上手に行なわれるならば――必ずや有効であるにちがいない。筆者はそのように考えて『人類文化史』第六巻では比較文化史的なアプローチを試みたのである。そして実をいえば秀れた歴史家たちは、『西欧世界と日本』の著者のG・B・サンソムをはじめ、比較の方法を巧妙に用いて見事な成果をすでにあげているのである。ただそうしたつつましやかな碩学《せきがく》たちはことあたらしく「比較文化史」などと言い出さなかっただけのことである。

筆者は一面ではそのような自由な、とらわれない巨視的な見方に留意しながら、他面では比較文学の出身者として、比較文学の基礎であり出発点でもある原典味読（explication de texte）を本稿の執筆の前提とした。本書の中ではアダムズの手紙や堀悌吉の手記、ヴィルヘルム二世の書翰《しょかん》などを取りあげて、その文章に即して分析を施してあるが、それは時代や国を異にする人々の文章を精読することにより、その人々の感受性の内部に柔軟にしのびこみ、過去を見る際に歴史の証人ともいうべきこれらの人々の肉眼を借りて歴史をありがままに見るようにつとめたからである。歴史についても「見て、感じて、考える」という順を踏んで進もうとしたからである。読者もそのようにしてはじめて歴史上の人物の人格にしたしくふれ、当事者の心理を追体験することができるにちがいない。

学生時代には暗記本位の歴史の試験が苦手であり、いまでも大学入試の際、立番をして歴史の問題を見るたびに内心で少なからぬ反撥を覚える筆者であるが、しかしさまざまの異なる学問分野の研究者が集って、歴史学者に伍して執筆する点に『人類文化史』の学際的な企画の特色があるのだという。そのようなおおらかな編輯方針に賛同して、筆者も喜んで参加させていただいた。まず問題を東京大学教養学部教養学科などの演習で取りあげ、同学部の紀要、『歴史と人物』、『すばる』、『自由』、『国語と国文学』、『季刊藝術』、『図書』などに発表し、今回さらに手を加えた。「尊王攘夷と開国和親」の章は筆者がかつて『和魂洋才の系譜』（河出書房）に掲載したものであることをお断りしておく。

最後に学問上の二三の先覚にふれ、比較文化史的アプローチの意味を人物に即して具体的に説明し、御参考に供したい。

## 一身二生

チェンバレン（Basil Hall Chamberlain）の *Things Japanese*『日本事物誌』（英文Tuttle社、邦訳平凡社）の序章は次の言葉ではじまっている。

近代日本の過渡期を生きてきたということは、異常に齢《よわ》いを重ねたという感じを人に与える。一方では近代の中にいるのに、他方でははっきりと中世のことを思い出すことができるからである。

チェンバレンは一八五〇年に生まれ、明治六年二十二歳の時に日本に来、日本のことを研究したイギリス人の学者だが、十九世紀後半の日本という過渡期に居あわせた感慨を *Things Japanese* の冒頭にこのように書き記した。片足を西欧化する近代の日本に、他の片足を中世的な日本におろして、その双方を同時に眺めることができたということは稀有《けう》な体験であり、右の言葉はそのような機会に恵まれたことを喜ぶ二本足の学者の学者冥利《みようり》の感想のように聞えてくる。チェンバレンは語をついで、

自分がはじめて日本語の手ほどきを受けたのは、腰に二本の刀をさし、頭にちょんまげを結った愛すべき老武士からであった。

と言い、

いまその侍の後を継ぐ日本人は、かなり流暢《りゅうちょう》に英語を話し、実用的な上下揃いの服を着用していて、眼尻が切れているのと髯が薄いという点を除けば、まるでヨーロッパ人のようにも見える。

とも書いている。

*Things Japanese* の初版が出たのは明治二十三年だったが、このイギリス人と同じような歴史意識をもって近代の日本に対処した人は日本人の中にもいた。それは福沢諭吉であり、明治八年に出された『文明論之概略』の緒言には、福沢自身の体験が次のように語られている。福沢は文明について論ずることの難しさを語りつつ、しかも「ここに亦《また》偶然の僥倖《げうかう》なきに非《あら》ず」とも述べているが、その僥倖とは次のことをいうのであった。

我国開港以来、世の学者は頻《しきり》に洋学に向ひ、其研究する所固《もと》より粗鹵《そろ》狭隘《けふあい》なりと雖《いへ》ども、西洋文明の一《いつ》斑《ぱん》は彷彿《はうふつ》として窺《うかが》ひ得たるが如し。又一方には此《この》学者なるもの二十年以前は純然たる日本の文明に浴し、啻《ただ》に其事を聞見したるのみに非ず、現に其事に当て其事を行ふたる者なれば、既往《きわう》を論ずるに臆測《おくそく》推量の曖昧に陥ること少なくして、直《ただち》に自己の経験を以て之を西洋の文明に照らすの便利あり。

福沢はこのように非西洋の出身者が西洋文明と自国文明との比較研究を行なう上ではかえって利点のあることをいい、次のように指摘したのである。

試に見よ、方今我国の洋学者流、其前年は悉《ことごと》く皆《みな》漢書生ならざるはなし、悉皆神仏者ならざるはなし、封建の士族に非ざれば封建の民なり。

そして事実、生没の年から見ると、福沢自身ほど二つの時代を二つながら生きたと感じさせる人は珍しいのである。福沢は維新に先だつこと三十三年の天保五年に生まれ、維新に後れること三十三年の明治三十四年に死んでおり、その一生は明治維新を中心にちょうど二等分されていたからである。福沢はその東と西に跨《また》がる二つの体験を一身に重ねてもち得た幸福を、

恰《あたか》も一身にして二生を経るが如く、一人にして両身あるが如し。

といった。福沢はコンパラティスト（比較研究者）であることを自覚していたのである。和辻哲郎は『福沢諭吉』（『黄道』、角川書店、昭和四十年）という短文でそのことにふれ「福沢の著書は、単に啓蒙の仕事として非常に有効であったのみならず、またこの変革に対する認識を示すものとしても、非常に優れていると思われる」と述べ、右の『文明論之概略』の緒言にふれて、「権力のあり場所が移るに従って立場を変えた人は、『一身にして二生を経るに等しい』というような体験を、偶然の僥倖として人前に誇ることはできないであろう」とも述べている。外国思想という権威の輸入に追われて、その流行になびきつつ立場を変えるような人にもこのような一身二生の体験は難しいことであろうと思われる。

福沢諭吉の偉大さを認めた同時代人の中には西洋人もいた。チェンバレンは右に引いた*Things Japanese*の改版の中で福沢の著作を高く評価して、その『西洋事情』については、「日本を現在の形に造りあげた上で、他のいかなる一要因よりも多くの貢献《こうけん》をなした作品」と断じている。また『福翁自伝』については、「日本語で書かれたもっとも興味ふかい書物の一冊」と述べ、「口語文で書かれているから外国人の日本研究家にも

読みやすいはずだ」とまで付言している。チェンバレンが「一方では近代の中にいるのに、他方でははっきりと中世のことを思い出すことができる」といった時、福沢の『文明論之概略』の緒言の言葉が念頭にあったかどうかはわからないが、チェンバレンの歴史的感慨には、福沢の「一身にして二生を経るが如く、一人にして両身あるが如し」の感懐と共鳴する要素が認められるのである。それはともにinterculturalな体験を経た人の発言として貴重なのである。

福沢諭吉が一八六〇年、幕府の軍艦咸臨丸《かんりんまる》に軍艦奉行木村摂津守喜毅の従者として乗りこみ、サンフランシスコへ渡った話はよく知られている。それから三十四年経った明治二十七年の日清戦争の際、木村喜毅の長子浩吉は海軍大尉として日本艦隊の旗艦松島に乗り組み戦功があった。その時福沢諭吉がこの青年士官に手紙を書いて、征戦の労を慰め、万一君が戦死するようなことがあったら、君の両親は、自分が身に引受けて、必ず不自由はさせないから安心してもらいたい、これは自分のかねての覚悟である、と言い送ったことは小泉信三の『福沢諭吉』（岩波新書）などによって知られている。

この木村浩吉は後に海軍少将となったが、昭和十年二月チェンバレンがジュネーヴで逝去《せいきょ》し、その追悼会が三月東京で国際文化振興会によって催された時、佐佐木信綱、市河三喜などの学者にまじって、「海軍兵学寮時代のチェンバレン先生」という追悼講演を行なった（『バジル・ホオル・チェンバレン先生追悼記念録』、東京、国際文化振興会、一九三五年）。それは五・一五事件などもあった後の日本での催しだったが、参会者の誰一人からも排外主義的な言葉は聞かれず、木村少将も「マドロスの古くなった者」として六十年前の昔を偲び、心あたたまる調子で、チェンバレンが日本海軍を背負ってたつ青年に英国風紳士教育を授けた様を語ったのであった。兵学寮では英国の規律を日本へ伝えるためにネルソンの伝を読ませたといわれるが、それはSoutheyの*The life of Nelson*であったろう。木村少将は語った。

ディスィプリンを他国人へ伝へるには一通りの事で伝へ得るものではない、つまり「すべし」とか「すべからず」とかいふ言葉を用ひなければならぬが、それでは風俗、習慣を異にして居る他国人には不適当である。それで、標準人物たる水師提督ネルソンの伝を学生に読まして、さうして英国の紳士をして説明《ときあか》させました。

そのような雰囲気の兵学寮から、斎藤実や広瀬武夫や鈴木貫太郎などの広く世界に向かって開かれたナショナリストともいうべき人材が生まれたのである。

チェンバレン追悼講演会で木村少将の次に話したのは英国大使館商務参事官のG・B・サンソムであった。サンソムは今日は『西欧世界と日本』（筑摩叢書）などの著者として知られる日本学者だが、当時は五十二歳、『日本文化史』を出版した直後であった。彼は「日本研究者の典型としてのチェンバレン先生」の面影《おもかげ》を語り、チェンバレンが正確を重んじる「極めて謹慎《きんしん》な研究家」であったと述べたが、その特性は木村少将も語ったdisciplineを重んじたというチェンバレンの性格と相通ずるものがあったろう。サンソムはその講演で、チェンバレンが数ヵ国の国語、文学、美術に通じ、広く旅行し、その性格が一面英国的でありながらその半面コスモポリタンの世界的の精神を有っていた、と述べ、このような諸点こそ外国文化の研究者が備えるべき資格である、と述べている。サンソムのような傑出した日本研究家がイギリス人の立場から日本研究の意味を説くのを聞くことは、私たち日本人が日本人の立場から外国研究の意味を考えなおす上で、おのずから参考の資となるが、サンソムはチェンバレン追悼《ついとう》の演説では次のように語っている。

一体外国人研究者には専門的智識の深いといふ点に就《つい》てその国の学者達と肩を並べるなどといふことは

到底望まれませぬ。せめて智識を一層一般的に普及せしめて行くのに幾分お役に立つ位が関の山でありませう。例へば外国人研究者は時々、その国では一向気が付かないことでも、他国の経験、他国の知識に照らして、非常に大切な事柄だといふことを見抜くことが時々あるのでございませう。

サンソムは上智大学から出された*Monumenta Nipponica*の第一巻（一九三八年）ではこの問題にさらにふれて、知的エネルギーの効率的な使用法にも言及し、

外国人の（日本研究にたいする）アプローチと方法は日本人学者のそれとおのずから異らなければならぬと思う。

と述べ、

原則的にはあらゆる分野が開かれているが実際的にはある種の制約がある。

として古文書、筆跡鑑定、原典批判などは当該国の学者の研究に委ねた方がよいだろうとしたのである。サンソムはまた戦後東京大学で行なった講演『世界史における日本』（岩波新書、英文は研究社教科書版）の中では、西洋が東洋の歴史について知識をもたなければならない理由として、次の二点をあげている。

第一に、西洋の国々が東洋の諸文明の発展をできる限り知ることとは、国際関係の見地から重要なことであります。そして第二に、歴史の研究は、人間行動の研究のうちで重要な一部門でありますから、東アジ

アに住む多数の人々の思想・感情・行為というものに真剣な注意を払わないならば、歴史の研究は完全なものとはなりえないのであります。

このようにサンソムは、西洋人の研究者に研究対象国（この場合は日本）の学界でできた専門という枠内に自己限定をする行き方を薦めずに、それよりも熟知している自国の文化に立脚し、比較の方法を慎重に用いて、

日本史をそれ自体を目的としてでなく、すなわち孤立的に生起する諸事件の単なる記録としてではなしに、世界史の有機的なかつ重要な一部として研究すべきである。（同右）

としたのである。サンソムは彼自身そのような方法を生かして『日本文化史』や『西欧世界と日本』という史書をあらわしたのだが、そのような行き方と符牒《ふちょう》をあわせたように日本人の歴史家の側から右の著作にたいして次のような書評が出たのであった。「当時ドイツ史学一辺倒だった私たちがこの書（『日本文化史』）に魅惑されたのは、いわば比較史的方法という広い視野を背景として世界文化の中の日本の特殊性をあざやかに浮び上らせたその見事さにあった」「もう一つつけ加えておくとこれ（『西欧世界と日本』）は日本文化史であるとともに、ヨーロッパとくにイギリス文化史でもあることだ。日本と比較してイギリスの事例がひいてあるところなど、そうでなかったら気がつかないようなイギリス社会や文化の特質が見事に浮彫りにされている」（会田雄次、『図書新聞』、昭和四十一年四月十六日）

日本のようないわゆる縦割り社会の中では学会も学者のつながりもややもすれば縦割りとなりやすい。自

国のことが外国人にわかってたまるか、という感情は、どこの国にもあるものだが、日本は島国で隔離《かくり》されていたためか、その感情がとくに露骨《ろこつ》のようである。それに、縦割り社会の中ではその社会独特の「専門」という考え方が発達し、その一筋につらなるという専門家意識は排他的なまでに強くなりがちなものである。しかし皆が皆そういうわけではない。日本思想史の開拓者であった村岡典嗣は、その特異な学歴と学問的志向から、広く開かれた視野を有した学者であった。村岡典嗣には「日本学者としての故チャンブレン教授」という論文があり、そこには大胆にも、「学問の関する限り、本居宣長はむしろ、この外人の一日本研究家によって、真に理解されたことは、吾人のかねて信じたところであった」と書かれている。昭和十年代の日本では本居宣長の名は不幸にも皇道主義とかたく結ばれていたが、そのような時代にも村岡教授は真理の友として語り続けていたのであった。(右論文を収めた村岡『続日本思想史研究』は昭和十四年、岩波書店刊)。

英語系統の日本学者、日本紹介者は右のチェンバレンやラフカディオ・ハーンの世代を第一代とし、第二代にサンソムやウェイリーがあり、第三代はイギリスからアメリカへ主力が移って、現在はジャンセン教授やホール教授が先頭に立っているのであろう。戦時中に敵国日本を打破るために日本語を学びはじめた第三の世代のジャパノロジストにとっても、西と東の間で精神の往復運動を重ね、近代の日本について調べてゆくうちに「あたかも一人にして両身あるがごとき」印象を受けた人もいるのであろう。研究者にとって興味ふかい対象はなにも完成した文化の中にだけあるのではない。一つの言葉や一つの国家単位の自己完結性のうちに生きる充足感などというものは、今日の世界においてはむしろ過去のものである。私たちが生きている日本は、西洋と旧来の日本という二つの文明の衝突と融合の下に近代の歴史を展開させてきた国である。昭和四十三年岩波書店から訳が出たマリウス・ジャンセン編『日本における近代化の問題』の冒頭に *Things Japanese* のチェンバレンの言葉が引かれているのは、アメリカの第三の世代の日本学者にも「一身にして二生を経るがごとき」感じが追体験されたためと思う。チェンバレンのその言葉を原文のまま掲げたい。

To have lived through the transition stage of modern Japan makes a man feel preternaturally old; for here he is in modern times,……and yet he can himself distinctly remember the Middle Ages.

**a gigantic Proustian figure**

サンソムはチェンバレンの文体について「フランス的な明快達意の名文」「フランス語特有の明るさ」がある、と先の講演で述べたが、サンソムも高校時代に奨学金を得てノルマンディーのカーンのリセーに留学した人であるだけに、フランスにたいしてひとしお深い愛着を寄せていた。*Sir George Sansom and Japan*『サー・ジョージ・サンソムと日本』という本が夫人の手で編まれ一九七二年にDiplomatic Pressから刊行されたが、その中に次のような思い出が記されている。

サンソムはフランスの高等学校の先生、とくに才気《さいき》煥発《かんぱつ》なラテン語の教授が大好きで、その先生のことをしきりとほめそやしていた。その教授は生徒に向ってこう言ったというのである。「ラテン語からフランス語への翻訳に際しては二種類の誤りがある。一つは文法上の間違いで、これは君たちが言ってはならないところのものである。いま一つはフランス語ではそうは言わないという類の表現で、これは君たちが言うことのできないところのものである。それだからフランス語ではそうは言わないという表現は絶対に避け、文法上の間違いの数はできるだけ少くするようしなければならない」。何年も後になってサンソムはその当時を回顧して言った。「フランス人はああした事にかけてはたいしたものだ。あの文体にたいする感覚という点にかけてはフランス人は名人だ」

その文体《スタイル》ということと歴史叙述の間には密接な内的なつながりがある。サンソムは一方ではイギリス史学にもある華麗な歴史叙述の傾きを嫌ったらしく、一九五九年から六四年にかけて出した三巻本の *A History of Japan* の序文では自分の歴史へのアプローチをはっきりとこう述べている。

私は歴史を絵巻物のようなものだとは目さない。私は、歴史は雑多なものが次々とあらわれる行列や行進のようなもので、時には輝しい旗や幟《のぼり》がひるがえることもあるが、たいていの場合は薄汚れた紋章をつけ、歩調は乱れ、自分の行くべき先がどこであるのかよく知りもせず、足をひきずって進んで行くもののように思う。

サンソムは、千九百五十年代に評判だったアーノルド・トインビーなどの歴史哲学者の発言や発展段階説などの予言にたいしてもおそらく警戒的だったのだろう。次のようにも述べている。

最近、歴史の哲学についていろいろとたくさん文章が書かれ、結構面白い読物となっている。しかしその種の文章は、自分が属している文化とは違う、現存の他の文化を叙述しようとする歴史学者にとっては実際上なんらの指針も提供してくれない。問題にぶつかって格闘している東洋学者は哲学者たちが扱う領域内に姿を現わしたりはしない。実際問題に取組んでいる東洋学者は、人間社会について理論的な想定を下すことを慎しみ、もっぱら叙述的に語る方が賢明なのではあるまいか。

それではサンソム自身は歴史にたいしてどのように接していたのだろうか。彼のフランス育ちということが、ここでも多少関係しているのだと思うが、サンソムは一九五六年、バークレーで開かれた東洋学者会議の内輪の席で次のように述べたと伝えられる。

私が考えますところでは、歴史叙述にもっとも成功したもっとも偉大な歴史家というのは、巨人的なプルースト風の人物ではないか、と思われます。すなわち「失われた時」と格闘して、過ぎ去った時代の感情や思想、愛情や憎しみ、涙や笑いを喚び返し、喚び起すことのできるような人物です。そのような歴史家は、彼が取りあげるさまざまな人物の行為《アクション》よりも性格《キャラクター》を示すようにつとめるでしょう。社会における人間《パースン》よりも人物《フィギュア》を現わすようにつとめるでしょう。

たいていの歴史家は、自分が研究調査の対象として選んだ個人なり国民なりの「性格《キャラクター》」を理解し、それを叙述しようと本心では望んでいるのだ、と私は考えます。このような考え方はドイツ系のある種の歴史学派とは多分あわないに相違ありません。このような考え方は「それが本来どのようであったか」**wie es eigentlich gewesen** ということをもっぱら問題とする学派とはおそらくあわないでしょう。しかし（とくに私たちがある外国国民の歴史を取扱っている場合には）私たち歴史家はたいてい私たちが国民性（ナショナル・キャラクター）と呼ぶ、とらえどころのないものの正体を摑《つか》みたいと思っています。

サンソムがプルーストを読んでいたことは『西欧世界と日本』の「江戸の生活」を取扱った章にド・シャルリュス男爵の名前が引かれていたことからそれと察せられたが、『サー・ジョージ・サンソムと日本』に引かれたカサリーン・ゴードン宛の一九二八年の手紙には『失われた時』をふたたび読み始めた際の感情が抒情的に綴られている。サンソム夫妻は東京でフランス大使のド・ビイーとも交際があった。ド・ビイーはプルーストの若い日の友人で Robert de Billy : *Marcel Proust* という回想記も出している。

国民性ということについてサンソムは「社会というものはその本質を変化させることなく衰退もすればま

た再生もする」という見方をしていたようである。それだから日本は中国や西洋から影響は受けたが、それは一定の限度内のことであって、日本文化の中核を中国や西洋に引渡すようなことはなかった、という見方を取っていた。サンソムは日本の敗戦後、極東委員会イギリス代表として来日したが、アメリカ占領軍当局の性急な日本改革政策をかなり批判的な目で見ていたようにも思われる。もっともマッカーサーも大物で、公的生活を退いた後もアメリカで日本関係の著書を広く読んでいたのだろう、一九六四年一月、おそらくサンソムから『日本史』を贈られた際の礼状であろうが、サンソムへ宛てて「日本についてあなたが書かれた歴史書は、かつてこの国に関して書かれた他のいかなる書物よりもはるかに正確、しかもブリリヤントだと思います」という、なにか軍司令官の感状を思わせるような手紙も書いている。「中庸と遠近の感覚があって、それがサンソムの著作にあの光りのある優雅さと静かな冥想的な特質を賦与している」というのはジャンセン教授らの筆になる *The Journal of Asian Studies* の一九六五年のサンソム追悼記事の一節だが、そのような西洋と日本に跨った比較史学の先覚のすぐれた資質をここで回顧しておくことも無益ではあるまい。

## 巨人族の終焉

いまサンソムについて西洋と東アジアに跨った人だと述べたが、サンソムについては（また彼に限らず初代のイギリス人の東洋学者の幾人かについては）実業と学業の二つに跨っていたという意味でも「一身二生」を送ったといえるようである。*The Journal of Asian Studies* の一九六五年の号にはサンソムが一九五六年、ロンドンの The School of Oriental and African Studies で行なった講演が再録されているが、その中でサンソムはイギリスの東アジア研究の先覚たちについて次のように語っている。

先人の業績を回顧《かいこ》しますと、一つくっきりと浮び出ることがあります。先人たちの中でもっとも偉大な学者たちはただ単に頭脳の優秀さにおいて秀《ひい》でていたばかりでなく、驚くべき性格の力においても秀でていたのであります。これは記憶に留めるべき大切な事柄であります。なぜなら真に偉大な学識は、個々別々のばらばらな知識の単なる蓄積《ちくせき》から成るのではない。それ以上のなにかであるからであります。

サンソムがそのロンドンの講演で自分たちの先輩として回顧《かいこ》する、東アジアの各地へ行ったイギリス人たちは、あるいは官僚であり、あるいは宣教師であり、またあるいは商社員であった。そうした人たちは皆自分自身の仕事を持ち、本来プロフェッショナルな学者や教授ではなかったが、しかしその余暇に自己の余力《エネルギー》をその国――たまたま自分の任地となった外国――の学問研究に捧げ、そうすることによって近代的なシナ学や日本学の基礎を築いていった人々なのである。

同一の個人が同時に実業の人であり学業の人であったような尊ぶべき先例は、日本についていえば徳川期の新井白石や明治期の森鷗外などがそれに当る。しかしタテ社会の日本では「その一筋につながる」ことがもっぱら美徳と見なされ、それが忠誠《ちゆうせい》のあかしとされてきた。そのために、職業や国籍を異にする人々とヨコ飯を食う社交は必ずしも奨励《しようれい》されていない。一身二生のような存在はとかくはたから悪口を言われやすい。また外地にあって、その機会を生かしてその土地の学問研究に打込めるような雰囲気は、在外の日本人社会では残念ながらきわめて稀薄《きはく》なのである。そしてそれと対《つい》をなすことだが、そのような自閉的な傾向を論難する大学人にしてからが、日本の論壇や教室以外ではあまり通用しない、タテ長の人が多いのである。

しかし同一の個人が同時に学業の人であり実業の人である時に、学問は生きて血の通った実学となり得たのではあるまいか。十六世紀のマッテオ・リッチや十九世紀のジェイムズ・レッグの生涯にふれながら、サンソムはこれらの先人の叙事詩的とでもいえるような、英雄的な仕事振りを叙した後、その先例に照して次のように後輩たちを励ました。

これらの先人は実際「一身二生」の生涯を送ったのであります。かれらの学問はけっして片手間仕事のお遊びではなく、自分たちの本職と並んでかれらの本分ともいうべきものになっておりました。どうしてそのようなことができたのでしょうか？　これらの先輩が克服《こくふく》しなければならなかったさまざまな困難を考えてごらんなさい。それは近ごろの多くの学生には到底越えがたいと思われるような障害ばかりです。かれらには当《あて》になるような辞書も文法書もありませんでした。（それとも、なかったことがかえって幸いしたのでしょうか？）タイプライターもカード式索引も、要するに調法《ちょうほう》なものはなにもありませんでした。かれらにあったものは、孜々《しし》として勧めて倦《う》まぬ頭脳と、堅実にたゆまずに進み続けるペンのみでありました。その業績の過半は今日、後から来た人によって凌駕《りょうが》されましたが、しかしそれでもなお多くの価値ある作品がいまなお残っております。かれらの残した翻訳のいくつかはけっして今日の翻訳に比べて見劣りするものではない……

日本研究の分野でも偉大な開拓者たちの中にはアストンやサトウのように現実政治の渦中に生きた、多忙な外交官もいた。仏教について浩瀚《こうかん》な著述をあらわしたサー・チャールズ・エリオットは、日英同盟が廃棄《はいき》されるというデリケートな時期に日本へ派遣《はけん》された大使だった。このエリオットにはほかに『ヨーロッパにおけるトルコ』、フィンランド語文法、海生動物学の論文一篇まである……

しかしそのような東洋学の巨人族はいまやイギリスでも姿を消しつつある。なぜこの種族は絶滅《ぜつめつ》してゆくのか。一抹《いちまつ》の淋しいユーモアを浮べてサンソムは次のように往年を回顧する。

なぜかくも多くの偉大なアジア研究者が職業的な外交官や植民地行政官であったのか、その訳を知っているなどとは私は申しません。しかし電報の発達やタイプライターの発明がこの偉大な巨人族の終焉《しゅうえん》の原因ではないか、電信電話やタイプライターが犯人ではないかとひそかに睨《にら》んでおります。私がこの世紀の初め、東京のイギリス公使館のまだほんの下っ端でありましたころ、若い官補や書記生は土地の人の生活に溶けこみ、その生活に興味をもつよう奨励《しょうれい》されました。その当時は午后も公使館へ出勤して仕事をするなどということは、しかつめらしい、むしろきざなことに思われておりました。午後は皆どこかのパーティーへ行くなり、新しい知己に会うなり、社会のなんらかの面――演劇、芸術、旅行、その他なににせよ、自分の関心をいちばん惹《ひ》くもの――の研究に打込むことになっておりました。そのころは実に時間がたくさんあった。本省宛の報告は月に一度書けばよかったので、それも外交便を運ぶ船が出る直前に最新の情報を出せばすむのですから、それまでは急いでみたところではじまらなかったのであります。

あのような黄金《おうごん》の日々は去ってしまった。今日《こんにち》、皆さんは近代的設備の整った在外機関の中に住んで、大した用でもない事をカーボン紙を五枚はさんでタイプさせ、かえって誤解を招くかもしれない統計資料を山と積み、その上、うっかりすれば海外から国際電話がかかって来て自分の勉強を妨げるかもしれないという愚しくもおそろしい状態に直面して暮しております。それですから先ほど私が名前をあげたような巨人たちを見かけることは私たちにはもはやあり得ないのでありましょう。あのような日々は去ってしまった。喜ばしき日々でありました。魅力に富める巨人たちでありました。悲しいかな、これらの巨人族はいまや時代遅れの、先史時代的存在と化しております。私はこれらの先人を思うごとにマストドンであるとか大懶獣《だいらいじゅう》であるとかを連想せずにはいられません。そうした巨獣たちは、かつて広大な自信力をもって、言語の密林《ジャングル》を踏破《とうは》し、哲学の沼沢《しょうたく》を横切り、語彙《ごい》や文法の大きな枝々を次々ともぎ取り、おびただしい古代の叡智《えいち》の水を飲みこんだのであります。

サンソムはそこでサン・サーンスの『動物たちの謝肉祭』につけたナッシュの詩にふれ、〈It's kind of fun to be extinct〉「絶滅するのも結構面白いもんだぜ」と大博物館の小さな化石にウィンクさせて言わせている。社交的に洗練《せんれん》された外交官らしい演説のタッチといえよう。しかしだからといってこのイギリスの紳士は過度の謙遜《けんそん》や卑下《ひげ》におちいることもなく、最後に結びとして、時代が要請《ようせい》する最緊急事の一つである西洋と非西洋の相互理解の必要を説いた。そのような文化的な努力なしには「われわれの政治家たちの努力も所詮《しょせん》、不毛な土地を耕すことに終るでしょう」

ジョージ・サンソム（一八八三―一九六五）はテムズ川の南のケント州に生れた。ケントは大航海時代以来、七つの海へ雄飛《ゆうひ》した多くの船乗りを生みだした土地で、先にふれたウィル・アダムズもそこの生れである。サンソムも父は航海や造船に関係していた。サー・ジョージ・サンソムはそのSirという称号（一九三五年に授爵）のせいか、生涯、社会の上流を進んだ学者外交官のような印象を日本人に与えがちだが、しかし実際は官僚階梯の下積みから出発した人だった。オックスフォードやケンブリッジへ行けるような家柄でなかったからこそ、前にもふれたように、校長の世話で奨学金を貰い、フランスの高等学校へ行ったのである。そしてドイツのギーセンとマールブルクの大学で一年ほど遊んだ後、当時はまだ上級職の外交官のキャリヤーとははっきり区別されていた領事事務の試験を受け、通訳生として一九〇四年（明治三十七年）に来日したのであった。

そのころまでの東アジアは、身分は低かったけれども才能に恵まれた人には活動発展の新天地でもあったのだろう。通訳生の身分から出世して「サー」の称号を得た人にはサー・ハリー・パークスやサー・アーネスト・サトウなどの先輩がいた。先に問題とした試験制度との関連でいえば、ハリー・パークス（一八二八―一八八五）の時代のイギリスにはまだ公務員試験制度が制定されていなかった。孤児だったパークスは親戚に引取られ、すでに十代の前半から東アジアの実社会で働いており、一八四二年、歴史的な南京条約締結の式典には十四歳の少年でありながら参列した。その当時は文字通りボーイのような仕事をやらされていたのだろう。後に才幹《さいかん》を認められ外交官として辣腕《らつわん》をふるうのである。維新の元勲《げんくん》といわれる人たちの思い出の中にパークスが迫力のあるパーソナリティーをもって登場するのは、彼がそのように下から叩きあげた外交官であったためもあるだろう。

アーネスト・サトウ（一八四三―一九二九）となると、やはり下から叩きあげて最後には駐日公使、駐清公使にまでなった人だが、しかしパークスと違い、イギリスにおける公務員選抜試験制度の最初期に通訳生試験を受けて外務省へはいっている。一八六一年、江戸へ赴任《ふにん》したサトウは幕末維新の歴史の証人であり、かつ彼自身その渦中で立働いた人であった。

そのような先輩に比べるとサンソムは外交官としてよりは日本学者として功績を残すこととなったが、そのような学究肌の人柄であっただけに、サー・チャールズ・エリオットのような理解のある学者大使の下では楽しく仕事ができたが、しかし上司の人柄によっては辛い目に会ったこともあるらしい。サンソムが一九三五年にニューヨークで行なった講演には官僚生活の下積みでなめた屈辱《くつじょく》を回顧した一節もまじっている。

ところで『西欧の衝撃と日本』のあとがきに、アジアへ来たイギリスの学者や外交官にふれたのは、かれらの生涯そのものが「西欧の衝撃と日本」のある断面を鮮やかに示しているからである。ちょうどリッチやアダムズの生涯をたどると、西暦一六〇〇年前後の西洋、シナ、日本にまたがった比較文化史的な視野がおのずから開けたように、サンソムらに即して考えてゆくと、日本人である私たちにも時間と空間にわたって歴史的視野が立体的にひろがってゆくような感慨が湧く。そのサンソムの歴史にたいする態度は日本の講壇史学とはかなり肌合《はだあい》が異なることはすでに述べた通りだが、しかしこれからの日本の若い人にとってサンソム風の歴史著述はけっして親しみのもてない世界ではないだろう。なぜなら西から東へ来たという意味で二本足の人であったサンソムなどの体験は、今後、東から西へ行くという意味でやはり二本足となるべき日本人の体験と、重なるところが必ずあるに相違ないからである。力点の置きようは違うだろうが、共通に論議すべき話題は双方に多いだろうと思う。

しかしこのあとがきの章でサンソムにふれたについてはいま一つ願望《がんぼう》にも似た動機もある。サンソムの先の講演はイギリスを中心とした西洋の東アジア研究の歴史を、その学問の第一線を進んだ巨人たちを回顧しつつ語ったものだった。サンソムがユーモアをこめて巨人族と呼び、その生涯をスケッチすることによって後進に訴えたその講演は、日本人の外国研究者にもアッピールするところがありはしないだろうか。いや学者に限らず、広く海外で勤務する日本人一般の生き方についても、なにか示唆するところがありはしないだろうか。

海外生活を送ることができるというのは恵まれた機会である。それは人間にある二つの憧憬《しょうけい》、漂泊《ひょうはく》にたいする憧憬と故郷にたいする憧憬の念を抱かせてくれる。しかしその際、人間誰しもが覚える欲求不満になまれる人ももとより多いだろう。しかしその種のフラストレーションを知的努力のうちに昇華させ、見事な業績を結実させるところに人生の知恵が認められる。外国世界と日本に跨る日本人の数は今後ますますふえるだろうが、そのような機会を生かして、実業と学業の双方に足を踏まえた人が、官庁や銀行や大学から少しずつ出てくるならば、嬉しいではないか。

それとも、そのような型の巨人が永久に日本から出ないのだとするなら（私はそのような悲観論には与《くみ》しないが）、それならリッチやサンソムなどの生き方はとくに「西欧的」と呼ばねばならぬこととなるだろう。たしかに、在外勤務の機会を生かし、生涯、自己による自己自身の創造を続け、立派な仕事を残したという点に、他人の追随を容易に許さぬ、サンソムという一ヨーロッパ人の偉大さが感得されるのである。最後に昔パリではじめてサンソムの史書を読んだ時の感慨を記して、この拙文の結びに代えさせていただく。

Il était un oiseau émigrant
Qui a traversé le temps,
—— l'espace historique.

# 解説

仙北谷晃一

歴史は無限の面白さを蔵しているはずなのに、私たちが学校で習う歴史はなかなかそれを感得させてはくれない。日本史の場合、千数百年に及ぶ歴史をせいぜい一、二年で概観しようというのだから、それも無理からぬことかもしれない。新幹線や高速道路からは車窓の眺めをゆっくり楽しむ暇《いとま》はなく、風景はただ後へ後へと飛び去ってゆくばかりである。歴史は丸暗記という先入観も、学ぶ側に内発的な興味が芽生えることをむつかしくするだろう。仮にそういう興味があったにしても、——これは何も歴史の授業に限ったことではないが——学校の授業がその創造性にどれだけ応えてくれるかは疑問であろう。そして何といっても問題は教科書にあると思う。もちろんこれにもページ数の制約やら検定制度やらさまざまの事情があることは分るが、史実を並べ、その間《かん》の因果関係をはなはだ無機的かつ事務的な文章で（世間ではそれを客観的な文章というらしい）、記述したものが圧倒的に多い。歴史を形作っている有名無名の人間がほとんど捨象されてしまって、さながら人体ならぬ、その解剖図を眺めているような気がしてくる。もちろん解剖図にもそれなりの意味はあるが、恐ろしいのはそれを人体そのものと錯覚することだ。いかに精密を極めた地図であろうと、地図と風景とが同じとはいえない道理である。学校で習う歴史はせいぜい地図の読み方止まりであって、私たちが内発的な興味から発して、自国または他国の歴史に立ち向かうのは、学校を卒業してからという場合が、あるいはふつうなのかもしれない。その時初めて私たちは、通史の観点からいっとき解き放たれて、特定の時代の特定の史実もしくは人物を選んで、歴史の風景の中に歩み入ろうとするのだ。いや、ある日突然に、風景の方が否応なしに私たちを招き寄せてしまうのだ、といった方がもっと真実に近いかもしれない。とにかく、そのような転機を経て初めて、それまでは秘仏のごときものであった歴史は、幾重ものヴェールを解いて、現身《うつしみ》を私たちに啓示してくれるのではなかろうか。このように実地の風景としての歴史に眼を開かれた人たちは、本書のうちに、日本の近代に関する、数々の新しい視点と知見とを認めるに違いない。

ここで一言ことわっておかねばならないことは、日本の近代を考える場合、黒船来航（一八五三年）や明治維新（一八六八年）はひとつの目安にはなるけれども、そのいずれかを近代の起点とする立場は、今日必ずしも正当性を持ち得ないということだ。日本の近代化の背後に江戸文化の蓄積があったことを重くみ、江戸時代を近代の序幕とか胎動期とかとみるだけではなく、それを更に一歩進めて、ヨーロッパの近代に通ずるものが日本の江戸期にすでにあったとする見方が、近年有力になりつつある。本書の中心は幕末維新から大正期までだが、第一章で江戸時代が扱われているのは、そうした見方に見合うものである。「ルネサンス期のgusto（食欲、美欲、性欲、そしてそれらのすべてを含めた生欲）は安土桃山時代の豪奢《ごうしゃ》な感覚や嗜好《しこう》と無縁ではなかった」という広角の視野の中で、ルネサンス人ウィリアム・アダムズが論じられていることなど、実に斬新ではなかろうか。そして、本書の特色をもし一言にして尽くせといわれれば、私は激動期を生きた人間のgustoが波うっているところにあると答えたい。

本書に登場する人物は政治家、宗教家、商人、軍人、文学者、外交官というように、その職業は実にさまざまであるが、そこにひとつ共通した世界体験を認めることができる。それは、一個の職業人として歴史に関わっただけでなく、もっと広い意味での、時に全人間的なアンガジュマンがなされているということである。鷗外とクローデルが巨大な典型かと思うが、彼らはいずれも一身にして二つ（ないしはそれ以上）の分野に於て仕事をのこしたのである。時に分裂の危機に曝されなかったとはいえない彼らの生は、著者の理想とするルネサンス的全人のイメージに適《かな》うもので、著者の呼び出す人間たちがそれぞれに――今日しきりに要望されている――個性的な人物であることに、目を見張る思いがする。人間が時代を作るだけでなく、時代もまた人間を作るのである。ところでもうひとつ本書の登場人物たちに共通して認められる顕著な特色は、著者の言葉を借りれば「東と西に跨がる二つの体験を一身に重ねてもち得た」人々ということになる。福沢諭吉のいわゆる「一身にして二生を経」たる人（『文明論之概略』緒言）である。このことは本書の主題が「西欧の衝撃と日本」であることを考えれば、改めて指摘するまでもない当然のことかと思うが、「西欧の衝撃と日本」が私の中に喚び起す重要な問題がひとつあるので、しばらくそれについて書かせて頂く。それは、外圧によって開国を迫られた日本の近代の歩みを、福沢のごとく手放しで「幸福」と考えてよいか、ということである。周知のように漱石は、現代日本の開化を神経衰弱になり兼ねないずいぶん悲惨な事態と診断したし、明治半ばに来日したラフカディオ・ハーンは、一面で日本の近代化を列強の間に生き残るための止むを得ぬ「柔術」と認めながらも、「西からの邪風《よこしま》が蓬萊の国に吹き荒れている」と日本の現状を歎いた。この『西欧の衝撃と日本』に続いて、『夏目漱石――非西洋の苦闘』『小泉八雲――西洋脱出の夢』等、漱石、ハーンについても傑れた業績を挙げられた著者ではあるが、その文明開化に対する観方は福沢のオプティミズムをあまり出ていないように見受けられる。本書の中にも指摘があるように、十九世紀後半の西欧の衝撃の中枢を形作っていたのは、産業革命を経た西欧の技術力だった。帆船ではなく蒸気船であったが故に、ペリーの黒船は大きな威力となった。「進退自由にして艫楫《ろかぢ》を用ゐず迅速に出没」するが故に、太平の眠りを破る脅威となったのだった。日本の近代文化の骨格を示す「和魂洋才」という言葉の「洋才」に籠められていたのも、西欧の科学技術習得の切望と意志であり、「和魂漢才」の「才」とはその内実に質的な差異があったのである。文明開化の中で大きなウェイトを占める、このテクノロジーの評価について私は著者よりも否定的にならざるを得ない。文明がさまざまな恩沢をもたらしたことは認めるけれども、また開化の方向に進まざるを得なかったことも自明と思うけれども、恩沢の裏には禍が貼りついていたし、文明の行く手には希望のかげに絶望が身を隠していたことも、否定できないように思う。高度に発達した文明は今やその裏面を、マイナス・シンボルとしての姿を、露呈しつつあるように私は思うのだけれども、そういう観点からすれば、著者の文明観は楽天的に過ぎるとの印象を消し難いのである。

以上私の疑念を一つ記させて頂いたけれども、その一点を除くと、私は本書から教えられ、示唆され、かつまた共感を覚えることが少なくなかった。私がもっとも感心したことの一つは、本書が読物としての魅力をたっぷり具えているということである。読物といっても通俗に堕したということでは全然ないので、本書は一時代の概説書としての時代史と、ふつうにいう歴史小説との中間に位置づけらるべきものと思う。このタイプの歴史書は私の知る限り、そう沢山はないので、今後開拓さるべき分野といっていいと思う。著者のこの新しい試みが成功をみたについては幾つかの理由が数え挙げられる。

広く目配りの利いた史料の博捜と、それを取捨選択した上で縦横無尽に活用した結果としての歴史空間の存在。この歴史空間は歴史小説や歴史劇には不可欠のものだが、学校で習う歴史の中では、先に記したような次第で、なかなか存立しにくいものである。ところが東と西に跨った歴史空間がここにはたしかにあると感じられる。その中で登場人物たちが自在に躍動する様は壮観という他ないが、その躍動感は、実は著者の発想ないしはモチーフの中にすでにあったものである。一見関わりのなさそうな時代（前述のヨーロッパ・ルネサンス期と日本の安土桃山時代）や事象（東西両洋の試験制度）や人間（吉田松陰と新島襄）の間に、著者は共通項や結びの糸を見出す。そして単に思いつきの新奇さで読者を驚かすだけではなく、それを手堅い実証で裏づけてみせる。この空を飛ぶ鳥の自在さと地を這う虫の着実さを併せ持っているところが、著者の強みである。

本書が歴史のドラマ、時にその内奥に潜む秘密まで、読む者に感じさせるのは、「シンボリカルな史実や人物を取り上げた」（あとがき）ことも与って力があると思われる。総花的、網羅的な記述を狙っていたら、とうていこのような緊張感、躍動感は生じ得なかったであろう。それと関聯して私が特筆したいことは、本書にかなり高い割合で引かれている詩歌についてである。ふつう史料といえば、公文書や手記や回想録や、散文形式のものを私たちは聯想する。ところが本書に於て著者は、さながら歴史の中に詩を探るとでもいうかのように、しばしば詩歌をして歴史を語らしめるのである。例えば私は、まだ二十三歳の漱石（当時はまだ金之助）が、ハイネの「二人の擲弾兵」の詩に見事な散文訳を付しているのを知って、漱石ファンの一人として歓びを禁じ得なかったし、乃木将軍の需《もと》めに応じて、戦地で鷗外の作った軍歌「箱入娘」と、それに対する石川淳氏の好意的な論評を読んだ時は、『俗』の為に制馭せられさへしなければ、『俗』に随ふのは、悪い所ではない、却つて結構です」という、若き日の鷗外の処世法が戦地にあって健在なのを確めたような気がして、嬉しかった。敢えて形式を無視していうが、散文の引用にしてもその中に詩が感じられる場合が少なくないことも、ここに言い添えておきたい。

韻文と散文たるとを問わず、自ら選び出した多くの史料を扱うに際して、著者が用いている有効な方法はエクスプリカシオン・ド・テクスト**explication de texte**というものである。これは文学研究における基本的な訓練《ディシプリン》の一つであって、東大の比較文学比較文化の研究室ではこの三十年来極めて重んじられて来たものである。「文章解釈法」などとも訳されるが、要はことばの中にこころを摑む秘術のようなもので、著者はこれを駆使することで、過去の人物たちの心の襞にまで分け入って、これを現在に蘇《よみがえ》らせるのに成功している。小さな事実にもじっと目を凝《こ》らす著者は、詩や文章の一字一句が語りかけてくるものにも耳を澄ますのである。その著者がエクスプリカシオンの見事な一例として挙げているのが、『坂の上の雲』の一章で乃木将軍作の漢詩に対して施《ほどこ》されている司馬遼太郎氏のそれなのである（本書二四一ページ）。史実が真実となるのは、このような時ではなかろうか。

本書もまた、そのような波頭のきらめきをあちこちに見せてくれるが、叙述全体は極めて平明である。

ジャルゴンや専門用語を遠ざけたのは、著者の願う「開かれた学問」の標章といってよいであろう。著者の念頭にある読者は、歴史や文学の専門家ないしは学徒に留まらず、海外の状勢にも日本の現状にも目を向けながら、実務の世界に生きている、いうなれば本書の登場人物たちの後裔と呼んでよいような人たちをも、含んでいると思われる。著者はこのような歴史叙述を、若き日の留学中に読んだG・B・サンソムの著書に学んだことは、詳しく「あとがき」にも記されている通りである。その時の感銘が尋常一様なものでなかったであろうことは、後に氏が専門を異にする先輩諸氏と、その『西欧世界と日本』（上・下）（筑摩叢書、昭和四十一年）を共訳公刊したことによっても窺《うかが》われよう。この仕事からは啓発されることが極めて多かった由であるが、その発展熟成の成果が、現在も高い評価を受けている労作『和魂洋才の系譜』（河出書房新社、昭和四十六年）であった。留学以来の氏の最大の関心事である西洋文明と日本人の関係を、森鷗外を一本の経《たていと》として、他にもけっこう多彩な人物たちを引き合いに出して、克明に跡づけたものだが、数多い氏の仕事の中で、比較文学比較文化の業績としてもっとも正統的な性格を主張しうるものの一つであろう（氏はこれによって学位を得た）。著者の近代日本に対する関心は、あの大部な一書をもってしても容易に鎮静解消し兼ねるものであった。『西欧の衝撃と日本』が書かれた所以である。講談社から全七冊の人類文化史の第六巻として刊行されたのは、昭和四十九年四月のことで、もう十年以上も昔のことになる。この稿を草するに当って改めて精読したが、ここに扱われている問題も、著者の見方も、文体も、十余年の歳月の経過によっていささかも古びていないことに、今更ながら驚いた。付言すれば、先にふれた漱石、ハーンに関する著作も、著者のこの関心から産み出されたが故に、おのずから狭義の文学研究の枠をはみ出てしまうのである。『西欧の衝撃と日本』に話を戻すが、本書は、サンソムに学んだ著者の、「歴史著述も一つの作品なのだ」という信念に、充分に応えうる内実を持っていると思う。いささか個人的な感想を記せば、私は三、四、七、九の各章を殊のほか面白く読んだ。第三章「尊王攘夷と開国和親」は、「津下四郎左衛門」という、どちらかといえば余り知られていない歴史小説の中に、鷗外の幕末維新観を探った力作と評してよいであろう（この民族感情としてのナショナリズムと国家理性としてのナショナリズムは、何も幕末維新期に限った問題ではなく、また日本固有の事柄でもないので、より広い視野からより概説的に考察されるのが、短いが非常に示唆に富む第八章「非西洋の近代化とその焦り」である）。尊王攘夷と開国和親が、学識体験ともに傑れた智者であった鷗外の眼をとおして眺められる時、現象的にはいかに相互否定的な関係にあろうとも、究極はより高いナショナリズムへと止揚されてゆかなければならないということが得心される。また暖かみを宿しつつも醒めていた鷗外の眼差は、第七章「乃木将軍と森鷗外」では、和魂の人乃木の人となりをなにほどか客観化するのに、有効に働いていると思われる。第四章の「幕末維新の渡航者たち」がいちだんと生彩に富む読物になっているのは、登場人物たちの個性もさることながら、外国渡航が今日ほど一般化されてなかった戦後まだ日の浅い時期に、長期に亘《わた》る留学を果した著者の共感に裏打ちされているからだろう。平和を願った海軍軍人堀悌吉の生涯を通して、太平洋戦争への道を反省的に描いた第九章「軍人の栄辱」は、冒頭の美しい物語ヴィニーの「ローレット」と末尾の感動的な山梨勝之進の哀悼の辞とが響き合って、一種芸術的な魅力をたたえた作品になっていると思う。この一篇から出発して、阿川弘之氏の名作『山本五十六』へと読み進めば、一人のはなはだ人間的な男が歴史のアイロニーに殉じる姿に、感慨なきを得ないであろう。そして平川氏の『平和の海と戦いの海』（新潮社、一九八三年）もこの系列に連なる作品の一つとして読まるべきものであろう。

歴史著述が作品である以上、文章の大切さはいうまでもないことである。「いゝ文学が必ずしもいゝ歴史とは限らないが、いゝ歴史は必ず亦いゝ文学である」とは、故小林秀雄氏の一九四一年の講演の一節である。今日なお噛みしめるべき言葉ではあるまいか。

みられる通り、本書は、そのモチーフを明確に説いた「まえがき」に加え、「比較文化史的アプローチ」

の先達サンソムを描いて、ほぼ一章に匹敵する「あとがき」をも具えていて、更に私が解説を加えるのは、いかにも屋上屋を架することになりそうだった。それで解説の縛《いまし》めをややゆるやかにして頂いて、平素歴史一般について抱いている感懐や本書を読み返しての感想などを、適宜記すことにした。読者諸賢の御寛恕を乞う次第である。

昭和六十年八月

（武蔵大学教授（当時））

# 比較文学比較文化史の王道をゆく

芳賀　徹

比較文学比較文化専攻と名乗る以上、視野を東西両洋にひろげ、知的機動性をもたねばならない。純文学や思想史、美術史、外交、軍事の歴史にも踏みこんで、自由に最大限に探りつづける。それでこそ研究は深くなり、密になり、確実になり、成果はさらに豊かになる。敗戦後、東大駒場に創設された大学院比較文学比較文化研究課程では「広くてこそ深くなる」が一つの新しい信条としてはぐくまれつつあった。そこでは何をどのように論じようと自由であり、学界や論壇のタブーを破るのはむしろ快事であった。ただしエクスプリカシオン・ド・テクスト（原典腑分け）という実証上の第一の規律《デイシプリン》にして唯一の方法をしっかりと守ってさえいれば——

この初期駒場学派の学生でいち早く目覚ましい成果を挙げたのが、仏独伊への長い留学から帰国した平川祐弘だった。彼は戦後日本が生んだルネサンス学者であり、それ以上にルネサンス的学者であった。文芸復興期フランスの詩人やヴェネチアに遊んだ詩人や画家たちの愉悦を論じたと思うと、次は鷗外、漱石、ハーンを真向からとりあげた。彼らを近代の西洋とその衝撃の下に変貌するアジアとを二本足で踏まえ、両文明を親密に体験し、両者の運命を観察し続けた偉大な文人として平川は論じた。こうして彼らははじめて世界の読者の前にその知と情の深さを見せた。

平川自身、一種のウオモ・ウニヴェルサーレである。複数言語を習得し、颯爽として往くとして可ならざるなしの趣きをもつ。明朝末期の北京で死んだ漢名利瑪竇ことマッテオ・リッチのルネサンス的知的冒険者としての足跡を伊漢両語の文献で丹念にたどるかと思うと、興味津々たる私註付きでダンテ『神曲』、ボッカッチョ『デカメロン』、マンゾーニ『いいなづけ』などの古典を明快な現代日本語に訳出する。福沢諭吉とフランクリンを比べ、そこに昭憲皇太后も登場させる。旅順攻撃の乃木将軍の人柄を軍医森鷗外との交流から感動的に語る。大正の駐日フランス大使クローデルによる神の国日本の天皇の論を解釈した貴重な一篇もある。近年は『源氏物語』を二十世紀ヨーロッパ文学の中によみがえらせたウェイリーを論じ、この英文人の訳と照らし合わせていまも市民有志と読みつづけている。東西の古典におよぶ人文学 humanities の教育ほどいまの若い学生にとって必要なものはないと唱えつづけ、それを何十年かにわたって実践してきた。

すがすがしい木立に囲まれ、噴泉の音の低くひびく平川広場の椅子に座って三十余冊の著作集の一冊を手にしてみよう。思いもかけぬ文章の活力に魅せられて読み耽るうちに、私たちはおのずと元気になり、心が豊かになっているのを感じるだろう。そうしたら、ゆっくりと立ち上って、なつかしい世界の人々のもとに、奥ゆき深い歴史のなかへと、再び歩みだして行こうではないか。

この一巻に収められた全十章の論考は、著者自身の言葉によれば、主として一九六〇年代の後半から七〇年代の初めにかけて執筆された。平川祐弘がいつも実践してきた手法で、まず大学院や学部の学生相手の授業あるいは演習でその論題をとりあげて、一学期または一学年を通じて調査し、考察し、学生たちと論じ合った上で、論文としてまとめられた。さもなければ、あの大学紛争前後の時期、東大駒場キャンパスのあちこちでかえって一層活溌に行われた各種ディシプリン協同の研究会などで発表され、討議された上で、これもあの頃つぎつぎに発刊されていた学部内の紀要、学会誌、報告書などに寄稿されたのである。

その中でもいちばん早くから出ていたのは、私たちの東大比較文学会編、年二回刊行の『比較文学研究』であったと思うが、つづいて東大教養学部の、教養学科編集あるいは大学院合同編集の『比較文化研究』や

『教養学科紀要』が刊行されるようになると、枚数制限などのないこれらの紀要類に、当時もっとも熱心に寄稿していたのが平川祐弘であったろう。『教養学科紀要』などは、創刊当初数号におよんで、平川自身の墨筆による（うまくはないがいま見れば味のある）誌名が表紙を飾っていたほどである。

一九六〇年代の初めの頃からか、駒場には第八号館という四階建ての研究棟が新設され、その二階には教養学科図書室が設けられた。私たちは全開架式のこの図書室にわが書斎のごとくに入り浸って愛用し、つぎつぎに科学研究費を獲得してはそれによって大量の和漢洋、新古の図書を購入し、ここに納めたものであったが、この図書室を中核にして三階・四階に駒場の人文・社会系の大学院研究室が軒を並べたのである。薄い壁一枚をへだてのこの隣近所関係がよかった。第八号館内には、当時しきりに言われ始めていた interdisciplinary（学際）の関係がたちまちおのずから生じていったのである。

六〇年代頃半ばから後半にかけて教養学科および日本最初の創設大学院専攻の fonunding father たち、つまり島田謹二、前田陽一（比較文学比較文化）、江口朴郎（国際関係論）、玉虫文一、大森荘蔵（科学史科学哲学）、前田護郎（西洋古典学）、石田英一郎、泉靖一、寺田和夫（文化人類学）といった大先生たちが、つぎつぎに定年や病気で駒場を去っていった。だがすぐにつづいて、衛藤瀋吉、佐藤誠三郎、村上泰亮、公文俊平、平野健一郎といった国際関係論の少々先輩また同年輩のうるさ型の秀才たちが登場した。人文地理の西川治もいた。西洋近世科学史が専門のはずの伊東俊太郎にいたっては、もっとも頻繁に私たちの比較文学比較文化研究室に出没して議論を吹きかけ、ついにはこの大学院で授業ももって源氏物語を論ずるまでにいたった。文化人類学の増田義郎、日本近代史の鳥海靖、アメリカ学の本間長世なども私たちのよき同志でありかつライヴァルであった。

異分野専攻のはずのこれらの駒場の同僚たちとの日々の交流、また「東アジアにおける文化摩擦」などの大小の共同研究で、当時誰しもが厚薄の別こそあれ共通して分ちもち、またいちばん長くつづいた学的関心が、他ならぬ平川祐弘がこの一巻の主題として掲げた「西洋の衝撃と日本」ということであったろう。そしてこの駒場の全専攻共有の大問題について、もっとも鮮やかで具体的で基本的な見解をつぎつぎに発表していったのも、三十代半ばの平川祐弘であったといえる。

竹山道雄先生は後に平川の岳父ともなるが、旧制一高以来のドイツ語の名物教師で、『ビルマの竪琴』の作者であり戦前戦後の世界を広く知るまさに比較文化史的視野をもつ評論家であった。その先生が駒場辞任後、あるときの私信に、この地にやがて「駒場学派」ともいうべきものが誕生することを期待する、と述べてこられたことがあった。ところが今思えば、この「学派」の成立をすでにいち早く世に予言していたのが、竹山先生の娘婿となるべき若き学徒平川自身の業績だったのである。

「西洋の衝撃と日本」あるいはさらに広く「西洋の衝撃と非西洋」という大問題の所在を、平川は一九五〇年代半ばのヨーロッパ留学中に、英国の駐日外交官にして卓抜な歴史家ジョージ・サンソムの書物や論文などを読むことによって知り、この問題の探究こそ比較文学者としての自分の使命と予感した、と彼自身本書巻末の長い「あとがき——比較文化史的アプローチ」の中に書いている。フランスやイタリアの一国文学の専門家となることに飽きたらぬ好奇心旺盛な、早熟な秀才留学生だったといえるが、同学で同僚の私たちも六〇年前後の頃にはこれを主に英語でWestern impact and Japanese（あるいはAsian）responseと呼んで、世間の「安保反対運動」をよそにこれを分ちもち、これを自分たちの研究の王道と見なしはじめていた。

大学院比較文学比較文化専攻の創設者で私たちの指導教官であった島田謹二教授も、この頃から上田敏、島崎藤村、佐藤春夫らの詩や訳詩や小説の研究から少しずつ離れて、先生の少年時代からの海軍びいきのゆえもあって、日露戦争時の日本海軍の英雄広瀬武夫や秋山真之の海外体験の研究に踏みこみ、これを大学院演習にとりあげ、駒場退官直後には著書としてまとめて読書界を驚嘆させるに至っていた。私たちの勉学の前途は一気に明るく大きく生き甲斐のあるものとして開け始めていたのである。

旧制大学の文学部以来の一国ごとの「縦割り」の制度も学的関心をも打破ることになるこの近世近代の西洋と東アジア・日本との間の徐々の接近と急激な衝突という歴史上の大問題の本質について、右にふれた本書の「あとがき」に著者はつぎのように明快に説いている。いささか長いが、その中の一節をここに引いておこう。

産業革命以後における西洋と非西洋のそのような力の不均衡（文明史的次元における西と東の力関係の差）は、西洋と東アジアの出会いの歴史を大観するといかにも判然とする。十六世紀における西洋と日本との第一回の出会いの際に比べると、十九世紀における第二回の出会いの際には、西洋側の力には格段の進歩が見られた。十九世紀の西洋の地球大の進出は、十六世紀以来のヨーロッパの膨脹《ぼうちょう》運動の継承《けいしょう》ではあるが、西洋と日本の第二回の出会いの際には、江戸湾に現れたペリー提督《ていとく》の黒船によって象徴されたように、西洋側は、軍事力、技術力、組織力などによって明らかに圧倒的な優位に立っていた。産業革命を経た直後の西洋列強は、自分たちの意志を清朝《しんちょう》政府や江戸幕府に押しつけることができるほど強大になっていた。しかも自分たちの意志を押しつけることが「文明開化の事業」であり、正義であると思いこむことができたほど自分たちの産業文明に楽天的な信頼を寄せていたのである。十九世紀はそれだから「ヨーロッパの世紀」と呼んでもさしつかえないほど、西欧の衝撃が地球上の隅々にいたるまで感じられた百年であった。

しかしここで華々しく能動的に表面にあらわれた西洋列強の進出に見とれるだけでなく、受動的にその進出に対応した非西洋という裏面にも注意しよう。そして前者の内発的な歴史の進化には見られない、後者の、外から強制された、外発的な歴史の展開の特殊性に留意しよう。西洋の先進国の近代化の歴史と違って、日本をはじめとする非西洋は西洋文明という異質な文明の衝撃に対応し、脱皮《だっぴ》することを余儀なくされた。日本やシナの新しい歴史的展開は、敏捷《びんしょう》や鈍重《どんじゅう》の相違はあったにしても、そのような外部の刺戟に対処しようとして生れた変化である。その外部の刺戟に対する智恵や力が旧来の伝統の内からひき出されたものであるにせよ、そのようにして生じた変化はもはや旧来の伝統の枠内での変化にとどまりはしなかった。

ただし、ここでもう一度つけ加えて触れておかなければならないのは、このような比較文化史的問題の所在を解明し、読者をこの問題の面白さの中に惹きこむには、トインビー風の大まかな概論的あるいは哲学的な考察と記述だけではとても力が及ばない、ということだろう。その点を補って余りあるのが著者平川の筆力のみごとなところで、彼は多方面の文献からの多彩な引用を巧みに連鎖させることによって事件や人物をまさに立体的に浮かび上がらせて、私たちの史的想像力の中によみがえらせてゆくのである。

例えば第一章の「イエズス会士や商人たち——膨脹するヨーロッパ——」や第二章「東西両洋の試験制度——勤勉の伝統と近代化の起動力——」では、まずイエズス会のイタリア人宣教師マッテオ・リッチが西暦一六〇〇年に北京の明朝宮廷に到着し、神宗帝に拝謁しようとしていたことから説きおこす。そしてその人物を「ルネサンス・ヨーロッパの自然科学上の諸知識も、中国の四書五経の学問も一身に備えた人間が、人類文化史はじまって以来はじめてこの地球上に現われた」と叙述して、読者をひとたびは仰天させる。そして一考の後に、言われてみればなるほどそうか、と納得したところで、平川好みの「西洋文化と東アジア文化をはじめて一身に備えた、最初の世界人 uomo universale といえるだろう」との定義をおのずから受け入れることになる。

この種の文章上のレトリックも巧みだが、さらにリッチのイエズス会士としての漢文による主著『天主実義』についても、引用による意外な展開に読者（少くとも私）は驚かされる。すなわちこの書には、地上の万物はすべて天主によって創造されたが、「天主は由りて生ずるところなきなり」と説かれていた。この利《り》瑪竇《まとう》の書は、万暦三十一年（一六〇三）明国で出版され、その三年後（慶長十一）には早くも日本に舶載されたが、その年のうちにすぐにこれに嚙みついて、天主こそ天地創造の主と言いながらその天主を造った者はいない、とは「遁辞《とんじ》」だ。逃げ口上だ、と猛反撥をしたのがそのとき二十三歳の儒者道春林羅山だった。西洋の学士は同じ利瑪竇作の『坤輿万国全図』のような形而下的測算の学などにおいてこそ秀れているが、いったん形而上の宗教の問題となるとたちまち智愚入れ替って、このような迷蒙を語るにいたる――このような羅山の見方は、一世紀後に江戸で同じイエズス会士を訊問した新井白石の『西洋紀聞』の結論にもつながってゆく、とは多くの読者にも見当がつくだろう。

平川氏はこの日本側儒者たちの反応を、彼らはただキリスト教に対する理解力が乏しく、その排斥のために「排耶蘇《ヤソ》」の強がりを説いたのではあるまい。日本人は『古事記』の昔からこのような一神教的な天地創造の観念を持ちあわせていなかったから、どうしてもこれを素直に受け入れることはできなかったのだろう、と寛容な理解を示す。第一期の西洋の衝撃に対する日本の反応の問題は、すでに家康から家光にいたるこの初期徳川将軍の治下に始まっており、彼らによるキリシタン禁令の強化策にも底にはこの日本思想の中核的観念が働いていたのかもしれないではないか。

それが十九世紀後半、西洋からのインパクトが急激に露骨に迫る第二期になると、佐久間象山の有名な「東洋の道徳、西洋の藝」など典型的な「和魂洋才」の説が相ついで列島内に登場して、日本人の自己防衛・自己激励のスローガンともなる。これは羅山、白石以来の西洋人の形而下面優越論の継承発展、と私たちは考えていた。ところが平川説によるとこれは思いこみにすぎないらしい。実は日本人の日常の生活の中にひそんでいた思考の型が、異国文明の圧力の下に自然に浮上して表面化したのではないか、と氏は推測する。はたしてそうかと、私たちがたじろいでいると、著者はなんと十四世紀の吉田兼好の『徒然草』第百四十三段を引用してみせる。八歳の少年兼好があるとき父に向かって「仏を教えたという第一の仏とはどんな仏だったのか」と繰返し問い詰めると、父は最後に苦しまぎれに「空よりやふりけん。土よりやわきけん」と言って笑った、との一段である。羅山、白石とよく似た論法をこの遠い昔の少年はすでに使っていたのである。私たちは必ずしも説得されていなくても、この意外な急転回に、思想史というものの奥ゆきの複雑さ、面白さ、割りきれなさをたしかに知ることとなる。

同じ第一章の後半では、オランダ船リーフデ号でマゼラン海峡経由で遭難につぐ遭難を経験しながら辛うじて豊後大分に漂着したウィリアム・アダムズ（三浦按針）や、彼を直接に詳細に訊問した末にこの英国人の航海長を面白がり、信用し、彼を側近の外国情報担当として取りたてた徳川家康、それに『ヴェニスの商人』や『眞夏の夜の夢』のシェイクスピアまで登場させて、十七世紀初頭の東西両洋にまたがるバロック的世界像が描かれる。著者平川祐弘得意の舞台演出である。

優秀な船大工、船乗り、交易商人の実務経験を重ね、その上に新教徒で家康周辺からカトリック勢力を巧みに遠ざけてもいったタフ・ガイ、アダムズは、やがて将軍となった家康に持参のコンパスも貸して世界地理のみならず幾何学まで教えたらしい（そのコンパスは百年後、江戸吉支丹屋敷でのシドッチ訊問の際、新井白石が懐からとりだして世界地図の説明に使わせたコンパスと同一の品ではなかったろうか）。家康は江戸城の奥の間に宵の明りを灯した下で、このコンパスを手にしてアダムズの出した幾何学問題の解を工夫したのではないか、（久能山東照宮にいまなお残る短い洋製鉛筆のさきを舐めながら）という岡田章雄氏の名著『三浦按針』（創元選書）の、私の好きな一節を平川も引用するのが、私には嬉しい。家康は十七世紀初頭の東西世界の旧から新への大きな支配勢力交代の動静にかなりよく通じる一方で、このような理系の（形而下的）実務能力をも十分に発揮して、私のいう「徳川の平和」の体制を慎重に設計していったのだろう。

著者はこの章の終り近くで、ブルクハルトが『イタリアにおけるルネサンスの文化』に引いたフィレンツェの彫刻家ロレンツォ・ギベルティの言葉を借りて、三浦按針ことアダムズの一生をみごとに要約する。「万事に通暁した人は、異郷にあって、友もなく、必要な品や手慣れた物にこと欠くことがあろうとも、なおその国の市民たり得、運命のさまざまな艱難辛苦《かんなんしんく》に平然と対処し得る」——三浦按針像の画龍点睛にヤーコプ・ブルクハルトの一節をもってくる——視野を広くすることはたしかに洞察を深くする。右の引用はまさにそのよき一例であろう。

第二章の「東西両洋の試験制度」の論でも、文庫版で四十数頁にのぼる長い古今東西間の文化史の往復の間に、私たちは同種の知的愉悦が湧いてくるのを経験する。古く随の文帝の時代、西暦五八七年に端緒するといわれる中国王朝代々の「科挙」、つまり高等官吏登用の試験制度が、奈良時代の日本に渡っても定着せず、徳川中期にいたってようやく江戸の昌平黌で実施されるようになる。その間に啓蒙時代のフランスでもさかんに論じられ、知的エリートの養成と選抜の制度として実現し、十九世紀の英国でも文理各分野でつぎつぎに実施されて、近現代の文明に不可欠の制度となる、というのが大筋である。

だがこれは平川祐弘の長篇論文である。並の制度史や教育史、あるいは官僚統治の政治史の話で終わるはずがない。実に多彩な文献の活用によって私たちの眼を驚かせ、たちまち興趣津々の比較文化史となってゆく。まず、あのイエズス会士マッテオ・リッチの本国イタリアへの『報告書』第一巻に出てくるという科挙試験の実況の記述が、四頁にもわたって訳出されて、私たちの度肝を抜く。各省の首府には「貢院《こういん》」と呼ばれる巨大な試験場の建物が造営されている。そこには試験官たちの答案審査用のたくさんの部屋が設けられており、この館の中央の広大な中庭には四千以上の個別の房（小屋）が設けられて、すでに「秀才」の資格を取得している受験生たちは、小机と椅子しかないこの狭い空間に三日間、朝から晩まで閉じこめられて答案を書くのだという。四書五経の中から出題された計七つの句に対して、受験生は各きっちり五百字に限定された七篇の作文を書いて提出する。試験官も受験生も外部からは高い塀と監視員によって厳重に遮断されている。期間中、貢院内にいる全員に市によって軽食が提供される。八月末の結果発表は成績順で行われ、これに合格した者が「挙人」となってやがて登用される……

まさに驚嘆すべき天下国家の大事業ではないか。リッチの記述は細部にわたって具体的で、明末中国に生きていた野に遺賢をなくすべき徹底した公平主義、また施行者側の運営能力の高さをよくいまに伝える。中国側の文献をも凌《しの》ぐほどに詳細だと著者は評する。しかしルネサンス人リッチは同時に、この公務員採用の試験の中味が、あまりに古典偏重の道徳主義、文治主義、権威主義的であり、理系の学問や技藝、武藝、軍事が一切排除されている危うさをすでに指摘していた。

このマッテオ・リッチの報告書の前には、なんと『源氏物語』の「乙女」の巻から、平安朝日本の貴族の子弟たち十人が「放島の試」を受ける情景が引かれてもいる。御所の中の池に彼らを別々に乗せた小舟が放たれて、夕刻までに天皇の出題による詩作を試み、その巧拙によって進士《しんじ》に昇格される、というなんともやまと風の、貴族のカースト内での、風流で柔《やわ》な科挙制のまねごとである。と思うと十四世紀初頭のダンテ『神曲』の天国篇の一節が引かれて、筆記ならぬ口述試験で、試験官の質問に即刻返答しようと身構える受験生の心中をいきいきと伝える。

そしてまた驚くのは、李朝朝鮮の、十八世紀初頭のパンソリ詩劇『春香伝』の一節までが引用されて、この東西試験制度の比較文化史論を一段と色鮮やかにすることだ。朝鮮では日本と異って、両班階級の間では政治制度から文化活動の万般にいたるまで中国の文物がなによりも尊重されたのはよく知られているが、科挙の試験もまたその一つであった。ハングルで謡われるこの民衆劇の中では、地方の町の妓生春香が中央から派遣されてきた若い官吏に見染められ、さっそく愛の一夜を過す。そのとき、女は自分の方から男に向かって「科挙に及第されるのを踏み台になさって…」つぎつぎに高級官僚の位を昇り、最後には「右議政、左議政、領議政（太政大臣）になられるお方」と呼びかけ、相手の出世を夢みる。最後に彼女の身に一波瀾があって悲劇になりかけたとき、すでに科挙に合格して地方巡察官となって再来した愛人に救いだされ、都に上って彼の側室となるという物語であった。

私も昔、岩波文庫の訳でこの『春香伝』を読んだことがあったが、かなり露骨な性愛描写の間に思いがけなくこんな韓国版の科挙論が挟まれていたことには気がつかないでいた。だが、一九七〇年代初め、駒場の比較文学研究室に客員研究員として在籍していた延世大学教授金東旭《キムドングク》博士が、私たちに韓国の科挙受験生が衣服の下着一面に、ヤマをかけた四書五経の名句を書きつけたカンニング道具の実物を見せてくれたことがあったことは、たしかに思い出した。

さて、このように平川著の各章を面白がり、その細部に打ち興じ、感服しつづけていては、きりがない。「西欧の衝撃と日本」という主題からもまだ遠いではないか、と思う人もいるかもしれない。しかし十九世紀後半の直接の「衝撃」以前の東西両洋の世界にも、官僚選抜試験というような大問題が共通して存在し、各国各時代のそれぞれの文化の差異をよく示しながら交流しあっていた。そのことを多方面の例証を引きながら大きく広くまた確かに論じて明らかにしてゆくのも、比較文化史という新しい学問の重要な一面だったのである。

ペリーの黒船来航以後の西洋文明の強大な対日衝撃と日本人の反応を扱う章となれば、著者の論法はまた一段と緻密になり、当事者たちの内面の心理の分析にまで踏みこんでゆく。「幕末維新の渡航者たち」の章では、ペリーの船で渡米しようとした冒険者吉田松陰と、キリスト教の魅惑と圧力の下に渡米して精神の苦闘を体験した新島襄、内村鑑三らを取り上げ、ことに後者二人の英語の文章を綿密に腑分け《エクスプリカシオン》して、彼らの攘夷・親米・反米の心理の交錯を解明する。比較文学を比較文化史へとつなげ、打ち開いた名論文だ。

「軍歌も日本人の〈心〉をさぐるための大切な資料なのである」として、近代日本最初の対外戦争、日清戦争に勝利を収めた日本軍の陸海兵卒たちの勇気と愛国心を讃えた軍歌二つを論じる一章も、また興趣尽きない。一つは「シンデモラッパヲクチカラハナシマセンデシタ」の木口小平（加藤義清作の元の歌詞「喇叭《らっぱ》のひびき」では白神源次郎）の勇姿を讃えるもの。もう一つは黄海海戦で旗艦松島に搭乗していた水兵の戦死直前の最後の叫び「まだ沈まず定遠は」を詠みこんだ佐々木信綱の名作「勇敢なる水兵」の歌である。

この二つの軍歌の前後に論じられるのが、一つは戦勝直後に日本に強制された三国干渉の屈辱について冷静に釈明する外相陸奥宗光の『蹇蹇録《けんけんろく》』の一節であり、もう一つは五年前に来日していたラフカディオ・ハーンの、「戦後に」と題する鋭い共感と詳細な観察を盛ったルポルタージュ風のエッセイである。そして最後にはドイツ詩人ハイネがロシヤ戦線から辛うじて退去してきたフランス軍の「二人の擲弾兵《てきだんへい》」の姿を詠嘆した詩編（一八二〇年作）、それも文科二年の日本人大学生夏目金之助によるみごとな和文訳「二人の武士《もののふ》・西詩意訳」として引き、論じるのだから、この「西と東のナショナリズム」の一章はまさに二重三重の比較文学論となっている。いまなお最先端の国際派の人文学者でありながら深くゆるがぬナショナリストでもある平川祐弘自身のナショナリズムは、ここでは論証の中に沈潜して流れている。

最後に十九世紀フランスのロマン派詩人アルフレッド・ド・ヴィニーの短篇小説集『軍人の栄辱《えいじょく》』に題名を借りて、これを枕に日本海軍のエリート中のエリート将校であった堀悌吉を論じた一章も、とうてい読み落としているわけにはいかない。海軍兵学校三十二期首席卒業の直後に、軍艦三笠に乗りこみ、日本海々戦でロシア艦隊と直接に戦った若き少尉候補生堀悌吉は、同乗の参謀秋山眞之の作戦の下に次々に破壊され沈没してゆく敵艦の将兵たちの最期を目の当たりにして、戦争というものの凶悪さと悲惨とを身にしみて知ったという。その後堀は練習艦でアメリカに航行し、二度フランスに留学し、ジュネーヴの軍縮会議には日本海軍代表随員として長期のパリ駐在も経験したが、その間に右のヴィニーの作品をもちろん原文で耽読して、これに「限りなき同情と同感を惹き起こ」されたと、みずから書いてもいる。

一国の海軍は自国防衛のためにのみ存在し他国への侵略のための武力ではけっしてないという、彼の合理的積極的平和主義は、これらの学習と長い海外体験の間に彼の終身の信条となっていった。だがこの信条によるあからさまな言動のゆえに、彼は昭和九年（一九三四）年末、海軍中将、軍令部出仕の身分で、同じ軍縮条約推進派の上司山梨勝之進大将らとともに、軍部内の国粋派の圧力の下に予備役編入を強制されてしまうのである。翌年春、ロンドンの軍縮会議予備交渉から帰国した海兵同期の同志にして盟友山本五十六は「巡洋艦戦隊の一隊と堀悌吉一人と海軍にとってどちらが大切なんだ」と嘆いたという。

本書末尾に近いこの一章まで来れば、私たちは明治から昭和にいたる日本軍人の栄光と屈辱をあらためて想起して、「西洋の衝撃下の日本」の浮沈の歴史をまざまざと見る思いがし、ある深刻な文学的感動をも覚えずにはいられない。

本巻のみではない。「平川祐弘著作集」全三十四巻という厖大な著作の他の巻にも読み進めれば、読者は、そこに展開される著者の多藝多才な比較文化史的離れ技と説得力、そして文学的・知的エンターテインメントとしての面白さに惹きこまれるにとどまるまい。やがてその底に平川祐弘という現代日本の一個のウオモ・ウニヴェルサーレの、この国を愛し、この国の行方をたえず案ずる国士《こくし》ともいうべき表情とその思想の骨格が見えてきて、あらためて坐り直し、わが身のうちにも生の力と歴史を知るよろこびとがよみがえってくるのを感じるだろう。そして全巻をみずからの枕頭の書とせずにはいられなくなるにちがいないのである。

二〇一六年十月

（東京大学名誉教授・静岡県立美術館館長）

# 解　説――大世界史の先駆者――

山中由里子

ここ十年くらいの間であろうか、「グローバル・ヒストリー」だの「ワールド・リテラチャー（世界文学）」だのといった北米の学界から入ってきた用語が、ことさら新しい学問的視点のように謳われるようになってきている。平川先生の著作を読むと、「そんなもん、とっくの昔に実践されている碩学が日本にはおられますよ」と言いたくなる。

平川先生が「大世界史の流れの中へ日本の歴史をすなおに組み込もう」（まえがき）という比較文化史の試みとして『西欧の衝撃と日本』を執筆されてから四十年近くがたつが、その後の歴史学の展開を世界的に見渡しても、極めて先駆的なアプローチであったといえる。

『西欧の衝撃と日本』を私が最初に読んだのは、東大駒場の比較文学比較文化の大学院の入試の準備をしていた頃か、あるいは院に入って間もない頃だったようだ。アフリカがどうのこうのとしきりに欄外に書き込みをしている様子からすると、アメリカの大学で学部四年の時にとったアフリカ文学やアフリカ美術の授業の余韻にまだ浸っていた時期とみえる。

「本巻で取りあげた一連の歴史現象は、人物にせよ、制度にせよ、心理の動きにせよ、その思想や行動が複数の文明圏に跨っているのが特徴である」というあとがきの一文のところに、二十六～七年前の自分が赤鉛筆で線を引いている。小文を書くにあたってこうして読み返して、思い起こしてみると、大学院に入ってからしばらく方向性を決めかねて悩んだ末に、無謀にもアラビア語やペルシア語を勉強し始め、イスラーム世界におけるアレクサンドロス伝承の研究に進んだきっかけの一つが本書であったかもしれないとあらためて感じ入る。平川先生は「複数の文明圏」と言っておられるが、では日本や中国ではない、「西洋」と「東洋」の間にある「非西洋」である中東の場合はどうなのか、知りたくなったのだ。

また、文学の立場から歴史学へ挑戦するという姿勢も、平川先生から受け継いだのかもしれないが、それはさらに『ロシヤにおける広瀬武夫』や『アメリカにおける秋山真之』を書かれた島田謹二先生の代から続く比較文学比較文化のお家芸の一つであるともいえる。

ケネス・ポメランツの *The Great Divergence*（邦訳『大分岐――中国、ヨーロッパ、そして近代世界経済の形成』川北稔監訳、名古屋大学出版会、二〇一五年）の原著が二〇〇〇年に刊行された際には、「従来西欧中心に語られてきた近代世界経済の形成を、近世東アジアの中国・日本と双方向的に比較し、西欧中心史観を相対化する視点の提示が挑発的」で話題になったというが、[1]経済に焦点がある点を除いては、『西欧の衝撃』にもすでに当てはまる評である。

平川先生はあとがきで、比較文化史的アプローチについて次のように書いているが、今でも「グローバル・ヒストリー」の授業のテクストとして使えそうなくらい、そのメッセージは色褪せていない。

そしてそのように東西の世界の歴史を巨視的に眺め、近代日本などの歴史展開のダイナミックスを、良かれ悪しかれ、西洋文明の刺戟と反応の関係に求めるとすると、過去一世紀半の人類文化の歴史にとっては、縦の時間の軸に沿った、各国史別の発展に劣らず、横の空間の軸に沿った、「西洋と非西洋」という相互作用もまた歴史現象として重要性を帯びてくる。そして歴史をそのように立体的に把握しようとするならば、従来のようにもっぱら縦の時間の軸に沿って直線的に進歩することを前提にしたような世界史の法則や段階説は――それらはおおむね西洋世界で生まれた歴史理論であったが――いかにも不十分な作業仮説であったことが理解されてくる。

このような巨視的な視点に立ちながら、各章では具体的でかつシンボリカルな人物や事件を事例として取りあげ、比較文学の基礎である「原典味読」(explication de texte)の手法を用い、手紙や手記、時に詩歌を分析するという手堅い実証主義を貫いている。近年、スタンフォード大学の比較文学者であるフランコ・モレッティが、「遠読」(distant reading)なる概念を「精読」(close reading)に対峙するものとして提示して以来[2]、フランス式解釈学である「原典味読」はさらに時代遅れとみなされるようになったきらいがある。しかし、具体的なテキストの分析を通して歴史の当事者の心理の内部に入り込み、その血の通った証言を適所に挿入することによって、複眼的に歴史の一幕を組み立ててみせる平川先生の手腕には、二十一世紀の読者をも感服させ、魅了する力が十分にある。

非西洋の多くの研究者は西洋至上主義的なアカデミアの制度と市場の一部と化し、当該国の内からの視点とはずれた立ち位置から発信するようになってしまっているが、このような状況自体が西洋の衝撃の長期的な後遺症であるからこそ、その体験を相対化する平川流の比較文化史はなおさら必要なのである。平川先生が耕し、肥やされた比較文化史の、おそらく実り豊かであるに相違ない、新分野に進もうとする後継者はいないのだろうか。広大な自信力をもって、言語の密林《ジャングル》を踏破《とうは》し、思想の沼沢《しょうたく》を横切り、語彙《ごい》や文法の大きな枝を次々ともぎ取り、おびただしい東西の叡智《えいち》の水を飲みほす知的巨人——そうした人が現れることを私たちは願うのみである。

註

(1) 秋田茂、『日本経済新聞』二〇一五年七月十九日。

(2) Franco Moretti, *Distant Reading*, Verso Books, 2013. 今年、邦訳が出版された。フランコ・モレッティ『遠読——〈世

界文学システム〉への挑戦』（秋草俊一郎他訳、みすず書房、二〇一六年）。

（国立民族学博物館）

# 著作集第五巻に寄せて――歴史学への目ざめ――

新幹線でも飛行場でも機中でも翻訳している。仕事する方が精神衛生によいのである。『西欧の衝撃と日本』執筆のきっかけとなったサンソム『西欧世界と日本』は一九六二年、第二回のイタリア留学の貨客船の五十五日かかった洋行のキャビンの中で訳した。帰国して学部卒業後十一年目に助手となったが、その東大駒場は六八年から七三年にかけて学生闘争で荒れに荒れた。学部長室に私も当直で詰める。そんなことで無為に時間を潰すのが惜しい。たとい過激派が押し寄せようとも、自分が応対係でないかぎり、隅でこっそり仕事をしていた。

二〇〇五年、ケンブリッジ日本史への寄稿を基に私の英語の主著 *S. Hirakawa, Japan's Love-Hate Relationship with the West* が Global Oriental から出た。すると人文地理の西川治名誉教授から手紙をいただいた。「大学紛争時代に学部長室で、机一杯に資料をひろげて研究を怠らなかったお姿は、今でも鮮明に思い出されます」。このお手紙は嬉しかった。西川先生に私の書物を届けてくれた共通の弟子がいたことも有難かった。

――紛争当時は専門を異にするさまざまな教授が学部長室や委員会で一緒になる。そんな非常時下でも待機時間が長いと学際交流がおのずと生じる。そもそも私がフランス語教室の助教授に昇格できたのも私の紀要論文に人文社会の教授たちが感心、というか関心を寄せてくれたからである。そのおかげと思うが、講談社が人類文化史を企画したとき、西洋史、東洋史、日本史以外に文化人類、科学史、人文地理、そして若手の私まで呼び出された。それはいってみれば戦後東大駒場に新設された後期課程や大学院を担当する面々が揃い踏みをした恰好であった。本郷の旧帝大風の一言語一国単位の区分で仕切られたドイツ史とか英国美術史とか国文学史とかのナショナルな枠を超えるアプローチもまた求められたのである。人類文化史の一巻となったこの『西欧の衝撃と日本』（一九七四）にせよ、その前の博士論文『和魂洋才の系譜』（一九七一）にせよ、比較文化史家としての私の著書は版を重ねた。幸運にも国外でも認められ、ジャンセン教授から電話がかかり、私はプリンストンへ招かれ、*Cambridge History of Japan* 十九世紀の巻に **Japan's turn to the West** について寄稿するよう求められた。

そのころ韓国、中国から留学生が次々と東大大学院比較文学比較文化課程を目指すようになった。するとこちらは言った覚えはないのだが、受験するには『西欧の衝撃と日本』を読むとよいという噂が流れたらしい。後に「この本が新鮮な感じを与えたのは内容の取り扱いによる」という長文の感想を一入学生から渡されたことがある。海外帰国子女の山中由里子さんまで本書を愛読したとは知らなかった。なお米国人が英語翻訳で遠国の文学や歴史を「遠読」するのは結構だが、正確な理解は原語を読むことによってのみ可能なことは注意しておきたい。東大定年後、私は大陸や台湾へ招かれるたびに、この本と、ケンブリッジ日本史で話題とした中村正直について教えた。何度も演練を重ねた挙句、後者は『天ハ自ラ助クルモノヲ助ク——中村正直と『西国立志編』』にまとめた。

『西欧の衝撃と日本』の解説を今回書いてくれた芳賀徹は私と同期だが、米欧回覧の岩倉使節団の比較文化史的意味にいちはやく気づき、一九六九年に文藝春秋の大世界史シリーズで『明治百年の序幕』を著わした。芳賀に書けるなら俺にも書けると思って教養学部の一般教育演習でアダムズ以下をとりあげてまとめたのが本書である。当時は四十代はじめの著者も八十五歳となった。一緒に按針塚を訪ねた学生たちも定年を迎えるころであろう。

# 索　引

## ―ア行―



## ―カ行―

## ― サ 行 ―



## ― タ 行 ―

## ― ナ 行 ―



## ― ハ 行 ―

## ― マ 行 ―



## ― ヤ 行 ―



## ― ラ 行 ―

## ―ワ行―

【著者略歴】

**平川祐弘**（ひらかわ・すけひろ）

1931（昭和6）年生まれ。東京大学名誉教授。比較文化史家。第一高等学校一年を経て東京大学教養学部教養学科卒業。仏、独、英、伊に留学し、東京大学教養学部に勤務。1992年定年退官。その前後、北米、フランス、中国、台湾などでも教壇に立つ。

ダンテ『神曲』の翻訳で河出文化賞（1967年）、『小泉八雲――西洋脱出の夢』『東の橘　西のオレンジ』でサントリー学芸賞（1981年）、マンゾーニ『いいなづけ』の翻訳で読売文学賞（1991年）、鷗外・漱石・諭吉などの明治日本の研究で明治村賞（1998年）、『ラフカディオ・ハーン――植民地化・キリスト教化・文明開化』で和辻哲郎文化賞（2005年）、『アーサー・ウェイリー――『源氏物語』の翻訳者』で日本エッセイスト・クラブ賞（2009年）、『西洋人の神道観――日本人のアイデンティティーを求めて』で蓮如賞（2015年）を受賞。

『ルネサンスの詩』『和魂洋才の系譜』以下の著書は本著作集に収録。他に翻訳として小泉八雲『心』『骨董・怪談』、ボッカッチョ『デカメロン』、マンゾーニ『いいなづけ』、英語で書かれた主著に *Japan's Love-hate Relationship With The West*（Global Oriental, 後にBrill）、またフランス語で書かれた著書に *A la recherche de l'identité japonaise－le shintō interprété par les écrivains européens*（L'Harmattan）などがある。

【平川祐弘決定版著作集 第5巻】

**西欧《せいおう》の衝撃《しょうげき》と日本《にほん》**

---

2016（平成28）年11月25日　初版発行

著　者　平川祐弘

発行者　池嶋洋次

発行所　勉誠出版 株式会社

〒101-0051　東京都千代田区神田神保町3-10-2

TEL：(03)5215-9021(代)　FAX：(03)5215-9025

〈出版詳細情報〉http://bensei.jp

---

印刷・製本　太平印刷社

ISBN 978-4-585-29405-4　C0095

# 平川祐弘 決定版 著作集

全34巻

A5判上製・各巻約三〇〇〜八〇〇頁
月一冊配本予定

## 古今東西の知を捉える

日本は外来文明の強烈な影響下に発展した。「西欧の衝撃と日本」という文化と文化の出会いの問題を西からも東からも複眼で眺め、鷗外・漱石・諭吉・八雲などについて驚嘆すべき成果を上げたのは、著者がルネサンス人にも比すべき多力者であったからである。複数の言語をマスターし世界の諸文化を学んだ比較研究者平川教授はその学術成果を芸術作品として世に示した。

この見事な日本語作品は
わが国における比較文化史研究の
最高の軌跡である。
奇蹟といってもよい。

各巻収録作品　＊は既刊

第1巻　和魂洋才の系譜（上）
第2巻　和魂洋才の系譜（下）◎二本足の人森鷗外◎鷗外の母と鷗外の文學◎詩人鷗外◎ゲーテのイタリアと鷗外とイタリア【森鷗外関係索引】
第3巻　夏目漱石――非西洋の苦闘
第4巻　内と外からの夏目漱石【夏目漱石関係索引】
＊第5巻　西欧の衝撃と日本
第6巻　平和の海と戦いの海――二・二六事件から「人間宣言」まで
第7巻　米国大統領への手紙――市丸利之助中将の生涯◎高村光太郎と西洋
第8巻　進歩がまだ希望であった頃――フランクリンと福沢諭吉
第9巻　天ハ自ラ助クルモノヲ助ク――中村正直と『西国立志編』

**西洋列強の衝撃と格闘した**
**近代日本人の姿を、**
**学問的かつ芸術的に描いた**
**不朽の金字塔。**

公益財団法人東洋文庫 監修

東洋文庫善本叢書［第二期］欧文貴重書◉全三巻

# ［第一巻］ラフカディオ ハーン、B.H.チェンバレン往復書簡

Letters addressed to and from Lafcadio Hearn and B.H. Chamberlain. Vol.1

## 世界史を描き出す白眉の書物を原寸原色で初公開

日本研究家で作家の小泉八雲（Lafcadio Hearn, 1850-1904）は、
帝国大学文科大学の教授で日本語学者B.H.チェンバレン（B. H. Chamberlain 1850-1935）の斡旋で
松江中学（1890）に勤め、第五高等学校（1891）の英語教師となり、
のち帝国大学文科大学の英文学講師（1896 ～ 1903）に任じた。
本書には1890 ～ 1896年にわたって八雲がチェンバレン
（ほか西田千太郎、メーソン W. S. Masonとの交信数通）と交わした自筆の手紙128通を収録。
往復書簡の肉筆は2人の交際をなまなましく再現しており、
西洋の日本理解の出発点の現場そのものといっても過言ではない。

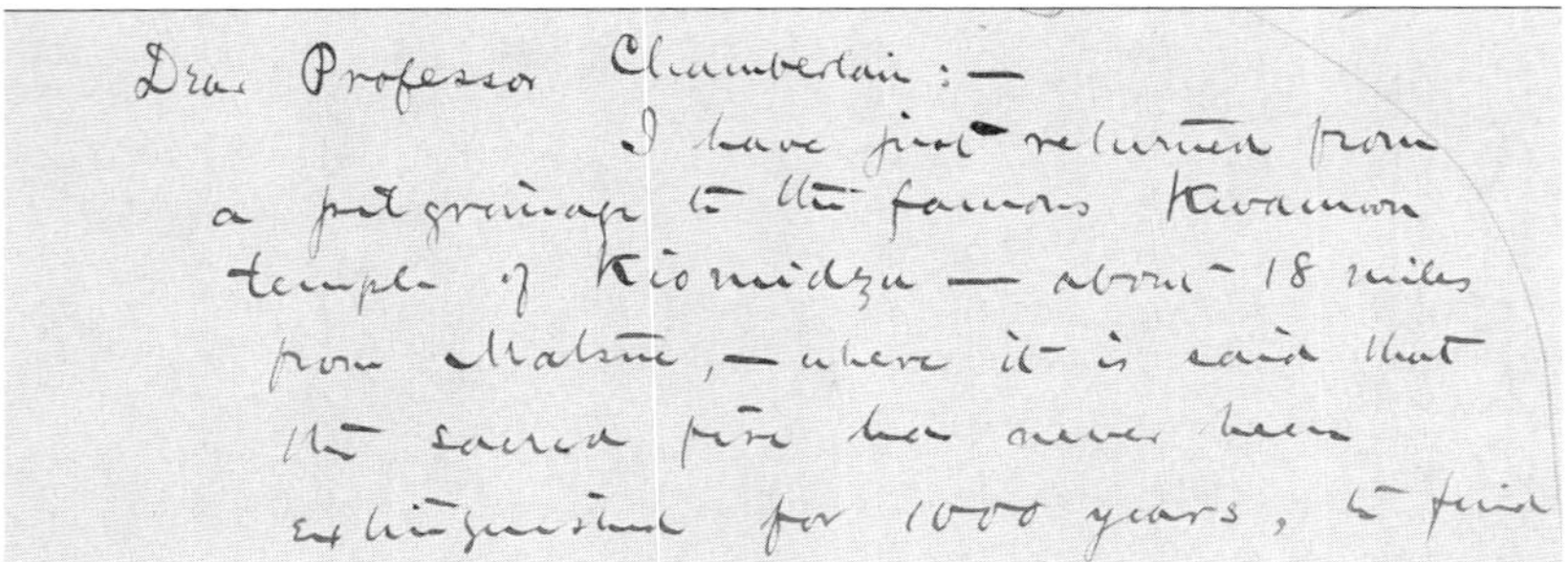
Dear Professor Chamberlain:—
I have just returned from a pilgrimage to the famous Kwannon temple of Kiomidzu — about 18 miles from Matsue, — where it is said that the sacred fire has never been extinguished for 1000 years, to find

ハーンから
チェンバレン
に宛てた書簡

平川祐弘
東京大学名誉教授
［解題］

本体140,000円（＋税）・菊倍判上製（二分冊）・函入・884頁

ISBN978-4-585-28221-1 C3080